| 世界政党研究名著译丛 |

世界政党研究名著译丛
主　　编　俞可平
执行主编　陈家刚

政党论

Maurice Duverger

Les partis politiques

[法] 莫里斯·迪韦尔热 著
赵智勇 译

浙江人民出版社

图书在版编目（CIP）数据

政党论 /（法）莫里斯・迪韦尔热著 ；赵智勇译.
杭州 ：浙江人民出版社，2025. 5. -- ISBN 978-7-213
-11706-0

Ⅰ. D05

中国国家版本馆CIP数据核字第2024521UM3号

浙江省版权局
著作权合同登记章
图字:11-2022-219号

地图审图号：GS浙（2025）135号

政党论

[法] 莫里斯・迪韦尔热 著 赵智勇 译

出版发行：浙江人民出版社(杭州市环城北路177号 邮编 310006)
市场部电话：(0571)85061682 85176516
责任编辑：沈敏一 林欣妍　　责任校对：汪景芬
责任印务：程 琳　　封面设计：周伟伟
电脑制版：杭州天一图文制作有限公司
印　　刷：浙江新华数码印务有限公司
开　　本：680毫米×980毫米 1/16　　印　　张：26.125
字　　数：337千字　　插　　页：6
版　　次：2025年5月第1版　　印　　次：2025年5月第1次印刷
书　　号：ISBN 978-7-213-11706-0
定　　价：128.00元

总　序

俞可平

我在《世界主要政党规章制度文献》的“总序”中曾经说过，从权力的角度看，在所有政治组织中，政党是最重要的政治组织，它对近代国家的政治生活有着极为重要的影响。实际上，近代政治就是政党政治。国家权力主要由政党掌握，并且通过政党运行。如果说主权国家是国际政治舞台的主角，那么政党便是国内政治舞台的主角。除了少数小国之外，世界上绝大多数国家的政权实际上都掌握在执政党手中。一个个政党的产生、发展、壮大、掌权、下台、消亡，以及各个政党之间的竞争、合作、争斗、兼并、分化、组合，构成了现实政治生活一幅五彩斑斓的图景。要真正了解世界各国的政治图景，那就不能不了解描绘这些政治图景的各个政党。正因为政党之于现代政治有着如此重要的作用，政党研究便理所当然地成为现代政治学的重要领域。

在政党政治方面，近代以来产生了许多影响深远的经典名篇，其中有些甚至改变了人类政治历史的进程。这方面最杰出的代表作，便是马克思和恩格斯所著的《共产党宣言》。在各种关于“哪些书籍对人类的影响力最大”的统计调查中，《共产党宣言》通常都位列人类有史以来发行量最大、对人类思想和现实影响最深远的少数著作之一。《共产党宣言》实际上是马克思和恩格斯受共产主义者同盟第二次代表大会的委托为该党所撰写的纲领，在这份党纲中，马克思恩格斯揭示了人类社会的普遍发展规律，阐述了科学社会主义的一般原理，使之成为风起云涌的国际共产主义运动的指路明灯。马克思晚年的另一篇重要著作《哥达纲领批判》，也与政党政治直接相关，它是对德国社会主义工人党纲领草案的分析和批评。

在政党研究方面，更是涌现出了一大批政治学名著，有些还成为重要政治理论流派的代表性著作。例如，德裔意大利学者罗伯特·米歇尔斯（Robert Michels）在《寡头统治铁律——现代民主中的政党社会学》中提出了著名的“寡头统治铁律”，成为政治精英主义的经典；法国政治社会学家莫瑞斯·迪韦尔热（Maurice Duverger）在《政党论》中提出了政党选举的所谓“迪韦尔热第二定律”，广泛地影响了西方国家的选举政治。众多的政党研究名著，或是揭示政党与社会、政党与国家、政党与政府、政党与阶级、政党与民众的相互关系，帮助人们认识现代社会的基本政治关系与政治互动；或是分析人类的政党制度、政党类型、政党发展、政党结构、政党功能、政党特征、政党领袖、政党选举、政党法规、政党机制和政党趋势等，帮助人们分析现代社会政党政治的本质和规律。所有这些政党研究的重要著作，深刻地影响了人类的社会政治思潮，大大丰富了人类对政治生活和政治规律的认识，是人类知识宝库的重要内容。

从某种意义上说，百年前诞生的中国共产党也是人类进入政党政治时代的产物。毛泽东说，“十月革命一声炮响，给我们送来了马克思列宁主义”。十月革命是由俄国布尔什维克党领导的社会主义革命，列宁是布尔什维克党的创始人和领导者。正是在布尔什维克党发动和领导的十月革命的影响下，中国的先进知识分子开始组建中国共产党，并于 1921 年 7 月底至 8 月初，在上海和嘉兴南湖召开了党的第一次代表大会，标志着中国共产党的正式诞生。

值中国共产党百年华诞之际，中共嘉兴市委宣传部、红船精神研究院和浙江人民出版社共同提出了一个计划，希望协同国内相关专业力量，编译出版“世界政党研究名著译丛”（以下简称“译丛”），其重要政治意义不言而喻，更是送给国内政党研究工作者的一份学术厚礼。

在中共浙江省委领导下，中共嘉兴市委在中国革命红船起航地创办了红船精神研究院，其宏伟愿景的一个重要方面，是把它打造成为全国政党研究的重镇，组织发起编译出版这套“译丛”，便是这方面的一个重要举措。按照“译丛”工作方案的介绍，丛书的组织发起者欲“通过推出一批关于世界主要政党和政党政治的经典名著、有权威影响的研究成果，展示当今世界主要政党的制度、实践和发展趋势，推进国内世界政党政治的学术研究，服务于我党开展党际交流合作，为我们进一步放眼世界政党、了解当代政治、加强执政能力建设发挥资政镜鉴作用，同时为嘉兴打造世界政党交流基地和向世界展示我党形象窗口提供有力支撑”。正是在这一美好愿景的感召下，国内政党研究的一些著名专家学者组成了“译丛”的编委会，从论证选题和选定著作，到组织翻译和开展研究，大家各尽其力，克服新冠肺炎疫情带来的各种困难，顺利推出了首批译著。

根据“译丛”的编辑出版计划，该译丛为开放式书系，规模不作特别限制，逐年推出，内容将包括政党基础理论研究、比较政党研究等。如果原计划顺利实施的话，这套译丛一定会成为国内政党研究，乃至国内政治学研究的一项基础性工程，对推动中国特色的政党理论研究必将产生十分积极的作用。因此我特别希望，由中共嘉兴市委宣传部、红船精神研究院与浙江人民出版社联合推出的这套《世界政党研究名著译丛》，能够得到更多专家学者和读者的不吝支持，得以连续地出版下去，直至完成“译丛”的全部任务，实现“译丛”最初定下的宗旨。

2021 年 5 月 15 日于京城九直园

前　言 9

本书问世已有四分之一个世纪有余，而这本三十周年纪念版要原封不动地重印，这是为什么呢？大量的著作、文章和评论对书中的内容进行了批判、补充、纠正、澄清和延伸，这难道不能说明本书有修改的必要吗？一些新概念和模型也时不时地被提出，例如基希海默尔（Kirschheimer）提出了全方位政党的概念，夏洛（Charlot）提出了选民党的概念，艾尔德斯维尔德（Eldersveld）提出了阶层党的概念，拉沃（Lavau）提出了反建制政党的概念，等等。这些概念的提出只是某人用一个新的名词对相应的政治现象进行了定义，并不是对本书的结构和实质内容做出修正，但这些新概念难道不应该被引入本书吗？另外，之前没有研究的问题现在也得到了系统性的研究，尽管这些研究成果仍有些不足，但难道不也该引入书中并更新书的内容吗？萨托利（Sartori）的巨著目前还未成型，不能完全地取代本书，但是它对本书的理论起到了添砖加瓦的作用，这难道不也应该引起我们的重视，从而用来修订本书吗？

事实上，即便存在以上问题，本书也没有修订的必要。首先，本书虽然看起来有些与时代脱节，但从研究与分析政党的角度而言，其内容依旧经典。即便出版已有三十年，但它对于我们这些身处20世纪80年代初期的人而言，依然是重要的经典理论著作。其次，书中与时代不符的部分没有对重要的学术理论造成实质性影响。书中陈旧 10
的内容只是具体的例子，而不是学术理论。这些例子在今天看来已经过时，但那并没有什么关系，用新的例子代替老的例子，新的例子也会很快被更新的例子代替。因此，新添内容若没有对本书有实质性修改，那修改工作无疑是徒劳的。如果只是研究政党结构的问题，无须不断更新本书的内容，因为年鉴、评论、报纸总会不断地为我们提供政党最新的写照。本书的核心内容是提出一种理论模型，让人既可以深入了解政党的形态和运作规则，又可以预测它们的发展情况。

这种理论模型不仅仅是从概念上描述政党，而且还通过分析政治制度对政党的影响来研究各类政党组织。书中的大多数概念都与这个模型有关，例如柔性政党和刚性政党。它们的区别在于议员在大选时可以自由投票还是必须统一投票，但这个因素本身对政党的影响很小。例如，1974 年至 1981 年，支持时任总统瓦莱里・吉斯卡尔・德斯坦的吉斯卡尔派的党纪，没有让党组织变得比法兰西第三、第四共和国时期的独立党派的党组织更紧密，也丝毫不影响它具有 19 世纪贵族集团的特点。相反，党纪使其党派组织比在国会中每个党派代表能自由投票的美国政党的党组织更加松散。

然而，这样的党纪使得吉斯卡尔派成了议会两个稳定多数派中的一个，能够在整个立法期间支持政府，并使其免受个人冲动行为的影
11 响。通过柔性政党和刚性政党的区别以及两党制和多党制的区别（当然两党制和多党制的区别本身与选举制度有关），我们可以解释英国首相的任期稳定性与权力为何截然不同于法兰西第三、第四共和国时期总理的任期不稳定性与软弱性。这种区别，此前一直被归结为源于英国自古以来的谨慎稳定性和法国自古以来的不稳定性。

本书描述的分析模型展示了复杂的国家权力。本书最后几章介绍的几类政党构成了新西方政治制度类型学的一部分。在书中，我们看到，权力的分立更多地取决于政党的组织结构，而不是宪法的规定。本书也对传统上议会制和总统制的区分提出了质疑，现在，区分具有多数党的政治制度和不具有多数党的政治制度更加重要。在书中，我

们可以了解现代意义上的直接民主国家和间接民主国家之间的区别。现代意义上的直接民主指政府领导人是由公民通过普选产生的，如美国、法国、英国、奥地利以及德意志联邦共和国等。而间接民主是指选民选举产生代表，而政府领导人则是由这些被选出来的代表任命和罢免的。例如今天的意大利，以及法兰西第三、第四共和国。

该分析模型不仅使探索和解释成为可能，同时也能预测一些新的发展趋势，并提出改革的需要。例如，我们能够预测法兰西第五共和国将走向两极分化。然而，多数选举制与两党制或两个联盟之间的联 12
系已经发生变化，原始的模型需要加以修正。奥地利、德意志联邦共和国、瑞典虽然采用了比例代表制，但是在这些国家，两个政治联盟仍能够建立、存在和维持。这可能是有其历史根源的。在这些国家，一个强大的社会民主党几乎占据整个左翼空间，从而能够去接近或超过绝对多数，这种环境会迫使尚未统一的右翼党派团结起来。

但在未来，英国是否会发生相反的情况，即单轮多数选举制为三方分裂铺平道路，从而违反莫里斯·迪韦尔热定律？迪韦尔热定律是指多数选举制将导向两党制的社会学定律，是弗朗索瓦·古戈尔（François Goguel）以该定律的提出者莫里斯·迪韦尔热的名字命名的。英国的这个反例出现在1981年。当时一些持不同意见的工党成员组建了社会民主党，并决定与自由党联合，在每个选区提名共同候选人。民意调查显示，40%的投票意向偏向这个中间联合党派。尽管这个中间联合党派结构薄弱、组织简陋，但是它突然似乎能够利用这个让政党两极化的选举制度来攫取政权。

这个现象并不值得大惊小怪，这是由这一制度的两面性造成的，这点我们在书中也会介绍。从组织结构的角度来讲，两个党派都不是中间党派，但是从政治实践的角度讲，它们又将朝着中间党派的方向发展。由于忽视了这条规则，英国两个传统政党一手制造了威胁自身的震荡。当保守党党员在撒切尔夫人的领导下变得过于右倾，而工党党员聚集在富特先生（Foot）的旗帜下变得过于左倾，那么双方的温和派都会发现自己陷入了困境，随时愿意追随任何能将他们从此困境
13 中解救出来的人，或任何能使他们进一步深陷领导人盲目性之中的人。简单多数选举制放大民意的变化，而比例代表制削弱民意的变化，这个规律使得人们容易忘记政党存在的客观机制。

这一切都与理论保持一致，目前展现的只是一些尚未引起大家注意的后果而已。它还使人们能够想象这种情况可能发生的演变。从技术角度讲，无论各个党派立场如何，多数选举制总是对最强的党派有利，不利于其他的竞争对手。从心理角度讲，20 世纪 30 年代其他两个政党的支持者向其转移，逐渐削弱了中间派，这次可能会使中间派从相反的行为中受益。在慢慢放弃中间派而倒向左派或右派时，如果工党和保守党的极端立场更加强硬，那么选民将加入工党、保守党的叛逃者行列。相反，如果两党学到了教训并采用传统的温和主义，那么社会民主党在竞争中就会走上一条艰难之路，就像半个世纪之前的自由党那样。

这个详细的例子不仅描述了所提出的分析模型，还回应了那些不痛不痒地指责本书没有考虑现实情况的批评。实例是本书进行研究的素材，也是本书需要解释的现象。那该如何研究这些例子呢？难道因为每个国家具有独特性，所以要将这些例子放置在各自的国家中进行研究吗？各国的历史记忆、价值体系、文化、意识形态、信仰、经济结构、阶级斗争、政治环境、形势和国情、时代精神等因素完全不同，要在全球范围内对多样化、模糊、庞大的信息进行全局整体协调
14 的梳理和阐明是不可能的。本书中构建的理论，是在各个特定的情况下将上述所有因素进行归纳从而总结出的规律。

研究这些因素能够找出规律。通过对各种例子进行分析，能够预见某个或某些变化的产生和发展。本书不仅指出真实情况可能产生的后果，还可以作为制度改革的理论工具。对此，对现实的分析不是要

具体的答案，而是将一般模型应用于一个特定模型。通过这种方法对1956年至1962年的竞选进行研究，也就是说研究普选产生真正的政府首脑的现象，可以提出半总统制的理论。

一切都是由法兰西第四共和国的最后几次选举引发的。皮埃尔·蒙戴斯-弗朗斯（Pierre Mendès-France）的党派1954年在议会大选中获得多数席位，他本人被总统提名，获得议会通过，成为法国的总理。而后，在1955年的选举中他失去了多数支持，其政府被推翻。这种没有人民直接参与民主的例子清楚地表明：英国政治制度的基本优势与其说来自稳定的多数派，不如说来自首相的民众基础。在英国，首相的产生与议会选举息息相关。通过推选某个候选人代表选区，选民同时将权力委托给该党的领袖。在法国，政党制度结构不允许采用一轮投票产生议会多数和总统。那宪法为什么不能规定两个独立的选举，一个是议会选举，另一个是总统选举？

为了实现这一目标，《世界报》邀请各类人士进行形形色色的讨论，法学家、各政党展开了激烈辩论，让-穆兰俱乐部也将其列为重要工作。左翼政党试图将总统直选合法化，而这在共和党的眼里却是一种亵渎行为。波拿巴的侄子路易·波拿巴能够在1851年12月2日成为法国总统就是因为总统直选，而那时议会多数人内心的总统人选是路易·菲利普的儿子。戴高乐将军心中对总统直选改革计划渴望已久，但只有历史能够评价戴高乐将军这有点疯狂的举动。目前，在历史尚未清除最初的障碍之前，这一变革是不可能的。

这里只有一件事很重要，那就是建立在这些基础上的制度理论始终遵循上文所描述的模型，而半总统制的提出直接来源于该模型。通过对半总统制的分析，可以一定程度上预测葡萄牙制度的演变和法国制度的一些变化。因此，《政党论》成了西方国家科学论著的第一卷，这部论著也许不会以这个标题或这种形式呈现，但它正在一点一点地成篇。《政党论》、1974年的《共和君主制》（*La Monarchie republicaine*）

以及 1978 年的《国王的失败》（*Echec au roi*）三部著作组成了三部曲。它们每一部都是独立的，又是相互联系的。

将法律制度（宪法、选举法等）和政治力量（政党和压力集团）作为一个模型的基本变量，将“现实”的其他所有元素视为模型的环境，我们坚决地背离了当今的政治科学。在东方，马克思主义被视为
16 指导思想；西方的政治学则被美国的研究技术所瘫痪，该技术并不关注宏观的政体议题。但不管怎样，这还是给政党的研究带来了丰收的硕果。自 1951 年以来，在政治领域，政党研究比其他领域研究产生的成果要多得多。

在意识到政党研究依旧存在不足时，就会保持谦虚。在过去的三十年里，没有任何理论能更好地解释西方的政治制度并预测其演变。政治制度只是人类日常生活的一个小且不重要的部分。人类的生活主要是工作和痛苦，为生命和尊严的奋斗，思想和激情，欲望和自由，爱情和友谊，梦想和庆祝，对阳光和树木的怀念，希望和信念，对死亡和孤独的拒绝。让我们不要忘记，政治的入侵会导致全权主义（totalitaire），而它是社会的毒瘤。在本书的结尾，读者会想起安德烈·纪德（André Gide）的建议：“奈带奈蔼，如今，抛开我这书，使你自己从我的书中解脱出来。”

莫里斯·迪韦尔热

1981 年 6 月

序　言 17

本书的写作始于一个基本矛盾，那就是在目前，要对所有政党进行对比，仔细描述它们的机制是不可能的；然而，这样做又是必不可少的。因此我们陷入了一个恶性循环：只有在先前的众多深入的研究基础上才能构建政党的基本理论，但是，如果政党理论不存在的话，研究又无法深入进行。美国就是这样一个矛盾的典型例子。美国的政党研究不胜枚举。这些研究虽然基于大量可靠的观察，具有重要价值，但是没有一个研究能够真正阐明政党组织变化、政党之间的相互关系、政党的数量和它们在国家中扮演的角色等问题。之所以这样，是因为所有这些研究只局限于美国国内，针对的也只是美国自己的特殊情况，没有一般的理论作为参考和支撑。但是又如何去参考一个还没有被定义出来的一般理论呢？

本书力图打破这种魔咒，试图对政党理论进行初步的描述。这个理论必然是笼统的，不够确切的，有一定臆测成分的，但它将会成为深入研究的基础。首先，本书要确定具体的研究方法。有些方法不具有独创性，仅仅是将众所周知且经过验证的技术应用于政党研究，而 18
其他的研究方法则具有创新性。所有方法都致力于将客观性引入这个充满主观性的领域。许多方法还假设政党领袖们将意识到政党研究的价值，并为研究提供可靠的、尚未公开的资料。其次，本书将对重要问题进行研究，在保证这些问题各自重要性的前提下，来梳理它们之间的联系，并勾勒出一个基本框架。有序的分类极其重要，如果只对单独的例子进行研究而不提出抽象的概念，政治学就不能得到真正的发展，因为那只不过是经验之谈而非科学。最后，本书从大量、多样但碎片化的一手资料开始，试图提出一些能够指引未来研究的假设，以期能在未来形成公认的社会学法则。

我们不应该对本书体系化的分类工作感到惊奇，这只不过是将模型这种研究方式引入政治学领域所需要做的工作罢了。我们将通过广泛的研究来构建一些模型，而不仅仅是运用数学和统计学方法（这些方法在此次研究中的作用是有限的）。这些模型是一些严谨的整体，在于激发和指引后期的研究。后期的研究无论是进一步证实模型的真实性还是推翻原有的模型，都是在寻求真理。模型的建立虽然以大量的研究为基础，但是它们也具有一定的假设性。因此，为了保证它们的科学性，在每一种情况下，我们都要努力去准确地定义每一个模型。

19 希望读者不要忘记本书中形成的大部分结论都具有假定性，这也许使得它们在五十年后才可能真正地描述政党的实际运作，所以目前研究还处在最初的探索阶段。没有这些最初的研究就不会有我们想要的科学，但这些最初的研究要能成为真正的科学，就需要对整个研究过程持有谨慎的态度。

大部分关于政党的研究主要是关于政党学说的分析。这种倾向主要是源于自由主义观念，政党被认为是一个意识形态团体。邦雅曼·贡斯当（Benjamin Constant）在1816年写道："政党是一群主张相同政治理论的人的集合。"这一观点的提出引发大量有趣的著作出现，这些著作与其说是社会学研究不如说是政治思想史研究。以政党比较为基础的研究主要解释政党学说如何影响政党组织，而这实际上远不如人们预想的那么重要。大卫·休谟（David Hume）在其1760年的《政党论集》中巧妙地写道，"学说在政党形成的最初阶段是用来将分散的人联合起来的，它起到了重要的作用。但随着时间的推移，组织则变得更为重要，‘政纲’则退居其次”。这样的观察可谓无人能及。但对于某些当代政党而言，也并非如此。对于这些政党而言，党的学说具有一定的宗教性，使得政党可以对党员的生活进行全面的控制。

最近几年，在继自由主义的政党概念之后，马克思主义关于政党作为阶级的观念导致了对政党的研究走向了一个不一样的方向。马克思主义政党论研究生活水平、职业、教育与政治信仰之间的关系。这样的研究对本书来说很重要，我们也会运用马克思主义关于资产阶级和工人阶级（也常称为无产阶级或者群众）之间对立的理论，用一部 20
分笔墨来严格定义政党的社会阶层结构。可以确定的是，资产阶级和工人阶级的这种划分不是泾渭分明的，不仅马克思主义社会学家对此一清二楚，就连他们的反对者也知道得一清二楚。事实上，社会阶层的划分并不如马克思主义的社会阶层划分那样明显，但不论如何，这样的划分揭露了一定的社会事实。从严格的经济学角度讲，资产阶级和无产阶级不构成两个阶级，但它们确实构成了两种不同的思维理念、两种不同的社会地位和两种不同的生活方式。而这两种思维理念、社会地位和生活方式的区别可以阐明政党结构的一些问题。

像政党的党内信条一样，政党的社会阶层构成也不是本书的重要研究对象。本书主要研究政党组织和政党在国家中的作用。目前，政党之被定义，更多地是通过它们组织性质的特点，而不是通过它们的纲领或者其成员社会地位的情况，这是因为现代政党是一个具有特定结构的共同体，其特点首先体现在它们的组织结构上。20 世纪的政党与原始的政党相比，不仅具有复杂的组织，而且还具有多样性。[1]政党的这种演变在语言中也能体现出来。美国人会用“machine”这个词来定义他们政党的形式，共产党用“appareil”[2] 这个词来表示它们具有上下级严格组织的政党形式，并用党组织（Organisation）这个带有大写首字母的词来指代党。奥斯特罗果尔斯基（Ostrogorski） 21
是第一个开始这项激动人心研究的人。[3] 他的著作主要以分析为主，获得了很多追捧者，却很少有人能模仿。他的研究仅涉及两个国家，并且只关注了那两个国家的资产阶级政党。随着社会主义的出现和发展，罗伯特·米歇尔斯（Roberto Michels）受到启发，写了一本出色的小书。[4] 在书中，他用至今仍适用的术语描述了群众组织的寡头倾向。除了这两本书，没有其他关于政党组织结构的对比研究了。虽然哈特曼（Hartmann）对中欧的 12 个主要政党的党章也进行了研究[5]，但那只是简单的描述，不够具体与全面。

本书要在充满挑战的领域去开疆拓土地进行新的研究。政党的党章和内部条例所展现的政党组织结构只对应一小部分事实，因为这些党章和条例基本上不会被严格实施。政党的组织结构都是以未成文的实践和习惯体现出来的。另外，我们不会轻易从政党那里获得一些基本信息，更不要说精确的信息了，所以政党生活对我们来说充满神秘色彩。我们现在的处境就像身处法律和礼制都不公开的最原始司法体系中一样，入门者将它们严密地隐藏起来，不让未入门者看到。只有党内的守旧派才对党组织的内幕和发生的微妙阴谋了如指掌，然而，由于缺少必要的客观科学精神，他们自然不会主动透露政党的真实信息。

尽管进行了多年的研究，本书收集到的资料仍然不够完整。希望
22 读者能够对那些不可避免的错误有包容之心，也希望大家能够单独指出来以便通过后续努力加以补充。本书没有合作者们的努力注定不会成功。在此对那些提供资料，成就此书的人表达感激之情。特别感谢：詹姆斯·K. 波洛克教授（James K. Pollock）；让·梅诺德先生（Jean Meynaud），国际政治科学协会（Association internationale de science politique）和法国政治科学协会（Association française de science politique）；让·梅里亚先生（Jean Meyriat），法国国家政治科学基金会（Fondation nationale des Sciences politiques）；巴郎教授（Barents），德荣先生（de Jong）；卡斯特伯格教授（Castberg）、埃纳·洛尘先生（Einar Löchen）和奥斯陆大学政治学的学生们；J.

郭茂基博士（J. Goormaghtigh)、厄兹先生（Heuse）和凡·乌特先生（Van Houte)；尼尔森先生（Nilson)、米凯尔森研究所（Chr. Michelsen Institutt)；瑞士联邦统计局（Bureau fédéral de la satistique suisse)；塔里克·Z. 图纳雅博士（Tarik Z. Tunaya)、伊尔罕·阿塞尔先生（Ilhan Arsel)；各政党的秘书处和信息办公室；等等，以及本人在巴黎和波尔多政治学院的学生们。

注　释

1. 事实上，20 世纪政党的独特之处在于其组织结构，而政党的组织结构正逐渐成为党的行动、影响力和功能发挥的关键因素。因此，政党的组织结构和特点是本书研究的总基调。但这不意味着对于作者而言政党组织结构比政党的教义和政党的社会阶层构成更重要，事实上，作者认为政党的教义和社会基础的研究仍占有主导地位。所以作者在一定程度上接受了马克思主义的“下层基础”和“上层建筑”的理论。在某种程度上，本书研究的是“上层建筑”。然而，经济基础和上层建筑的关系并非单向的，对于某些当代政党而言，组织结构往往是自上而下决定的，上层建筑影响着经济基础。这也是现代政党变革的内在意义。

2. machine 和 appareil 两个词都表示机器，但两者的区别在于，前者的各个机构协作能力较差，后者指的是十分有效的组织。——译者注

3. *La Démocratie et l'Organisation des partis politiques*（《民主与政党组织》), Paris，1903，2 vol.

4. *Zur Soziologie des Parteiwesens in der modernen Demokratie*（《寡头统治铁律》）（traduction française de la 1re éd.：*Les Partis politiques：essai sur les tendances oligarchiques des démocraties*, Paris，1919). —2e éd.，Leipzig，1925.

5. *Die Politische Partei*（《政党》), Brünn，1931.

目　录

第二编　政党制度

导论　政党的起源 23

很多组织都可以用法语单词中的“partis”一词来表示，但是不能将它们混淆，它们确实大相径庭。例如，古罗马共和国时期不同等级的社会阶层团体、意大利文艺复兴时期以雇佣兵队长为核心组建的军队，法国大革命时期议会议员开会时的俱乐部、法国君主立宪时期组织限制选举的选举委员会以及现代民主国家构成民意的庞大群众组织等，这些词在法语中都可以用“partis”一词来表示。而这么做是有一定的道理的，这些组织都有一个共同点，即它们的职责是获取和实施权力。尽管如此，我们看到，这些组织并不是一回事。事实上，真正意义上的政党出现也不过是近一个世纪的事而已。1850 年，除了美国，没有一个国家拥有现代意义上的政党。当时世界上只存在一些不同的民意派别、民众俱乐部、思想协会、议会党团，但没有真正意义上的政党。到了 1950 年，大多数发达国家都存在政党，而其他国家则在努力模仿这些国家发展自己的政党。

我们是如何从 1850 年的体系发展到 1950 年的体系的？这个问题不仅仅是一个简单的历史问题。就像任何人一生都带着童年的印记一样，政党也深受其起源的影响。如果不了解英国工党和法国社会党各
自产生的独特背景，就不可能理解它们在组织上的差异。如果不了解 24
法国、荷兰、美国政党的起源，就不可能真正地分析出为什么法国和荷兰是多党制国家，而美国是两党制国家。通过了解这些国家政党的起源，就能知道为什么多党制能在法国和荷兰发展，而在美国却受到

限制。反过来也可以知道，为什么两党制能存在于美国却不能存在于法国和荷兰。总的来说，政党的发展似乎与民主的发展息息相关，也就是说与普选权的延伸和议会权力的发展有关。政治议会的职责和独立性越是增强，其成员就越觉得有必要根据各自的共同点聚集在一起，采取一致行动。选举越是具有普遍性，就越有必要通过那些在选举中推选候选人并能指引选民按照其期望投票的选举委员会来笼络选民。因此，政党的诞生与议会党团和选举委员会的产生息息相关。诚然，相较于这种一般情况，有些政党表现出了或多或少的不同特征，这与选举和议会因素之外的因素有关，而且这种外部性因素构成了这些政党最明显的共同特征。

议会内起源的政党

从议会内部产生政党的机制很简单，首先创建议会党团，然后选举委员会出现，最后，在这两个要素之间建立永久联系。但在实践中，这种纯理论会以各种方式遭到背离。一方面，虽然议会党团通常出现在委员会之前，但事实上有可能是相反的情况。另一方面，议会党团不一定只在民选议院中出现，在专制议院中也会出现。事实上，
25 派别斗争通常出现在所有由世袭议员或任命产生的议员构成的议会中，例如古罗马参议院或是古波兰的国会。当然，我们这里说派系而没有说议会党团，因为在这两者之间，存在着从无组织到有组织的差异。议会党团是从派系逐渐演变而来的。

先验来看，政治信条的一致性是议会党团形成的基本驱动力。但是事实与理论永远没有那么契合。通常，地方团体或者职业政客往往是议会党团形成的第一驱动力，意识形态相对次要。在某些国家，议会党团最初是由地方团体构成的，慢慢地才发展成具有意识形态的团体。对于 1789 年法国国民制宪会议中的那些党派，它们的诞生就是一个很好的例子。1789 年 4 月，三级会议中各省的代表来到了让他

们倍感不自在的凡尔赛。为了避免自己被孤立，来自同一个地区的代表聚集在一起，准备捍卫他们的地方利益。布列塔尼地区的代表首先采取了行动，他们租用一间咖啡馆，并定期组织会议。接着，他们意识到不仅在地方问题上，而且在有关国家政策的基本问题上都有共同的看法，因此，他们试图将其他省份与他们观点相同的代表召集在一起。布列塔尼俱乐部就这样变成了一个具有意识形态的团体。当国民制宪会议从凡尔赛迁移到巴黎时，布列塔尼俱乐部不得不中断会议去寻找其他聚会的地方。他们没有找到合适的咖啡馆，只好租用了一个修道院的食堂。这次他们用修道院的名字命名自己的组织，这也使得这个名字载入史册。也许每个人都已忘记布列塔尼俱乐部，但谁人不知雅各宾派呢？随后另一个地方团体，吉伦特派俱乐部，也通过类似 26
的过程变成了一个具有意识形态的团体。

我们切莫混淆上述地方团体和以开会地点命名的议会党团。雅各宾派的例子仍然值得一提，它似乎是政党史前史最具有代表性的例子。在 1848 年的法国制宪会议中，有王室派、温和共和的学院派、天主教一君主制的普瓦捷大街派、卡斯蒂廖内大街派和左派的金字塔大街派等。同样，在法兰克福议会中，也存在类似的议会党团，如极右的米拉尼咖啡馆派、中右派的赌场派、中左派的符腾堡旅馆派、左派的德国旅馆派和极左的蒙托内尔旅馆派等。这些党派与布列塔尼俱乐部或吉伦特派俱乐部的性质截然不同，代表们在同一个地方见面不是因为他们来自同一个地区，而是因为他们有共同的想法。我们面对的是具有意识形态的议会党团，而不是地方团体。但是它们仍使用会议地点来命名自己的团体，这无法真正体现它们的党派理论和自身特点。

除了地方因素和意识形态的因素外，还需要考虑个人利益因素。例如，某些团体或多或少展现出联盟的特征，以捍卫其在议会中的地位。连任的欲望发挥了很大的作用，议会党团，即便是成熟的议会党团，也不会对这个问题置之不理。显然，需要集体努力的投票技术，能够加强党团形成这种普遍趋势。名单投票制和比例代表制在这方面发挥了重要作用。在一些国家，如瑞士和瑞典，第一批真正有组织的议会党团的形成与比例代表制的出现有着密切的关系。另外，对部长
27 职位的渴望也是促成议会能量凝聚的一个重要因素。例如，法国议会中的几个中间派党团只不过是竞选职位的候选人联盟。

虽然奥斯特罗果尔斯基的观点有争议，但如果要相信他的观点，则腐败在英国议会党团的发展中发挥着相当大的作用。长期以来，英国内阁通过收买议员（如果不是收买他们的良心的话）来确保自己获得多数支持。这事几乎是半官方的：众议院本身就有一个柜台，议员们在投票时可以在那里领取费用。1714 年，英国设立财政部政治秘书一职，负责此种财务操作。随后，由于具有政府职务的任命权，政治秘书被称为职位授予权秘书（the Patronage secretary）。当然任命权与受贿形影不离。通过向多数派议员分发政府的甘露，职位授予权秘书密切关注他们的选票和演讲。这样他就成了议员眼中的执鞭之人，即“党鞭”，就像在狩猎时，“鞭子”能将猎狗赶拢成群一样。严厉的纪律就这样在多数派中逐渐建立起来。自然而然地，少数派也采用了类似的纪律来保护自己——尽管方法不尽相同。后来，随着议会定例逐渐完善，议会党团的结构包括其强大的组织以及党鞭制度，也延续了下来。

研究英国体系是否被他国借鉴采用，以及议会腐败是否让议会党团内部组织变得更加强大是非常有趣的事情。我们知道腐败现象在民主发展的某些阶段是非常重要的，它是政府抵御议会内部日益增长的压力的一种手段。法国的基佐政府和意大利的乔利蒂（Giolitti）政
28 府依旧是活生生的例子。但它们对于各自政党发展的影响是否与英国一样呢？从这一点来讲，这需要避免一概而论。在意大利，乔利蒂政府的做法产生的后果可能有些不同，它瓦解了正在凝聚起来的议会党

团，反而加强了政治斗争的个人化色彩。

委员会的出现与普选权的扩大有着密不可分的关系，因为普选制下的选举需要吸引新的选民。例如，20 世纪初，普选制在欧洲大部分国家的采用带来了社会党的壮大。但是，普选权的普及不是促使委员会产生的唯一因素。平等需求的发展和对传统社会精英的排斥是促使委员会产生的另一个因素。如果没有排除传统社会精英的需求，平等需求也不会被满足。让我们举一个选举权受限制的例子，例如君主复辟时期的法国或者 1832 年之前的英国。在这些国家，不需要选举委员会来吸引选民，因为选民数量不多，又受过教育，能够在没有政党推荐的情况下直接选出候选人。选举只不过是在一些相互了解或者几乎相互了解的绅士之间和同一阶层的人之间进行的活动而已。但是，选举委员会在这种选举受限的制度下还是存在的，只是它在这种制度下发挥的作用是有限的。让我们想象一下，假设选举的限制突然被取消了，而我们却没有设立或者大力发展能够俘获新选民信任的选举委员会，那么这些新选民自然而然就会倒向他们不太了解的又别无选择的那几个候选人，也就是说那些原来的社会精英。例如 1871 年法国国民议会选举中，由于选举突然间变成普选，导致持续二十年官方候选人的时代落下帷幕。但是由于政党还未出现，我们看到在乡村选区，大量的选民还是选择了那些大地主。这也是当时的法国被称为公爵共和国的原因。选举委员会的出现可以说是左翼的创举，它为左翼的发展带来了巨大的好处。通过这些委员会，选民们不仅了解了新的候选人，也看到了新候选人与之前传统精英的不同之处。右翼也不得不效仿左派的做法来保持其影响力。对于左翼的一些创举所产生的影响，我们将在政党组织的章节中详细分析。

委员会如何成立是很难仅用一般性原理来准确描述的，由于地方因素起着重要作用。有时候，候选人自己通过聚集一些支持者来保障自己当选和连任，可以说委员会在一定程度上是人造的。在某些国家，如英国，候选人单独参加选举是不受欢迎的，因此对他而言，必须要几个挚友的支持和担保。在 19 世纪，许多委员会只能通过此种方式诞生。有时，情况却正好相反，一小群人汇集起来推荐一名候选人并帮助他竞选。例如，1876 年在巴黎第六区组建了一个由一群学生和几个工人构成的委员会，推选了法学院教授艾米尔・阿克拉斯（E'mile Acollas）作为候选人。艾米尔・阿克拉斯是第三共和国时期第一位社会党候选人。通常，委员会产生之前会有协会这样的一个前身。在法国大革命期间，思想学社在选举中起到了积极的作用。1848 年，许多大众俱乐部也起了同样的作用。在美国，地方俱乐部在联邦成立之初对选举产生了相当大的影响。报纸也对委员会的产生起着作用。例如，法国 1848 年的《国家报》（*Le National*）和《改革报》（*La Réforme*）对委员会的出现产生了显著影响。

有时特殊环境对委员会的产生也有积极作用，例如，1832 年英国的一项法律规定了选民登记制度，规定由教区贫民监督员设立选民
30 名单。我们知道这些监督员是税收代理人，很少被赋予这样的工作，之所以法律赋予他们这样的职责，是因为个人政治需求发挥了很大的作用，以致个人主张被广泛接受。但是由于法律规定了 1 先令的登记费，许多人不愿意支付，所以选民注册起步显然很慢。随后，登记协会数量迅速与候选人联合起来，为登记手续提供便利并鼓励选民在它们那里注册。这场运动是由自由党发起的，但保守党很快也采取了同样的做法。最初，登记协会并不关心候选人的提名，任何人都可以成为候选人。但随着登记协会的发展，它们也开始关注候选人的问题。

美国选举委员会也是特殊境况的受益者。由于美国大部分公职都是选举产生的，所以没有选举机构的指导，普选会成为一团乱麻。另一方面，美国总统选举是基于一轮投票的，而拥有良好组织的选举委员会对于避免选票的分散起到了重要作用。例如，当大量新移民不断加入选民的队伍从而成为新选民时，他们对美国政治是一无所知的，

即便他们对候选人一无所知，但候选人还是需要他们的选票，这时选举委员会会指引他们将票投给候选人。最后，从杰克逊时代开始建立起的“政党分肥制度”为委员会提供了强大的物质手段，因为政党分肥制度会将所有公务员的职位都分配给执政党。正如腐败加强了英国议会党团的组织一样，政党分肥制度巩固了美国的选举委员会。

一旦议会党团和委员会这两个重要的组织诞生，只需在它们之间
建立常规的协调关系，以此把它们联系起来，这样政党就诞生了。一 31
般来说，议会党团对政党的产生发挥了重要作用。议会党团协调议员们的活动，但每个议员都努力建立与各自的选举委员会的联系，因为他们未来连任与否取决于委员会。其结果是，在议会党团内，不同的委员会因它们的候选人之间的党内合作而间接地联合了起来。那么，当这些个人关系转变成了机构之间的关系时，党就正式成立了。政党一旦诞生，它首先要做的通常是在尚未设立委员会的选区建立委员会。与最初成立的委员会不同，这些委员会是在中央的推动下产生的。政党的演变机制因此发生了逆转。这是很重要的一点，因为不同的程序对确定一个政党集权或分权的程度，还有议员及内部领导人各自对党领导的影响的程度是不同的。在第二阶段，在没有代表的选区创建委员会通常会导致一个有别于议会党团的政党管理机构的建立。尽管保留了一些痕迹，但政党正在远离内生型政党的特点。政党从结构上偏离了选举和议会机制，属于产生于议会之外的外生型政党。

外生型政党 32

在研究内生型政党时，我们将注意到议会之外的其他组织的干预，例如思想学社、工人俱乐部、报纸。外生型政党和内生型政党之间的区别并不严格。然而，在相当多的情况下，我们可以准确地说外生型政党基本上是在一个预先存在且本身不以选举和议会为主要活动的组织上建立的政党。

各种各样的例子告诉我们一些团体和协会会导致一个政党的诞生。由于没法罗列一个详细的清单，我们只举几个例子。工会创建政党的例子是最著名的，很多社会党都是由工会直接成立的，而英国工党是最典型的例子。1899 年的工会联合大会以 548000 票对 434000 票通过福尔摩斯议案（motion Holmes），做出建立议会选举组织的决定，由此产生了英国工党。但在此之前已经存在一个由凯尔·哈迪（Keir Hardie）领导的独立工党，以及由一群社会主义知识分子组成的费边社（Fabian Society）。这两者都对福尔摩斯议案的通过起到了非常重要的作用（福尔摩斯本人就属于独立工党）。但决定性的作用仍然是工会起到的，其结果就是工党特别依赖工会。通过这个例子，
33 我们看到了政党的非议会内起源对政党组织结构的影响。对此，詹姆斯·布莱斯（James Bryce）恰如其分地提出了对两类社会党的区分：一是由工会创建的工人政党，一是我们所理解的，由议员以及知识分子创建的社会党。两者相比，由议员以及知识分子组成的社会党比较纸上谈兵，注重理论多于实践。

在法国，农民党属于内生型政党，源于简单的选举和议会机构。但在其他地方，恰恰相反，农民党的出现与英国工党诞生的机制更相近。农民工会或农民团体决定建立一个选举机构，或者直接将自己转变为一个政党。可见，农民合作社和农民团体对政党创建的影响类似于工人工会对政党创建的影响。农民党的发展虽然不如工党，但农民党在某些国家仍然表现出极大的活跃性，尤其是在斯堪的纳维亚民主国家、中欧国家、瑞士、澳大利亚、加拿大，甚至美国。

费边社对工党产生的作用也说明了思想学社和知识分子群体对政党起源的影响。19 世纪学生社团和大学团体对欧洲民众运动和对第一批左翼政党的出现所起到的作用也是众所周知的，而这些类似现象在今天的某些拉丁美洲国家也存在。同样，共济会对法国激进党和欧洲各种自由党的诞生也有影响。在比利时，共济会的干预非常明确。

比利时共济会总导师德法克茨（Defacqz）于 1841 年成立同盟会，同盟会的产生促进了地方社团在全国各地的兴起。1846 年，同盟会在布鲁塞尔市政厅召开省级社团代表大会，汇集了 320 名代表。大会由德法克茨主持，决定在各地方选举县建立永久的自由社团。虽然知识 34
团体创建政党的例子也相当多，但这样的政党由于缺乏民众基础，很难在普选中取得成功。让-保罗·萨特和几位左翼人士建立法国革命民主同盟的尝试失败就是一个很好的例子。在限制选举下，这种由知识分子创建的政党更可能如鱼得水。

另外，教会和教派对政党的影响力也很大。例如，在荷兰，加尔文主义者成立了反革命党，以对抗天主教保守党。1897 年，更顽固的新教徒创建了基督教历史党，以对抗天主教保守党与反革命党的联盟。1914 年之前，天主教组织的直接参与，或者神职人员本身的直接参与产生了右翼基督教政党。在现代，他们的直接参与产生了基督教民主政党。在比利时，宗教当局的干预对天主教保守党的发展起到了决定性的作用。为反对 1879 年关于世俗教育的“灾难性”法律并保护宗教教育，神职人员鼓动在全国设立天主教学校委员会，导致儿童从公立学校退学，教会学校大量增加。1884 年，这些委员会转变为天主教党的地方分支，天主教党从而成为欧洲组织最强大的组织之一。1945 年，教会对创建基督教民主政党的影响似乎就没有那么直接了。例如，在法国，教会在这方面没有采取任何主动行动。但是，我们还是要强调法国青年天主教协会及其各种专业附属协会，如基督教工人青年协会、基督教学生青年协会、基督教农业青年协会等的催化作用。尽管法国青年天主教协会作为一个组织团体没有进行干预，但无论是在国家层面还是在地方层面，它为政党提供了主要干部分子 35
和活动分子。在意大利，天主教行动党发挥了类似的作用，神职人员的干预可能往往更直接。在德国也一样。

除了工会、思想协会、教会之外，退伍军人协会也是能够促成政党产生的外部因素。第一次世界大战爆发后，它们对法西斯或伪法西斯政党的产生起了重要作用。例如波罗的海自由军团对纳粹的兴起以及意大利退伍军人团体对法西斯党兴起的影响。在法国，这种影响更为明显。1936 年，一个退伍军人协会——法国火十字团直接将自己转变为了法国社会党。需要指出的是，大概在两年前，法国火十字团以战友团转变为了在法国政治中有特殊意义的同盟（Ligue）[1]。同盟与政党一样，是出于政治目的而成立的协会，但它与之前讲到的政党成立的外部因素又不同。从达成目的的角度讲，政党和同盟发挥的作用是不同的。政党通常是在选举和议会领域采取行动，相反，同盟不提出选举候选人，也不召集议员，它只是宣传和鼓动的机器。因此，就其性质而言，同盟是拒绝民主、反议会的。与法西斯党相比，同盟是一种更为原始的政治形式，因为法西斯党虽然也反对议会，但是它
36 深知在民主环境下利用议会来获得权力要比原始的斗争容易得多。同盟自然也会发展成极端主义政党。事实上，一些这样的政党的前身就是同盟，例如意大利的法西斯党。

秘密团体和地下团体对政党产生的影响可以与同盟对政党产生的影响相提并论。事实上，秘密团体和地下团体都是具有政治目的的组织，但它们都不在选举和议会领域采取行动，秘密团体是因为不想这样做，而地下团体是因为受到法律禁止而不能这样做。但一旦法律取消限制，地下团体就会试图将自己转变为政党。1945 年，许多被法西斯占领的国家的抵抗运动组织试图将自身转变为政党，但基本没有成功。法国的人民共和运动（M. R. P.），甚至是意大利的基督教民主党都可以说正是从以前的地下团体中诞生的。苏联共产党也具有同样的起源。1917 年，它一下子掌握了合法权力，但同时保留了其先前组织的显著特征。这些特征随后被世界上所有共产党所接受，并在最初的模式上重新进行了组织。我们必须再次强调政党的起源对其组织结构的影响。从苏联共产党的例子可以看出，维持其组织的合理性

在于，一旦遭到政府迫害，它能再次迅速变成秘密团体而存活下来。

除了上述列举的各种外部组织因素外，工商团体的干预也会导致政党的产生，如银行、大公司、工业联合体、雇主联合会等。不幸的 37
是，很难从中找到一些规律。安德希尔（F. H. Underhill）在《社会科学大百科》中指出1854年蒙特利尔银行、大干线铁路和蒙特利尔大企业对加拿大保守党诞生起到的作用。所有右翼政党的产生好像都受到类似的影响，但大多数时候，由于没有证据，对此我们只是进行假设。因此需要特别细致的研究来明确资本主义集团影响政党形成的形式和程度。

无论外生型政党的起源如何，它和内生型政党的特点都截然不同。内生型政党产生于议会，而外生型政党则以群众为基础，外生型政党比内生型政党的权力更加集中。对于内生型政党，其中央组织是由已经存在的地方委员会产生，目的在于协调地方委员会之间的行动，以及限制自身的权力来最大化地保障它们的自由。对外生型政党而言，委员会和地方选区是在已经存在的中央组织的推动下成立的，这使得它们的活动没有那么自由。那些创建外生型政党的组织的分权程度很显然影响了政党本身分权的程度。例如工党要比资本主义集团创建的政党集权得多。不管怎样，外生型政党和权力集中之间存在着 38
一定的联系。出于类似的原因，外生型政党比内生型政党组织更严密，纪律性更强。这是因为前者有一个已经存在的组织，可以将基层所有的细胞结合起来。而后者的纽带都只是在议会中几个代表联合的基础上形成的。

议会党团对这两类政党的影响也不同，内生型政党深受议会党团的影响。由于内生型政党源于选举和议会，议员在内生型政党内扮演了重要的角色，要么他们集体组成政党的领导机构，要么其中很多人在委员会中担任独立的领导角色。对内生型政党而言，议员的重要性可以通过其在政党诞生之初发挥的重要作用来解释。相反，在外生型政党创建过程中议员参与程度小，影响不是很大。我们察觉到外生型政党对议会党团或多或少不信任，或者想要议会党团服从于领导委员会的权威。社会党就是一个很好的例子，无论是由议会创立的法国社会党，还是议会制度外创立的英国社会党。然而，这个例子不仅没有否定之前的结论，相反，还明显可以说明议会党团对法国社会党的影响比对英国工党的影响要深。所有社会党，即使是内生型的，是否也都或多或少受到外部因素的影响呢？在评估议员对政党产生的影响程度上，政党的起源是个至关重要的因素。

政党的特点与生俱来。对于内生型政党，它侧重议会和竞选活动，在议会中获取席位对于政党生命而言至关重要，这是其存在的理
39 由和终极目标。相比之下，外生型政党表现出来的是一种更超然的态度。选举和议会斗争非常重要，但这只是外生政党总体行动的一部分，是它为实现其政治目的而采用的手段之一。对于法国激进党来说，在议会中赢得最多的席位是首要问题。而对于人民共和运动来说，教育党员和选举一样重要，它的主要目的是宣传精神和道德价值观。对于法国共产党来说，选举不太重要，选举只是用来全面夺取政权的一种战略。虽然这些不同之处不能仅靠起源的差异来解释，但起源的影响是不可否认的。总之，外生型政党，即使在理论上依附于议会，但从来没有像内生型政党那样赋予议会相当的价值。因此，外生型政党的发展要求它们事实上不依赖于议会和选举（往往是无意识的和受压制的）。

内生型政党是传统类型的政党，外生型政党是现代类型的政党。这一点和之前的观点同样重要。20 世纪之前，大多数政党都是在议会中产生的。在社会党诞生前，除了教会对某些天主教政党有影响，如比利时保守党，工业和金融集团对右翼政党有影响，以及知识界和共济会对一些自由党有影响，很少出现议会外部因素的干预。但在社会党诞生后，外生型政党的创建法则反而成了一般规则，内生型政党

成立的方式则成了例外。法国自由共和党的成立及随后的失败就是一个活生生的例子，说明了对于当代政党而言这种产生方式是不按常理的。在这里我们必须撇开那些刚刚才有议会和普选的新生民主国家的 40
情况。在那些国家里，政党的产生通常与内生型政党的情况相一致。这与之前的说法并不矛盾，恰恰相反，它证实内生型政党是随着民主的发展而产生的，随着普选制的一步步而产生的（普选在实践中终被法条明确规定）。普选的发展需要锁定大量新的选民，将个人投票转变为集体投票，委员会的发展是对此的自然回应。但一旦度过了第一阶段，通过选举牢固地建立起政党，那么新政党的产生就会受到这些旧政党的阻碍。只依靠地方势力或单独的举措很难打破旧政党的阻碍，很难成为一个真正的国家政党。换言之，对于一个尚未出现政党体系的国家，首先出现的是内生型政党。一旦政党体系建立并开始运作，外生型政党就会出现，也会变得越来越常见。

注　释

1. 法语 Ligue 一词在法国政治语境中常指极右翼同盟，反对议会制度。——译者注

第一编

政党结构

政党的结构是多样的。依据政党的各种基本要素、一般性框架、 43
党员关系、领导机构等的不同，可以分为三到四种不同的类型。第一种类型的政党是 19 世纪出现的资产阶级政党，它们目前仍然以保守党和自由党的形式存在，例如美国民主党和共和党。这些政党的结构特点在于：它们依赖规模较小、相互独立、通常分散的核心小组；它们不想扩大党员，也不想锁定广大群众，只想把重要人物聚集在一起；它们的活动完全集中在选举上，具有周期性的特性；它们的组织框架尚处于萌芽阶段；它们的领导权仍然掌握在议员手中，并以一种非常明显的个人形式存在（真正的权力属于某个围绕议会领导人而形成的小团体，而党也因这些小团体的斗争而存在）；它们只关心政治问题，不太在乎党的理论和意识形态；人们加入党派往往出于利益或习惯。

欧洲大陆社会党的结构则不同，表现出不同的特点。它们依赖于 44
尽可能多的民众支持。它们有着以严格的个人缴费机制为补充的明确的隶属关系。政党的经费来源与资产阶级政党也不同，社会政党的经费通过缴税从最初的个人资助变成公共财政的一部分。而资产阶级政党除了收取党费获得经费，还通过商人、工业企业、银行等少数捐助者的捐款和资助获得经费。核心小组被更广泛和更开放的分部取代，在这些分部，成员的政治教育与选举活动并驾齐驱。入党和党费的收取需要一个重要的管理机构，因此党内设置了一些常任职位，并形成了具有一定权威的阶层。可以说官僚主义的种子正在这里生长。领导人的个人魅力正在减弱，一个具有党员代表大会、国家委员会、理事会、办公室、秘书处等复杂、分工明确的组织正在建立。原则上，选举在各个地方层级都占主导地位，但在实践中，强大的寡头团体正在显现。党的理论对党起着重要作用。党内竞争不再只是小圈子的斗争，而是派别斗争。此外，党超越政治领域，进入经济、社会、家庭等领域。

我们时代出现的政党是共产党和法西斯政党。它们是更具独特性的政党。与社会党半严密组织和半分权的特点相比，它们组织严密，权力高度集中，各基本组织之间是金字塔式的纵向等级联系，基层被划分为单元，可以防止任何分裂并确保严格的纪律。领导派任或由最
45 高机构任命，议员对此几乎没有影响力。这两类政党都会同时采取公开斗争或秘密斗争的方式进行活动，以防国家通过法律来对付它们。这两类政党要求所有人作出承诺，声称以同样的方式管理公共生活和私人生活。最重要的是这两类政党都对党员进行忠诚教育。这种忠诚教育基于神话和宗教信仰的非理性行为，并将信仰与军队的纪律联系起来。然而，共产党和法西斯政党之间仍然存在着区别。首先，它们的社会基础不同。共产党依赖于工厂的工人，法西斯政党依赖于各种私人民兵。其次，社会成分不同。共产党代表的是工人阶级，体现无产阶级争取解放的先进力量，法西斯政党捍卫中产阶级和资产阶级力量，反对工人阶级夺取政权。最后，它们各自的理论不同。共产党相信群众，倡导平等，建立在乐观的形而上学体系之上，建立在对进步的信念之上，建立在对技术进步所带来的文明之光的深刻信仰之上。法西斯政党相信精英主义，维护贵族统治，强调传统和原始的价值观，如种族、血统、土地等。在法西斯的潜意识中，最高价值的化身是农民而不是工人。

有几种类型的政党更加特殊，不属于上述的三种常见类型。首先 46
是天主教党和基督教民主党，它们介于资产阶级政党和社会党之间。其次是以工会和合作社为基础建立的工党，它们采用了一种间接的结构模式，需要特别分析。农民党，其组织非常多样，局限于少数几个国家。最后，在东方、中东、非洲、拉丁美洲或中欧等一些国家，它们在 1939 年前存在一些古老的史前政党，形式也很多样，如围绕一个有影响力的人物建立起的团体、以封建家庭为单位构成的家族、由一位军事领袖领导的奸党等，但对这些政党本书不做研究。另外，我们提出的模式仍是非常粗略和模糊的，确切地说，它是建立在几类个体差异的基础之上的，涉及构成政党的各种基本要素、政党的总体结构、入党机制、党员参与度、领导人的任命、议员的作用等。下文将对这些方面做具体研究，并尽可能准确地定义这些概念。

第一章

47 政党的组织

人类群体可以分成两部分：成员和领导人，或服从者和指挥者。这也就是法学家狄骥（Duguit）所说的被统治者和统治者的概念。这种观点虽然正确，但过于粗略。这种描述适用于起义的人群，聚集于操场的孩子们，一个有组织的抢劫团伙，小的或不稳定的团体，围绕个人家族或保护者构成的史前政党，等等。对于一个庞大而有持续性的组织来说，这种描述是不够准确的。在这种情况下，党员分属不同的基本组织，这些基本组织通过协调机制构成复杂的体系。对现代政党而言，这种结构非常重要，它划定了党员活动的范围，定义了政党的类型，规定了领导人的遴选机制和其权力。这通常能够解释特定政党的实力和效率。

政党的结构五十年来发生了重大变化。在西方大国，国家的总体
48 结构虽然基本保持不变，但政党的结构至少发生了两次根本性变化。有些国家发生过两次革命，甚至发生过三次革命，这导致这些国家的政治生活条件和民主制度发生了变化。之前，彼此相对独立、封闭的核心小组是政党的基本结构，但 1890 年至 1900 年间，它们被社会党用更开放且相互紧密联系的分部取代。1925 年至 1930 年间，共产党发展出了一种更具独创性的基本组织。这些基本组织以相对较小的工人团体为单位，通过民主集中的原则以金字塔式的结构紧密结合在一

起。这种令人钦佩的组织结构对共产主义的成功所作出的实际贡献一定程度上甚于马克思主义的理论贡献，也使得低水平生活的工人阶级更加团结。大约在同一时期，法西斯政党正在建立名副其实的政治军队，这些私人民兵能够以武力夺取国家政权并随后充当国家禁卫军。

然而，并不是所有西方国家政党都经历了这种转变。在美国，政党仍然保留着它们传统的组织结构。在英国及其自治领，没有共产党或法西斯政党，社会党采用了一种在其他国家不太常见的结构。英国社会党以工会为基础，它有着一种非常值得研究的间接结构。

第一节　直接政党和间接政党 49

让我们对比一下现在的法国社会党和 1900 年的英国工党。法国社会党是由签署入党书、每月交纳党费、定期参加当地会议的个人党员组成。英国工党则是由工会、合作社、互助社和知识分子团体联合构成的以选举为目的的共同组织。英国工党没有单独的党员，只有工会会员、合作社成员、互助社成员等。法国社会党的前身——工人国际法国支部是一个直接政党，1900 年的英国工党是一个间接政党。

直接政党与间接政党概念的区别，可以从单一制国家和联邦制国家的构成角度来理解。在单一制国家，公民直接与国家联系在一起。那么，在直接政党中，政党不是由其他社会团体构成，而是由党员直接构成。在联邦制国家，公民通过自己的州与国家联系在一起。同样，间接政党由其他的基础群体组成。然而，这样的比较也不十分恰当，因为在联邦制国家，一个包罗万象的共同体超越了每一个特殊的共同体。例如，在州之上还有瑞士民族、瑞士爱国主义，一个真正的瑞士共同体。间接政党的概念意味着政党只由基本社会群体构成，严格地说你不是一个政党的成员，你只是一个基本团体的成员，而这整
个团体才是党的成员。然而，这种理论模式在现实中往往会发生 50

变化。

间接政党的形式

一般来说，间接政党有两类：社会党和天主教党。对于社会党而言，其主体是工会、工人合作社和工人互助会。社会党的社会阶层相对单一。对天主教政党而言，党由工会、合作社、农民协会、商人联盟和工业家联盟等不同社会阶层的联合会构成。这两类政党的组织结构很不同，每个政党都有自己的独特性。我们可以通过一些具体的例子来分析。对于社会党，我们采用英国工党和比利时工党的例子来分析。对于天主教政党，我们采用比利时天主教党和奥地利人民党的例子来分析。

农民党是第三类间接政党。在农民党中，农业工会和农业合作社所发挥的作用类似于社会党中的工会和工人合作社。然而，没有一个农业党达到了社会党那样如此高的组织水平。农民党采用间接结构是它们发展的一个基本趋势，但这样的结构在任何地方都没有完全实现，它们往往还保持着非常原始的特征。这样的例子有欧洲巴尔干地区的农民党，特别是保加利亚农民党，还有按照工党模式组织的澳大利亚乡村党，以及将在后边细述的1921年至1939年间的比利时农场主联盟，等等。还可以从其他方面对间接政党进行分类。有的间接政
51 党，它的基本组织由构成政党的基本团体中的成员组成，而有的间接政党，它的基本组织则由基本团体成员选出的代表构成。英国工党是前一种间接政党，比利时工党和瑞典社会民主党是后一种间接政党。但是只有英国工党真正符合间接政党的概念。

英国工党自1900年成立以来，经历了许多不同的发展阶段，这些阶段可以以下列重要事件为分水岭：1913年《工会法》的颁布、1918年《工会法》章程改革、1927年《工会法》的颁布和1946年《工会法》的废止。目前总的来说，英国工党已经从一个纯粹的间接

政党转变为一个混合型政党。因为对于英国工党而言，其成员不单只是集体组织了，个人党员也加入进来。英国工党刚开始是个间接政党，即便 1913 年著名的奥斯本事件（Osborne）对它的性质有所影响，但直到 1918 年，它基本还是一个间接政党。除了工会和其他社会团体外，个人是不可能成为党员的。在工会内，也不会区分亲党成员或亲工会成员。党的各级机关都是由基本组织选出的代表而形成的代表团构成。在党的机构中有一个常设机构，那就是工党主席，由拉姆齐·麦克唐纳（Ramsay Mac Donald）出任，工会主席在推动“党的精神”的形成方面发挥了重要作用。这样，一个真正的党组织很快就在领导层诞生了。

1913 年《工会法》对工党的强制改革和 1918 年工党自己决定的改革，削弱了工党间接政党的性质。1913 年以前，加入工党的工会从所有成员交纳的会费中提取部分作为工党经费，但工会在要求其成员交纳会费时并未就会费是否可以当作特定的政治费用征求他们的意见。1908 年，铁路工人 W. V. 奥斯本（W. V. Osborne）对他的工会提起诉讼，试图阻止工会将其会费用于政治活动。经过几次上诉后，案件最终提交上议院。1909 年，上议院最终判决奥斯本的请求是合法的，这使得工党的处境岌岌可危。立法者于 1913 年通过了《工会 52
法》，对奥斯本和工会之间的问题提出了和解方案。方案包含两个原则：（1）工会有权以无记名投票的方式决定是否加入工党并向该政党支付经费；（2）如果作出上述决定，工会向工党支付的经费相当于其成员所交纳会费之外的特别附加费，但只要工会成员签署一份明确的声明，便有权拒绝这种“政治税”。

第一个规定没有改变工党的间接结构，只是要求工会以无记名投票方式加入工党。第二个原则则从根本上改变了工党的间接结构。1913 年以前，工党没有任何直接政党的特点，加入工会的成员与工党之间没有任何个人联系。“政治税”的出现，表明个人与工党之间的直接联系建立了起来。明确声明代表拒绝，沉默代表同意，所以没有提反对意见的工会新成员就会自动加入工党。从此，在工会内部就存在支付“政治税”的工党党员和拒绝支付“政治税”的非党员。在一次大罢工失败之后，保守党在1927年投票通过了新《工会法》，带来了一项重要改革，推翻了1913年的制度。新原则规定谁不说句话就等于拒绝，也就是说只有正式接受“政治税”的工会成员才有义务交纳。在新制度中，新的工会成员以书面形式表示同意交纳“政治税”的行为相当于个人同意加入工党，这使得工党具有了直接政党的性质。这比许多政党要求新成员加入时所作的承诺更加明晰和确切。在这个阶段，可以说工党更接近于一个直接政党，而非它建立之初的那种纯粹的间接结构了。1946年，工党政府废除了1927年的《工会
53 法》，沉默代表同意的制度被恢复，工会成员只有明确声明才能免除“政治税”。这时工党又回归为一个间接政党。

1918年，工党对党章进行了修改，从另一个角度看，这也是个持久的变化。之前，除了工会、合作社和其他社会主义团体的集体党员外，没有其他类型的党员，现在，工党允许不处于上述组织的男性和女性都可以单独加入工党。除了工会集体党员外，还存在一个个人党员群体，而且这个群体还在不断扩大，英国工党目前拥有729624名个人党员。[1]撇开工会对英国工党的强大支撑不谈，英国工党是欧洲最强大的社会党（图1）。尽管如此，在工党的各级领导机构中，工会仍然占绝大多数。

比利时社会党在1945年经历了深刻变革后，从间接政党转变为直接政党。这种转变还导致了政党名称的改变。比利时社会党在此之前称为比利时工党。比利时工党由合作社、工会、互助会和一些社会主义联盟，如青年联盟和文化团体等组成。比利时工党与英国工党大体相似，但在某些方面存在显著差异。对比利时工党而言，居于首要地位的是合作社，而不是工会。这是因为在比利时工党诞生之前，工

54

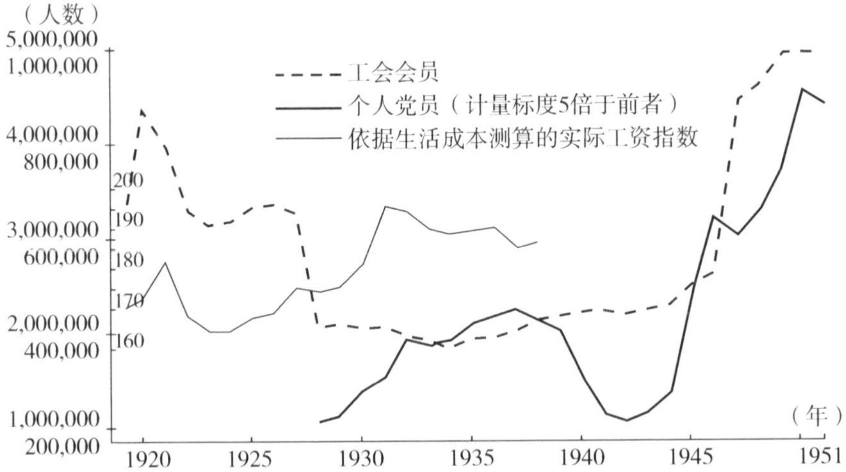

图 1　英国工党个人党员发展趋势

会没有一个强大的组织。工会强大的组织是党而不是工会自己创建的。比利时工党在合作社的支持下发展起来的时候，推动了工会的形成。工会在工党外没有一个强大的中央组织，只有一个总委员会，委员会这个不起眼的名字表明了工会的次要地位。原则上，所有工会成员都是党员，反之亦然。事实上，这种双重从属关系往往会变成三重甚至四重的从属关系，因为工会会员必须加入工党的合作社和互助社。反过来却不一定成立，并非所有的合作社成员或互助会会员都是工会会员，社会主义联盟的成员有时是游离于工会之外的。 55

另一方面，比利时工党的基本组织不是由工会、合作社、互助社等选出的代表组成，而是由这些团体的成员直接组成，例如地方工人联盟就由所有党员构成。从这一点上讲，比利时工党的结构和瑞典社会民主工人党的结构较相似。在瑞典，不仅个人可以加入瑞典社会民主工人党的地方分部——劳动公社，工会、合作社等团体也可以加入。劳动公社领导人须由全体成员在全体大会上选举产生，不考虑全体成员身份的区别，也不从各团体中推出单独的投票代表。瑞典社会民主工人党与英国工党相比，更像直接政党。1945 年以来，比利时工党也越来越像直接政党。这是因为在共产党的压力下，工会与工党分离，工党按照其他欧洲社会党的模式进行了重组，允许个人入党。尽管如此，比利时工党仍努力保持其间接政党的结构。一方面，新党章规定“决心与党共同的努力的经济、社会和文化团体”可以集体加入工党，这些团体和各级党组织通过各自内设的平等的委员会来建立相互之间的联系。另一方面，反对利奥波德三世（Leopold Ⅲ）的斗争使工党与合作社和互助社一起组成了全国联合行动委员会。目前的趋势是恢复间接政党的结构。

1921 年至 1945 年间的比利时天主教党也是一个间接政党。但它
56 的结构不同于英国工党和比利时工党。1914 年第一次世界大战爆发后，基督教民主思潮的发展削弱了由强大的资产阶级和保守党构成的天主教联合会，并使其严重分裂。为了恢复其统一性，或至少相对地恢复，天主教党于 1921 年进行了根本性的改革，规定党由不同的社会团体构成。比利时天主教党从此改名为天主教联盟，由四个基本团体组成，它们是之前代表保守资产阶级的天主教联合会，佛兰芒农场主联盟（该联盟 1931 年与瓦隆农业联盟合并），由工会、合作社和互助会构成的全国基督教工人联盟，以及聚集了工匠和商人的中产阶级联合会。这四个团体每一个团体派六名代表进入天主教联盟总理事会，并轮流担任总理事会主席。总理事会的影响力很弱，只有提议和仲裁的权力，它的主要职能是在选举时让不同的社会阶层团体就建立天主教候选人名单达成一致。因此，无论是在党员层面还是在领导层面，都不存在真正的个人党员。直接加入政党是不可能的，只能加入其中一个社会阶层团体。党的总理事会最初只是由不同的社会阶层团体代表构成的议会。然而，通过设立常设主席的职位，允许非社会团体推荐的候选人成为主席，并赋予其真正的决策权后，总理事会逐渐变得更加独立。这是天主教联盟为允许个人入党迈出的第一步。

57 奥地利人民党与 1921 年至 1939 年的比利时天主教党具有相似之

处。奥地利人民党由三个联合会组成，第一个是农民联合会，第二个是职工联合会，代表体力劳动者和白领，第三个是经济联合会，代表中产阶级。其他协会，如青年运动、一些文化和体育团体等也会加入前面的三个联合会。构成奥地利人民党的联合会远比构成比利时天主教党的社会团体之间的联系更紧密。构成比利时天主教党的社会团体是通过一个权力非常薄弱、具有联合会结构的中央领导机构与党联系在一起的。而奥地利人民党的各级组织，是由一些等级森严、拥有相当显著的特权的机构加以协调的，这些机构的成员不仅仅是由每个联合会的代表构成的。这样一来，我们会问，奥地利人民党是不是不像一个由不同独立组织构成的政党，而本身就是一个统一的政治团体，只不过分成了不同的组织，这让它看起来更像一个直接政党，而不像一个间接政党？这种解释并不准确。从经济和财政角度讲，构成奥地利人民党的每一个联合会都如同构成比利时天主教党的社会团体一样是独立的。另外，与比利时天主教党的社会团体一样，奥地利人民党的联合会也有独立的法人资格。但与比利时天主教党有所不同的是，奥地利人民党的每个联合会的议员在议会党团中都可以被明确区分开来。所以说奥地利人民党是一个组织完整的间接政党。

间接政党形成的原因

由于直接政党比间接政党多得多，因此对于政党组织结构而言，直接政党是常态，间接政党是例外。因此，研究一个政党为什么采用间接结构而不是传统的直接结构是很有意思的。但给间接政党寻找一个一般模型是困难的。在许多情况下，一个政党采用间接结构是由特
定的政治环境所决定。例如，1945 年的比利时，共产党对工会的影 58
响导致工会和社会党的分裂，工会建立了比利时劳工总联盟这样一个独立的组织，从而限制了比利时社会党间接政党的性质。法国却正好相反，共产党导致工会的分裂，新成立的非共产主义的法国总工会一

工人力量总工会发现，相比起老工会，自己与社会党的关系更紧密。同样，1950 年比利时社会党与工会的和解也是因为与特定的政治事件有关：为反对利奥波德三世而创建的全国联合行动委员会成为持续存在的合作平台。可见，给间接政党下一个一般性定义有着相当大的困难。

政党信条可能对政党是否采用间接政党的形式也起到了一定的作用。某些天主教政党成为间接政党可能受基督教民主主义社团主义教义的影响。基督教民主主义理论的出现与通谕《新事物》（*Rerum Novarun*）和《重建社会秩序》（*Quadragesimo Anno*）的相关理论息息相关。基督教民主主义理论在奥地利产生了深远的影响，在德奥合并前，国家就建立在这种理论基础之上。对奥地利人民党来说，它成为间接政党也受这种理论影响。但也不能仓促下结论，因为目前大多数的基督教社会党，特别是法国、德国和意大利的基督教社会党，都是直接政党。但对于它们而言，模仿社会党并借鉴其方法可能比社团主义教义起到更大的作用。就像社会党与其工会保持联系一样，所有当代天主教政党或多或少都与基督教工会组织有联系。

对社会党而言，其间接结构是否与其党派理论有着更大的关系？马克思关于阶级政治的理论难道不能说明英国工党形成的特点？但事
59 实上，在所有社会党中，英国工党是最不重视马克思主义学说的。这一事实足以推翻党的结构与党的理论之间的关系。总的来说，北欧社会党是间接政党，而马克思主义理论在那里发挥的作用相对弱。而西欧社会党，特别是工人法国国际支部，是直接政党，更注重意识形态问题。毫无疑问，我们不能认定政党采用直接结构还是间接结构是受到了党的理论的影响。解释应该是反过来的：工党及类似政党的工会背景解释了它们为何对具体改革有兴趣，而对教义缺乏热情，而法国社会党及其效仿者所采用的直接政治形式则使它们转向理论问题。不是马克思主义导致工会的形成，而是形成工会的要求使得自身优先考

虑立即有效的改革，而非彻底改造社会的愿望，这使工会远离马克思主义。

对于政党是否采用间接政党的结构，国家环境的影响可能比政党教义的影响更大。西欧很少有间接政党，间接政党只出现在北欧、盎格鲁-撒克逊和日耳曼国家。比利时的两个主要政党在历史上某一时期同时采用了间接政党的结构，这一结构在佛兰德斯地区比在瓦隆地区影响更深远。我们在这里难道看不出一种强有力的集体本能的影响吗？这种本能在佛兰德斯历史上留有不少痕迹。选举制度似乎也影响了政党的结构。普选权的缺失限制了社会党发展，从而有利于工会或合作社的崛起，这无疑有利于后者干预前者的形成。另一方面，在比利时和奥地利，名单投票的制度允许每个社会团体或联合会从共同名单中选择自己的代表，从而有利于维护天主教政党的联合组织形式。如果采用单议席单票制，这可能会迫使这些社会团体或联合会就一个候选人达成一致，并导致它们间相互合并。不幸的是，所有这些解释 60
仍然是零碎、肤浅的，基本上是假设性的。

如果把研究领域局限于社会党，可以对研究进一步分析。在20世纪初，采用间接政党结构的工党和采用直接政党结构的社会党之间的斗争相当激烈。通常，这两种类型的政党同时存在于一个国家，如澳大利亚、新西兰、比利时、英国等，但社会党往往最终会消失，取而代之的是工党。在其他国家，只有直接结构的纯粹社会主义党得到了发展，而工会只不过是个独立的组织，不介入政治行动。而在这些国家，间接政党可以认为是工会的发展比党的发展更早更成熟的结果，相反的情况则导致直接结构的产生。在19世纪末和20世纪初，一些国家缺少普选制，如比利时和北欧国家，而一些国家选举斗争较为特殊，如两党制的英国，在这些国家，无产阶级获得议会代表权或在选举中产生除地方外的影响力是不可能的。因此，工人会通过在社会党出现前就已经变得强大的工会或合作社展开政治行动。当政治和选举的发展有利于社会党产生时，现有的工会组织会为它们提供强有力的支持，这就是为什么它们倾向于采用间接政党的结构。英国就是一个很好的例子。早在 19 世纪末，工会就有相当大的权力。1895 年，工会有 150 万名会员，占成年工人总数的五分之一。在同一时期，由于两党制的原因，基尔·哈迪（Keri Hardie）创立的独立工党只获得了 45000 张选票，没有在议会中获得任何席位。可见，只有
61 工会才能建立一个强大的政党，能够在自由派和保守派这两个巨人之间站稳脚跟。

在瑞典和比利时，由于普选权的缺失，工人阶级无法通过政党进行政治表达。相反，工会和合作社的行动有助于改善工人的生活条件。因此，在瑞典，工会发展了起来；在比利时，合作社发展了起来。在这两个国家，争取普选的政治斗争都采用了行业的传统方式，如 1891 年和 1893 年比利时的大罢工，1902 年和 1908 年瑞典的大罢工。因此，社会党自然被迫以现有的阶级组织为基础建立起来，并采用间接政党的结构。我们之前已经解释了以合作社为基础发展起来的比利时工人党间接政党的特性，这里解释一下瑞典政党的特性。在瑞典，各工会于 1898 年决定加入社会民主党。最初，所有工会都必须加入社会民主党。1900 年，改为各工会可以自愿加入社会民主党。1908 年，工会会员被允许通过明确的书面声明单独退出社会民主党。这样一来，瑞典社会民主党的结构更接近于英国工党的结构。

法国的情况却相反。由于巴黎公社的阴影，工会发展受到法定或其他方式的限制，但普选制的出现，让工人阶级得以直接参政。茹尔·盖德（Jules Guesde）于 1879 年建立法国工人党，而法国总工会却在晚于这个时间的 1902 年成立。因此法国工人党采用间接政党的结构是不可能的，因为党的成立先于工会成立。当工会变得更强大时，它发现，除非搞工人阶级分裂，它无法与一个它认为强大、太政治化、太教条化、太资产阶级化的社会党去进行竞争。这自然使得工

会转向纯粹的行业行动。在其他国家，例如德国，政党高度发达，62 工会沦为党的工具。英国的情况恰恰相反，在英国，政党是工会的工具。比利时的情况也大致相似，直到 1945 年，合作社还是构成政党间接结构的基本单位，工会只是作为一种附属机构在党内发展起来。

将这些观察结果概括起来，可以提出一个一般的社会学模型：当工会或合作社先于社会党诞生时，社会党自然倾向于采用间接结构，并在工会和合作社的基础上壮大自身；相反，如果社会党的出现早于工会，它就走上直接政党的传统道路。对于后一种情况，如果工会出现时，政党过于强大，工会就会依赖政党；相反，政党如果不够强大，工会就独立。当然，如果将这些结论看作是社会学的绝对性定律，那么它们无疑是错误的。但这些结论如果作为一种基本倾向的表达，并将其他能影响（减弱或否定）这些结论的因素相结合，倒是可以被看作一个能提供合理解释的原则。

第二节 基本组成部分

一个政党不是一个单一共同体，而是许多个共同体的集合，是由协调机构将分散在全国各地的小团体，如分部、核心小组、地方协会等维系起来的联合组织。上述组织即政党的基本组成部分。如果说直接政党和间接政党的概念是从横向的角度理解政党结构，那么区分不同的基本组成部分则是从纵向的角度理解政党结构。组成间接政党的每一个行会团体或职业团体本身就是一个基本组成部分，如工会、合作社、农场主联盟、地方中产阶级联盟等，但它们都不是政党。政党无论是在中央层级看还是在各地方各级看，都是由这些基本组成部分 63 聚集而产生的。我们不能混淆构成政党的基本组成部分和政党的附属机构。附属机构以政党为核心进行运作，要么去团结政党的支持者，要么加强党员对党的忠诚，例如青年运动、妇女组织、运动联盟、文化机构等。但是这些机构和那些联合起来组成间接政党的职业团体以及行会团体之间的区别不是特别明显。例如，工会对于直接政党来说就是政党的附属机构，但对于间接政党而言就是政党的一个分部。只有对政党组织结构进行整体研究，才能对此加以区分。

每一个政党的基本组成部分都有自己的独特性。法国激进社会党的核心小组、法国社会党的分部、美国政党的选举委员会和选举代理人、共产党的支部、意大利法西斯政党的民兵组织等，这些组织从本质来讲不具有共性。每个政党都有其独特的结构，与其他的政党互不相同。但是，对于大部分政党而言，至少可以区分出四种不同的基本组成部分：核心小组、分部、支部、民兵组织。

核心小组

英语的核心小组（caucus）一词对应法语的 comité[2]，也可被称为委员会、小集团。核心小组的定义首先与它本身规模小的特点有关系。它由少数成员组成，不寻求扩展规模，也不为扩大自身规模而进行宣传。严格地说，这个小团体是一个封闭的团体，不是任何人都可以加入的，人们只有通过某种指派或正式的任命才能加入。尽管核心
64 小组在人数上不具有优势，但权力很大。它的权力不是基于其成员的数量，而是基于其成员的质量。它是一个由具有影响力的知名人士组成的团体。

核心小组在一个相当大的地理范围内运作，通常与主要的选区相对应。在法国，核心小组主要分布在法国的大区，这也是第三共和国的基本政治选区。在美国，核心小组存在于县，因为体现美国政治分肥制的公职人员选举主要在县举行。核心小组的活动是周期性的，在选举期间达到顶峰，在非选举期间大幅减少。简言之，核心小组是半常设机构。它既不是一个为竞选而生，随竞选结束而销声匿迹的周期性机构，也不是一个类似于现代政党的不断进行煽动和宣传的常设

机构。

在这些一般特征的背后，可以区分几种类型的核心小组。首先是直接核心小组和间接核心小组。法国社会激进党的核心小组是一个直接核心小组。核心小组由因其个人素质或个人影响力而被选中的知名人士构成，如有影响力的商人、农村中产阶级、农村或小城镇的公证人或医生、公务员、教师、律师等。他们并不代表某个阶级或集团，他们不是代表，而仅是一些有影响力的个人。事实上，能进入核心小组的成员并不是基于任何特定的规则推选出来的，而是指派的结果。对于在没有个人党员出现前的工党而言，正好相反，其核心小组是间接的，由地方工会、贸易委员会、社会主义团体、合作社等机构各自选出的代表组成。尽管它与法国社会激进党的直接核心小组有很大区别，但它并没偏离核心小组的特点。工党核心小组的每一个成员都是 65
显要人物，只不过这次并不是因为他们的人格魅力，而是因为他们是被选举出来的代表。这意味着，人们开始放弃有好出身或社会声望的传统精英，转向得到有组织的群众信任的“制度性”精英。

与由有声望的人员组成的核心小组相对的是专家型的核心小组。成员之所以能够进入这类核心小组，不完全是因为他们的个人影响力，还因为他们熟悉开展竞选活动的方法。美国政党的核心小组就是一个专家型的例子。然而，这些专家较少聚集在核心小组里，他们更多地会成为选举代理人。这些选举代理人是核心小组在地方的代表，使得核心小组成员在国家基层发挥其影响力。在美国，县或市一级的核心小组负责协调选区内的选区代表的活动（大约有 3000 个县，140000 个选区）。在法国，大区的核心小组力求在每个市镇安插自己的代理人。我们不要混淆这些选举代理人和在竞选活动中帮助核心小组宣传的志愿者，例如英国的游说人和法国的支持者。与这些志愿者相较，选举代理人是政党框架的组成部分。

详细分析选举代理人的作用多有裨益。对核心小组而言，他们很少是由核心小组支付报酬并为核心小组工作的全职员工。他们也不是前文提及的纯粹的志愿者。一般来说，他们处于两者之间，从政党中
66 获取物质利益，但同时也有私人职业。然而，在美国，选区代表是一个或多或少虚构的行政职位，有时由政党直接或间接地全额支付工资，使他们能够为政党工作。人们经常注意到酒类零售商也可能是选举代理商。有什么地方比酒吧、酒馆更适合政治宣传呢？在那里你可以休息和放松，也可以聚在一起自由交谈。谁能比老板更适合传播想法呢？如果懂点心理学，就知道这能够产生巨大的影响。正因政党知道这一点，它们才努力吸收这些人。小酒馆正在成为现代民主国家的政治聚集地。

核心小组是政党结构中的古老形式。它们是在纳税选举制度中，或普选制度刚发展阶段中形成的政党组织形式。直接核心小组实际上把传统的社会精英聚集在了一起，它们组织薄弱，但无论是从构成还是从结构来讲，个人影响都占主导地位，体现资产阶级的意识。用马克思主义的话来说，他们是资产阶级的政治表达。从 19 世纪末的欧洲，可以区分出两种类型的核心小组：一种是保守党的核心小组，由贵族、大实业家、银行家甚至有影响力的神职人员组成；另一种是自由党或激进党的核心小组，包括普通商人和实业家、公务员、教授、律师、记者和作家。

一般来说，19 世纪纳税选举制下的政党只不过是核心小组的联
67 合会而已。事实上，核心小组与在政党出现之前就存在的选举委员会的传承关系是显而易见的。只要这些选举委员会不是为选举而生而亡，那么超越选举的限制，获得永久性，它就可以变成真正的核心小组。但是很难确定选举委员会什么时候消失，核心小组何时产生。

普选制时代的到来并没有导致核心小组在所有国家消失。只要人民群众还不能成立自己的工会或政治组织，他们就只能通过核心小组参与政治活动。因此，各核心小组设法去影响人民群众，例如增加选

举代理人的数量。这反映的也许是一种无意识的努力，将旧的形式强加给大众，使他们在普选中保持被动从而限制普选带来的政治后果。然而，一种直接锁定和监督群众的卓越管理技术，例如成立分部，往往导致核心小组的衰败。

但核心小组的衰败不是普遍现象。首先，间接核心小组的出现使陈旧的党组织焕发活力，使之能够很好地适应新的社会结构。通过以工人组织、工会组织和合作社的代表代替因出身和财产而成为核心小组成员的资产阶级知名人士，这使得核心小组能够以群众为基础，并在此基础上成立真正的人民政党，如英国工党。核心小组的结构本身已经发生深刻的变化。旧的19世纪英国保守党或自由党的核心小组与英国工党核心小组之间的结构差异是巨大的。与传统的核心小组相比，间接核心小组显然是一种反常形式。尽管民主不断发展，但目前，核心小组仍然是一种重要的组织形式。在这方面可以引以为例的 68
有世界上大多数国家的右翼政党，以及美国政党的特殊情况。这在前一种情况中很自然，因为这些右翼政党所代表的资产阶级分子既不喜欢组织之类的东西，也不喜欢分部和支部办的集体行动。这一阶级的存在，是基于对有着好出身或在自由竞争中胜出的“传统”精英的认可，所以自然会通过核心小组表达政治观点。上层和下层资产阶级对此持有共同态度。英国保守党、北欧自由保守党、右翼政党和法国激进党是以核心小组为基本组织结构的政党。虽然它们中的一些政党试图采用分部结构，但没有成功，因为分部结构与它们的社会基础不符。

美国的两个主要政党的情况是类似的，它们首先都是选举机器，依据各州的法律确保候选人能在总统候选人提名大会或初选中被提名。从这方面讲，它们是相当原始的机构。其次，美国政党并不是具有意识形态的团体或具有阶级性质的团体。在美国广大领土上，每个政党都汇集了意见迥异、社会地位迥异的人。从根本上讲，政党由负责赢得选票的专业人员和通过政治分肥制获得行政职位的人组成。这些专业人员通常可以为敌对政党服务，这就像工程师可以更换雇主一
69 样。欧洲政党也有同样特征，两者的区别在于方法而非目标。另一方面，美国政党也有欧洲大陆政党的特征，保留了获取议会席位的痕迹。因此，美国和欧洲的政党不是绝对没有可比性的。在某种程度上，两者存在共性。

根据上述观察，可以说美国的政党是以核心小组为基本组织机构的政党。对于美国政党的核心小组而言，我们可以区分正式核心小组和非正式核心小组。正式核心小组是一个从市、县到国家的等级森严的核心小组。非正式的核心小组是由老板（boss）和竞选团队构成的核心小组。在每种情况下，我们都有由一小群名人构成的小团体，他们的个人影响力比人数更重要。在竞选团队中指派知名人士，符合直接核心小组的经典体系。这些知名人士往往是职业政治家。可见，美国政党的结构非常古老。虽然在发展过程中，美国政党有了选举代理人，并加强了核心小组的选举作用，但它依旧保留了旧资产阶级民主的政治特点。美国政党的核心小组没有被分部和支部这些结构所取代，是因为经验表明，世界上很少有政党会改变其基本组织结构。美国政党像古老的欧洲政党一样仍然忠于核心小组这种组织形式。真正的问题在于，为什么普选权出现和大众参与政治后，美国没有一个具有现代结构的左翼政党诞生。美国没有一个伟大的社会党产生，似乎是由于美国工人阶级缺乏阶级意识，是由于他们根深蒂固的个人主义。对此，列宁则认为是因为他们的小资产阶级（小市民）性质。美国政党古老的结构似乎是美国政治保守主义的结果。从本质上讲，美
70 国的两个主要政党与欧洲政党相比，属于右派或中间派。总之，美国政党以核心小组为基础的事实符合我们前面概述的总体趋势。

分部

与核心小组相比，分部（branch）是一个分权程度比核心小组低的基本组成部分。分部只是政党的一部分，不太可能独立于党。相反，核心小组高度自治。事实上，我们可以看到，以分部形式为基本组织结构的政党比以核心小组为基本组织结构的政党更集权。分部的独创性在于它的结构，而不是它与其他分部的相互联系。对于分部的概念，可以通过与核心小组的对比来一点点地界定。核心小组的规模很小，但分部的规模就比较大。分部力求招募党员，增加党员人数，并增强总体实力。分部不轻视党员的质量，但党员的数量是最重要的考虑因素。核心小组是一个封闭的团体，只能通过指派或选举的方式进入，而分部对成员的招募是开放的。实际上，分部是只要想加入就可以加入的。但大多数政党都对入党的资格条件还是做出了规定，这一点我们会在后面细述，但这些规则和条件通常理论性过强。核心小组由有影响力的知名人士组成，而分部的成员是大众。

分部寻求与群众保持联系，因此，它的组织从地理范围看往往比
核心小组要聚焦。例如，在法国，核心小组主要存在于大区一级，而
分部则基于市镇。在一些大城市，分部甚至以更小的行政区域单位为
基础来扩充自己的数量。另外，一些政党在分部内设立较小的支部机
构，以便对其成员进行更精确的监督，例如德国、奥地利和法国社会 71
党都有更小的支部。然而，人们对太小的支部不太信任，因为这些支
部会产生竞争和造成混乱。例如，支部间的争端造成了早期社会党的
削弱，因此，法国社会党在 1905 年重新统一后，为了对应内部的争
端，在党章中明确了分部与其支部机构的主次地位，拒绝给支部任何
形式的自治权。最后，分部与核心小组的区别在于分部是常设性的，
而核心小组是半常设性的。在选举期之外，核心小组会经历一个休眠
阶段，在这个阶段，它的会议既不频繁又不规律。相反，分部的活动

不仅在选举期间非常活跃，在选举间隔期也很频繁，定期召开会议。社会党分部通常每月或每 15 天举行一次会议。事实上，分部召开的会议与核心小组召开的会议性质是不同的。分部召开会议不仅是一种选举策略，也是一次政治教育。党的发言人首先会在党员面前介绍问题，然后再和党员对问题进行讨论。事实告诉我们，会议的主题往往容易偏离到地方事务和选举问题等琐碎的议题上，这些以分部形式作为基本组织的政党往往会做出值得称赞的努力来抵制这种倾向，并确保意识形态和公共利益有足够的讨论空间。

由于分部比核心小组人数多得多，因此它有一个更完善的内部组织。至于核心小组，其内部的等级制度不是很严格，一般来说，领导的个人影响往往占据主导地位，仅此而已。在美国，核心小组往往是由老板的追随者组成。核心小组内部人员有时会有自己正式的职务和头衔，如主席、副主席、财务主管、秘书、档案管理员等，但这些职位并不与分工严格对应。相反，除了主席享有特殊的威望外，其他人
72 的头衔仅仅是个荣誉而已。至于分部，其等级结构更清晰，职责分工更明确。分部的委员会负责管理所有成员，它至少包括一名秘书，负责召集成员并制定会议议程；包含一名财务主管，负责收取各个党员的党费。委员会成员的任命有自己的程序，那就是选举，对此我们将会在下文详述。

分部是社会党的发明。采用直接结构的社会党自然选择分部作为其展开行动的基本单元。一些间接结构的社会党也采用了分部这一组织。例如，比利时工人党最初的形式是地方工人联盟，它将工会成员、合作社成员、互助会成员聚集起来，其中很多成员同时属于多个组织。比利时工人党的这种结构使得其间接政党的特性减弱，让其更接近于一个通过多个附属机构加强对其成员进行监督的直接政党。社会党创建分部这一组织形式是顺势而为的，这是因为社会党试图监督指引群众，对他们进行政治教育，从群众当中吸收精英，而分部正好

符合这三个要求。核心小组是资产阶级的政治表达机构，而分部是群众的政治表达机构。然而，并非所有群众都接受社会党，因此，资产阶级政党目前也在采用分部这种组织把群众吸引到它们身边。在许多国家，中间党，甚至右翼政党，已经改变了组织形式，抛弃了核心小组这种基本组织形式，将分部作为自己的基本组织形式。不仅所有的新政党都遵循这一策略，许多旧政党也采用这一策略。支部的出现，在政党中引起了“组织”传染病。

虽然很多政党受影响采用了分部的组织形式，但分部的影响力仍然有限。对于大多数采用分部的保守党或中间派政党而言，分部只是个理念，不存在于实践中。首先，分部召开会议的频率通常很低。例 73
如，比利时基督教社会党的党章规定，分部每年举行一次大会。但也需要注意的是，1948 年，在瓦隆的 677 个分部中，有 233 个分部至少每月举行一次大会。其次，分部不仅不核对登记的党员数量，也不定期收取党费，因此，除了委员会和一小部分忠实党员外，谁是分部的党员很难知晓。[3]另外，由于缺勤率太高，忠实党员的人数也很难确定。从根本上讲，只有分部的委员会才是党的基本组织，因为它会定期开会，确保分部的日常运作。从某种意义上讲，分部的委员会也不过只是一种特殊类型的核心小组而已。例如，一些核心小组返老还童，将自己变成分部，所以在分部的外表下，依旧是按照核心小组的模式继续运作。政党领导人普遍对这种情况表示遗憾，但没有意识到这是不可避免的，因为这根植于他们团体的社会基础中。上层、中层、下层资产阶级都不喜欢集体行动。他们认为已经展开了足够的政治教育，不需要分部会议上传播的教导（这是错的）。资产阶级发现很难从自己群体之内招募到能使会议变得有趣的忠实而活泼的人：他们的习惯与生活方式为其自身提供了多种消遣，而非仅有政治小团体这一项，而恰恰是后者颇受工人阶级欢迎。资产阶级认为他们还有其他条件来肯定自己的社会重要性，并且仍然对政治抱有一定的蔑视，而人民大众则认为政治是提高自身地位的手段。不同的动机在农民阶级中产生了类似的后果，支部主要符合工人阶级的心态。当然，这些
74 社会心理学的解释是一般化的、粗浅的，具体情况还因国家、种族和传统而异。但总的来说，采用分部是全球趋势。

保守党和中间派政党采用分部作为基本组成单位的事实具有社会学的意义。撇开分部用来监督和吸引工人阶级的作用不谈，它们采用分部的根本动机是使政党民主化，让党的结构更符合当时的政治民主理论。除了间接核心小组的形式外，一般来说，核心小组由少数知名人士组成，不仅不民主，还具有明显的寡头政治特征。分部是对所有人开放的，因此从理论上讲，领导人由党员选举产生，这种做法符合政治民主的要求。从社会学意义上讲，当一个机构符合一个时代的主导理论，符合关于权力性质和形式的最广泛持有的信念时，它就是合法的。因此，保守党采用分部作为基本组织形式的意义与封建国家采用议会制和教化程度不高的国家采用普选制的意义是一样的。这是对时代思想的牺牲，是恶对善的致敬（如果你称善为正统，恶为异端）。在实践中，它并不会更有效；因为如果制度不适应其所基于的社会基础，那么仅靠教条是不足以保证其运行的。

除了社会党，只有天主教政党或法西斯政党才能真正发挥分部的作用。这也证实了我们先前的分析。天主教政党的宗教信仰，法西斯政党的神秘民族主义，将中产阶级引向他们天生厌恶的分部这种基本组织结构。事实上，这两种类型的政党，就其教义而言，在很大程度
75 上跨越了阶级界限，成功地吸引了工人群体。深入调查会发现，以工人为主的分部比以资产阶级或农民阶级为主的分部运作得更好。对社会党分析后就能证实这种结果。在社会党身上可观察到分部制度的衰落，这似乎与它在逐渐中产阶级化有关。对社会党分部的起源到现状进行研究（但不幸的是，这些档案很少保存下来，而且资料也很缺乏）会发现，与 1900 年至 1914 年相比，今天分部的活动没有那么频

繁。这一退化可能反映了分部社会结构的演变，因为分部不再纯粹地只由工人阶级构成。目前，对大多数社会党而言，由无产阶级构成的分部似乎比由资产阶级或两者混合构成的分部更有活力。

支部

支部（cellule）和分部有两个基本区别，一是组织的地理分布，二是成员数量。与核心小组一样，分部按照地区分布，但分部的地理范围比核心小组窄。支部的地理分布则不以地区为界限，而以工作场所为界限，汇集了所有在同一工作场所的党员，存在工厂支部、车间支部、商店支部、办公室支部和行政部门支部等各种支部。支部这样的地理分布对党员的居住地没有任何要求，他们的居住地可能相当分散。在大城市，许多公司雇用了生活在郊区的雇员，因此可能会发现同一支部的成员彼此住得相当远。支部成员居住地地域分散的特性在 76
某些特殊情况下很重要，特别是对聚集在同一艘海船上的“船上支部”而言，它将水手联合起来。除企业支部之外，还存在地方支部。地方支部可以把孤立的工人聚集在一起（对共产党而言，必须至少有3个成员才能组成一个支部）。另外，地方支部还可以把不参加集体工作的党员聚集在一起，如工匠、医生、律师、商人和工业家、农民等。从地区分布的角度讲，地方支部与分部具有相似处，但两者还是有区别。地方支部比分部的地域层级更小。例如，最小的分部可能是市分部，但支部一般有村支部、邻里支部、街道支部，以及城市大型住宅的单元楼支部。但地方支部并不具有同等重要性，因为真正的支部是企业支部，它聚集了在同一地方工作的党员。

另一方面，就成员人数而言，支部比分部少得多。一个分部的成员平均人数通常超过 100 人，有时可能是几百人，甚至几千人。相反，支部成员的人数永远不会达到 100 人。1945 年，莱昂·马尔（Léon Mauvais）在法国共产党全国代表大会上关于组织问题的报告中说道："不出意外地我们也会发现存在一些人数超过 100 人的支部，但无论如何这些支部都是不可能高效运转的。"[4]接着，他又说："有一些支部的成员人数只有 15 到 20 人，但他们能完成的工作量是那些成员数为 50 到 60 人的支部的三倍。"可见，支部的最佳成员人数为 15 至 20 人。然而，共产党的党章并没有对支部成员人数的上限加以规定，因为这不仅关系到党员的数量，而且关系到额外寻找领导者的可
77 能性。如果将一个太大的支部一分为二，就需要为划出来的第二个支部另外找一个能够履行职责的书记。对此，莱昂·马尔在同一份报告中很好地解释了这一点。他指出："一旦任命第二个书记的条件成熟，就必须对成员数人数较多的支部进行拆分。"

支部的性质和规模使其对其成员的监督控制的权力比分部大得多。首先，由于支部是在工作场所成立的，党员们每天都见面，因此支部绝对是一个常设组织。另外，除了召开会议，支部成员之间的联系也是经常性的。因为在工作开始或结束时，秘书可以很容易地发布命令，分配任务，监督每个人的活动。由于成员的平均数量较少，因此其行动更加有力。在一个由几百名成员组成的分部中，领导人既不能亲自了解每个人，也不能与所有人保持密切联系。但这对一个只有 15 到 20 人的支部而言，不是什么特别困难的事。同时，这也意味着支部成员能互相了解，也更有利于党内团结。

上述事实使得支部体现出一定的职业性，还为其发展提供了具体和直接的基础。例如企业问题、工作条件、工资待遇等都是开展政治教育的良好起点。当然，这也有一个危险，那就是支部完全沉浸在争取工作条件的工作中，从而忽视了纯粹的政治问题。换句话说，就是支部做了工会该做的常规工作。经济问题对支部是一种诱惑，使它忽视政治问题。从法国共产党全国代表大会的组织报告中，我们可以看到，要避免这种情况，需要付出很大的努力。[5]如果支部能够避免对政治问题的忽视，那它会是多完美的政治机构呀！但如果向广大人民群

众提出一般性的，甚至是非常有吸引力的想法，而不向他们展示其直 78
接成果的话，他们很快就会脱离这样的组织。对人民群众来说，政治不是奢侈品，他们需要政治解决实际问题。但对于大多数资产阶级国家而言，特别对西欧国家而言不是这样的，因为他们珍视思想的价值，热衷于展开思想辩论。如今，对于分部的地方支部而言，它不赞成将政治和日常现实联系起来，对它而言，通常政治与污水处理厂的建立、附近道路的维护或人与人之间的争吵几乎没有直接联系。但政治与工资水平、工作稳定性、工作条件和企业组织密切相关。如果一个政党坚持马克思主义理论，上述联系就更加紧密了，因为对马克思主义而言，政治是经济的上层基础。如果一个政党不断努力将每个人的请求与一般原则联系起来，将每一个具体问题与整体政治联系起来，将每一个具体问题理论化，它将为其成员提供前所未有的力量，它也将对其成员产生无与伦比的影响力。

当然，这种分析有局限性，它适用于对工人政党的分析。对其他党来说，支部会削弱而不是加强政治教育和对党依赖性。在欧洲，工人认为工作条件和职业生涯境况是集体行动的结果，具有政治性质，因为只有通过政治性的集体行动，才能有效地改善这些条件。相反，资产阶级、中产阶级和农民认为工作是私人事务，它们的改善主要是个人努力的结果（美国工人阶级也有同样的观点）。即便经济在朝着计划经济的方向发展，但这显然没有改变中产阶级和农民阶级对此的态度，因为他们打心底里排斥计划经济。对工人阶级政党而言，劳工
问题并不是政治生活的唯一议题，还应包括对党的激情、笃信和信仰 79
等。无论如何，支部是个坚实的组织，特别是它能将与工作毫无关系的政治问题和企业运作问题联系起来。例如，它可以直接组织罢工，或通过控制工会开展罢工。

最后，支部容易展开地下秘密行动，但分部就不太容易这样做。开展地下活动，分部面临着两个重要困难：一是如何召集成员，二是

如何选择会议地点。对于支部而言，这些困难很容易解决，党员们每天都在工作场所见面，随时可以联系到他们，甚至不需要特地召集他们。就像我们可以很容易地在工作时间前后传递信息和组织小会议，只需要增加小规模支部的数量就可开展地下活动。支部能开展地下活动是合乎情理的，因为支部的产生就是为了开展秘密行动。早在1917年以前，支部就已经出现在俄国的工厂里，在受到警察追捕的同时，仍冒着极大的危险进行革命宣传。支部和地下知识分子是俄国社会民主工党的基础。当俄国社会民主工党中的多数派上台并转变为共产党时，它保留了支部这个基本组织。支部为无产阶级的教育和指导提供了极好的基础。

分部是社会党的发明，而支部是共产党的发明，更具体地说，支部是俄国共产党的发明，它通过第三国际1924年1月21日的决议声
80 明“组织政治工作的重心必须转移到支部里来”，要求全世界所有共产党创立支部。但这条路并不容易，特别是在法国。法国共产党在1920年从社会党中分离出来，并保留了社会党的基本组织——分部，因此党内活动分子对创立支部表示一定程度的反对。将现存的分部划分为不同的支部，将这些分部的党员按照企业重新划入相应支部，为支部挑选大量负责人等都是巨大的问题。考虑到改革必须在1925年4月之前完成，很难在没有任何细节错误的情况下去解决这些问题。1926年，莫里斯·索雷斯（Maurice Thorez）在里尔举行的全国共产党代表全体大会上提交的报告中对此作了有趣的评论。

与分部不同的是，支部从没有被模仿，至少没有被成功模仿。也许有一些非社会党可以成功地以分部为基本组织，但只有共产党能依靠支部这个基本组织建立起来。[6]出现这一现象原因在于，资产阶级政党很难采用支部这种基本组织形式，商人、实业家、医生和农村地主不可能以企业支部作为基本组织聚集在一起。支部如果存在于资产阶级政党，也只能把雇员、公务员和工程师聚集在一起，如此一来，支

部只能成为党内很小的一部分。但这一结论并不适用于社会党。但为什么社会党也没有采用支部这个比分部更有效的组织来管理其党员呢？工会的反对可能起着决定性作用，工会视支部为一个危险的竞争对手。对采用间接结构的社会党而言，支部是不可能产生的。对采用直接结构的社会党来说，成员与工会的实际联系也不可能导致支部的产生。我们不会忘记，当支部在 1930 年开始展现其有效性时，在大部分国家，社会党早已得到总工会大多数成员的支持。对共产党来 81
说，工会是一个要围攻的堡垒，而支部为他们提供了一个很好的战斗武器。对社会党来说，工会是一个需要捍卫的堡垒，所以要排除任何可能削弱它的事物。

另一方面，党员的意愿对于是否采用支部无疑发挥了重要作用。1924 年至 1925 年对共产党重组的抵抗似乎表明，支持者更喜欢旧的分部，而不是新的支部。当然，还必须考虑到习惯和传统的影响。共产党采用支部已有 25 年的历史，但党员们更倾向于地方分部而不是企业支部。在法国，共产党领导人长期以来一直强调企业支部的重要作用，但效果不够明显。在最近的几次全国党的代表大会上，特别是 1950 年的大会上，这一现象被多次强调。莫里斯·索雷斯指出：“这是一个非常重要的政治问题，关系到我们党的基本理念。”[7] 在党代会的报告中，奥古斯都·勒科尔先生（A. Lecœur）指出：这种对企业支部的不满源自后者的错误方针，过分关注劳资纠纷，而忽视了政治问题。但这种解释是否足够，对地方分部的偏好是否与更深层次的原 82
因有关呢？许多人不仅仅是为了工作而加入一个政党，更是为了帕斯卡（Pascal）称之“消遣”的原因，换句话说，这些人是为了寻求从日常焦虑中解脱，并拓宽视野。从这个角度来看，分部由于涉及地区范围较广，允许不同背景的人见面，发表演讲、举行辩论和开展地方问题对话，比支部更能提供“消遣”而吸引成员加入。支部的建立和维持需要巨大的领导权威，因此只有共产党才能建立支部。所以，对于分权和纪律松散的社会党而言，支部是不可能存在的。

有人可能会说，分部的成立以群众为基础，是顺其自然而产生
83 的，符合最小努力法则，而支部的成立则是人为的，因为它需要一个领导机构。然而，不应夸大分部和支部间的对比，也不应夸大以支部为基本组织的政党的发展困难程度。这种困难对法国共产党而言更为突出，因为最强大的法国总工会直接隶属于该党。当工会是社会党的组织时，共产党支部有一个重要而准确的行动基础，那就是与工会斗争，传播更强大的口号以从内部反噬它们。相反，当工会是共产党的组织时，工会本身的行动和支部的活动就有重复的可能。值得注意的是，与第二次世界大战前相比，1945 年法国共产党的企业支部规模大幅下降（图 2 和图 3）。共产党员社会阶层结构的变化在一定程度上解释了这一现象，因为来自中产阶级和农业阶级的党员比例增长高于来自工人阶级的党员（表 1）。但这并不是唯一的因素，1944 年的

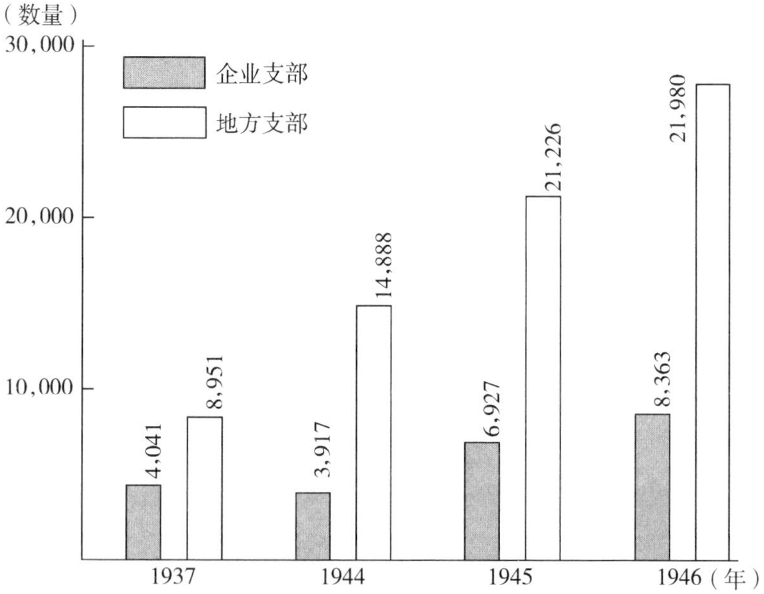

图 2　法国共产党的企业支部和地方支部[8]

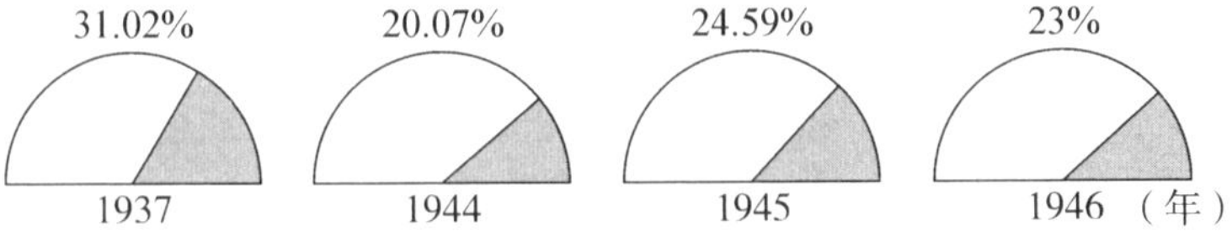

图 3　法国共产党的企业支部所占的比例[9]

企业支部的数量低于 1937 年的数量，而工人人数却有所增加。自 1946 年以来，工人在共产党中的比例似乎在上升，而企业支部的数 84 量却在下降，对此，勒科尔先生在没有给出具体数据的情况下，在 1950 年法国共产党全国代表大会上说，“这不只是几个孤例，而是符合总体趋势发展的”[10]。可见，作为党的基本组织的企业支部的发展似乎遇到了困难。而领导人正在努力克服这些困难，因为他们认为企业支部比分部更有效。

表 1　第二次世界大战爆发前后法国共产党党员人数表[11]

年份	工业地区		半工业地区		农业地区	
	党员人数	人口占比（%）	党员人数	人口占比（%）	党员人数	人口占比（%）
1937	144,383	1.02	93,926	0.646	54,392	0.284
1944	153,000	1.08	120,634	0.83	97,834	0.512
1945	222,323	1.57	202,018	1.389	192,014	1.6
1937 年至 1945 年间的增长（%）	53.9%		115%		253%	

领导人对工人党的看法当然是对的。分部只是一个松散、非持久 85 的组织。支部是一个高度团结、定期召开会议的持久组织，有规律、严格和健全的纪律。许多党员不喜欢支部的工作，相对于支部的工作，他们更喜欢分部的讨论。但事实上，这些发言人恰恰是较不优秀、较不真诚、较不可靠的人。相反，一些党员认为支部可以提供一种立即、准确和严肃的行动手段，也可以作为一个培训中心。支部对

于共产党而言是一个能提供力量的组织。然而应当指出的是，支部转移了政治行动的重心。核心小组基本上是一个选举和议会组织，是一个获取选民和对当选官员施加压力的工具。它组织公民进行投票，保障公民与他们议员之间的联系。对于分部而言，这个特点已经大大减弱，分部召开会议目的是对成员进行教育。分部的目标不仅是在选举中取得成功，而且要为其成员提供政治培训，从而选出一个能够代表群众行事的代表。对于分部而言，选举和在议会中获得席位仍然占主导地位。相反，对于支部而言，选举和在议会中获得席位变得非常次要。就其结构和规模而言，支部不是一个选举工具。支部的地域分布不再与一个选区或一个分选区相吻合。它的出现是为了能够方便企业内部的行动，而不是为参加政治投票。当然，通过支部进行宣传有利于竞选活动，但这是以间接和迂回的方式进行的，因为从原则上讲，选举活动必须由其他机构组织进行。

支部的出现导致了政党概念的深刻演变。政党不再只是一个旨在赢得选票、联络当选官员和保持与选民联系的组织，而演变为煽动、
86 宣传、扩招党员和在有必要时进行秘密行动的工具。对强调后者的政党来说，选举和议会辩论是不重要的，只是一种行动手段而已。政党的这种转变非常重要，怎么强调都不为过。这种转变标志着政治制度与为保障前者运转而产生的组织之间出现了裂痕。普选和议会民主的到来导致了政党的诞生，然而，政党本身的发展也使得某些政党与选举和议会制度发生了疏离。就此现象而言，支部只是一个小的表现方面，我们将遇到更为严重的问题。

民兵组织

对于那些以民兵组织（militia）为基本组织形式的政党来说，政党与选举和议会活动之间的分裂更为明显。民兵组织是民间军队：成员按照军事方式招募，服从军纪，接受军事化训练；像军人一样穿着

制服，佩戴徽章；像军人一样举着旗帜，跟着进行曲有节奏地列纵队前行；像军人一样准备持武器与对手进行肉搏战。但他们仍然是平民。除特殊情况外，民兵组织的成员不会被经常动员或由组织长期奉养，但他们要经常集合和参加演习，并随时准备好接受调遣。民兵组织通常分为两类，一类是像现役部队一样的民兵组织，另一类是像预备役一样的民兵组织。例如，在希特勒的冲锋队中，有像现役部队一样的民兵组织，其成员每周被召集三四次，且几乎每周日都被召集参加宣传和游行或维持政治集会秩序。与之相反，35 岁以上的民兵或因职业原因被动员的民兵，他们被单独编在一起，所承担的义务也比 87
像现役部队一样的民兵组织少得多。1921 年建立的意大利法西斯战斗团也将民兵组织分为两类，一类是像现役部队一样的壮年兵，一类是像本土保卫军一样领受次要任务的后备兵。

民兵组织的军事性质不仅表现在其人员组成上，而且表现在其结构上。民兵组织基于小组，这些小组以金字塔形式组织起来，形成越来越大的单位。对于纳粹冲锋队而言，最基本的组织单位是由 4 至 12 人组成的班。3 到 6 个班再组成排，4 个排组成连，2 个连组成营。3 至 5 个营组成团，一个团的兵力在 1000 至 3000 人之间。3 个团组成旅，4 到 7 个旅组成师，每个师的兵力分别与德国的 21 个州相对应。红色阵线战士同盟（1929 年被解散，后重组为反法西斯战斗联盟）也是德国共产党的民兵组织。为了能够随时动员，红色阵线战士同盟最基本的组织单位为班，最开始由居住在同一街区的 8 名居民组成，后改为由 5 名居民组成。4 个班组成排，3 个排组成友谊团。墨索里尼法西斯的民兵组织有同样的结构，其最小组织单位是战斗班，然后按照罗马历史上的军队术语依次集合，构成排、百人团、步兵大队和军团。

从来没有一个政党完全以民兵组织为基本组成部分。德国纳粹党除了纳粹冲锋队外，还有企业支部和传统的分部这些基本组织。意大

利法西斯党也是一样的。魏玛共和国时期，德国共产党的红色阵线战
88 士同盟只是起到了保护作用而已。当政党想要维持会议秩序，保护发言者和支持者时，一般都会组建一些民兵组织。对于这些政党而言，虽然民兵组织发挥着非常次要的作用，但这并不妨碍它们将民兵组织视为基本组成部分。也许除了19世纪出现的核心小组型老政党，其他政党很少会完全依赖于四个基本组织的其中一个作为基本架构。对于以分部为基本组织的政党而言，常会在没有设立分部的市镇地区设立个人通讯员职位，方便与地方委员会保持联系。例如，1948年，瓦隆基督教社会党有677个地方支部机构，但在没有支部的地区有1847名通讯员。通讯员的作用与核心小组政党中的选举代理人非常相似。以支部为基本组织的政党也必须大力发展类似于分部的地方支部，以便团结那些无法以企业为单位组织起来的党员。同样，一个以民兵组织为基本组织的政党，在保持其特性的同时，也可以拥有错综复杂的分部和支部。由于核心小组、分部、支部和民兵组织之间不是互相排斥的，所以以核心小组为基本组织的政党、以分部为基本组织的政党、以支部为基本组织的政党和以民兵组织为基本组织的政党，这四类政党之间的区别在于采用哪一种结构作为最重要最基本的组织。当然，这样来选择不是由这些组织的数量或其成员的人数决定的，而是由政党的发展需要决定的。对于法国共产党而言，企业支部远远少于地方支部，但其仍是共产党的重要基本组织。对德国纳粹党而言，冲锋队的人数似乎只略多于党员的三分之一。例如，1922年，每15000名党员中有6000名冲锋队成员。1929年，该数量比为175000∶60000，1932年为1200000∶350000。[12]尽管如此，民兵组织
89 仍然是纳粹党的基本组成部分。企业支部和民兵组织分别给共产党和纳粹党指出了总方向，提供了策略，赋予自身以独创性和风格。

民兵组织是法西斯党的产物。首先，民兵组织符合法西斯主义理论，即索雷尔（Sorel）、莫拉斯（Maurras）和帕雷托（Pareto）三

个人思想的混合体。用他们的话来说，法西斯主义主张精英和少数活跃分子群体的主导地位，并利用暴力来实现征服和维持权力。民兵组织正好将这些少数群体组织起来，并赋予他们暴力行动的手段。从法西斯党的社会阶层结构来说，民兵组织是资产阶级和中产阶级通过武力对抗群众来阻止工人阶级统治的工具。其次，民兵组织的产生还取决于法西斯主义的历史背景。1920 年，意大利处于混乱和无政府状态，法西斯重新建立了一个残酷但立竿见影的秩序，取代了无能的政府。同样，在魏玛共和国时期，冲锋队从共产党和社会党手中夺得对街道的控制权，同时也唤起在战败德国中重建军队的希望。

可见，民兵组织更加疏离选举和议会活动，民兵组织是用来推翻民主政权的，而不是建立民主政权的。这样的例子有：法西斯民兵进军罗马，使墨索里尼手掌权力；纳粹民兵焚烧国会大厦，镇压德国共产党，希特勒取得独裁政权。尽管如此，在夺取政权阶段，以民兵组织为基本组织的政党不会无视选举和议会的作用。希特勒对罗姆（Rohem）团体和墨索里尼对黑衬军的反对就是最好的例子。希特勒和墨索里尼两个人都参加选举，组织密集的选举宣传，策划复杂的阴
谋。但这只是他们行动的一个方面。最重要的是，他们利用选举和议 90
会机制来摧毁议会和选举，而不是在其框架内行动。以支部为基本组织的政党做法也是一样的。

人们可能会问，支部和民兵组织之间是否相互渗透并相互补充。一个有趣的事实是，以民兵组织为基本组织的政党对支部非常感兴趣，并试图在党的结构中给予支部一个重要地位。纳粹党中有大量的企业支部，其首要机构——第一分部中，企业支部领导部门是三个主要部门之一。[13]法西斯党在掌权之前没有给支部留有发展的空间，那是因为支部在那时还不存在。众所周知，俄国以外国家的共产党直到 1924 年才接受支部。在 1939 年第二次世界大战爆发前夕，欧洲各国的小型法西斯政党正在努力建立自己的支部，这种尝试并非毫不费

力。另一方面，除了法西斯政党外，只有以支部为基本组织的政党才能大力发展民兵组织。当然，很多其他政党也会采用民兵这种组织形式：德国社会民主党有“神圣罗马帝国旗帜”这样的民兵组织，奥地利社会民主党有工人民兵组织，比利时工人党在1920年也成立了自己的青年民兵组织。除纳粹党之外，唯一一个建立了能与希特勒冲锋队相媲美的民兵组织的政党是德国共产党。1945年左右，共产党的民兵组织在欧洲的发展更为明显。当其他政党正在进行抵抗运动时，共产党是唯一一个在占领时期成功组建自治军事组织，并在光复后将
91 其变成强大民兵组织的政党。众所周知，民兵组织在一些东欧国家，特别是在捷克斯洛伐克也发挥了作用。

一个政党同时采用民兵组织和支部这两种基本组织的原因是它们都相对疏离选举和议会。所以，以民兵组织为基本组织的政党会毫无顾虑地采用支部，反之亦然。从本质上讲，这两个基本组织结构有相似性，一方面，它们的规模都较小，成员之间联系紧密，另一方面，它们采取行动的频率也较相近。民兵组织和支部如此相似，那支部难道没有像民兵组织进行军事动员那样对自己的党员进行“平民动员”吗？最后，这些基本组织之所以能共同构成一个政党，是因为这些基本组织之间的联系及其所形成的总体结构有相似性。

第三节　总体组织体系

核心小组、分部、支部、民兵组织这些基本团体是如何相互联系，共同构成政党的？这涉及党的总体组织体系这一问题。虽然这个问题表面上看起来是纯粹的技术性问题，因此是一个次要问题，但其本质是一个政治问题，是一个首要问题。政党的基本组织之间的联系是如何安排的，对党的活动分子、意识形态的统一和党行动的有效性，以及对党的作风和原则来说都有着重要的影响。

总的来说，政治的组织体系往往效仿政府行政机构的组织体系。也就是说，政党的“基本组成部分”的分组集群，会与国家行政区划的金字塔等级模式相吻合。如果政党的基本组织在某个层级具有主导地位，那么对应的行政区域也是相对重要的。在法国，各支部和分部联合构成省联盟，大区和县的支部和分部重要性较低，具有次要和从 92
属地位。在比利时，组织体系主要体现在区，因此省或市镇委员会的重要性要小得多。在荷兰，主要位于区，而在瑞士则位于州。然而，一些政党表现出的是与之相反的脱钩现象。法国共产党长期以来一直在大区内集结党员，但这与法国的现行行政区域没有任何对应关系。法西斯民兵组织的不同层级的联系也具有明显的特殊性。德国社会民主党以区为重要单位，但这与德国州的行政区域结构不符（表 2）。最后，组织体系在某个地域层级呈现明显重要性的现象并不普遍。相反，有些政党会认为，组织应在不同的地方层级都明显存在。在这个意义上，结构对党的集权程度有重要影响。

孱弱的组织体系与强大的组织体系

让我们比较一下法国激进社会党和比利时基督教社会党，它们各自代表一类政党组织形式。法国激进社会党的组织关系非常薄弱。法国激进社会党主要由地方委员会、省分部联盟和附属报社组成。一般来说，只有省分部联盟才可以直接加入激进社会党。如果地方委员会想要入党，必须按照法国激进社会党的党章规定，先在省分部联盟注册成为会员。然而，党章却没有规定省分部联盟的构成方式和地方委员会如何加入联盟。因此每个联盟都可以按照自己的意愿进行组织。在激进社会党党内，省分部联盟之间的关系并不是很明确。尽管社会激进党的党章规定了党员代表大会和执行委员会中的代表问题，但是并不很严格。1914 年第一次世界大战爆发前，党代表大会是由党选举出的代表，以及报社、委员会和省联盟的代表组成的，但报社、委 93

员会和省分部联盟代表的具体人数和产生方式并不明确。目前而言，已交纳党费的委员会成员和省联盟成员可以领取一张“党代表大会门票”，从而成为党代表大会的代表。因此，任何人，或者说几乎是任何人，都可以成为党代表大会的代表。

作为最重要的中央机构，执行委员会的人员构成也没有明确的规定。执行委员会由当然成员（ex-officio）和党代表大会选举产生的代表组成。当然党员包括：参议员和议员，省议会议员和那些人口超过5万的城市的市议会议员，委员会的名誉主席和副主席、委员会的主席或前任主席、秘书长和前任秘书长，省分部联盟的主席和秘书。1914年以前，党代表大会选举从每省和每20万名居民中选出2名代表。1914年之后，党代表大会从每个省选出2名代表，其中一名从每10万居民或不足10万的居民中产生，另一名从每200名交纳党费的党员或不足200名交纳党费的党员中产生。自1945年以来，党代表大会只通过上述第二种方式选举产生代表。代表只占执行委员会人数的四分之一，其余由当然成员组成。法国激进社会党的组织体系非常薄弱。激进党不像是一个每个社群都能按其人数占比表达意见的政党，它更像是一个由联系不够明确的、松散的核心小组构成的政党。这种联系之所以不够明确，主要是因为派系竞争、圈子和知名人士的斗争。世界上许多温和派或保守派政党都有类似的结构。并非所有政党的结构都有同样程度的模糊性，有些政党的组织体系甚至更孱弱和不明确，例如美国政党。

将法国社会激进党与比利时基督教社会党相比，我们可以看到惊人的差异。比利时基督教社会党的党规详细规定了组织体系，以保证每一个基本组织结构都能参与党的整体生活（图4）。地方分部每年
94 都要按照每100名党员1名代表的方式选举至少2名代表，这些代表和国会议员、省议员一起组成区代表大会，并选举一名主席和至少12名成员。他们自己再指派相当于当选成员人数一半的成员组成大

区委员会，负责党的地方领导。每个委员会从区代表大会中选举出全国党代表，根据规定，比例为每 250 名地方分部定期注册的党员产生一名代表。全国党代表大会是党的最高机关，任命国家委员会的大部分成员（其余人选则为指派）。国家委员会负责党的日常管理。国家委员会可以扩大成为总理事会。总理事会由国家委员会和区委员会主席、每个大区的第二代表和两名指派的成员一同组成。总理事会是党代表大会和国家委员会之间的一个中间机构，就重要问题与各分部联盟进行直接而迅速的协商。 95

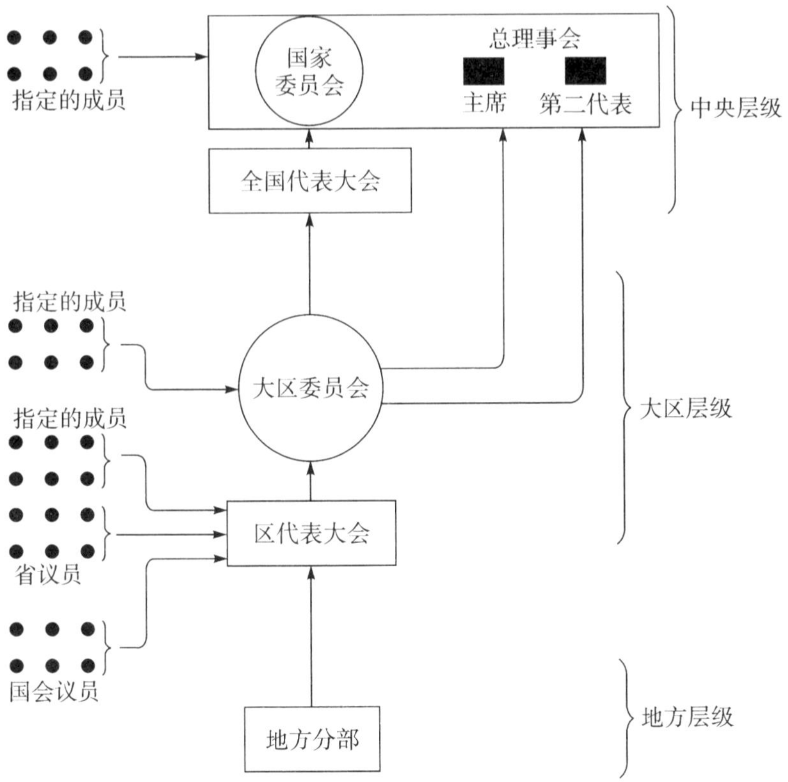

图 4　比利时基督教社会党的组织体系

比利时基督教社会党的组织体系不是原创的，它受到了比利时社会党结构的启发。之所以拿它当例子，是因为比利时基督教社会党的成立较晚，结构也较新较明确，它只是应用了在世界上绝大多数的社会党、大部分天主教党和基督教民主党，以及许多其他政党中广泛采用的体系。在共产党和法西斯党，或者许多既不是共产党也不是法西斯党的政党中，结构则有所不同，那是因为一方面，这些政党的组织体系等级更具多样性，另一方面，组织体系不与区域划分一一对应。但总的来看，社会党、天主教党、共产党等，它们组织体系的特点是相同的，都具有联系性强的特点，这一点与法国激进社会党组织体系孱弱的特点形成了鲜明对比。对这些政党而言，政党是一个有组织的团体，其所有的基本单元都有一个明确的位置，这个位置决定了它们各自的重要性。现实中，阴谋和党派仍然有可能存在，但它们只有在党内及各组成部分中找到支持时才能发挥作用。正如法国社会党那样，一些团体在努力吸收每个分部的党员，吸收每个联盟的分部，吸收党代表大会中的联盟，以便对党产生影响。

我们不应把强大组织体系与民主混为一谈，但孱弱的组织体系肯定无法体现民主。例如，激进党的整个组织都是为了压制党员的声
96 音，把党的权力交给小型寡头团体。但反过来则不成立，一个强硬的组织体系既可能体现民主，也可能不体现民主。在社会党中，由于有明确的任期、投票监督和代表资格审查制度，各层级的选举实现了高度的民主。对于基督教民主党而言，各种各样的程序，如比利时基督教社会党的指派制度削弱了民主性。对共产党而言，中央任命领导人导致了事实上的寡头政治，而基本组织间强有力的联系是形成寡头政治的一个重要因素，从而加强领导人对支持者的控制。

什么因素导致组织体系的强弱？也许可以考虑民族背景的差异。例如，西欧社会党的组织体系不如北欧国家的社会党强大，而意大利的不如法国的强大。但这一观点并不完全正确，因为法国共产党比德国社会党的组织联系更强大，法国社会党比英国保守党更强大，等等。此外，还可以考虑特殊的历史情况。在 1940 年至 1945 年反法西

斯战争中，秘密斗争的必要性导致欧洲政党加强了组织体系。即便是在第二次世界大战结束后，有些政党还保持了这样的特点。但这个因素并不是主要的因素。

选举制度的影响似乎更重要。名单投票要在一个很大的选区内进行，这就要求选区内的核心小组之间或地方分部之间建立强大的组织体系，以便就名单的构成达成一致。相反，单议席单票制是在小选区内运作，地方上的每一个小团体都会成为一个独立的实体，从而削弱党的组织体系。如果采用名单投票制和比例代表制的结合，事实上不 97
存在交叉投票，并严格确定候选人顺序的话，那么强大的组织协调机制是更有必要的。无论是否采用比例代表制，名单投票的存在要求一种超越地方层级的组织协调机制，它减少个人的影响，增加思想的影响，使总体方略优先于地方主义考量，从而推动它以党的全国组织为优先来行动。而比例代表制的存在也必然要求某种这样的组织系统，特别是剩余席位的分配在国家一级进行的时候。

这结论不是来自先验的推理，而是基于大量实际观察的结果。按时间顺序讲，首先可以提到比利时的例子。比利时的政党在 19 世纪末的欧洲拥有最强大的组织结构，这与名单投票制息息相关。之后，比例代表制在各地的采用加强了所有的组织体系。令人震惊的是，在一些国家，官方对党员统计数量也是这时才开始的，因为当组织体系过于薄弱时，是无法统计党员数量的。最后，法国的情况尤其引人注目。当法兰西第三共和国组织孱弱的政党也被第四共和国组织强大的政党所代替时，单议席单票制也被比例代表制所取代。现在，以区作为重要根基的激进党会多么怀念原来的投票方式呀！同样，单议席单票制也与美国政党基本组织联系弱的事实相契合。但选举制度的影响似乎并不是决定性的，因为在同一个国家，不同政党的基本组织之间的联系程度也存在强与弱的差异。无论选举制度如何，社会党都比保守党的组织体系更强大。人们不禁要问，与法兰西第三共和国相比， 98

第四共和国时期的政党更为强大，这难道不是因为组织孱弱的政党（激进派和温和派）消亡，而组织强大的政党（社会党、共产党）不断壮大，以及新成员人民共和运动的加入吗?

事实上，关键因素似乎在于组成政党的基本要素的性质本身。分析表明，这些因素与党的组织体系的强弱存在关联。在19世纪，政党以核心小组为基础，有着孱弱的组织体系。今天，欧洲大多数保守党、温和派和自由党的例子依然揭示了这两个本质特征。美国政党也是如此。相反，社会党和大多数天主教政党都以分部为基础，同时又有强大的组织体系。社会党的组织体系比基督教民主党更为强大，因为社会党的分部更为稳定、数量更多，而基督教民主党的分部运作不够规律。最后，以支部为基础的共产党和以民兵组织为基本单元的法西斯党，其组织体系更加明确、强硬、强大。当然，由于受民族背景的影响，与德国纳粹党相比，意大利法西斯党民兵组织的组织化较差，显示出较弱的组织体系，纳粹党冲锋队的组织化达到了非常高的程度。

这一现象的解释就是，核心小组体现的是深刻的个人主义和知名人士的政治影响，所以其组织体系的孱弱是自然的。相反，如果要避免这些分散在企业中的小组织隐入浅薄的讨价还价的活动中，那么支部体系必须对它们开展非常严格细致的协调。在以民兵组织为基础的体系中，这就更有必要了：其军事机构的性质意味着它们之间不仅要
99 持续合作，而且有着非常精确的等级关系。至于分部，它的名称意味着它要融入一个更广大的社群，而它所要实现的党的民主结构则要求每个基本团体在党的控制中发挥与其实际重要性相称的作用，这反过来又产生了一个相当刚性和相当强大的组织体系。

然而，这些事后的解释并不重要：关键的事实是，在实践中，核心小组体制下的组织体系孱弱，分部体制下的组织体系较强大，而支部体制和民兵体制下的组织体系则非常强大。我们还可以发现其他类

似的事实。这些事实表明，我们面对的是一个根本性分野，即两类政党之间的基本区别。例如，我们可以看到，强大的组织体系与复杂组织相对应，孱弱的组织体系与简单组织相对应。政党越是想在不同的基本要素之间保持精确的联系，就越是要增加协调机构，发展它们的职能，确定它们之间的分工，并通过这种方式，建立一个名副其实的政府机器，而不是一个组织孱弱的权力机构雏形。这个政府机器包括权力之间的分立：立法权由“代表大会”（或在没有代表大会的情况下，由“总理事会”或“国家理事会”）行使，行政权由执行委员会（或由“国家委员会”“中央办公室”等）行使，司法权由“仲裁委员会”“监督委员会”或“争端解决委员会”行使。党政机构的日益复杂化显然得益于这样一个事实，即具有强大组织体系（在分部、支部或民兵组织体制下）的政党也正是旨在吸收更多党员的政党，而组织体系孱弱（在核心小组体制下）的政党则不然。在此，我们还可以看到另一种区别：干部党与群众党的区别。下文将详细讨论这些不同点。

纵向联系和横向联系 100

组织体系的强大与孱弱的区分虽然很重要，但对研究政党来说是远远不够的，因为这只是一个初步分类。事实上，还存在纵向、横向联系和集权、分权这两种不同的分类方式。

纵向联系的概念并不新鲜。一般来说，纵向联系指的是将两个上下级机构联系起来。例如，市分部和区委员会、区委员会和省分部联盟、省分部联盟和国家委员会的联系等。这样的联系不是共产党发明的，却被它发展到了一个非常完美的地步。相反，同一级的两个组织之间的联系被视为横向联系。例如纳耶市（Neuilly）分部和帕西市（Passy）分部之间的联系，里布耳热市（Libourne）委员会和拉雷奥市（La Réole）委员会之间的联系，多尔多涅省（Dordogne）的省分部联盟和洛特－嘉隆省（Lot-et-Garonne）的省分部联盟之间的联系。纵向联系体制意味着党内只允许纵向联系，不允许横向联系。就纵向联系型政党而言，同一层级的组织只能通过上一级的介入相互交流。这意味着两件事：一是组织间没有任何直接的横向联系，二是上级机构由代表组成。假设两个市分部无权建立直接的横向联系，那么在这种情况下，省分部联盟代表大会如果是由所有地方分部的成员组成的，那么一个间接的横向联系将出现。相反，如果只有选举出的分部代表才能进入联盟代表大会，则各分部之间就不会有联系了。

101 共产党是一个完美的纵向联系型政党的例子。各支部之间不直接进行交流，而是通过分部进行沟通。分部由支部代表组成，这些代表选举产生一个委员会，委员会再设立办公室。各分部本身也不相互沟通，它们通过联盟进行联系。联盟由分部代表构成，分部代表每六个月举行一次大会，大会选举产生联盟委员会，联盟委员会设立办公室。各联盟之间也没有联系，而是通过党的全国代表大会联系。党代会每两年召开一次，选举产生中央委员会，中央委员会提名政治局、秘书处和政治监督委员会。这种体系绝对地防止了党内分裂、不同派系的出现或反对派的发展，因为一个支部内产生的异议不能直接影响其他支部，异议只能通过支部代表传达到分部。但在分部，每个代表都是被精心挑选过的，因而有可靠性。同样的问题在其他上级层级也会出现，但是，每高一个层级，代表们的格局也越高。但随着层级的提高，讨论问题的自由度却在下降，相较而言，支部内的讨论自由度很高。

集权加强了纵向联系，也进一步降低了异议扩大的风险。下级机构的代表不对其委任者负责，而是对上级机构负责，因此，他们有责任向上级机构通报其所属团体中可能出现的异议。这样做不是为了捍卫其团体的利益，而是希望中央能够干预。这些不同的保障措施之所以有力，是因为党中央在指派各级官员方面发挥着重要作用，党中央

与这些官员保持着持续的联系，这些官员会告知中央任何可疑的行 102
动。党中央似乎建立了某种秘密机构来控制政党。[14]因此，一旦党的某个环节出现一点问题，它就可以高能、高效地进行干预。该体系与船舶上建立的安全机制非常相似，船只被分成密封的舱室，彼此隔离。[15]

纵向联系还是党保持统一性和同质性的有效手段，便于党进行秘密行动。纵向联系以及同层不进行横向联系是地下活动的基本规则，这些规则使得警察对组织的行为进行干预时，不会伤及整个组织。从公开行动到秘密行动的机制也非常简单。党首先从不太忠诚的成员下手，开除掉这些害怕禁令或害怕迫害的成员。然后党进一步分割其基本组织结构的人数。例如，1940 年，在保留整个共产党组织的情况下，最初的基本组织由 5 人缩减到 3 人。秘密行动促使共产国际在 1924 年采用纵向联系的结构，那时，由于战争和时代迫害，共产国际必须半公开半秘密地行动，而纵向联系机制发挥了充分的价值。然而如今，很多人仅是从共产党适应秘密行动的角度来评判其采用纵向联系的问题，但实际上，对于共产党而言，这种结构作为统一工具的价值无疑是更大的。

共产党并不是唯一采用纵向联系结构的政党，法西斯政党也通常 103
采用类似的结构。例如，对纳粹党而言，它也采用纵向联系的结构，由中央直接任命各级领导人。在 1908 年《结社法》之前，俾斯麦采取的限制性措施导致德国社会党采用纵向联系结构。每个地方的社会党党员在公开会议上选举一名“受托人”，这些受托人合法地组成社会党的重要机构。因此，各分部之间没有沟通，只能通过他们的受托人进行沟通。不管怎么说，这一分而治之的做法具有的是法律效力而非政治效力；它更多是用以规避法律，而非确保政治上的一致性。事实上，几乎所有政党都想采用纵向联系，特别是那些具有较为强大的组织体系的政党。各分部之间以及各省联盟之间几乎没有直接沟通，而是通过代表从下到上进行联系的。横向联系型政党和纵向联系型政党的分类是不准确的，只能分成纯粹的纵向联系型政党和纵横混合型联系政党。当然，相比纵横混合联系，政党更愿意采用纵向联系。组织体系孱弱的政党的横向联系程度达到了顶峰。横向联系同时通过领导人和成员实现，要么是党的基本部门成员之间直接联系的结果，要么是两个相邻地方委员会领导人之间或两个相邻省联盟领导人之间相互联系的结果。在激进社会党内部，由于党章没有禁止或规定，因此两个相邻的地方委员会之间的领导人或两个相邻的省联盟之间的领导人可以完全自由地联系。

104 对于组织体系强大型政党而言，横向联系是个例外。横向联系主要存在于间接政党，通过基本组织的领导人之间的接触而完成。1921年至1936年间，在比利时天主教党中，领导委员会在农场主联盟、中产阶级联盟、天主教联盟和基督教工会之间架起了横向联系的桥梁。同样，英国工党委员会通过工会、合作社、互助会、社会主义者同盟的代表进行横向联系。

对直接政党而言，横向联系仍相当重要，它不再是一种内部联系制度，而是一种外部扩张的手段。在这种情况下，领导人常会采用横向联系来控制党的附属机构，或者基本组织的成员可以通过交流来渗透敌对政党或平行机构。政党发展工会、文化体育协会、目标有限的政治联盟，如国民阵线（Front National）、和平者联盟（Partisans de la paix）等这些机构的目的都是吸收支持者，并通过他们来加强党的影响力。党通过和这些团体的领导委员会之间建立横向联系来保持控制权，因为党的这些附属机构的领导人要么就是党的领导人，要么是由党任命并受其监督的人。

在许多情况下，横向联系是不明显的。工会、文化体育协会、各种阵线和联盟各不相同且又都独立于党，但事实上，这些机构的领导职位都掌握在党手中。党控制的方式多种多样。德国社会民主党曾经创建了个人联盟这样的独立工会，并要求工会的领导人和公职人员都必须是党员。共产党完善了这一制度。共产党的附属机构有大量有名 105
望的人士，但重要领导职位基本上都由党员担任。1945 年法国的国民阵线也体现了这种策略，它的领导班子存在院士、将军、主教、艺术家和学者。

渗透机制针对的不是党的附属机构，而是与党平行的机构，如独立工会、对手政党等。政党在这些机构和自己之间建立了联合行动团体。通过这些团体，政党采取行动渗透这些平行机构，政党既可以控制它们也可以瓦解它们。显然，渗透得以开展的前提，是攻击者比被攻击者具有更完善的组织：渗透主要由以支部或民兵组织为基础的政党采用。共产党经常渗透其他组织。如 1939 年第二次世界大战爆发前共产党对法国总工会的渗透，或与法国社会党和其他国家的社会党组成联合行动委员会，或人民民主运动中通过联盟和阵线分裂反对党，等等。

集权和分权

我们经常把纵向联系与集权、横向联系和分权混为一谈。虽然这两类概念在许多方面相互重叠，但其本质截然不同。纵向联系和横向联系的这种分类定义了政党基本组织之间的协调方式。集权和分权则是从管理机构之间的权力分配角度来谈的。

假设有两个政党，政党 A 和政党 B。在政党 A 中，地方分部之间可以建立密切的关系，上一级的党代会是它们的权力机关，地方分部的成员也都可以自由地成为党代表大会的代表。这体现的是一种横 106
向联系。在政党 B 中，地方分部各自独立，互不联系，它们的权力机关是由各分部代表构成的党代表大会选举产生的办公室。这体现的是一种纵向联系。假设政党 B 的分部办公室拥有与政党 A 地方代表大会完全相同的权力，而且这些权力与政党 A、B 中央领导层的权力一样大，以至于在地方层级就能作出决定，那么这是两个分权型政党。相反，假设 A 和 B 的地方管理机构没有真正的权力，一切都由中央领导层决定，那么这两个政党是集权型政党。因此，从理论上讲，分权与横向联系型政党、集权和纵向联系型政党没有对应关系。但从现实看，分权型政党一般是横向联系型政党，集权型政党一般是纵向联系型政党。但这种对应关系既不具有普遍性，也不具有绝对性。例如，法国社会党是个分权程度很高的政党，但党内基本组织的联系以纵向联系为主。更重要的是，我们一定不能有分权型政党等同于组织体系孱弱型政党，以及集权型政党等同于组织体系强大型政党的认知。工人国际法国支部是分权型政党，但它也是组织体系强大型政党。而英国保守党是集权型政党，但又是组织体系孱弱型政党。

集权和分权有许多不同的形式。分权可以分为地方分权、意识形态分权、社会阶层分权和联邦分权。地方分权是一般的权力下放概念。地方分权指的是地方基本组织的领导人有很大的权力，中央对他们几乎没有控制权，基本决定是由地方领导人做出的。地方分权有时与联系程度弱相对应，正如我们从法国激进社会党或美国政党的例子中所见。有时地方分权也可以与联系程度强相对应，如工人国际法国支部。地方分权对政党的政治行为有着深远的影响。地方分权倾向于
107 地方主义，也就是说，地方分权使党的方针侧重于地区利益问题，而对重大的国家和国际问题不太重视。从严格意义上讲，地方政策无法产生涉及一般利益的总体方针，这些政策涉及各地方特殊利益，因此可能相互矛盾。在 1899 年至 1914 年激进共和国时代，法国政党都是分权的。另外，美国议会政治的不确定性也是由分权造成的。美国虽然是个在全球范围内承担责任的强大国家，但构成它的政党有着非常狭隘的地方视野，这是个严重的问题。

意识形态分权的性质则完全不同。意识形态分权是指通过承认一个独立组织，或领导委员会通过给予某个派系或社团一定影响力的方

式，赋予党内各种派系或“倾向”一定程度的自治权。法国社会党是典型的意识形态分权型政党，其派系往往有严密的组织，直到 1945 年，它们各自在行政委员会中的代表仍与其各自的力量成比例。新党章虽然正式废除了这一规则，但实际情况在某种程度上依然没有任何改变。几乎所有拥有直接结构的社会党都存在意识形态分权和派系问题。在俄国社会民主工党还未合法化前，布尔什维克是其多数派，而孟什维克是其少数派派系。事实上，斯拉夫民族精神使这些派系和亚派系成倍增长，同时地下斗争的条件也有助于这些派系发展。执政的苏联共产党内部，派系也长期存在，这样说是因为我们发现在那里，意识形态统一的斗争持续了很长时间，直到 1936 年才结束。有时，意识形态分权是由党的结构的多样性推动的。例如，自治的青年组织 108
往往成为一些社团的总部，如法国和其他国家的社会青年团体。在德国，冲锋队的指挥官曾试图在纳粹党内部形成一个独立派别，但最后在 1934 年 6 月被镇压。意识形态分权的危险是导致分裂，而社会党曾多次经历过这种分裂。但意识形态分权也有一个优点，那就是为思想提供百花齐放、百家争鸣的氛围。同时，意识形态分权使普遍性问题优于地方议题，可见，它对政党所产生的影响截然不同于地方分权对政党产生的影响。

具有间接结构的天主教政党中出现的分权形式一般是社会阶层分权。社会阶层分权指的是在党内存在各种经济阶层，如中产阶级阶层、农民阶层、雇员阶层等，并且这些阶层拥有重要的权力。这种结构在本章前几页已有描述。从某种角度讲，社会阶层的分权类似于地方分权，是一个特殊的利益组织体系。地方分权和社会分权的结构和利益性质不同，但它们都有着特殊主义的底色。但事实上，社会阶层分权比地方分权更有效，这是因为分工、贸易和技术发展产生的特殊利益的多样性往往比地方利益的多样性更为突出。如今，社会阶层之间的对抗比地方利益的对抗更为明显。社会阶层分权虽然不能解决经济和社会问题，但能将这些问题大致勾勒出来，并使得各个社会阶层提出的解决方法都是相对平等，没有缓急之分。但各阶层都会努力使自己的观点占上风，这使得仲裁产生困难。与意识形态分权一样，社
109 会阶层分权在党内造成了深刻的分歧。比利时天主教的经验告诉我们，天主教间接政党的结构加剧了而不是缓和了反对派之间的矛盾。

联邦结构的分权形式有时也反映在政党结构中。例如瑞士。但这种巧合并不普遍。首先，由于民族群体构成联邦国家政治和行政划分的基础，它们在党内的独立性表现出地方分权的形式。更根本的是，由于国家的联邦制度使这些群体中的每一个人都能在政府机构中直接表达其想法，因此它们在党内寻求自治是不合理的。因此，许多联邦制国家拥有经典类型的政党，几乎没有地方分权。相反，如果国内各政治群体无法将其政治观点在国家机构中表达出来，那么让政党给这些政治群体一个表达个性的环境就很重要。这样，可以在一个单一制国家引入联邦主义的因素。例如，1914 年以前的奥匈帝国就是这样，当时的社会党不得不分裂成德国派、匈牙利派、捷克派、波兰派、卢塞恩派、斯洛文尼亚派、意大利派七个几乎自治的组织。这个例子还可以与当前比利时的例子相比较。1936 年，比利时天主教在联邦结构的基础上重组。从此，它由两个分支党派组成：瓦隆人和布鲁塞尔人构成的天主教社会党、佛兰德斯人构成的天主教人民党。这两个分支党派的代表一起构成了联合执行委员会。第二次世界大战使该党无法运作，但战争产生的新政治趋势导致比利时基督教社会党重新统一。尽管如此，基督教社会党依旧采用了地方的联邦结构。该党有两个分支党派，一个是佛兰芒党，另一个是瓦隆党。每一个党派在全国委员会和总理事会中都有同等数量的代表。在全国党代表大会期间，
110 除了一些庄严的联席会议，每一个分支党派都单独举行会议。这种联邦式的结构有利于瓦隆党，尽管瓦隆党的成员要少得多，但是它与佛兰芒党在党的管理机构中处于平等地位。1947 年，瓦隆党有 39739

名成员，佛兰芒党有 84779 名成员，1948 年，成员人数对比为 49737 人对 120197 人，1949 年为 65888 人对 160077 人。比利时社会党好像从未打算采用这种联邦式的结构，一直宣称自己是一个单一党。尽管如此，在党领导机构内部，两个不同族群的平等性还是被小心翼翼地保持着。

许多政党自称是分权型政党，但它们其实是集权型政党。因此，不应拘泥于党章的规定，而应看其实施情况。即便很多地方领导人为自己的重要性感到自豪，认为自己发挥着关键作用，但实际上他们并没有摆脱本党是集权型政党的事实。有些政党公开承认它们的组织结构是集权的，不过会通过增加一个其他的修饰词纠正集权的影响，例如民主集中制。民主集中制这个概念值得研究。如果以与基层保持联系的意愿为标准，那么可以区分两种形式的集权，一种是专制集权，另一种是民主集权。在专制集权下，所有的决定都是来自最上层的，它们的实施由上级委派的代表监督，例如法西斯政党。但法西斯党最上层机构并非没有任何对手，有时它也会与一些下级领导人组成的独立社团作斗争，例如罗姆在纳粹党内的行为。在这方面，我们还可以提到在意大利法西斯党夺取政权后立刻出现的离心运动，每个地方领导人都在自己的地区表现得像个暴君；这就是“拉斯”（Ras）时期——“拉斯”是对埃塞俄比亚封建领主的称呼。当前的法国人民同盟是一个非常有趣的专制集权的例子。省议员虽由选举产生，但他们只 111
起到顾问的作用，实际上有决策权的是由中央任命的代表。在 1948 年的参议院选举中，省领导机构和中央代表地方提名问题上发生了一些冲突。在这里，我们可以清楚地看到中央集权的专制性，其目的是使上级当局的决定优先于地方成员的意见。

民主集中制则要灵活得多。对此，共产党有一套复杂的机构，可以保障：（1）尽可能准确地向中央传达基层的观点，以便中央能够做出有效的决定；（2）在各基本组织的参与下，确保中央的重要决定能在地方各级严格、准确和全面地执行。这就是民主集中的体系，因为决策是在中央做出的。但它仍然是民主的，因为它是根据基层的意见制定的，并在执行过程中得到了基层的同意。为了实现这一目标，地方领导人由基层选举产生，但地方领导人对上级管理层负责，而不是对其选民负责。因此，地方领导人的作用是尽可能准确地将基层的反映和意见传达给上一层，并耐心和准确地向基层解释中央做出决定的原因。他们不像分权体系中的代表一样，只是收集选民的观点，并向上传达。他们也不像专制集权体系的代表，不分青红皂白地把中央的意志强加给基层。他们既是信息提供者又是教育工作者的身份发挥了非常重要的作用。

112 民主集中制意味着在做出决定前，基层的讨论是自由的，以便为中央提供建议，但在上层最后做出决定后，所有人都必须遵守最严格的纪律。证据表明，讨论是在支部里进行的，但“不得违反党的原则、马克思列宁主义原则”[16]。一旦决定做出，讨论必须停止，然后必须尽一切努力执行该决定。在这方面，民主集中制展示的是中央确保具体的执行监督，党的各级领导人必须监督其领导下的干部执行决定的情况。同时，执行者要知道所执行决定的理由，以便他们永远不会失去与基层的联系。

从共产党身上可以知道许多事情。我们必须认识到，它所建立的机制是非常有效的，也是民主的。其民主性来自它一贯保持与基层联系和听取群众意见的做法。一些老旧党派的选举代理人，例如法兰西第三共和国激进党委员会成员、美国的职业政治家等，以直觉和经验的方式来了解群众的深刻感受，并始终与群众保持密切联系。而共产党则建立了一套科学的方法来实现这些结果。这种科学方法有双重优势：第一，精准；第二，培训充分，培训后人人都能实践。更深层次地说，这种方法的价值在于，它不是纯粹被动地记录群众的反应，而
113 是对群众采取行动，缓慢、谨慎、深入地引导他们。必须承认，这种

技术具有完美性。

除了实效性考虑或党的理论外，还有一些一般因素促使政党采取集权或分权制度。回顾历史，可以看出政党的产生机制似乎在一定程度上决定了集权的程度。有人指出，内生政党通常比外生政党更分权，这是因为外生政党的产生依靠的是议会外的强大组织，而不是议会内的基本要素。因此，工党比社会党更集权。天主教政党通常也是集权型政党，因为神职人员或天主教慈善机构，如天主教行动党（Action catholique）、青年天主教协会（ACJF）等对党的创建起到了推动作用。

资金的资助方式也很重要。在资产阶级政党中，选举费用主要由候选人或当地支持者承担，地方委员会比中央更富有，因此也更独立。相反，如果这些资助者习惯于直接资助中央，中央可能会对地方团体施加压力。有些政党则需要定期向地方收取高额的党费，如通过出售年入会证和月会费缴讫印花的方式，对这些政党而言，中央和地方部门之间的资源分配非常重要。法国社会党，中央每月以 16 法郎的价格向各省联盟出售印花税票，然后，这些省联盟可以自由地确定销售价格从而向党员出售。在塞纳河联盟，它被以 56 法郎的价格向分部出售，塞纳联邦机构可获利 40 法郎。而其辖区内的分部，它被以 75 法郎至 125 法郎的价格出售，由此可以获利 20 法郎至 50 法郎不等。可以看出，这明显有利于基层，这也说明法国社会党是个分权 114
型政党。相反，在共产党，党的每一个基本组织，支部、分部、省联盟、中央委员会统一收取 25％的党费。

选举制度似乎也对政党采用集权或分权的方式有一定影响。在单议席单票制下，候选人获简单多数即可当选，该制度重点关注候选人的品格和地方利益，候选人及其核心小组因此独立于中央。名单投票制并没有直接推动集权，而是扩大了分权的范围。在法国，单议席票制使区委员会非常独立。而名单投票使它们依赖于省联盟，但保持了省联盟相对于中央的独立性。这是因为，在采用比例代表制的同时，许多省联盟抵制中央强加候选人或干涉候选人的排名顺序。简言之，似乎只有在国家层面采用的比例代表制才有利于中央集权，但它很少被这样应用。因此，可以认为，选举机制一般倾向于分权，而不是集权。事实上，最集权的政党是那些不重视选举、不依据选举结果组成的政党，如法西斯政党。

然而，英国的情况提出了一个微妙的问题：简单多数一轮投票制对英国政党相当强大的集权是否有影响？在此情形中，地方小团体自治的趋势受到另一个因素的破坏，即需要防止选票分散，从而确保提
115 名候选人的纪律。这自然导致英国的两个政党相当集权。尽管都是简单多数一轮投票制，英国政党是集权型的，美国政党却是高度分权型的。诚然，美国有非常特殊的选举机制——初选制度和政党分肥制度，是无法和英国做出比较的。另一方面，英国政党集权当然也受到其他因素的影响。议会党团严格的纪律自然会影响政党的组织，还有就是詹姆斯·布莱斯强调的中央分配选举资金的行为。总之，关于简单多数一轮投票制是否对政党集权化产生影响，还无法得出确切的结论。

注　释

1. 1949 年的数据。

2. 法语 comité 一般译为委员会，但这和现代政党的一种组织形式——核心小组的译法不吻合。为了方便读者理解，本书中，comité 在指政党组织时统一译为核心小组，在其他情况下译为委员会，如选举委员会。——译者注

3. *Bulletin du Parti chrétien social*（《社会基督党公报》），1948，p. 429.

4. *Le Parti communiste français, puissant facteur de l'union et la renaissance de la France*（《法国共产党：法国重生和团结的重要组织》），brochure, Editions du Parti, 1945, p. 10.

5. Cf. les intéressantes remarques de M. A. Lecœur, dans son rapport au XIIe Congrès (1950)（《1950年法国共产党第十二次全国代表大会的报告》），p. 13 et 14.

6. 在某些法西斯政党中也可以看到支部的身影。

7. *La Lutte pour l'indépendance nationale et la paix*（《保卫国家独立与和平》），Paris, Éditions du Parti, 1950, p. 91.

8. Cf. p. 39.

9. Voir p. 82, n. 1.

10. D'après les chiffres cités dans le rapport de M. Léon Mauvais au congrès de Paris (1945)（1945年莱昂·马尔在法国共产党全国代表大会上的报告），p. 6 et suiv., et les comptes rendus du congrès de Strasbourg (1947)（1947年法国共产党全国代表大会报告），p. 230—233.

11. 此表是根据莱昂·马尔在1945年法国共产党全国代表大会报告第4和第5页的数据绘制。在报告中，莱昂·马尔并未指名哪些地区是工业区、半工业区和农业区。另外，他给出的三个大区的人口普查数据在1937年达到47744500人，超越了法国大都市的人口（约41000000人）。因此，这些数字应该包含了海外领地的人口。

12. Chiffres cités d'après J. Benoist-Méchin, *Histoire de l'armée allemande*（《德国军队史》），Paris, 1938. Sous toutes réserves.

13. *Dokumente der Zeigeschichte*（《历史文献》），Munich, 1941.

14. Cf. entre autres témoignages, celui de Ruth Fischer, *Stalin and the German Communist Party*（《斯大林与德国共产党》），New York, 1948. 这些观点来自共产党的反对者，因此有待证实。

15. 这一比较源自政党自己的说法。Cf. *Vie du parti*（《政党生涯》）

(clandestine), 1941, 2e trimestre, n° 3, p. 9 et 11—12.

16. Maurice Thorez, au congrès de 1950 (《1950年共产党全国代表大会报告》); brochure, p. 87—88.

第二章
政党成员 117

如何定义党员？答案因政党而异。每个政党党员的概念都不同。党员一词对共产党和激进党、法国社会党和英国工党、1920 年至 1936 年比利时天主教党和 1945 年基督教社会党而言，都对应着不同的现实。美国政党中，基本没有党员的概念，只有活动分子、在竞选活动中的支持者、参加初选的人，以及投票给该党候选人的选民。

事实上，每一个政党都有不同类别的成员。工党，自 1918 年以来，区分了集体成员和个人成员。对于直接政党而言，它只有个人成员，同质性似乎很明显，但这只是表面现象。支持者、追随者、活动分子、宣传者形成了一个同心圆，不断增强党的团结。成员的这些区分虽然不被人普遍认知，却是真实存在的。我们把成员与政党联系强度称为参与度，参与度是团结的纽带。我们能谈参与度吗？能说 X
的参与度是 Y 的三到四倍吗？或者说存在不同类型的参与？这涉及 118
对参与本质的研究，涉及党派成员团结在一起的社会学联系的内容的研究。

这是一项有趣的研究，反映了这个时代的两个基本特征，一是团体的重生，一是信仰的重生。参与的纽带越来越强大，同时呈现出一种宗教形式。传统合法宗教的衰落伴随着政治宗教的兴起。如今，“政党”一词习得了教会的观念，它们有自己的神职人员、信徒、信仰、正统观和不容异说等。但这不是一个普遍的现象，不过这可以让我们看到性质各异的政党并存于世。总体来说，政党性质的多样性和政党结构的多样性大致一样。例如一些以核心小组为基本组织的分权型老政党，其组织薄弱、分散，其成员既不多也不热情。以支部和民兵组织为基本组织的集权型现代政党，拥有狂热的群众基础，且信仰和纪律相互叠加。以分部为基本组织结构的政党处于一个中间情况，有众多的党员，团结建立在一定的信仰上。这些不同的参与程度或许与年龄差异有关，因为旧政党中年长者居多，现代政党中年轻人居多，而中间类型的政党成员的年龄处于老年和青年之间，其结构特性也在旧政党和新政党之间。

第一节　党员的概念

119 在欧洲，在日常语言中，“membre”与“d’adhérent”都指党员，但支持者（sympathisant）不同。支持者自称支持党的理论，有时会给予党支持，但始终在党的外围。严格来说，支持者本身不是党的成员。然而，一旦你想深入一点，这种区别就会变得模糊，有时甚至会消失。政党成员人数方面的巨大差异更能说明这种区别的脆弱性。例如，1939 年，同一期《精神》（*Esprit*）杂志上发表了两篇真诚而客观的文章，一篇认为法国激进社会党有 8 万名党员[1]，另一篇认为有 20 万名党员[2]。相反，其他政党的党员人数几乎与人口普查的结果一样精确，如社会党和共产党。

激进党与社会党和共产党的区别不仅源于更好的组织、更严格的登记和文件管理，而且还在于政党团体的性质。在这两大类政党中，党员一词的含义和重要性各不相同，事实上，它对激进党几乎没有意义或重要性。党员的概念在 20 世纪初因社会党的产生而产生，并随后被其他政党效仿。对于 19 世纪限制选举下蓬勃发展的旧政党而言，并没有党员的概念。党员的概念是干部党向群众党演变的结果。

干部党和群众党

干部党和群众党的区别不在于规模和成员人数，而在于结构。让 120
我们看一下法国社会党。从政治和财政的角度来看，招募党员是社会党的首要特点。首先，社会党试图对工人阶级进行政治教育，从工人阶级中培养出一支能够掌握国家运作和行政管理的精英队伍，因此，党员是党的主体，是党行动的基础。如果没有党员，社会党就像一个没有学生的老师。从财政角度来看，社会党主要依靠党员交纳的党费，地方分部的首要职责是确保定期收取党费。这样，社会党就为政治教育工作和日常活动筹集了必要的资金，这样它也可以为选举提供资金支持。财政与政治相结合是根本性的问题，因为任何竞选活动都需要一笔巨大的开支。群众党采用了民主筹资的技术而没有采用资本主义选举筹资的技术。群众党没有寻求私人、工业、银行家或商人捐助者来获取竞选费用，因为这样做会使得候选人和当选者依赖于这些人。群众党将这笔负担分配给尽可能多的成员，每个成员都贡献了一小笔钱。群众党这种技术的发明可以与国债改革相提并论。1914 年以前，国库券是大面额的，存放在少数几家向国家贷款的大银行。1914 年一个伟大的想法出现了：增加小额券的数量，并尽可能卖给更多的人。群众党的特点是：（1）向付费公众发出呼吁，使竞选活动摆脱资本的束缚；（2）向倾听的、积极的公众呼吁，对他们进行政治教育，让他们学会如何参与国家生活。

干部党是一个不同的概念。其目的是召集知名人士参与选举、开 121
展竞选活动并与候选人保持联系。首先召集的是有影响力的人士，他们的名字、威望或知名度将作为候选人获得选票的担保。然后是著名的职业竞选人，他们知道如何吸引选民和组织竞选活动。最后，金融界的领袖们给选举注入了活力。在干部党中，党员的品质最重要，如威望大小、选举技术的熟练度、财富的重要性等。群众党以数量取胜，干部党以质量取胜。两者党员的含义完全不同。对于干部党，入党是一种完全个人的行为，基于一个人的能力或情况，严格由个人的品质决定。入党是少数人的行为，因为入党需要经过严格的筛选。如果党员是指签署对党的承诺，然后定期交纳会费的人，那么对干部党而言，它就没有党员。法国激进社会党的党员人数并不确定，党员人数对党本身而言没有任何意义，因为激进社会党不寻求党员数量的增加。严格地说，法国激进社会党是一个干部党。美国政党和大多数欧洲温和派和保守派政党都是干部党。

在理论上，干部党和群众党的区别很清楚，但在实践中并不总是容易区分的。我们注意到，干部党有时模仿群众党对普通党员开放。事实上，这种做法相当普遍，世上几乎没有纯粹的干部党。只通过党章中的正式规定或领导人的声明来观察一个政党是否是干部党，也得
122 不出准确的结论。党员是否登记或是否定期交纳党费是一个很好的标准，没有相关规定，就不可能有真正的党员。但模糊的官方数据也可被视为推断依据。1950 年，土耳其选举前，民主党声称有 300 万名或 400 万名党员。当然，它说的是支持者，事实上它基本上是一个干部党。这种党员和支持者的区别对于间接政党而言就很难区分，因为间接政党没有个人党员。以工党为例，英国工党成立于 1900 年，目的是为工人竞选提供资金。从财政角度上讲，这是群众党，选举费用由工会集体承担。但是，集体党员与个人党员性质大不相同，它不涉及真正的政治参与，也不像个人党员那样对党有承诺。在某种程度上说，这从根本上改变了党和党员身份的性质。再看看实行封闭的初选制度以及选民登记制度的美国的一些州，这让它们在政治上看起来像群众党。初选，包括登记并做出相关承诺，可被视为入党。此外，提名候选人是党员的典型活动之一，但是，这只是党员的一种行为而已，与群众党的支部会议没有任何可比性。最重要的是，在美国找不

到一个确保政党和选举融资的定期缴款制度。从财政角度来看，美国的政党依然是干部党。虽然可以将具有间接结构和实施封闭初选的美国政党视为半群众党，但因为这些政党具有两面性，所以不要将半群众党作为与群众党和干部党对立的第三类政党。

干部党和群众党的区别在于社会和政治基础。首先，干部党和群 123
众党出现的时间大体上与普选取代限制选举的时间相吻合。19 世纪是限制选举制的时代，政党显然采取了干部党的形式，在群众没有任何政治影响力时，不可能考虑吸纳群众。另一方面，资本家对选举的资助似乎是自然的，它在限制选举消失后仍然存在。事实上，普选的到来并没有导致真正的群众政党的出现。最初干部党试图放松其组织结构，假装向群众开放。英国自由党的伯明翰党团，保守党的报春花联盟，美国初选制，都符合干部党对其他成员开放的第一步。这样做的目的是让群众有一定的政治活动，让核心小组中的知名人士看起来像是由人民授权任职的。对伯明翰党团和报春花联盟而言，由于有正式的党员入党制度和定期缴款制度，它接近于一个群众党。但党的实际生活是在党员之外开展的。例如，报春花联盟是一个独立于党本身的机构，而美国初选仅限于提名候选人。只有伯明翰核心小组发展了一些街区分部，这才预示着它们像真正的群众党。但这只是一个短暂的实验。它们缺乏群众党的政治基础和财政基础，它们仍需要资本家的资助，它们不教育群众，也不直接利用群众参与政治活动，只是把群众的政治和财政力量作为一种辅助而已。只能说它们成为群众党的第一步已经迈出，但这只是第一步。

除了美国，普选的实施几乎在所有地方都导致了社会党的发展，
这些政党实现了决定性的转变，尽管并不总是立即实现（表 2）。例 126
如，在法国，早期的社会主义团体与资产阶级政党差别不大，入党制度、党费收取和选举自主筹资等制度发展缓慢。在意大利或政治不太发达的国家更是如此。然而，在 1914 年第一次世界大战爆发之时，

欧洲社会党拥有了大量的群众团体，与之前的干部党截然不同了。特别是德国社会民主党有 100 多万名党员，年度预算近 200 万马克。它就像是一个真正的“国家”，比一些民族国家更强大。共产党也有这种群体力量。对于共产党而言，党是一个阶级的政治表达，它自然倾向于团结广大群众，从政治上塑造他们，从中培养出领导和管理精英。同时，入党使工人阶级摆脱了资产阶级政党的控制。为了在选举中独立地提出工人候选人，它必须避免资本主义的资助，而这只能通过集体资助来实现。为了对抗资产阶级政治媒体，工人阶级媒体必须筹集资金，组织发行报纸，这也只有群众党能做到。

因此，干部党和群众党区别也大致对应于资产阶级政党和无产阶级政党、右翼和左翼的区别。资产阶级右翼政党既不需要在财政上，也不需要在政治上寻求群众有组织的支持，它拥有自己的资助者、领导人和精英。资产阶级右翼政党认为它的政治教育已经足够了。因此，在法西斯党出现之前，保守党建立群众党的尝试通常都失败了。这是因为资产阶级本能地厌恶监督群众和集体行动，这致使它不会成
127 为群众党。但是工人阶级对这些行为的偏爱促进了社会党成为群众党。只有当共产主义和革命主义发展到了一定程度，才能让资产阶级意识到干部党的不足，而去发展群众党。例如，在 1932 年，纳粹党的党员达到 800000 人，但这也意味着它和民主的决裂。在选举和议会制度下，右翼通常认为干部党已经足够；在与选举和议会制度的斗争中，法西斯类型的群众党很少表现出像无产阶级政党一样的平衡和稳定。此外，正如我们将看到的，它们往往会失去纯粹的群众党特征。

表 2 1900 年至 1955 年欧洲社会党的党员

年份	德国	奥地利	丹麦	法国	英国			挪威	荷兰	瑞典	瑞士
					工会党员	个人党员	总计				
1900					353,070		375,931		3,200	44,100	
1901					455,450		469,311		4,000	48,241	
1902					847,315		861,150		6,500	49,190	9,155
1903			22,061		956,025		969,800	17,000	5,600	54,552	8,912
1904					885,270		900,000		6,000	64,835	19,840
1905	400,000			34,688	904,496		921,280		6,816	67,325	20,337
1906	384,327		29,651	40,000	975,182		998,338	19,100	7,471	101,929	20,000
1907	530,466			52,913	1,049,673		1,072,418		8,423	133,388	
1908	587,338		34,078	56,963	1,127,035		1,158,565	27,838	8,748	112,693	20,439
1909	633,309			57,977	1,450,648		1,486,308	27,789	9,504	60,813	21,132
1910	720,038			69,085	1,394,402		1,430,539		9,980	55,248	20,671
1911	836,562			69,578	1,501,783		1,539,092		12,582	57,721	21,508
1912	970,112			72,692	1,858,178		1,895,498	43,557	15,667	61,000	27,500
1913	982,850	89,628	48,985	75,192					25,708	75,444	29,730

续表 1

年份	德国	奥地利	丹麦	法国	英国			挪威	荷兰	瑞典	瑞士
					工会党员	个人党员	总计				
1914	1,085,905		57,115	93,218	1,572,391		1,612,147	53,866	25,609	84,410	29,585
1915	585,898		60,072	25,393	2,053,735		2,093,365	62,952	25,642	85,937	27,485
1916	432,618		67,724	25,879	2,170,782		2,219,764		24,018	105,275	31,307
1917	243,061		78,320	28,224	2,415,383		2,465,131		24,893	114,450	
1918	249,411		91,791	15,827	2,960,409		3,013,129	94,165	27,093	129,432	39,765
1919	1,012,299	332,391	115,900	133,277	3,464,020		3,511,290		37,628	151,364	52,163
1920	1,180,208	335,863	126,603	179,787	4,317,537		4,359,807		47,870	143,090	51,250
1921	1,028,574	491,160	129,756	50,449	3,973,558		4,010,361	45,946	37,412	134,753	40,483
1922	1,464,868	553,022	124,549	49,174	3,279,276		3,311,036		41,472	133,042	36,552
1923	1,261,072	514,273	130,371	50,496	3,120,149		3,155,911		42,047	138,510	34,000
1924	940,078	566,124	143,203	72,659	3,158,102		3,194,399	40,394	41,230	153,187	31,306
1925	844,495	576,107	146,496	111,276	3,337,635		3,373,870		37,894	167,843	31,788
1926	823,526	592,346	144,680	111,368	3,352,347		3,388,286		41,221	189,122	33,339
1927	867,671	669,586	148,472	98,034	3,238,939		3,293,615	68,016	43,196	203,338	36,727

续表 2

年份	德国	奥地利	丹麦	法国	英国			挪威	荷兰	瑞典	瑞士
					工会党员	个人党员	总计				
1928	937,381	713,834	149,120	109,892	2,025,139	214,970	2,292,169		46,169	221,419	41,621
1929	1,021,777	718,056	163,193	119,519	2,044,279	227,897	2,330,845	76,579	53,395	234,962	43,867
1930	1,037,384	698,181	171,407	125,563	2,011,484	277,211	2,346,908	80,177	61,162	277,017	47,444
1931	1,008,953	653,605	173,890	130,864	2,024,216	297,003	2,358,066	83,071	69,263	296,507	50,722
1932		648,497	179,579	137,684	1,960,269	371,607	2,371,787	87,315	78,920	312,934	55,186
1933			190,070	131,044	1,899,007	366,013	2,305,030	95,327	81,914	326,734	57,227
1934			191,995	110,000	1,857,524	381,259	2,278,490	104,517	87,212	330,350	55,571
1935			195,142	120,083	1,912,924	419,311	2,377,515	122,007	84,269	346,786	52,881
1936			191,424	202,000	1,968,538	430,694	2,441,357	142,719	87,826	368,158	50,599
1937			199,283	286,604	2,037,071	447,150	2,527,672	160,245	87,312	398,625	45,039
1938			198,836	275,373	2,158,076	428,826	2,630,286	170,889	88,897	437,239	42,860
1939			206,995		2,214,070	408,844	2,663,067		82,145	458,831	37,129
1940			188,825		2,226,575	304,124	2,571,163			487,257	33,842
1941			193,599		2,230,728	226,622	2,485,458			498,209	31,742

续表 3

年份	德国	奥地利	丹麦	法国	英国			挪威	荷兰	瑞典	瑞士
					工会党员	个人党员	总计				
1942			206,565		2,206,209	217,783	2,453,932			519,322	32,995
1943			216,816		2,237,307	235,501	2,503,240			538,747	34,606
1944			232,215		2,373,381	265,763	2,672,845			553,724	37,453
1945		357,818	243,532	335,705	2,510,369	487,047	3,038,697	191,045		563,981	40,956
1946	701,448	500,181	267,876	354,878	2,635,346	645,345	3,322,358	197,638	114,588	558,584	47,662
1947	875,479	570,768	287,736	296,314	4,386,074	608,487	5,040,299	202,043	108,813	588,044	51,342
1948	844,653	616,232	296,175	223,495	4,751,030	629,025	5,422,437	203,094	117,244	635,658	52,697
1949	736,218	614,366	294,969	157,897	4,946,207	729,624	5,716,947	204,055	109,608	668,817	52,983
1950	684,698	607,283	283,969	140,190	4,971,911	908,161	5,920,172	203,094	105,609	722,073	53,697
1951	649,529	621,074		126,858	4,937,427	876,275	5,849,002		112,000	739,474	53,852
1952	627,827	627,435		116,327	3,071,935	1,014,524	6,107,859		110,000	746,004	53,911
1953	607,456	657,042		113,455	5,056,912	1,004,685	6,096,022	178,004	111,000	753,785	54,346
1954	585,479	666,373	283,221	115,494			6,498,027		112,000	757,426	54,111
1955		689,040							125,000		

德国：1. 1919 年前的数据来自 J. Longuet，*Le Mouvement socialiste international*（《国际社会主义运动》）（Encyclopédie socialiste et syndicale et coopérative de l'Internationale ouvrière），Paris，1913，p. 231－232。亦参 *Yearbook of the International Labor Movement*，1956－1957（《国际工人运动年鉴》，1956—1957），Londres，1956。2. 1946 年至 1950 年只包括了西德的数据（1931 年，该地区社会党有 610212 名党员）。

比利时：比利时社会党声称 1951 年有 150000 名党员（个人党员），而 1931 年有 610212 名党员（附属党员）。两个数据不可对比，因为其中有双重或三重隶属关系，而这夸大了实际数据。1911 年，它声称有 222669 名党员（同样是附属党员，参 J. Longuet，op. ci.，p. 115－116）。

英国：总数不仅包括个人党员和工会党员，还包括从属于合作社、友谊社、社会党人协会的成员。

荷兰：1946 年之后的数据截止于每年 12 月 31 日，除了 1950 年，这年的数据截止于 9 月 30 日。大体来讲，12 月的数据比 9 月的少 2000 名。

（除非有提及其他来源，否则这些数据均来自正式的政党手册。）

最后，干部党和群众党的区别与基于不同基本组织的政党的区别是一致的。干部党与分权型、组织松散型、建立在核心小组基础上的政党相对应，群众党与集权型、紧密型和建立在分部基础上的政党相对应。以支部和民兵组织为基本单位的政党也是群众党，但其群众党的性质并不明显。共产党和法西斯政党与社会党一样具有很多的群众，甚至在它们上台并真正转变为一个政党之前就已有很多党员，但它们群众党的性质也不明显。1932 年，纳粹党有 80 万名党员；1945 年，法国共产党有 100 万名党员；1950 年，意大利共产党有 200 万名党员，数字还在变化。共产党定期进行内部整顿，目的是让温热、不活跃、可疑的人远离政党，对共产党而言质量比数量更重要。事实上，它们严格控制党员资格，而一些社会党也规定了这种控制。但这一制度在社会党身上几乎不适用，共产党的入党要求似乎更为严格。
128 在法西斯政党中，党员的身份也许从理论上更贵族化，但实际上并不是如此。在上台前的几年里，纳粹党党员数量的剧增，几乎不对身份进行任何严格的筛选。

无论如何，总的趋势是毋庸置疑的。这就引出了一个问题，即这些政党是否是真正的群众党，还是正在慢慢转向一个新型政党，即第三类，一个比干部党更开放，但比群众党更封闭的拥护型党。在列宁主义看来，党不应该把整个工人阶级都包括在内，它只是工人阶级的先锋队、精锐军，是最有先进意识的一部分。这不再是一个阶级政党的概念，而是一个精英政党的概念。法西斯理论的不平等主义和贵族主义认为党是一个由最优秀、最忠诚、最勇敢、最能干的人组成的帮会。群众时代已经过去，我们已经进入精英时代。在这种情况下，党员的概念趋于多样化。在党内，有不同层次的同心圆对应不同的忠诚度和活动。对纳粹党而言，首先是党本身，其次是冲锋队，接着是党卫队。而对共产党而言，平等主义理论反对这种等级制度，但是我们可以看到一个稳定和强大的“内环”，周围聚集着大量普通的、往往相当不稳定的党员。这一差异在第二次世界大战前法国共产党中非常明显。

不应夸大这些有限的现象。共产党和法西斯党仍然可以归入群众党，但要注意它们的特殊性。共产党和法西斯党的特点与早期社会党的表现很类似。社会党当时在招募党员时，要求非常严格。它们一开始想要建立一个拥护型政党，但随着时间的流逝，入党的要求没有先 129
前那么严格了。拥护型政党的概念过于模糊，不能单独构成一个类别，但是它符合一个明确的事实现状，那就是可以从入党条件和对党内活动参与度上去理解政党。

入党的方式和义务

只有群众党才有正式的入党机制，包括签署一份坚定不移的承诺书和每年交纳党费的制度。干部党不存在这样的制度，在没有正式程序的情况下就可以入党。在这种情况下，不定期的捐款取代了交纳党费制度。因此，对于干部党而言，没有明确的党员资格标准，只能通过党员在党内的活动确定其参与程度。

加入群众党最常用的方法是党员登记。党员登记表是一张印刷出来的表格，通常包括一份声明，表明一个人承诺遵守党的纪律和履行传播党的理论的义务，还包括姓名、地址、出生日期和其他信息。加入党首先意味着必须填写并签署一份这样的入党登记申请表。这个程序有两个主要的优点。首先，它令入党这一行为有了具象的形式。法律赋予书面文书特殊的价值，不仅因为其证据价值，还因为其体现了当事人的主观意愿。在我们的文化中，书面承诺远比口头承诺更有约束力，签名具有与原始社会用某些手势和仪式一样的价值。法西斯政党走得更远，为了进一步加强承诺的价值，他们举行了复杂的集体仪式。这一做法不过是夸大了群众党的一般做法而已。其次，党员登记申请的另一个好处是它是新党员的信息档案。对于不同的党而言，新 130

党员信息档案所要求提供的信息的精确性和范围不同。有时，个人信息不会出现在入党登记表上，而是在对新党员进行实际调查后，填写在一份单独的文件中。

入党有两种方式，公开入党和审批入党。公开入党除了签署党员登记表格和交纳党费外，没有其他的手续，入党是自由的。美国封闭初选规定的登记制度大体也是这样。在初选名单上登记相当于签署了一份入党书，但这一行为没有赋予签字人真正的党员资格，他拥有的仅仅是提名为候选人的权利而已。审批入党却不是这样的。审批入党由两步构成。首先是申请入党，然后负责机构对入党申请做出审核，准入权通常属于地方分部。在入党申请被拒绝的情况下，申请人可向上一层级提出复议。有时，入党请求由一个特别委员会批复。一般来说，这种情况下有推荐人的要求，必须有 1 名到 2 名党员保证申请人的政治和道德品质，并由他们签字担保。申请入党和推荐入党是社会党党章和共产党党章规定的常规程序，这两个党采取这种预入党机制与它们最初发展所遇到的困难环境有关。当时，警察试图在这些政党中安插告密者，因此才有了推荐、事先调查和最后决定的程序。随着政党活动变得合法化，这些预入党机制逐渐被废止，往往不再是重要
131 的手续，申请入党最终成为公开入党。只有在特殊情况下，入党机制才重启。例如，二战胜利后，以防止纳粹者在国内寻求庇护，许多欧洲政党对党员资格的控制变得更加严格。在德国、奥地利和意大利的各政党，新党员由于以前的法西斯政权而受到相当严格的审查，申请人在这些政权统治时的政治态度会被调查。

入党后，党员将获得一张表明其党员身份的党员证。党员证与党费也有关。根据党费的收取方式，也可以区分两类政党。有些党每年只收取一次党费。为了不给党员带来经济压力，党费不会很高。党费的收取会通过党证上的印花税票来证明。在其他情况下，党费由两部分构成。一个是年费，即每年更新一次党员证的费用。一个是月费，

即每个月在党员证或小册子里盖上印花。按月收取的党费金额并不低。例如，比利时社会党，每月最低收取的党费在 6 法郎至 100 法郎之间。而对法国社会党而言，这一费用为 75 法郎到 200 法郎。按月收取党费的制度一般存在于工人党、社会党和共产党中。但这是一个奇怪的悖论，因为以最贫穷阶级为基础的政党收取的党费很高。这种悖论的解释通常是出于心理上的原因，那就是无产阶级对党的奉献精神确实比资产阶级大得多，而这通过较高的党费得以体现。但也不得不提到财政原因。对保守党而言，党费的基本性质与工人阶级政党党费的性质不同。保守党党员知道，捐赠者的捐款将弥补政党资金的不足，这些捐款是党的资金的重要来源。相反，对工人阶级政党而言， 133
党费是党和竞选活动的基本资金来源。靠党费生活是党的既定目标，只有这样才能保证党的独立性。党员了解党费的这一重要性质，并接受这样的做法，他们认为应该交纳党费。

各政党在收取党费的时候试图保持某种程度的公平。一些政党没有采用统一的党费收取制度，即最原始的人头税形式的党费，而是建立了与收入成正比的党费收取制度。奥地利社会党还建立了家庭缴费制度。比利时社会党有七种不同的收费金额，对应 6、10、15、20、25、50 或 100 比利时法郎。而对于老年养恤金领取者和失业者，收取的党费每年可减免 3 法郎。党员有义务根据其经济能力选择自己的缴款等级。德国社会民主党有 12 个收费金额标准，从 0.25 马克到 30 马克不等，但党员所缴党费的级别分布非常不均衡（表 3）。对法国共产党而言，党费与收入成比例。没有工作的党员每月支付 10 法郎，工资低于 10000 法郎的交纳 30 法郎，工资在 10000 法郎至 15000 法郎的交纳 40 法郎，工资超过 15000 法郎的交纳 60 法郎。法国共产党党费起缴的上限很低，以最低生活水平为标准，法国共产党采用这种比例制的主要目的一方面是尽量避免低收入者少交纳党费，另一方面是让交纳党费的人处于同等地位。对法国社会党而言，比例

134 党费制问题近年来一直备受争议。法国社会党1950年开始采用这种制度，并且许多分部已经在实施。但奇怪的是，党员最贫穷的群体很抵制这种制度，因为他们担心给人留下“廉价社会主义者”的印象[3]。这一点清楚地表明了党费的性质。如果只考虑其财政原因，就注定不理解为何要交纳党费。党费体现了参与党和忠于党的心理。交纳党费既是忠诚的标志，也是忠诚的源泉。定期交纳高额党费虽然是一种牺牲，但这一行为也展示了将党员和党联系起来的强大力量。个人依附于团体，他们为此应该做出适度的牺牲。

从参与强度方面来看，直接政党规定的个人党费制度有一定的优势。从纯粹的财政回报来看，对于英国工党一样的间接政党而言，采用工会集体缴费的制度具有无可争辩的优势。工党的财政主要来自工会交纳的党费。如果工党不得不放弃工会的支持，转而去寻求工人个人党员的支持，那么工党的资源将大幅减少。1927年至1946年间工会缴款明显比个人党员单独缴款多，在加入工会之日表示是否同意政治缴款和必须加入政党是完全不同的。从政党团结角度看，英国工党间接入党的形式不如直接入党的形式能体现党员的主动性和深思熟虑的意愿，因为个人直接签署入党书比接受政治捐款这种形式能更密切
135 将党员和党联系在一起。然而，政治缴款在财政上更高效，因为政治缴款对于工会会费而言不过是锦上添花而已。在这种情况下，党费成为一种间接税，被纳入所提供服务的价格中，既不那么明显，也不繁重。在合作社和其他类似机构向党提供的资助中，这一点更为明显，经济资助最终由工商业企业提供，这更像是保守党会使用的资助方式。集体和间接党费制度对回报非常有利，但是它几乎没有扩大党员对党的参与程度。对间接政党而言，党费和入党最终是分开的，党费不是成员身份的标准和组成部分。

表 3 1949 年德国社会民主党交纳党费的党员分布

地区	党员总数	每一档党费的交纳人数											
		0.25 马克	0.30 马克	0.5 马克	1 马克	2 马克	3 马克	5 马克	7 马克	10 马克	20 马克	25 马克	30 马克
石勒苏益格一荷尔斯泰因	67,765	18,207	—	13,220	20,813	2,093	373	269	—	27	2	—	—
西北汉堡	71,648	—	12,064	14,502	33,725	1,759	636	226	—	98	54	—	—
威瑟一埃姆斯	20,502	716	1,148	4,891	8,165	631	174	45	—	11	1	—	—
汉诺威	72,522	4,919	—	18,851	31,909	1,050	692	239	—	56	20	—	1
布伦瑞克	19,595	1,435	—	5,112	10,014	757	268	105	4	20	3	—	1
西威斯特伐利亚	28,274	—	—	7,285	16,466	238	106	79	17	36	6	3	2
东威斯特伐利亚	89,354	2,988	—	29,899	48,644	862	272	159	11	22	6	—	1
下莱茵	48,383	774	—	12,781	26,292	878	645	305	3	79	14	—	2
中莱茵	15,296	1	—	5,167	8,267	1,854	304	150	5	14	8	—	—
莱茵一埃塞拿骚	12,230	111	—	1,993	5,773	519	84	46	5	2	—	—	—
北黑森	21,395	—	754	5,408	11,793	122	56	14	—	15	—	—	—
南黑森	45,056	763	—	9,871	28,323	1,178	402	165	5	35	6	3	4
黑森一莱茵	5,953	88	—	1,803	3,103	367	35	27	—	4	—	—	—
符腾堡一巴登	31,260	5,831	—	4,845	16,520	541	171	51	3	15	3	—	3
南符腾堡	4,035	467	—	413	2,272	90	28	16	1	2	1	—	—
南巴登	8,950	—	—	1,380	5,540	104	40	23	—	7	4	—	—
东巴伐利亚	13,795	—	—	6,607	3,816	180	38	17	—	3	—	—	—
弗兰肯	53,645	—	3,368	15,949	25,281	1,196	225	147	—	17	6	—	—
南巴伐利亚	35,588	4,698	—	11,753	15,762	192	70	54	25	1	4	3	—
巴拉丁领地	23,024	346	—	6,769	14,017	550	163	42	1	12	5	—	2
柏林	47,948	—	—	7,481	26,026	4,778	455	743	7	229	84	11	6
总计	736,218	41,344	17,334	185,980	362,521	19,939	6,237	3,022	87	705	227	20	22

但是加入一个间接政党是否意味着真正地入党呢？乍一看，这似乎毫无疑问，而且间接政党的党员参与度似乎高于直接政党。例如，英国工人既是一个工会的成员，也是工党党员，难道他与工党的联系程度不比法国工人强得多吗？对法国工人来说，难道工会和党不是属于完全不同的组织的吗？不同组织成员身份的叠加似乎加强了每一个个体的团结，如佛兰芒农民通过佛兰芒农场主联盟间接地加入比利时天主教。佛兰芒农场主联盟这个令人钦佩的组织发起于 1887 年坎皮纳一位牧师的倡议，它现在覆盖当地农民的宗教、教育、职业、经济和社会生活。它既是赞助人、夜校、工会、合作社、互助会，又致力于加强其成员的宗教感情，补充他们的思想教育，发展他们的道德修养，并通过各种方式改善他们的物质生活。例如共同购买和销售产品
136 与化肥，提供储蓄银行服务和农业信贷，提供牲畜疾病、火灾和农民风险保险等。1919 年至 1940 年间，它是天主教党四大联盟之一，为农民的政治生活提供了组织。它为党提供的力量可见一斑。

但问题的核心不在这里。间接政党结构引发了关于“政党”真正含义的问题。毫无疑问，阶级利益的认同感加强了这些间接机构成员间的团结，但这不是真正的政治团结，不是真正入党。这些基本团体的成员不能被视为真正的党员，因为他们和党之间的联系太弱了。在这里，我们必须避免一个经常出现的混乱。当我们强调佛兰芒农民与农场主联盟之间的强大联系时，我们展示了农场主联盟的力量而不是天主教政党的力量。1921 年至 1939 年间，对于一个加入了农场主联盟的佛兰芒农民而言，天主教政党是什么呢？几乎什么都不是。反而多亏了这个农场主联盟，农民才成为党的选民，但他们不是真正的党员。事实上，农场主联盟自己加入天主教党并不能改变这一点，即间接加入党并不是真正的入党。天主教四个联盟的成员是无法在个体层面上创建任何社会学意义上的社群，任何基于团结纽带的人类群体的。只有在党组织内，每个联盟的代表形成合作，才能在真正意义上

形成一个共同体，但这仅在较高层面：政党仅存在于领导层，而不是在群众层面。

英国工党的经验使我们能够验证这些说法，同时纠正它们的绝对 137 性。1927 年退出机制废除后，那些通过政治缴款加入工党的工会成员人数从 320 万人下降到 200 万人，并多年来一直保持稳定（图12）。在 1946 年重新恢复这一机制后，这一数字从 260 万人上升到 400 万人。1928 年，120 万名工会成员拒绝继续维持工党党籍，仅仅是因为他们需要明示同意，而不是默示同意。以前，他们不敢拒绝，而现在他们不敢接受。而在 1947 年，有 140 万名工会成员加入工党，他们这样做只是不想明确地拒绝，就像以前他们不想明确表示出加入态度一样。一个真正的党会有如此微弱的团结精神吗？在这两种情况下，我们会注意到，因退出机制的废立而变化的党员人数占工会成员总数的比例存在惊人的巧合：1927 年为 37.85%，1947 年为 35%。因此，可以说，三分之一以上的工会成员对工党没有真正的依恋，他们入党是由于软弱，而不是信念。然而，事实仍然是，超过三分之二的人愿意明确承认成员资格，这一资格的由来，是源自他们对政治缴款问题的默许。因此，对工党而言，间接入党只是少数成员三心二意的行为，只有大约三分之一的工会成员。也许这对其他人来说并不亚于许多直接入党。总之，工党三分之一的间接党员不应被视为党员，只有剩下的三分之二才能有效地与普通群众党的党员相提并论。然而，对英国工党的分析仅适用于英国工党，不能将其应用到其他间接 138 政党。[4]

给所有政党统一地下一个党员的概念是徒劳的。只有在直接的群众党中，才能将入党和定期交纳党费视为党员的标准。但是，单靠些外在的、形式上的概念是不够的。例如社会党和共产党的成员是不同的，但是入党的程序是相似的。另外，同一政党的党员参与程度差别也很大。只有进行大量例子分析后，才能初步完善党员的概念。

党员的普查方式

可以从一些有趣的数值上对政党的成员进行分析。不幸的是，这些数值分析面临两类困难：一是，政党并不总是公布其党员人数的普查数据；二是，现有的普查数据并不总是可靠。

有些政党根本不公布其党员人数，他们在保存记录和收取党费方面的疏忽让他们无法统计人数。只有社会党、共产党和法西斯政党，以及一些基督教民主党在征收党费时定期普查党员，但它们很少公布结果，只是在党代会和党内干部专报内公布，对其他人则完全保密，或只提供粗略的数字。所以收集这方面的可靠文件是非常困难的。此
139 外，也不应滥用现有的数据资料。莱昂·马尔在 1945 年共产党全国代表大会上的报告指出，共产党到 1944 年底，实际登记在册的党员为 385000 人。[5]但是，如果把同一文件中各大区统计的党员数字加起来的话，总数字要低一些，只有 371468 名党员。[6]两组数字没有太大差别。但是把 1937 年的党员人数进行同样的对比，差距要大得多。根据莫里斯·索雷斯在 1945 年提交全国党代表大会的总报告中的说法，1937 年有 340000 名党员。[7]但是据莱昂·马尔在同一届全国党代表大会对党员按照大区来统计的数字，党员为 291701 名。[8]这种差异也许是由党员统计的不同方式造成的，莱昂·马尔是根据实际登记的党员人数计算，莫里斯·索雷斯是根据支部购买的印花税票和党员证的数字计算。

统计党员的方式有两种，一种是根据各分部从中央办公室购买的党员证的数量，另一种是根据实际出售给党员的党员证的数量。由于各分部和支部提前订购党卡和印花税票，所以按照第一种方式统计的党员数量通常比第二种方式统计的党员数量多。这一点在年中很明显，尤其是在党代表大会召开或竞选活动前夕。为了迎接新党员，各分部会购买大量的党员证。莱昂·马尔的报告指出，截至 1945 年 4

月底，共产党登记在册的党员人数为616330人，而截至6月25日，中央办公室已发放了906627张党员证。马尔先生指出：由于党员普查方式的多样性，共产党在不到两个月的时间里并没有增加30万名新党员。到年底，这两个数字应该一致，因为在理论上所有党员证都应该已经分发给了党员。然而，在实践中，有时会出现未售完的情况，因此，根据中央发证数而不是实际卖出数普查党员得到的数字更 140
高。这种普查方式对党有利，所以有些人试图混淆这两种计算方法。1945年，法国共产党明确区分了这两类统计数据。由于共产党正在发展，数字的差异能够更好地衡量党的成功。自1947年以来，共产党的发展放缓，这种区分就没有被明确作出。英国工党以及大多数社会党都是根据实际售出数统计数据的，这就是为什么我们经常选它们为例子。

地方分部和分部联盟往往试图筹集资金，以购买和持有比实际党员人数更多的党员证。在专制党派中，这是一种让中央青睐自己的方式。在民主党派，这是一种在党代表大会增加代表的方法，以图在领导机构中获得影响力。每个地方联盟代表数通常与它实际支付的印花税票和党员证的数量成比例，因此，联盟会尽可能多地购买印花税票。当然，资金的有限性会对此造成一定的限制，因此资金充裕的联盟将处于有利地位。例如法国社会党，加来海峡联盟和塞内加尔联盟就是这样被过度代表的。根据销售的党员证和印花税票进行统计的数字总是显示出高于实际的数字，然而一般来说，也没有其他统计方式。这是否意味着这些数字没有参考价值？不，因为对于每一个政党来说，党员误差范围可能是一致的。如果要比较同一政党在不同发展阶段的党员人数，基于财政的统计数字是有效的。如果要比较不同国 141
家的类似政党，例如欧洲的社会党，情况就并非如此了，因为各地的做法并不相同。如果我们想比较一个国家内不同政党的情况，则完全不适用。因为无论如何，这种比较是没有意义的，因为每个政党的党员概念并不相同。

党员普查数据可用于两类研究，一类涉及政党的演变，另一类涉及政党的组成。通过数据研究政党演变可以说明政治和经济事件与党员规模的联系。在这方面，从一些一般性的观察中似乎可以得出一个奇怪的结论，就是这种联系远没有人们通常认为的那么紧密，党员对环境变化不敏感。例如，两次世界大战总体上都导致了党员人数的变化。在 1919 年至 1920 年和 1945 年至 1946 年两个阶段，法国社会党和英国社会党的发展非常引人注目。然而，在斯堪的纳维亚国家，这种影响要小得多。1929 年的经济危机似乎没有对欧洲政党的党员人数造成任何重大干扰，这是党员人数对经济形势最不敏感的例子。社会党的例子在此尤其典型。在法国，经济危机始于 1931 年至 1932 年，在 1934 年达到顶峰，然而，工人国际法国支部的党员人数在这几年中基本保持稳定，约为 12 万到 13 万人。（图 5）

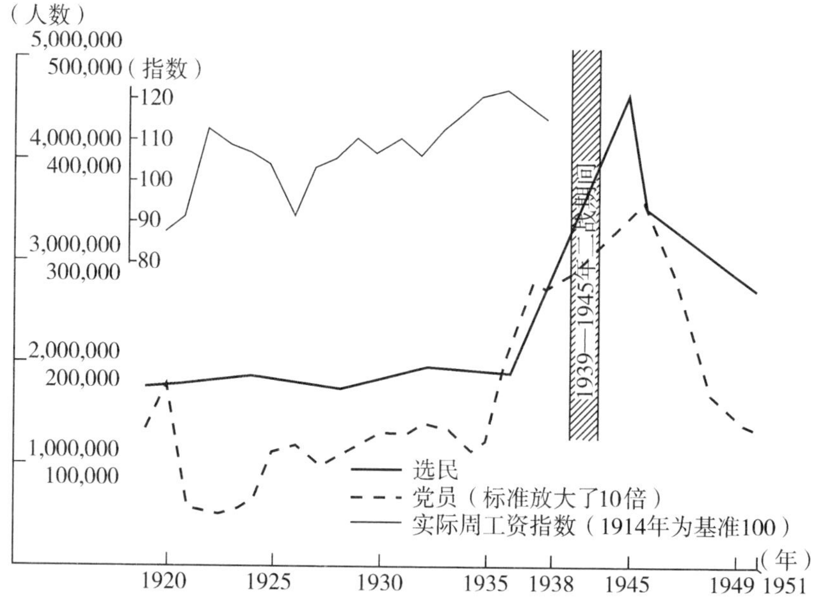

图 5　党员与选民：法国社会党[9]

人们普遍认为，经济危机增强了左翼政党的力量。这对选民人数

增加来说可能是真的，但对党员人数增加来说并不一定如此。事实
上，经济危机似乎与党员数略有减少相吻合，即使政党处于反对党位
置也是一样的。实际工资曲线与社会党的人数有时吻合，虽然不太明 142
显（图 1 和图 13）。在英国，工党工会的成员在这一时期表现出更大
程度的稳定性，约为 200 万人（图 1 和图 12），每年的变化幅度从未
超过 3.2%。1930 年下降了 1.7%，1931 年上升 0.65%，1932 年下
降 3%，1935 年下降 3.2%，1934 年上升 2.2%，1935 年上升
2.75%，1932 年至 1935 年期间可见轻微的下降趋势，三年降幅未超
过党员人数的 10%。与此同时，个人党员人数从 1929 年的 227877 143
人大幅增加到 1935 年的 419311 人，1930 年和 1932 年达到顶峰，每
年增长 25%。有趣的是，不同类型的党员变化趋势是相反的，个人
党员和工会党员对同一事件的反应不同。

在德国，纳粹党的发展与经济危机之间有一个非常敏感的巧合。
例如，失业率曲线与纳粹党党员人数曲线之间出现了某种平行关系
（图 6）。对于德国共产党也可以这样说，只不过这一现象对它而言似
乎要温和得多。但法国共产党党员一直保持稳定，从 1930 年到 1934
年，从 40000 名党员[10]增加到 45000 名党员[11]，年增长率仅略高于
1%。诚然，法国的经济危机远不如德国严重。对此，我们是否应将
政党分为两类，一类对环境变化相对不敏感的传统政党，一类是兴衰
由环境变化决定的新政党？这两种政党对应于两种不同的社会学类型
团体，一种是稳定团体，起到政治减震器的作用，另一类则相反，是
热情而脆弱的团体，放大外部事件引起的意见波动。但强调党员对环
境的麻木不仁，无视政治和经济事件来区分政党会让我们草率地下结 144
论。党员似乎对其他的问题更为敏感。党员人数的巨大变化可能是党
内部危机和分裂造成的。在图尔举行的全国党代表大会后，工人国际
法国支部党员从 1920 年的 179787 名下降到 1921 年的 50449 名，且 145
人数保持这一水平达三年之久，直到 1924 年的竞选活动才再次有所

起色。同样，1920 年挪威工党的分裂使其党员从 95165 人减少到 45946 人。随着工会党员资格的改革，英国和瑞典社会党的变化也是类似的。不可否认，党员团体具有自我封闭的特征，它似乎按照自己的法则生存，这个法则不同于它所属的国家法则，它有着独特的发展节奏。

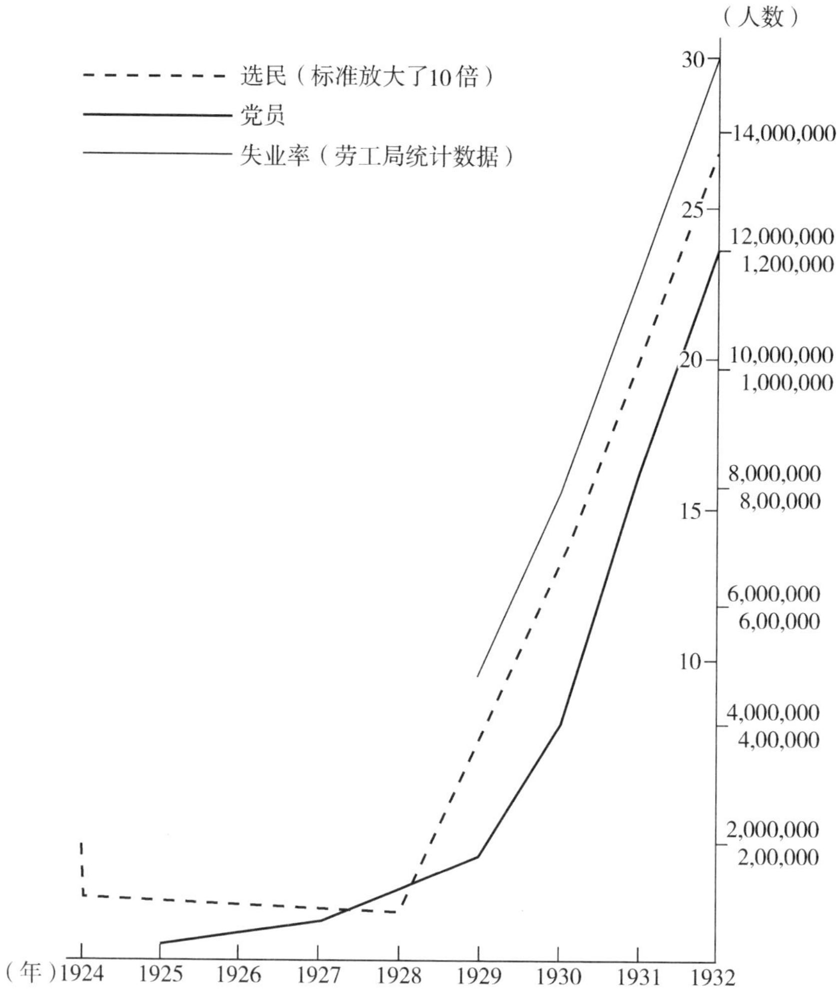

图 6　1924 年至 1932 年德国纳粹党的发展

党员发展的节奏在很大程度上取决于选举的节奏。前文已经指出，一些政党的活动呈现出周期性特征，在竞选期活跃，间歇期则进入冬眠。这些变化似乎不仅与党的宣传有关，而且与党的组成有关。对党员变化的分析有时会发现它与选举活动有关。例如国际工人法国支部，1919 年至 1939 年间，党员人数的变化体现了选举周期性。党员人数通常在选举年和选举后一年增加，但随后会出现稳定或下降趋势。由此形成两年的党员人数膨胀和两年的党员人数缩胀的交替模式。这种现象在 1924 年的选举中非常明显。1922 年党员下降了 2.5%，1923 年上升了 2.7%，1924 年上升了 49%，1925 年上升了 53.2%，1926 年增长 0.07%，1927 年减少 11.9%。相对于 1936 年选举而言，1934 年党员下降 16.1%，1935 年增长 9.15%，1936 年增长 68%，1937 年增长 41.5%，1938 年下降了 3.9%。但 1928 年的选举引起的党员变化不如 1924 年和 1932 年的选举引起的变化明显，1927 年下降了 12%，1928 年上升了 12%，1929 年上升了 8.8%，1930 年上升了 5%，1931 年上升了 4.2%。1932 年的选举表现得更不明显，1931 年上升了 4.2%，1932 年上升了 5.2%，1933 年下降 4.7%。也许这正是因为全球经济危机的干扰。1924 年和 1936 年大选前后出现的党员增长，是竞选的特殊情况，以及左翼联 146
盟和人民阵线对竞选的热情导致的。仔细地研究党员人数，并考虑到每年新加入的党员以及因为开除、死亡、辞职等原因退党的党员，就可知这周期性变化产生的原因是通常在选举年和选举次年新加入的党员人数较多，而在此后接下来的两年多退党的人数较多（图 7）。然而，这种现象并不是绝对的，也不是一般性的。在英国、瑞典、挪威等国的社会党中，党员对选举变化的敏感度很低。仅基于法国社会党和它的四次选举的分析无法得出一般性结论。

这种分析有助于揭示一个关键区别：稳定党员和不稳定党员。也许许多人签署了入党书，并领取了党员证，但第二年他们不会续签，并忘记了党员身份。有些人会正式退党，但大多数人只会停止与党的

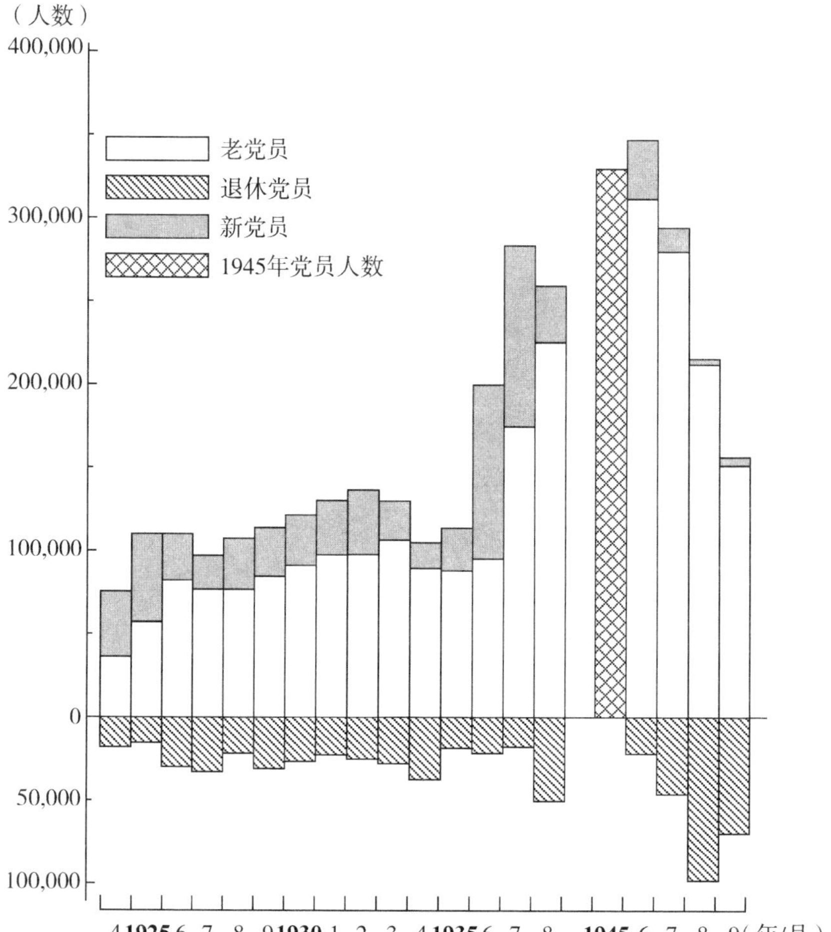

图 7　法国社会党党员人数

联系，继续出现在党员名单上。在许多情况下，党员资格甚至更短，新党员在几个月甚至几天内就忘记了他的政党，但有时他的依从会持续两三年。但无论如何他都不是一个稳定的党员，因为党员对党的隶属是一生的，不仅是很长一段时间。因此必须明确区分这两类党员。然而不幸的是，各政党的统计数据并没有对党员做这样区分，或没能清晰地区分。在 1950 年以前，法国社会党每年都会将新党员、老党员和退党人员分开（图 7）。但到次年，新党员即转为老党员，这给

老党员数量的计算带来了混乱。最重要的是，退党的人数并没有按照 147
党龄分类计算。一个严肃的统计应该区分：（1）当年入党的新党员；（2）有两年、三年党龄的党员等等。同样，对于退党的人也应该按党
龄分类。这样可以对入党的稳定性进行深入研究。但政党永远不会这 148
样做，掩盖不稳定党员的人数比例，显然对它们有利，因为不稳定党员数量多于稳定党员可能会暴露出党的弱点。

事实上，在一些政党中，不稳定党员与稳定党员的比例相当高。例如，一些严肃的观察家认为，法国共产党的一个永久特征是它不断地有新党员加入。据报道，1939 年，只有 3%至 4%的党员的党龄超过 6 年。[12]这一说法很难核实，是通过对不同支部进行调查和取样后得出的大致数据。党的官方统计数据已经表明，1937 年，党声称有 340000 名党员，而 1934 年 2 月的数据为 45000 名，因此，1937 年 87%以上的党员党龄在 4 年以下。1944 年 12 月，党承认 385000 名党员，1945 年 12 月承认 1032000 名党员，在 1945 年几乎三分之二的党员党龄不足一年。1949 年 12 月声称有 786000 名党员，约有四分之一的党员加入后又脱离（图 8）。1924 年至 1925 年法国社会党的扩张并没有带来更多的稳定性。1924 年，社会党登记了 34668 名新党员和 38000 名老党员。1925 年，新党员 50537 名，旧党员 60939 名。1926 年有 28031 名党员脱离社会党，1927 年有 31522 名党员脱离，而前几年每年脱离党的平均人数不到 12000 人。同样，1920 年的英国工党党员人数激增似乎集中体现在不稳定党员人数的增加。从 1918 年到 1920 年，两年内有 1353126 名新党员加入党，增长了 46.3%。然而，从 1920 年到 1922 年，这一数字下降了 31.5%，然后党员数到 1927 年基本保持不变。两年内，1034351 名党员离开了
社会党，占这一时期增长人数的 76.4%。1918 年至 1920 年间加入该 150
党的新党员中，四分之三以上被认为是不稳定的党员。相反，1936 年至 1937 年间，法国社会党的党员增长似乎更为稳定。1936 年有

100211 名新党员，1937 年有 101332 名党员，1937 年只有 16728 人离开，1938 年有 49338 人离开。

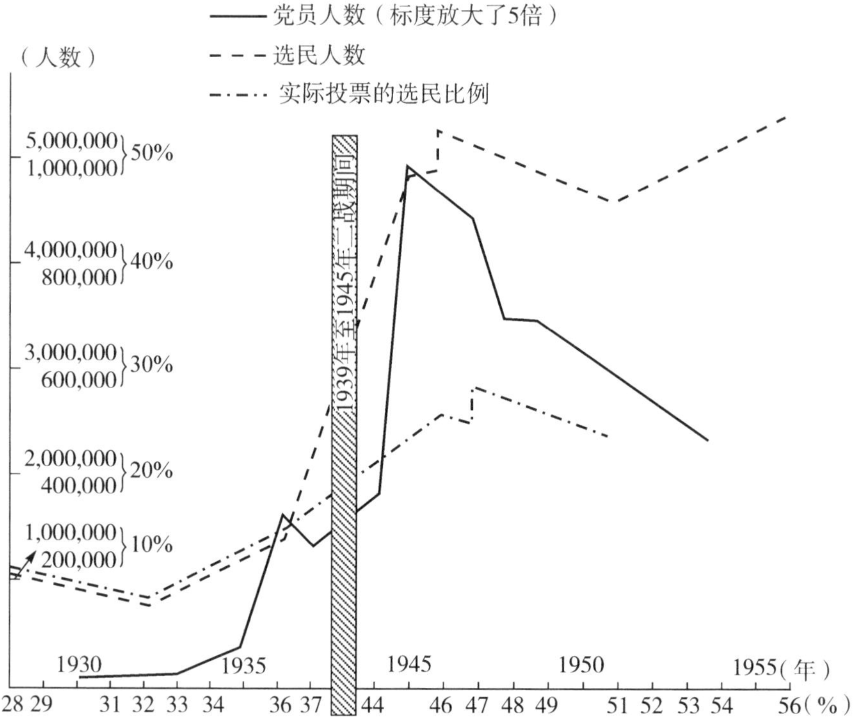

图 8　党员与选民：1928 年至 1956 年的法国共产党[13]

对稳定和不稳定的党员进行系统分析，将可更深入地了解党员群体的本质。1936 年至 1937 年工人国际法国支部党员的增加具有与 1924 年至 1925 年党员增加完全不同的含义，从这个角度来看，它面临的危机是党员的不稳定性。在这一下降的同时，新党员的平均人数也出现了非常严重的下降。与老党员相比，该党在第二次世界大战前从未有过少于 15%的新党员，但这一比例从 1947 年的 4%下降到 1948 年的 0.31%和 1949 年的 1.9%。可见新党员枯竭是党严重衰退的征兆。

稳定党员和不稳定党员的区别不仅关系到党员群体的演变，而且关系到其组成。由于统计数据的不精确性，需要其他重要研究资料加

以补充，如党员的年龄和性别、社会成分和地域分布等。事实上，除
了性别，党员普查往往显示其区域分布情况，但有时也不会对这两组 151
数据进行统计。这就需要用大量的实地调查来弥补总体信息的不足。不幸的是，非党员很难获得必要的文件，而党员可能会单方面解释它们。然而，这类研究对于选举的地缘政治和社会学研究是有必要的，因为选票的分配显然取决于政党的实力和性质。党的实力和性质不能只从党员的整体统计数据来衡量，必须尽可能准确地界定党员的分类、各类别的规模及发展。我们还必须将党员和其他人进行对比，分析被党员吸引却不同于党员的人，包括支持者、活动分子、宣传者。

第二节　参与程度

对于那些没有正式入党机制的政党，可以区分出三个不同层次的参与圈。最大的外围圈里是选民，他们在全国或地方选举中投票给党提名的候选人。第二层内的是支持者，一个基于现实但是概念模糊的术语。支持者是选民，但不仅仅是选民，他捍卫党，有时提供经济支持，甚至进入党的附属机构。如今，“同路人”或秘密共产党员指的
就是支持者。最后第三个圈是由活动分子构成的核心圈。[14]活动分子 152
认为自己是党员，是党的一部分，确保党的组织和运作，保障宣传和开展一般活动。干部党的核心小组成员是活动分子。在有入党机制的政党中，党员在支持者和活动分子之间形成了第四个圈子，入党意味着比支持者程度更深地参与党，但不如活动分子参与的程度深。党员是一个很好的参照物，可以和其他三个群体单独进行比较。

根本问题在于确定不同圈子之间的关系，从中可以看出政党的性质及其民主性质。如果核心圈能激励并引导其他圈子，或者说它们的方向是一致的，那么这个政党就可以说是民主的，否则，政党的核心圈就是寡头政治。

选民

从政治学的角度来看，选民比所有其他圈子都更容易衡量。通常有相当充分的统计数据可用，尽管这些数据不总能清楚地显示候选人
153 的党派归属。在比例代表制出现之前，一些欧洲统计数据存在严重缺陷。地方选举的数据统计更不准确，但地方选举对我们的研究意义不大，因为个人和特殊利益问题比大选更能改变一个人对政党的态度。

在干部党中，选民人数是衡量政党的唯一方法。一个政党的强弱可以用它的选民人数来定义，一个政党的发展可以通过其选票的波动来观察，甚至可以通过比较领导机构的组成和选民的分布来衡量其民主程度。例如，美国的学者认为，美国总统候选人提名大会没有代表性，因为选出来的代表与选民的人数不成比例。农村选民被过度代表，正如南方选票在共和党中被过度代表一样（表 4）。相反，在群众党中，党员被视为代表性的基础。确定党员和选民之间的关系变得至关重要。选民和党员是两个不同的群体，后者往往领导前者。另一方面，选民选出议员越来越受党员构成的领导委员会的权威约束。通过统计方法进行比较，可以看出党员和选民的反应是一致的还是不同的。

但统计比较并不是容易的。第一个问题是党员人数普遍不准确，因此比较的数值值得怀疑。另外还面临着将选举数据与党员数据对比
155 的困难，因为相关系数分析法不能在此应用。首先比较的地方不够多。一方面，选民登记在 1905 年到 1910 年才出现，因此可用于比较的数据最多只有十几场大选。另一方面，在大多数国家，这一数字还要少，因为政党不发达，就不可能进行比较。其次，相关系数分析只允许在大选时比较党员和选民，然而，在两次选举之间党员人数有变化，难以统计。另外，党员按年统计，而选民按四年或五年的选举周期统计，还通常因议会解散或选举延期而改变。相关系数分析不能提供足够的方法，最好的方法是用图形化的方法从基本数据中勾画选民

曲线和党员曲线。在图表中，这些曲线的比例尺可能不相同，这是因为选民人数和党员人数之间存在很大差异。因此，对于某个时期内的这两个群体，我们将采用大致相等的数值勾画。另外，可以通过选民和党员的增长率补充这些曲线，以更准确地进行衡量。

为了比较不同政党（同一国家的不同政党或不同国家的类似政党）的选民和党员情况，我们可以引入某个特定时间党员和选民人数比的概念。将同一政党在连续选举中的比例相连，可以绘制出成员比例曲线，以便在时间和空间上进行比较（图 9）。成员比例只是一个衡量工具，不应给它过多的价值。也不能忘记，党员在各政党中的含 156
义并不相同。在干部政党中，党员几乎没有真正的意义，群众政党则与干部党相反，党员意义重大，但各群众党在登记制度和党员普查上也有很大的不同。例如，比较激进社会党和共产党的成员比例是没有意义的，因为在这两种情况下，成员的概念是完全不同的。同样，英国工党和法国社会党的成员比例也没有可比性，因为前者是间接政党而后者是直接政党。总的来说，有四种类型的比较是可能的：（1）对同一政党在其发展的不同时期的党员比例进行比较（这是对先前确定 157
的曲线的补充）；（2）比较同一政党在全国不同地区、不同社会阶层或不同年龄组的成员比例（但由于统计数据在这方面的缺失，几乎永远不可能做到这一点，研究者应通过抽样或调查自行编制统计数据）；（3）比较不同国家类似政党的成员比例，如各国社会党的（图 9 和图 10）、共产党的、基督教民主党的成员比例等（这些政党的结构越相似，比较就越准确：共产党比社会党准确、社会党比基督教民主党更准确）；（4）在一个国家内，比较一个相当接近的政党，例如共产党和社会党，或社会党和基督教民主党。但最后一种类型的比较须谨慎处理。

这种比较为研究人员开辟了一个广阔的研究领域，并可能会带来有用的发现。研究可以集中在一个中心主题上，即系统地衡量选民和党员反应之间的差距。对此，可以按地区或国家将成员比例与一个政

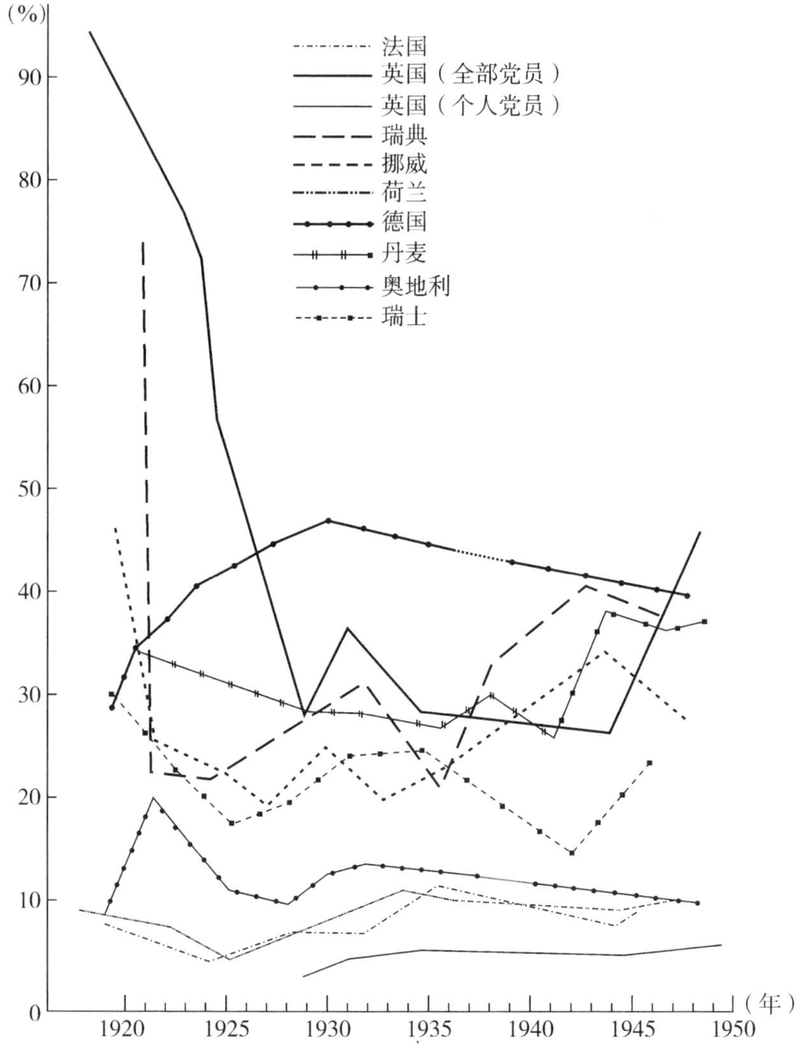

图 9　1918 年至 1950 年欧洲各社会党成员比例变化

党获得的选票数进行比较，以确定党员和选民之间是否存在联系，它们是否朝着同一个方向或相反的方向变化，或者它们的变化是否同时发生。同样的对比可以按职业、社会阶层和年龄进行。当然，这些分析应该尽可能涉及更多的政党，并在统计数据允许的范围内追溯过去。当然，政党正处于孵化期的话，则无法进行认真的比较，应排除

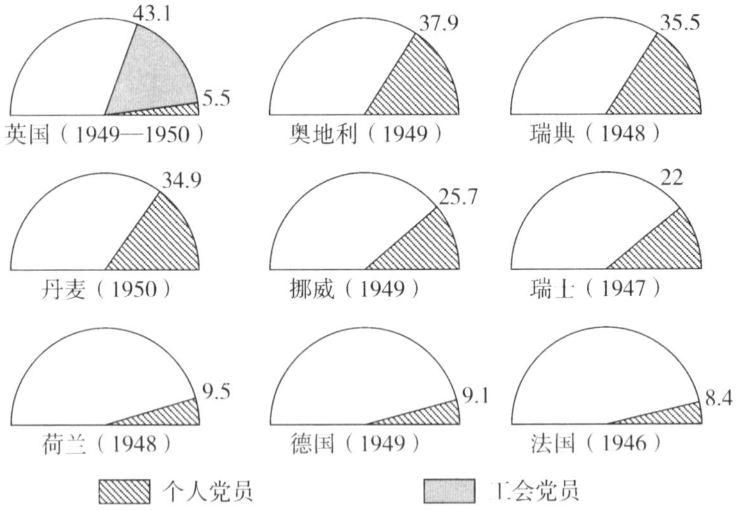

图 10　欧洲各社会党成员比例（%）

这一时期。因为这个时期的政党，一方面它只能提出少数个别的候选人，而无法计算选民人数，另一方面，它没有在全国各地设立分支机构和核心小组，无法普查党员人数。只有在政党发展成熟后，才能对其进行分析。 158

只有进行广泛深入的调查，才能核实最初几次调查数据的准确性或错误程度，如党员和选民的相对独立性、这两个群体对政治事件的不同反应、各自发展的差异等。比较分析揭示了选民和党员平行发展的情况。例如，法国社会党的比较聚焦在 1906 年至 1914 年间、1928 年至 1932 年间（图 5），而瑞典社会民主党的比较聚焦在 1924 年至 1940 年间，等等。然而，两个群体具有上述一致性是相对罕见的，它们似乎对应于政党扩张或影响力上升的时期。事实上，选民群体和党员群体的增长速度往往不同，前者的增长速度通常比后者快，选民人数增加时，党员比例往往会下降，而选民人数减少时，党员比例往往会上升。对 9 个国家的 63 个社会党的观察表明，这个现象的偏差只出现了 20 次（图 11），其中 5 个国家（如法国 1919 年至 1928 年，

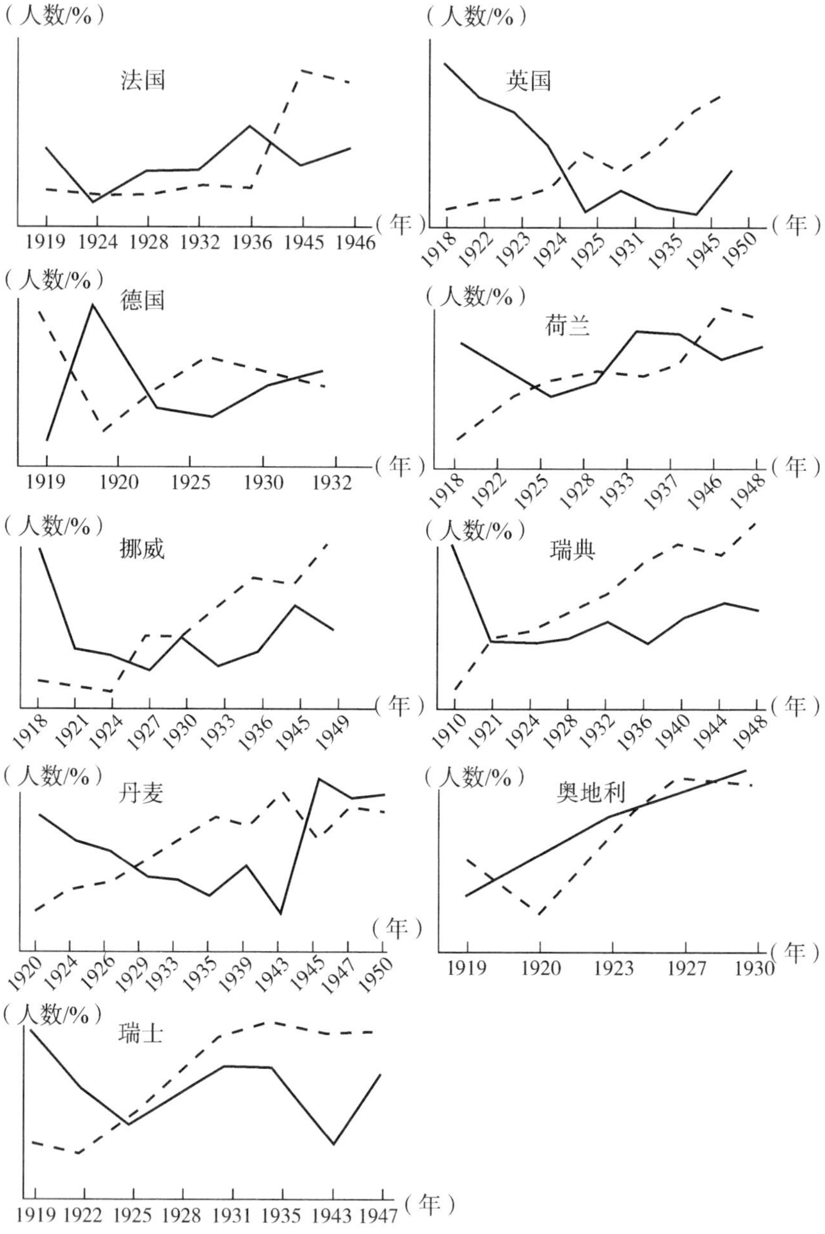

标度对于每个国家各不相同　　选民人数－－－　成员比例——

图 11　欧洲社会党的选民人数与成员比例之间的变动对比

挪威1918年至1924年，英国1945年至1950年）是由党内危机或党
员制度的改变造成。可见，党员群体似乎比选民群体更稳定。然而， 160
这些结论只适用于社会党，且具有相似性。例如，在法国，1919年至1939年期间选民的稳定与党员的不稳定形成鲜明对比。对于选民群体来讲，变化的比值为14.7%，而对于后者而言为121.7%。在瑞士，自1930年以来，选民的稳定性也远高于党员的稳定性，前者变化比值为1.4%，而后者为28.7%。

此外，党员和选民对政治和经济事件以及党的内部危机的反应也不同：（1）党员对党内危机或事件的反应比选民更强烈；（2）党员和选民对政治和社会事件的反应各不相同，无法确定是强是弱。第一次世界大战后，社会党对共产党或“左派”分裂的反应就很好地说明了第一种趋势。在法国，1919年至1924年间，工人国际法国支部失去了46.6%的党员，失去了2.4%的选民。在挪威，社会民主党的分裂使工党在1918年至1921年间失去了近60%的党员，而其选民只减少了8%。相反，在德国，1919年至1920年期间，独立社会党的分裂伴随着社会民主党选民以46.5%的幅度急剧下降，而党员却增长了6.8%（图13）。英国工党成员和选民对加入和退出机制兴衰的反应更为不同。1924年至1929年间，取消了默认退出机制采用了明示加入机制后，党员人数下降了35.3%，选民人数却增长了51.5%。1945年
至1950年期间，由于恢复了原始制度，党员增长了96.3%[15]，而选 161
民只增长了10.5%。

选民和党员对政治和社会事件的不同态度已经反映在他们对1914年和1939年战争的各自反应上。这两次战争都导致了社会党选民和党员人数的普遍增长。选举改革往往增加了选民人数，导致两个群体的增长趋势几乎不平行，因此不容易衡量比率的差异。1914年至1919年间，法国社会党例外地出现了平行情况：选民人数增长了31.5%，党员人数增长了30%。相比之下，在1910年至1918年期

间，英国工党选民人数增长了 200%以上，但党员人数只增长了 100%（图 12）。1935 年至 1945 年间，工党工会党员数增长了 20.5%，个人党员数增长了 16.2%，而选民人数增长了 43.7%。与通常所认为的党员对党内危机或事件的反应比选民更强烈的模式相反，这些例子表明选民的反应比党员的反应更强烈。但这样的结论还为时过早。例如，在法国，社会党人的得票率从 1936 年的 20%上升到 1945 年的 25%，而党员人数增加了 65.8%。在一些国家则更为明显。例如，在瑞典，社会党选民人数从 1914 年的 265428 人下降到 1920 年的 195121 人，而同一时期党员人数从 84410 人上升到 143090 人。同样，选民人数从 1940 年的 1546804 人下降到 1944 年的 1436571 人，而同一时期党员人数从 487257 人上升到 553724 人。在
162 挪威，社会党选民从 1936 年的 618616 人下降到 1945 年的 609348

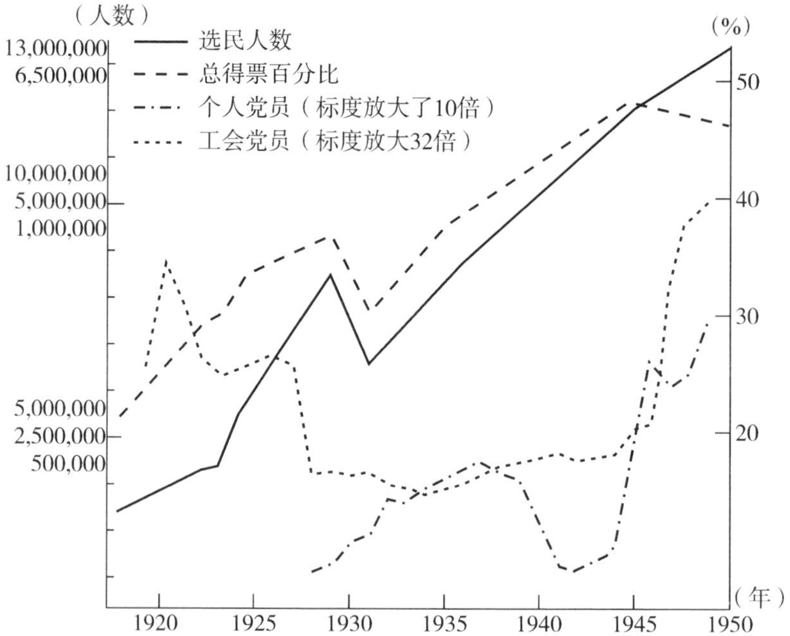

图 12　工党的党员与选民

人，而党员人数从 142719 人上升到 197683 人。面对一个重大事件，两个群体的反应截然相反。

其他例子也很典型。1918 年至 1935 年，英国两党制崩溃引发的政治危机期间，工党选民和工党党员的行为完全不同。1918 年至 1922 年，工党的党员和选民增加，但选民比党员的增长速度快，选民增长率为 30%，党员增长率为 10%。1922 年至 1923 年间，选民 163
人数略有上升，为 2.6%，但党员人数下降了 4.7%。1923 年至 1924 年间，选民人数增长更为强劲，约 26%，但党员人数几乎没有变化，仅增长 1.2%。1924 年至 1929 年间，选民人数大幅增加，增长率达到 51.5%，然而，因为取消了默认退出机制，党员人数下降了 26%。1929 年至 1931 年期间，选民人数下降了，党员人数略有增长，仅增长 1.16%，但个人党员人数增长率要高得多，为 38%。

在魏玛共和国时期，社会民主党的选民和党员的反应普遍不同。1919 年至 1920 年间，选民人数减少，党员人数增加。1920 年到 1925 年间，党员人数减少，选民人数增加。1928 年至 1930 年间，党员人数上升，选民人数下降。这两个群体的变化仅在 1925 年至 1928 年和 1930 年至 1932 年一致，但选民的变化仍然比党员的变化更大（图 13）。简言之，党员和选民群体的行为完全不同。在法国，1936 年人民阵线的胜利使社会党的选票比 1932 年减少了 1.7%，但党员人数却大幅度增加，增长了 45%。同样，从 1945 年至 1946 年，社会党选民从 4561000 人下降到 3432000 人，得票率从 23.8%跌至 17.9%，但同时党员人数增长了 5.7%。

这些观察是肤浅和零碎的。然而，作为一种研究模式，它们有助于我们看清党员和选民群体之间的差异。我们从观察中可以得知这样一个规律，党员群体构成了一个封闭的、排他性的世界，在这个封闭的环境中，党员的反应和一般行为与选民不同，选民往往受舆论的影 164
响。强调这些观察的重要性似乎是多余的，一旦“差距法则”得到认

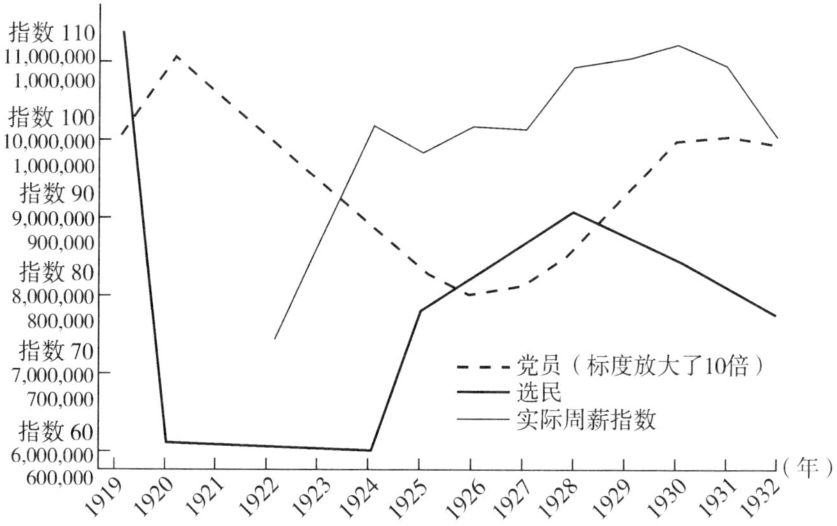

图 13　德国社会民主党的党员与选民

可，传统的政治民主概念就会发生变化。这是因为正如我们将看到的，政党领导是由党员组成的，但领导的是由选民任命的议员。如果双方的政治态度大致相似，党员可以认为自己代表的是选民。但差距法将摧毁这种错觉，表明两个群体行为的本质差异根本不允许一个群体声称自己是另一个群体的形象和代表。因此，衡量选民和党员之间的差距意味着衡量寡头政治渗透到我们称之为民主政权的程度。

165 ## 支持者

选民的概念简单明了，但支持者的概念模糊复杂。支持者热情高于选民，低于党员。他们和选民一样，有选举权，但并不只是投票而已。选民在投票站秘密投票，不透露自己的选择。为确保投票保密性所采取的精确且全面的措施，恰恰证明了这种保密的重要性。支持者除了投票还公开承认自己的政治倾向。一个宣布自己投票选择的选民不再仅仅是一个选民，他开始成为一个支持者。同时，支持者带有“传染性”，因为他的公开声明带有宣传成分，使他与其他支持者产生联结，并形成共同体最初的纽带。选民间不存在真正的共同体，因为他们彼此不认识，只能作为统计意义上的群体被分类和量化。支持者有自己的团体，虽然很原始，但是真实存在。

承认政治倾向，承认对一个政党的支持，可以有多种形式和不同的程度。仅仅宣称自己曾为某个政党投过一次票是不够的，特别是如果还补充说投票是在特殊情况下进行，之后不会再有投票行为。这与其说是支持的表现，不如说是怨恨的表现。如果这次投票被视为正常行为，情况就大不相同了。例如美国公民在封闭初选中的态度。如果支持者的公开声明不是被动的，而是定期阅读新闻、参加示威和宣传活动、捐款、进行拉票等，这就又更进了一步，不知不觉中，从纯粹的支持转向真正的入党，甚至成为活动分子。

支持者参与的程度超过选民，低于党员。他与党的关系并不是通 166
过签署入党书和定期捐款等正式、官方的方式来体现的。因此，可以说：支持者和党员的关系就像妾和妻的关系。支持者为什么没有正式成为党员？对于干部党而言，干部党没有党员。无法通过登记制度来使关系正规化，因为根本不存在登记制度；妾侍关系不得不被接受，因为结婚是不可能的。核心小组成员可以被视为活动分子，核心小组外的圈子都是支持者。但这种解释不适用于群众党，群众党有入党机制。为什么支持者支持党却不加入党呢？原因多种多样。有时，支持者遇到了实际障碍。例如，他的职位不允许他正式加入党。一些国家反对其公职人员加入政党，或者有些老板对员工也有同样的正式的或默示的规定。有时，支持者认为自己的职业与党的事业相冲突。例如，时间不允许，自己的职业可能会妨碍他履行党员的义务。或其他某些困难，如商人不想失去客户，牧师不想冒犯他的信徒，官员不想损害他的权威，等等。所有理由都不应被轻视，有些说明缺乏勇气和无私精神；当然，还有些则是出于利他主义的动机，尽管有时候这些动机或多或少是有意识的借口。

在其他情况下，不能入党源于内心深处的因素，不在他所承受的社会压力。支持者拒绝加入党是因为他不愿意受约束，因为他拒绝放弃个人独立性。这在某些资产阶级或农民群体中是这样的，这也解释
167 了右翼政党和农业地区党员发展缓慢的原因。知识分子和艺术家也是这种心态，他们不愿意全身心投入集体行动，放弃个人主义。很多时候，拒绝加入是由于自己与党在意识形态上存在分歧。支持者虽然会帮助支持的党发展，但这不代表他完全同意党的所有观点，因此他会拒绝加入该党。他们承认自己与党有特殊的感情，但这种感情不是普遍和全面的。

这样一来，尽管并非毫无困难，但可以给支持者下一个大致的定义。首先用什么实际的标准来识别支持者？其次，在什么基础上统计支持者数据，以便与选民和党员的数据比较，以衡量不同群体的行为之间的相互关系？这些问题的回答其实是很含糊的。我们可以尝试对某些特定类别的支持者进行直接普查，例如，计算党报的读者人数。但这并非决定性因素。政党不能保证自己的支持者阅读它们的报纸。有时，读者不一定是支持者，而是好奇者。有时，读者还是反对派的党员，他们找到了一种释放愤怒的方式。但这两类人都不多，在众多
168 读者中被淹没了。最后，选择作为普查支持者依据的报纸时，也涉及非常棘手的问题。所以从阅读党报的角度定义支持者只能是其中一个标准。另一个判定支持者的标准是参加党的会议和集会活动。但这一标准并不比前一个标准更具体，因为许多好奇的人为了打发时间来参加公开会议，但他们不是真正的支持者。然而，这一指数并非毫无价值，警方在衡量一个政党对公众舆论影响力的变化时，将其视为最重要的因素。在美国封闭初选中，参与初选是衡量对政党支持的极佳标准。[16]将初选参与者的统计数据与选举的统计数据对比，可以对支持者和选民进行有趣的比较（图 38 和图 39）。

在大多数情况下，只能通过盖洛普（Gallup）调查来确定谁是支

持者，但支持者的概念太模糊了。要定义支持者，应以支持的程度和明确不愿意成为党员的理由为客观标准，但接受调查人员采访的人对此都保持沉默，特别是在法国，很难进行准确和详细的调查。

1949 年在欧塞尔进行的一项关于法国中等城市的调查中[17]，第 136 个问题是："您对某个特定政党有偏好吗?"第 137 个问题是：
"您隶属于某个政党吗?"但所有问题都没有涉及支持或入党的动机和 169
细节。调查人员的这种自发的提问大大限制了他们的调查范围。然而，值得一提的是还是取得了一些成果。

一般来说，在欧塞尔，支持者人数是党员的 5 倍，男性比女性的比例高，男性的比例是 3 比 1，而女性的比例是 9 比 1。如下所示：

	总数	男性	女性
支持者	29	31	27
党员	6	10	3

有趣的是，可以从不同的社会阶层对支持者和党员进行比较，并得出一个比率：

	支持者	党员	党员与支持者的比例（%）
自由职业者、技术人员	42	9	21.4
干部	32	11	34.3
小商人	36	7	19.4
雇员	34	7	20.2
工人	22	8	36.6
手工艺人	19	5	25.8
非技术工人、家政	17	2	11.7
无职业者	34	4	11.7

170 最后，党员和支持者的社会阶层分布如下：

	党员	党员与支持者
自由职业者、技术人员	9	9
干部	7	5
小商人	7	7
雇员	20	19
工人	31	20
手工艺人	5	5
非技术工人、家政	3	6
无职业者	18	29

这张表显示，工人和雇员这些低收入者中的党员较其他阶层更多。但是，一个孤立的、粗略的调查并不能得出准确的结论。

最后，必须单独考虑有组织地招募支持者的情况。很长一段时间以来，群众党对他们并不重视，把他们等同于《圣经》上说的热情不高的人："你既如温水，也不冷也不热，所以我必从我口中把你吐出去。"然而，随着时间的推移，他们发现这些热情不高的人是未来党员的源泉，比其他人更容易接受党的宣传。他们不仅可以借助这些人来扩大党员数量，还能让这些人充当某种形式的保护性烟幕，或作为伪装成牧羊人的狼，进入敌对党派，削弱其意识形态理论。但只有在
171 支持者不再是一个无形的、模糊的群体，而像党员一样有自己的组织时，他们才能适当地完成这些任务。因此，就有了建立起对党起辅助作用且对支持者开放的附属机构的想法。附属机构我们之前已经讲过，是指由党建立并由党事实或法律上控制的各种团体。这些团体一方面利用由支持者构成的组织作为卫星型的附属机构来宣传党，一方面通过家庭、社会、文化等方面对党员进行政治监督，深化党的理念。所以说存在两类附属机构：一类是为支持者服务的，另一类是为党员服务的。实际上，大多数附属机构都有双重用途。在这里，我们

将先描述这些附属机构的第一个作用。第二个作用我们在后边的章节再描述。

青年团体、妇女协会、体育社团、退伍军人联谊会、知识分子俱乐部、文学俱乐部、娱乐和休闲团体、工会、互助社、合作社、国际友谊协会、纳税人和房客及家庭主妇联合会、爱国主义或和平阵线等，这些都是附属机构。附属机构形式多样，在不同领域将不同的人聚集在一起。附属机构目标的多样性、特殊性和特定性，是它们成功的一个因素。事实上，辅助机构的技巧是基于其所追求目标的专业化和有限性。政党是有总体目标的团体：它们提供关于社会的完整连贯的思想体系；它们的目标是对国家乃至国际生活进行全面组织。这种 172
宽泛的目标使许多人与它们疏远，因为这些人对它们的某个特定目标表示赞同，但对总体目标则不然。因此，一些现代政党的绝妙想法是将尽可能多的有限目标的附属机构以卫星的形式和党这个具有普遍意义的组织联系起来。例如，大多数租户对业主不满意，联合起来反对业主，以维护他们作为租户的特殊利益，但大多数租户不是共产党，不会加入共产党。只有党建立了一个独立的、非政治化的租户联合会时，并实际控制其活动时，才会有大量的租户加入其中。党的口号在他们中间传播，然后，在适当时机，完全可以利用纯粹专业化的房客诉求来支持政党的总体政策；谨慎而巧妙的宣传也会使招募新党员成为可能。

我们这里选择了法国租户联合会这样一个与政治相距甚远的党的附属机构的真实例子。当然类似的团体还有：如共产体育友谊联盟、孤儿联盟和体操协会、艺术家和知识分子团体，以及与共产党有联系的娱乐协会，如法国电影俱乐部联合会等。在一些情况下，附属机构有一定的政治行动，例如工会。工会与工人政党之间的关系在不同的国家和工会中截然不同。在英国，工会的存在让工党成为间接政党。在法国，根据《亚眠宪章》（la Charte d'Amiens），工会是个独立于社会党的机构。事实上，工会和政党一直试图相互影响。早在 1914 年之前，德国社会民主党就一直试图将工会简化为附属机构，而共产党完善了这项技术。1936 年，共产党开始有计划地渗透法国总工会。这种渗透在第二次世界大战结束后达到了顶峰，导致非共产主义工会
173 的分离和法国劳工总联合会的成立。今天，法国总工会是共产党的一个附属机构。通过工会，共产党控制大量的工人，并围绕工人要求的主题组织集会。可见，具有一般目的的党通过具有特殊目的附属机构来控制支持者。

最后，那些能将与党在某一点上有共同意见的人聚集起来的政治性质附属机构也如此被党加以利用。这里可以举出两个例子：1945 年的民族阵线和今天的和平战士联盟，它们都是共产党的附属机构。民族阵线把那些反纳粹怀旧人士集合起来，它是对抗敌人的爱国分子联盟。政治团结和民族团结的精神，对抗党内的分裂和斗争，一直在公众舆论中引起深刻反响，尤其是在政党制度运作不佳的西欧国家，特别是在一场增强了爱国团结情感的战争之后。最初的想法是利用这种反党派精神来服务于一个政党。且当时倾向于联合的共产主义策略使阵线的实现成为可能。但是由于缺乏领导，国民阵线没有成功。组织更为严密的和平战士联盟取得了更好的结果。第二次世界大战中被摧毁的欧洲，相信第三场战争会把它扔进地狱般的“占领—破坏—解放”的循环中，因此，这为和平宣传提供了一个极好的机会。许多远离共产主义的欧洲人很容易受到和平战士联盟的同化。

174 或许有人质疑，政治性附属机构所运用的策略是否正在逐渐改变政党的本质理念——这种演变既会强化其寡头统治特性，又可能实现群众型政党与拥护型政党的彻底融合。总之，一个政党的组织可以说由两部分组成：一个是窄的、封闭的，由最纯洁、最热心、最有说服力的人组成的党本身；一个是比党更大的，对所有人开放，为党作预备和宣传的“前线”。在一些人民民主国家，特别是在南斯拉夫，民

族阵线或爱国阵线被用来聚集那些被认为不完全有资格加入共产党的人，而不是被共产党用来团结反对党。这里的问题不再是对支持者定义，而是对真正的党员定义了。像 1939 年以前的俄国共产党一样，我们也要区分两类党员：信徒和慕道友、公民和臣民、活跃者和后备者。这与政党走向寡头政治的总体趋势是一致的。

活动分子

活动分子（militant）[18]的概念与支持者的概念一样不容易界定，对此，我们必须回顾干部党和群众党的区别。在群众党中，活动分子一词是指一类特定的党员。活动分子是积极分子，是党的每一个基本组织的核心。例如，在各分部内，总是有一小部分党员明显不同于其他大众，他们定期出席会议，参加和支持宣传，筹备竞选活动。这些活动分子在分部内组成了一个“核心小组”。但他们不可与领导混淆。
他们不是决策者，而是执行者，没有他们，就不可能有真正的行动。 175
其他党员只在登记册上登记姓名，并交纳一些党费，而这些人实际上是在为党有效地工作。在干部党中，活动分子的概念与党员的概念没有什么区别。核心小组只由活动分子组成，这也是干部党的特点。在核心小组周围，有一些支持者，但严格地说，他们不隶属于党。

衡量一个政党中活动分子和党员的比例是很有趣的。如果我们能将成员比例（党员群体和选民群体的比值）与活动分子比例相比较，就可以更准确地了解政党的实际实力。如果可以按社会阶层、年龄和地区计算出这些比例，就可以更准确地确定该党在国家中的地位。不幸的是，由于计算的类别不精确，缺乏统计，甚至不可能进行统计，这方面也遇到了和确定支持者时同样的困难。各政党都非常希望让人们相信所有党员都是活动分子，这可以从表面上增强党的实力。只有通过研究和调查才能取得一些成果，除了把活动分子单独组织起来的政党，如奥地利社会党这样有“信任人”制度的政党。然而这些人看起来像是次级干部，而不是真正的活动分子。

我们可以从欧塞尔调查人员的一般分析中得到一个答案。调查问卷的第 139 题（补充关于政党支持者或真正党员的第 137 题和第 138
176 题）内容如下："您是活动分子吗？如果是的话，您在政治活动上花了多少时间？"令人遗憾的是，这个问题非常模糊，这使得答案也失去了意义。但调查人员认为，那些声称没有时间从事政治活动的人不是活动分子。[19]其中有人对"您是活动分子吗？"的问题给出了肯定的回答。因此了解这些调查员对活动分子的理解是什么是个有趣的问题。在所有答复者中，百分比如下：

	总人数	男性	女性
党员	6%	10%	3%
活动分子	2%	4%	1%
活动分子占比	33%	40%	33%

但很难评估上述结论，因为不同政党之间无法区别。这些结果是非常值得怀疑的，因为活动分子的比例太高了。[20]

事实上，仅针对活动分子的统计没有任何意义，因为这一概念过于模糊和复杂。与支持者一样，必须以一个易于识别的具体事实作为指标进行分类普查。在以分部为基础的政党中，出席会议是一个相当
177 好的标准。党赋予会议很高的重要性，虽然参会是被动行为。经验表明，定期出席会议的人通常也是党内的活动分子。通过查阅会议记录（如果有的话）和询问各分部秘书，可以确定参会成员的百分比。但原始数据是不够的。分部会议平均有 25%的党员出席，这并不能说明问题，因为经验表明，出席率总是存在一定的变动，平均出席率的总数背后隐藏着每次会议实际出席人员的变化。因此，应根据出席情况的规律性来确定不同的比例，例如出席会议人员的比例在 25%以下，在 25%至 50%之间，在 50%至 100%之间，等等。这样就可以

根据社会阶层、年龄组等确定出席会议的频率。这些普查面临许多实际困难，有时分部的领导人会控制出席的情况。政党是否理解这项研究的价值并提供帮助值得怀疑。然而，这些研究将为政党的真实性质提供宝贵的证据。

在巴黎，社会党各分部之间进行的一项调查似乎表明，活动分子的性质与该分部的社会成分之间有着相当密切的关系，活动分子往往是该分部占支配地位的社会阶层的人。以工人阶级为主的分部，活动分子主要是工人，工人活动分子的比例高于其他身份的活动分子。在一个资产阶级分部，大多数党员是公务员、商人、律师、老师等，资产阶级出身的活动分子的比例超过了其他身份的活动分子的比例。除了特殊的情况外，在资产阶级分部的党员中可能会有工人阶级，但他 178
们绝不会是活动分子。调查过于零碎和肤浅，数字很不准确。然而，上述趋势正在以相当明显的方式出现。原因很明了，在一个以资产阶级为主的分部，分享政治观点的人大多也是资产阶级，工人在那些与他们政治观点相同，但心态、日常关注点或本能反应不同的人群中感到被孤立。同样，在工人阶级占支配地位的分部中资产阶级也有如此的感觉。党员之间的社会成分差异似乎是发展活动分子的障碍。有人可能会说，社会阶级越同质化，活动分子指数就越高。因此，将不同的社会等级分开，创造匀质的社会阶级环境，可以获得更多的活动分子。例如，共产党的支部，比利时天主教党的合作社，或者天主教行动党的基督教青年工人会、基督教学生青年协会、基督教农业青年协会等。然而，只有更多、更准确和更深入的研究才能得出严格的结论。

对某些政党而言，可以通过其他方式衡量活动分子。除了出席会议外，还可以以交纳党费为标准。当党费收取以印花税票月缴为方式时，研究党员每年每月平均领取的印花税票数量是很有趣的。一般来说，每位党员每月应购买 12 枚印花税票，但在实践中从未实现，只

看到有买 10 枚、8 枚、6 枚等的党员。因此，可以按交纳党费的标准
179 对党员进行分类，并应按年龄和社会成分加以区分。[21]但只有在进行严格调查后才能得出结果，因为政党的财政统计数字在这方面没有提供足够的细节。一些政党根据出售的党员证确定党员总数，并用印花税票总数除以党员人数，来计算党员每年每月的平均印花税票。这一平均数可以从财政角度作为理解活动分子的一个指标。如前所述，并非所有印花税票都是由党员购买的，计算的基础并不十分令人满意，但它们提供了一个令人满意的数量级。另一方面，定期交纳党费并不是定义活动分子的一个因素，交纳会费只是党员身份的一项功能。然而，经验表明，活动分子通常比其他人更忠实于履行这一义务，因此也可以采用这一标准。在印花税票销售的总体平均数上，无法得知活动分子交纳的比例，数字反映的是党员的总体忠诚度。

然而，对这一平均数的研究并非毫无意义，特别是将其与党员和选民人数的变动进行比较。对 1906 年至 1936 年法国社会党的变化进行研究，可以看出一些总体趋势（图 14）。新党员的忠诚度低于老党员，平均数值似乎随着党员人数的增加而下降。然而，这并不是一个普遍的趋势，这是纯粹的技术原因导致的，一年内入党的新党员只交纳几个月的党费，从而降低了总体平均水平。相反，在党遭遇危机时，党员人数的减少往往与平均会费的增加同时发生。大选和交纳党
181 费之间可能有更精确的巧合。在选举前一年，平均数下降。1910 年至 1936 年（1924 年是异常年份）期间，这一现象 7 次里发生了 6 次。在选举后的一年里，平均数上升。1910 年至 1936 年间，这一现象 7 次里发生了 5 次（异常年份：1924 年和 1915 年，战争可以解释节奏的变化）。之前我们提到过，这种现象的出现是因为党员人数在大选上一年和下一年都会有增加的趋势。这种巧合只是我们对一个政党短时期的零散观察得到的，而要想真正确定这种巧合产生的原因，还需要对同一类型的其他政党进行观察研究。

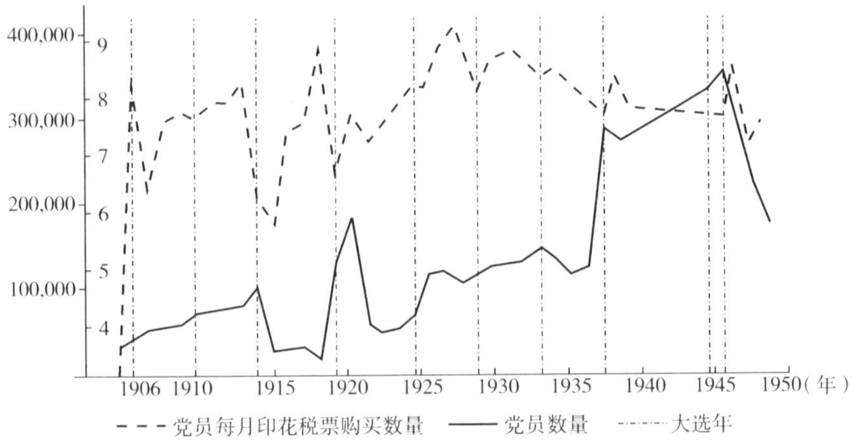

图 14　法国社会党党费的交纳

与党员相比，活动分子的人数相当少。在任何一个政党中，活动分子的人数似乎都不超过党员的一半，当他们达到三分之一或四分之一时，该党可以被视为活跃的。党员中形成了一种自发的寡头政治，他们被动地由一小部分活动分子领导，活动分子参加会议和大会，参加领导人选举，成为领导干部。活动分子领导党员，党员领导支持者，支持者领导选民，毫不夸张地说，党就是这样一种组织。政党的成员不是一个平等统一的群体，而是一些复杂的、等级森严的群体，是一个多元化的群体，他们参与政党的方式各不相同。

第三节　参与的本质

我们刚刚区分了参与的程度，但这种程度是真实的差异，还是本质上的不同呢？与其说选民、支持者、党员、活动分子与党的联系程度有差异，不如说联系的本质有差异。不能说一个活动分子对党的依附程度是党员的两到三倍，因为他们依附于党的方式完全不同。每一类参与者参与政党都对应着一种类型，这种类型更多地是由质量而非强度决定的。但即使在每个类别内部，参与的质量也各不相同：团结 182

的纽带对各个成员、活动分子或支持者来说都不是完全相同的。这就需要对政党成员参与政党的本质进行一些深入的研究。

除了一般性的分析困难，对这一问题的研究还因社会学理论的不精确存在特殊困难。今天的社会学，没有对社会关系进行一般性的分类，这让我们难以参考社会学知识对政党成员参与政党的类别进行很好的分析。因此，我们要么确定一个特殊的分类，要么采用一个由某个社会学家做出的、没有权威性的分类。这里，我们将依次遵循这两种分类方法，首先我们提出全权政党和限权政党的概念，然后采用滕尼斯的共同体和联合体的概念来区分不同类型的政党，并对其进行修订和完善。

全权政党和限权政党

让我们比较一下激进党的党员和共产党的党员。对于激进党的党员而言，党不占据其生活中的太多时间。例如，他偶尔参加核心小组的会议，有时通过代表寻求利益，他支持国家政策，特别是地方政策，他也会考虑未来的选举候选人。如果存在激进党派的报纸，他也
183 许会读一读，他有时也会在规模不大的人权联盟、共济会或其他类似组织中注册会员。他只花了很少的时间在党的事务上，这只是他日常关注事项中的一小部分。他的工作、生活、闲暇时间，甚至家庭和情感都不受激进党的影响。他参与党的活动纯粹是出于政治性目的，不涉及其他方面。可以说，激进党是一个限权政党。

共产党的党员情况则完全不同。党要求他们积极参与政治活动。在工厂或车间里，他们都要在支部里积极活动，向同事们传播党的指示，与他们评论当地共产党日报，并激发其争取权利的热情。共产党员还需加入法国总工会，法国总工会是共产党的一个隶属机构，工会行动是党活动的延伸和补充。因此，党员的整个工作生活都被纳入了党的框架，他致力于为党服务。共产党员的闲暇时间也是如此，大部

分时间都花在党、工会或和平运动党团、法苏友好协会等附属机构的会议上。其余爱好由党来组织。例如，共产主义体育协会，共产主义青年旅社，共产主义聚会、集市和野餐，共产主义电影节，共产主义文艺俱乐部，共产主义展览和讲座，这些构成了党员的“消遣娱乐”。党还深入他们的家庭生活。一个党员的妻子通常是法国妇女联盟和各种家庭委员会的成员，他的孩子们则加入法国青年共和联盟及其附属机构。公共生活和私人生活不再有区别，对共产党党员而言，只有政党生活。这种类型的党就是全权政党。

让我们来区分两个要素，物质要素和精神要素。物质要素是指党 184
努力指导个人的一切活动，并超越政治领域，如职业、体育、娱乐、休闲、文化、家庭生活等。这项努力是通过发展附属机构来实现的，这些机构的目标群体不再是支持者，而是党员。党的目的不再是聚集核心圈外的成员，而是增加个人可以加入的组织数量——党、工会、体育俱乐部、艺术协会、露营之友、法苏协会、租户联盟、家庭协会等，以使所有活动都受党的制约。公民没有真正的闲暇时间来能够独自面对自己和进行思考。闲暇时间，即不被工作、睡觉或吃饭占用的时间都用于为党和附属机构服务。一些政党，即便不是全权主义政党，也试图增加附属机构的数量。发展附属机构是吸引或留住党员的一个很好的方法。对党分部会议感到无聊的人会喜欢体育俱乐部，任何不参加会议的人都会很乐意听取领导人在集市或乡村聚会上的发言。党的附属活动既是留住不忠诚的党员的一种手段，也是强化党员忠诚度的一种方式。附属机构的行为类似于救世军使用音乐和游行的行为，但这并不能证明它对党员有精神控制。对一个人有物质生活组织只有在同时有精神生活组织的情况下，才称得上全权主义。如果一
个试图发展附属机构以吸引党员的政党，其做法只涉及政治领域，其 185
他领域则给予成员自由选择权，那么它就不是全权政党。因此，真正的全权主义是精神上的。

让我们回到共产党活动分子的例子。党不仅为他们提供了所有的物质活动，更重要的是，还为他们提供了思想意识的总体框架，一个对世界的全面的解释体系。马克思主义不仅是一种政治学说，而且是一种完整的哲学、思维方法和精神宇宙观。它解释了国家的结构和演变、生物的进化、人为什么在地球上出现、宗教情感、性行为、艺术和科学的发展，所有看似孤立的事实都能在其中找到位置及对自身存在的解释。这种解释既可以为大众所理解，也可以为学者和受过教育的人所理解。这种哲学很容易简化为教义且不会有太多的歪曲，满足人类精神对基本统一的需要。党的附属机构在马克思主义理论下具有新的意义。附属机构不仅是为了规范非政治活动从而加强党的纪律或对党的忠诚，还是为了确保在活动中可以学习马克思主义。例如，建立共产主义体育俱乐部不是为了利用这些娱乐设施让党员留在党内，而是为了在体育领域学习马克思主义。遗传学、绘画、医学等领域也是一样的。真正的全权主义指的是人类的物质活动在一个统一的基本教义下进行的事实。如果党员和非信奉者一样自由，体育或文学俱乐部的政治标签就没有任何意义。相反，如果俱乐部传播特定的教义并要求忠诚，一切都会改变，这就是全权主义。我们可以区分一种伪全
186 权主义和真全权主义。伪全权主义是通过增加附属机构来实现的，这些附属机构旨在掌控参与者的生活。真全权主义的特点是党的学说不仅映射在政治和经济领域，还解释了世界的一般规律，并排除其他学说。物质全权主义因而是精神全权主义的外在表现结果。

对于政党而言，其全权主义的特征可能会根据党员的不同而有所不同。一些限权政党的活动分子如果把心思完全放在工作上，对政治表现出强烈的兴趣，以至于政治逐渐淹没了他们的一生，对于这些激进分子来说，限权政党具有全权主义性质。这种心理在民选代表或领导人中很常见。相反，一些全权主义政党的温和派成员不接受党教义的束缚，保持着独立的私人生活，对他们来说，全权政党就具有限权

性。对于一个政党而言，政党成员参与政党的性质不是统一的，也不会一成不变，成员之间总是有很大的个人差异。但尽管如此，党的总体特征仍然相当清晰。共产党和法西斯政党显然是全权党，保守党和自由党明显是限权党。社会党最初倾向于成为全权党，但随着党员老龄化，一些实践赋予了它们限权性。如果基督教政党声称他们的政治和社会地位源于宗教原则，那么它们就是全权党，如果他们承认基督徒的自由，那么它们就是限权党。

参与的性质在限权政党和全权政党中大不相同。对于限权政党而言，一个人一生奉献给党的部分很少，而在全权政党中，人的一生都奉献给了党。对于共产党来说，党的利益高于家庭、夫妻、朋友等个 187
人利益，而对于自由党或保守党来说，党的利益排在个人利益之后。全权政党的一般特征是同质性、排他性与神圣不可侵犯性。限权政党的党员则是异质的，也就是说它的党员没有完全相同的想法和立场，个人观点的广泛多样性会被接受。例如，对自由党和保守党而言，多样性非常明显，每一个政党都有很大的思想自由。异质性还可以通过某个集体表现出来，例如党内部不同的派系或团体。这些派系或团体围绕在有影响力的人物周围，但它们也有相当明确的理论基调，例如社会主义政党内部的各种团体。20 世纪 20 年代至 40 年代的工人国际法国支部内存在着一些强大的组织。当某个人属于某个组织时，便会订阅这个组织的报纸。如 1933 年之前属于富尔·兹龙斯基（P. Faure-Zyromski）团体的《社会党斗争日报》，属于马尔凯·德亚·雷诺德尔（Marquet-Déat-Renaudel）团体的《社会党生活周刊》，在 1936 年后属于和平主义团体的《社会党国家日报》，革命左翼团体的不定期刊物《红本》，等等。有时，还会出现一种由当地团体领导签发的“朋友卡”，这是一种比报刊订阅更贵的支持性订阅，是对团体的一份贡献。在美国政党中，派系有时是反对当选人和竞选团的团体。例如在民主党内部，我们看到了路易斯安那州的反朗派、伊利诺

188 伊州的反凯利派、佐治亚州的反塔尔马格派、密苏里州的反珀迪加斯特派等。美国国会议会党团中南、北民主党也存在根本性对立。

在全权党中，类似的做法是不可想象的，内部分裂、教派、派系、宗派主义是不能容忍的。同质性是严格的，没有多数派，也没有少数派，任何不完全赞成党的教义的人都必须离开，反对者只能在服从和离开之间作出选择。在限权党中，教义并不重要，只有一小部分党员从思想和精神上服从教义。只要各派系对党的总体战略、选举和政府工作达成一致，派系的意识形态或战术上的差异就是次要的。另一方面，对限权党而言，党的理论并不是僵化的，它往往是一种心态，一种普遍的倾向，而不是一种学说本身。所以，对党的理论的不同理解在限权党中是允许的。在全权党中，这自然是被禁止的，因为党的理论是根本性的，是不可变更的，它构成了党员一生的思想和道德理念、思维方式、人生哲学和信仰。它是一个完整而连贯的解释世界的体系，各部分都是相互依存的，因此，理论上的分歧意味着人生方向的分歧。除非离开党，否则不同的理念是不能被容忍的。

全权党的封闭性自然源于其同质性，入党资格受到严格审查。当全权党在民主制度下运作时，其他对手的竞争迫使它扩大规模，此时它对党员资格的审核并不十分严格，但仍然比限权党严格得多。当全权党处于一党制时，它的封闭性就完全显现。一个人只有经过一段时
189 间的实习，得到负责任的介绍人的认可，经过委员会审查和筛选，证明了诚意，才能加入党。一旦入党就很难退党。“退党的唯一办法就是‘躺着’出去。”让-保罗·萨特在《脏手》（*Les mains sales*）中的一个角色说道。他有些夸大其词，尽管全权主义政党常常会利用危机时刻“清算”逃兵，但党员的本质使他很难与党决裂。全权党是党员生活的基本支柱，是指导其所有活动的基本信念，是其存在的道德基础。离开全权党就意味着放弃生活的理由，是与整个自我的决裂，会使自己变得空虚和荒芜。想想中世纪被逐出教会的基督徒，他们的灵

魂被撕裂，而被退党的法西斯党员也将处于类似的状态。

这种比较引出了全权党的第三个基本特征，即神圣性。涂尔干对世俗和神圣的二分法是众所周知的。当一个社会事实或对象被认为是崇高的和超越一切的，不能被批评，不能被讨论，不能被嘲笑或讥讽时，它就是神圣的。限权党没有表现出这种性质，它们完全是世俗的。相反，全权党是神圣的，是被崇拜的对象。党是全能的、绝对正确的、超越一切的。因此，对全权党而言，参与党具有真正的宗教性质。“世俗宗教”，这个词适用于法西斯主义和所有全权主义政党。而 190
其宗教性质并不仅仅源于非常类似于教会的结构，以及其全权主义（宗教本质上是全权的，因为它构成了一个解释宇宙的包罗万象的体系），更多地来自能将参与凝聚起来的团结纽带的神圣性。

此外，全权党的出现与西方合法宗教的衰落有着紧密的关系。在过去的二十年里，欧洲的宗教思想在新教团体和天主教会中都得到了复兴，与此同时，宗教情感的觉醒在开明人群中相当明显。但是，一个世纪以来，群众世俗化趋势并未停止，特别是对工人阶级而言，在今天，宗教对他们已经没有什么意义了。正是在这些群众和工人阶级中，全权党取得了最大的发展。在俄国和德国这样有着深厚宗教信仰的国家，全权党的发展达到了完美境界。一切都发生在群众没有宗教信仰的情况下，传统宗教的衰落必然伴随着新宗教的诞生。令人惊讶的是，19 世纪伟大的实证主义者们，如奥古斯特·孔德（Auguste Conte）和圣西门主义的信奉者（saint-simoniens）都深信这一点。他们都相信人民对非理性的需要、对绝对的需要、对精神统一的需要是不可或缺的，因此他们在寻找新的宗教。但除了孔德，他们都没有意识到新宗教将不再是形而上学的，而是政治性的。传统宗教在人民群众中的衰落，与人民群众进入政治生活的时间相吻合，这可以被视为是全权党崛起的因素之一。

全权党崛起的第二个因素似乎是将政治理论转变为真正的宗教信 191

仰。这方面取得了两个进展，一是从纯粹的政治学说转向系统性哲学，二是从理性到神话的转变。政治理论不再局限于解释权力以及权力的性质、特征、形式、演变，而是试图解释所有的社会现象。政治对于解释人类现象而言就是一个具有哲学性质的一般解释体系。在中世纪，人们从哲学中推导出政治（政治是宗教的女儿）；今天，从政治中推导出哲学，社会关系不再用人类本性来解释，而是人的本性由社会关系来解释。按照许多人的描述，从观念到神话，从科学论证到非理性信仰，政治已经转变为哲学，成为真正的宗教。这就是法西斯主义所遵循的道路。马克思主义比法西主义复杂和全面，用法西斯主义的种族差异来解释自然、社会和意识等所有现象是有困难的，相反，马克思主义很好地用辩证法把它们与阶级斗争联系起来。

最后，政党结构的演变有助于全权党和世俗宗教的发展。在任何情况下，全权主义与以支部或民兵组织为基本组织的政党之间有着密切的联系，与纵向联系型、紧密联系型和集权型政党也有着密切的关系。法西斯政党生动地说明了这种关系。相反，以核心小组为基本组
192 织机构、弱联系型和分权型政党总是限权政党，如保守党和自由党。社会党，是一个集权型、紧密联系型和以分部为基本组织的政党，尽管成员的参与也很高，甚至有时表现出全权的倾向，但它通常是限权政党。

共同体型、联合体型、兄弟会型政党

1887 年，滕尼斯（Tönnies）区分了两类社会群体，即共同体（Gemeinschaft/communauté）和联合体（Gesellschaft/société）。在他看来，这是规范性概念、理想类型，而不是具体的客观分类。这种区别还伴随着一定的价值判断，在滕尼斯的思想中，他认为共同体比联合体更具优越性。这种观念似乎影响了国家社会主义意识形态。撇开其形而上学上的浪漫主义不谈，把滕尼斯的观点转移到纯粹的科学

事实领域，我们可以从这些思想中得出一个有趣的社会群体分类，虽然很笼统，但似乎可以展示政党内部各团体的性质。1922 年施马伦巴赫（Schmalenbach）在此基础上补充了第三类群体，称之为兄弟会(Bund/ordre)，如宗教团体、马耳他骑士团等。

共同体有两个基本特征。首先，它是一个基于邻里关系的社会群体。这可能是地理意义上的相邻，如村庄、公社、教区、国家等都是这样的社会群体。也可能是血缘上的接近，如家庭。共同体还可能是一种精神上的接近，一种灵魂的共鸣，如滕尼斯认为友谊也属于共同
体范畴。其次，共同体为自发的、自然的、预先存在于个人之上的社 193
会群体。共同体不是建立的而是预先存在，其后被发现的。严格地说，我们不是加入一个共同体，我们本就属于一个共同体，不论自愿与否。我们出生于一个共同体，无法逃离。一个人成为他的家庭，他的村庄，他的祖国，他的种族的一分子，这是自然而然的，也是身不由己的。

联合体的特点则与之相反。它是建立在契约和成员自愿加入基础上的社会团体。我们能自愿选择加入或不加入。联合体从一开始就是被创造出来的，它不是自然存在的。我们创造它是因为我们对它感兴趣，联合体不是建立在邻里关系、亲密关系或血缘关系的基础上，而是建立在利益的基础上的。成员加入联合体是基于他们的利益。这种利益的概念必须从非常广泛的意义上理解，它包括物质利益，这些利益是商业公司、工会、互助会和团结协会的基础。利益也包括思想利益，构成思想团体、文学或哲学界、学术界、艺术团体的基础。利益还包括道德利益，是慈善团体、禁酒团体、互助协会的基础。联合体的概念还延伸到休闲兴趣，有共同爱好的人创造了各类消遣的团体：体育俱乐部、桥牌圈、球友或垂钓者、露营者协会、业余剧院、台球学院、童子军团体等。最后，如果利益和情感这两个词不冲突的话，那么利益还应该包括情感利益。人们独自时会感到无聊，他们觉得有

必要与他人见面，在社交中找到某种乐趣。他们不仅从行动中获得某
194 种满足感（正如柏拉图所言，行动是快乐的源泉），还满足了自尊心的需要（社团活动让人得以露面、出风头、炫耀）。许多妇女协会没有自己真正的基础，尤其是那些中年妇女协会，但这些协会在北欧、盎格鲁—撒克逊国家，特别是美国，非常普遍。另外，还需要指出，这些不同的利益总是混合在一起，其中一些利益还是其他利益的托词。例如，许多慈善协会实际上依赖于出风头的自豪感或与他人见面的乐趣。总之，联合体展现出来的是多样性，但是联合体这个概念本身非常明确。

兄弟会处于共同体和联合体之间。像联合体一样，兄弟会建立在自愿的基础上，它不是自发的，而是人类有意创造的结果。但是，加入兄弟会和加入联合体是不同的，这就需要区分加入和承诺这两种方式。加入对于成员而言产生的约束力远低于承诺。承诺是完全加入，体现了人生的方向，而加入只是一种有限的承诺，只涉及一部分活动，对成员约束力不大。换言之，加入体现了限权性，承诺体现了全权性。需要补充的是，承诺并不一定是完全自愿的，参与的人或多或少地感受到内心的需要，但除此之外还有深层次的义务感和责任。在这里，我们有必要回顾一下使命和转变这两个概念，这两个概念主要涉及进入或改换一个兄弟会的问题。兄弟会不同于联合体，近似于共同体。兄弟会不以利益为基础，加入兄弟会往往体现了牺牲精神。兄
195 弟会建立在交流、将自己融合到自己的群体中的强烈需求之上。兄弟会既有滕尼斯所说的构成共同体的精神血缘关系，也有他所说的构成联合体的利益基础，但是兄弟会在成员所体验的共融的强度、深度和范围，以及群体优越感上与前两者完全不同。需要补充的是，兄弟会具有一定的内在张力、一定的热情和一定的活跃度：与“冷漠”的联合会相比，兄弟会更为温暖。新兴的宗教、僧侣团体、爱情婚姻，这些都是施马伦巴赫和他的徒弟所说的兄弟会。

人们不禁要问，兄弟会是否是与共同体和联合体相对的第三类社会团体，还是说它只是定义了某种强度，这种强度有时前两类团体中也会存在。弗朗索瓦·莫里亚克（François Mauriac）描述的悲惨又充满激情的家庭，是一个非常接近兄弟会性质的共同体。同样，爱国主义的兴起对于处于进化阶段的国家、部落或村庄这些共同体而言，也赋予了它们兄弟会的特征。相反，僧侣教团和全权党则是类似于联合体的兄弟会。施马伦巴赫关于兄弟会的短暂性和内部退化规律的评论将加强这一观点。当对兄弟会需求度逐渐减弱，对它的热情也将减弱。在某种程度上，兄弟会慢慢消失，直到有一天变成一个共同体或联合体。宗教团体最终变成教堂，爱情婚姻变成习惯共同体。这个问题不能在这本书深入讨论，只要知道，无论如何，兄弟会都对应着一类现实，它的概念有助于理解党员身份的性质。这个问题揭示了全权党和限权党的分类，以及共同体、联合体和兄弟会的分类之间的关系。就政党而言，兄弟会和全权党的概念可以被认为是完全重叠的， 196
所有全权党都具有兄弟会的特征，所有具有兄弟会特征的政党都是全权的。兄弟会的概念可以更好地理解全权党的结构。在限权政党中，原则上表现出共同体或联合体的特性，然而，在全权党中也可以看到一些痕迹。对于一个从小就在共产主义意识形态中长大的苏联年轻人来说，政党是一个共同体。对于信奉共产主义的西方人来说，共产党则更像是一个联合体。可见，兄弟会的概念可能更多地指的是共同体或联合体的一种特殊形式，而不是自己构成一个单独的类别。

如果将上述滕尼斯和施马伦巴赫的分类用于政党，就会发现参与政党的复杂性。在每一个政党中，上述三种群体关系都是并存的。对一些党员来说，由于传统、阶级、家庭、地方或职业习惯，党是一个共同体。对其他人来说，他们加入党是被物质利益所吸引，受政治、道德或理想主义的冲动所驱使，党则是一个联合体。对另外的人来说，特别是年轻人或知识分子，党是兄弟会，他们因热情、激情和交流的意愿而加入。但是，不同的参与原因可以在同一个人的意识中相互交织和叠加。传统与利益的重合是最常见的，这体现了共同体与联合体概念的融合。对共产党而言，党员入党的原因是基于社会阶级的自然归属感和全权主义激情的结合，这种参与的性质既体现了兄弟会
197 的概念又体现了共同体的概念。但这种热情，作为兄弟会的特征，有时会与自豪感和自我肯定的需求以及行动的渴望混合在一起，无论是有意还是无意的。也就是说，情感利益和休闲兴趣，这些都是团体的基础。要将一个政党与三种社会群体中的一个联系起来，只能根据政党党员中占比最大的社会群体来确定。如果联合体纽带在党员中占主导地位，那么党将被看作是联合体；依此类推。在这些范围内，可以通过共同体、联合体和兄弟会的概念对政党进行分类，并发现它们变化的痕迹。

有些政党是联合体型政党，在那里，利益和意愿占主导地位，这些政党的共同体性质和兄弟会性质不明显。对于 19 世纪的资产阶级政党而言，虽然自由主义或保守主义的传统使它们看起来像共同体，但它们是典型的联合体型政党。当前的中间党派也是联合体型政党，党员入党的原因是利用政党政治斗争的中间地位寻求利益。美国政党在一定程度上属于这一类别。虽然美国政党的支持者参与政党是出于家庭或地方传统的原因，但对活动分子而言，利益才是参与政党的基础。这个例子表明，参与政党的原因会因为政党拥护者类别的不同而有所不同。选民和党员参与和支持政党的原因各不相同，从这个角度上可以说，对于选民而言党是共同体，对党员和活动分子而言党是联合体。

198 其他政党更像是共同体型政党，例如社会党。社会党在 20 世纪初称自己是阶级政党，但是，属于一个社会阶级体现得更多的是共同体的纽带。如果入党是阶级原因决定的，那么党就是一个共同体。马克思主义用社会阶级的政治表达取代了自由主义的意识形态或利益，

用共同体型政党取代了之前的联合体型政党。这种共同体理论在一些人民民主国家得到了充分的发展，在那里，每一个政党都源于一个特别的社会阶级。在苏联，阶级多样性的消失导致了党的统一。共同体型政党的概念远远超出了阶级党的概念。例如，在社会阶层多样性显著的美国政党中，对党的支持往往来自习惯、家庭或地方传统。许多人是共和党人，因为他们的父母是共和党人，因为他们的祖父母是共和党人，因为共和是家庭礼仪的基本规则之一。在南方，许多人是民主党人，因为他们是白人，因为他们是内战叛乱分子的后裔，因为宣布自己是共和党人是不正确和令人震惊的。法语对此有一些粗俗但强烈的表达方式，如“吮吸共和党的乳汁”，“有共和党的胆量”，等等，这表明了对传统政党的一种共同体支持。

最后，共产党和法西斯政党符合施马伦巴赫所描述的兄弟会的概念。在德国，纳粹人士明确表示了这一点，认为兄弟会的概念似乎符合某种深刻的愿望。大多数法西斯政党都效仿德国。兄弟会的神秘性是法西斯意识形态的重要组成部分。另一方面，乍一看，兄弟会的概念似乎在共产党意识形态中没有一席之地，党禁止使用兄弟会的概
念。但是，列宁和斯大林关于党的根本作用的观点，即党汇集了工人 199
阶级中最有意识、最忠诚和最勇敢的人，也产生了和兄弟会一样的概念。党要求党员全面承诺，党在党员中培养共同参与和自我牺牲的精神（如马尔罗在党内时所说的“阳刚的兄弟情谊”），党要求党员与物质财富分离，并保持艰苦朴素的生活，等等，这些都是兄弟会的典型特征。苏联共产党对党员的绝对纪律也是如此，这使它看起来像一个最著名和最伟大的宗教团体。同样，共产党的“革命精英”“封闭群众”“工人阶级领袖”的概念也属于兄弟会概念的范畴。只要把共产党的特征与兄弟会的基本特征联系起来，就可以看到它们的相似之处。

区分共同体、联合体、兄弟会的好处在于可根据在党内占主导地

位的团结纽带的性质来对政党进行分类。另一个好处是可以用来分析政党的发展。在第一阶段，政党似乎正在从联合体型转变为共同体型。19 世纪成立的政党，从定义上讲，它们不一定是自然的、自发的团体，而是在环境的推动下，由人类主动创造的，第一批追随者是有意识地加入的。在资产阶级民主国家，政党建立在限制选举制上，它们是建立在物质利益和意识形态的基础上的。对党的忠诚几乎没有任何意义，如果利益改变，他就会改投其他政党，除非党改变其思想
200 和策略。欧洲的保守党和自由党在自由贸易、土地政策、社会立法等立场的连续变化是显而易见的，政治家从一个政党转换到另一个政党也是常见的。但似乎有两个事实慢慢将联合体型政党转变为共同体型政党。首要原因是资产阶级政党党员老龄化的问题。随着时间的流逝，资产阶级政党创造了传统，对其党的创始人来说，党是联合体型政党，但对党创始人的子孙们而言，由于党变成了家族遗产中的一部分，党获得了共同体特征。就像篡位后慢慢变成合法君主一样，党的合法性在一代又一代的认知中巩固发展，从而具有共同体的特征。联合体变成共同体是一项普遍的自然法则。今天的创新是明天的习俗，今天的社会孕育着未来的共同体。从党员方面看，无产阶级以阶级政党的形式进入政治生活，并加速了这一变化进程。一开始，社会党建立在社会阶级上，并采取了共同体形式。旧政党此时也意识到自己的阶级性，这自然加速它们从社会型政党向共同体型政党的转变。因此，马克思主义和社会党的出现，以及资产阶级政党的衰老，使政党从联合体型走向共同体型。

另一方面，传统合法宗教的衰落，政治学说宗教化，都倾向于将政党变成兄弟会型政党，而全权主义和兄弟会之间有着完美的巧合。政党发展的第二阶段就是从共同体型走向兄弟会型。然而，与第一阶段的发展相比，第二阶段的发展不那么明确，也不那么普遍。这是因为全权主义政党虽然本质上是兄弟会型政党，但从所有政党的角度而

言，它们只是一些特殊类型的政党。兄弟会型政党内部也正在发生变
化。首先，我们可以注意到，在执政的全权党中，政党正从联合体- 201
兄弟会型向共同体-兄弟会型转变。在上台之前，纳粹党是一个联合体-兄弟会型政党，但对于一个从小就受过训练并被选入希特勒青年团的年轻纳粹来说，纳粹党更像是一个共同体-兄弟会型政党。值得注意的是，执政的全权党限制直接入党资格，将入党资格留给那些参加过青年团的年轻人，从而将党变成特殊类型的共同体型政党。

兄弟会型政党是否会随着全权主义性质、热情和活力的消失，走向一种纯粹而简单的共同体型政党？在 20 世纪初，第一批社会党对其成员的控制使其非常接近于兄弟会型，但慢慢它们走向了共同体型。施马伦巴赫认为这种变化是兄弟会发展的自然规律。按照这种规律，共产党和法西斯政党也将沿着同样方式发展，但它们的结构本身和领导人的努力倾向于防止它们朝着这样的方向发展。肃清制度、分裂机制，以及干部的定期更换、年轻化、新领导人的不断培训和对党员的控制，都是为了防止党改变其兄弟会型的结构。过去 20 年来，
共产党的发展并没有削弱其全权性质和兄弟会型性质。相反，无论是 202
作为一党制中的执政党，还是多党制中的参与党，共产党兄弟会的性质似乎都得到了加强。历史可预见，他们从兄弟会型到共同体型的转变似乎不可能仅仅是内部发展的结果。

注　释

1. *Esprit*（《精神》），mai 1939，p. 176.

2. *Op. cit.*（同上），p. 209.

3. Déclaration de M. Staub，au conseil national de 1947.

4. 通常，很少工会会员会明确声明退出党。如 1938 年，瑞典民主社会党，只有 4.5%的工会成员明确拒绝加入政党。1948 年，这一数字

为 2.5%。

5. Léon Mauvais, *Rapport au congrès de 1945*（《1945 年在法国共产党全国代表大会上的报告》）, Éditions du Parti, 1945, p. 4.

6. *Op. cit.*, p. 6.

7. *Op. cit.*, p. 56.

8. *Op. cit.*, p. 6.

9. 1924 年，社会党选民人数是根据该党在 19 个省的单独名单推算出来的。在这 19 个省中，社会党获得 628883 张选票，而同样的方法在 1919 年是 595034 张选票。其他省的选票是社会党与激进党联盟构成左翼联盟获得的选票。这样在 1924 年的选举中，社会党总共获得 1814000 张选票，而 1919 年为 1727963 张。

10. M. Thorez, rapport au Congrès de 1947（《1947 年在法国共产党全国代表大会上的报告》）, p. 84.

11. *Op. cit.*, 1945, p. 56.

12. *Esprit*（《精神》）, mai 1939, p. 157.

13. 党员数据：1930 年，40000 人；1933 年，45000 人；1935 年，80000 人；1936 年，363000 人；1937 年，340000 人；1944 年，385000 人；1945 年，1032000 人；1947 年，907700 人；1948 年，798400 人；1949 年，786800 人；1954 年，500000 人。这些数据引自以下文献：

1930 Maurice Thorez: *Au service du peuple de France*, p. 85.

1933 Maurice Thorez: *Une politique française*, p. 56 (congrès de Villeurbanne, janvier 1936). Chiffre de février 1934, reporté naturellement à 1933.

1935 *Id.*, p. 56.

1936 Gérard Walter: *Histoire du Particommuniste française*, Paris, 1948, p. 380 (chiffre d'octobre 1936).

1937 Maurice Thorez: *Une politique française*. Discours au congrès de 1945, Éditions du Parti, p. 56 (congrès d'Arles, déc. 1937).

1944　Léon Mauvais: Rapport d'organisation du congrès de 1945, p. 4.

1945　Maurice Thorez: *Au service du peuple de France*. Discours au congrès de 1947, Éditions du Parti, 1947, p. 84.

1947 — 1949　Maurice Thorez: *La Lutte pour l'indépendance nationale et pour la paix*. Discours au congrès de 1950, Editions du Parti, 1950, p. 90 (chiffres de cartes annuelles distribuées).

1954　Chiffre cité au congrès du Parti (d'après A. Lecœur, *L'Autocritique attendue*, 1955, p. 62, il représente une "exagération considerable"; tous les chiffres d'adhérents depuis 1945 auraient été ainsi gonflés; certains estimaient *à* 350000 le nombre réel des adhérents en 1954).

14. 这个定义是从广义的角度讲的。从狭义的角度讲，特别指构成寡头集团的领导人。见本书第三章。

15. 来自 1949 年数据。

16. 见图 38，在美国南部，一党制导致大量人弃选，但参与初选的人很多。

17. Ch. Bettelheim et S. Frère, *Auxerre en 1950*（《1950 年欧塞尔调查》）, Paris, Cahiers de la Fondation nationale des sciences politiques, n° 17, 1950.

18. militant 一词在一些著作中被翻译为骨干，如王长江：《政党论》，北京：人民出版社，2009 年版。——译者注

19. Ch. Bettelheim et S. Frère, *Auxerre en 1950*, Paris, Cahiers de la Fondation nationale des sciences politiques, n° 17, 1950, p. 235.

20. 福伟（J. Fauvet）认为法国共产党内活动分子和党员的比例是 50%，见 *Les Forces politiques en France*（《法国政党》）, Paris, 1951,

而勒科尔认为是 30%，见 *L'Autocritique attendue*（《自我批评》），1955。

21. 在实施差别缴费的政党中，按不同比率交纳党费的党员数量对于衡量活动分子而言可能是一个很有趣的指标（尽管还有其他因素在起作用，尤其是党员的社会地位），例如德国社会民主党中柏林党员交纳的党费值得注意（表 3）。

第三章

政党的领导人 203

在任何一个社会中，权力结构都是两种对立力量的结果：一方面是信仰，一方面是实际需求。因此，政党的领导层，就像目前大多数工会、协会、商业公司等社会团体一样，具有民主外表和寡头政治的双重特征。只有少数法西斯政党逃脱了这一规则，它们敢于公开承认自己在遵循那些其他政党暗中奉行的准则；但若说“伪善是恶行对美德的致敬”，那么它们的坦诚也不值得称道。

人们普遍崇拜民主，是因为它在当代人眼中具有合法性。在每一个时代，人们都会构建自己关于社会群体内部的权力结构和更迭方式的理想，他们自然会服从那些符合这种共同理想的领导人，而拒绝服从其他人。这种主流信仰，从社会学的角度讲，就是统治者的合法性。每一个文明都建立了自己的合法性原则。在西方，法国大革命用
民主合法性取代了君主合法性。几个世纪以来，世袭授权是正常的， 204
而今天选举授权是正常的。民主合法性与阶级合法性开始与之相冲突，阶级合法性在共产党中得到了明确的承认，并在其他政党中也渐露端倪，加入工人阶级是行使权力的条件。法西斯主义反对阶级合法性，承认贵族合法性，认为权力必须属于政治精英，那些有能力承担责任的人是天选之人。然而，两个政党的观点都不是主流观点，民主仍然是当代的主导学说，它定义了权力的合法性。

政党要在政治领域采取行动，不能避忌民主理论。任何社会群体都要建立在合法性上，对于国家、其机关和机构更是如此。如果一个商业公司或垂钓者友好联盟采用寡头政治结构，将权力委托给少数几个未经成员主体选举产生的个人，这将冲击人们对民主的普遍信念，但这种冲击远不如一个政党采用同样的结构来得深刻，因为政党是在民主国家的框架内开展工作，并寻求获得群众的支持，而群众认为唯一合法的权力形式就是民主。因此，各政党必须非常小心地为自己找到表面上看起来民主的领导人。

但现实中对实际效率的考量促使政党走向了反方向。民主要求各级领导人由选举产生，要求频繁进行选举，要求领导人体现集体性并降低个人权威，但这样组织起来的政党在政治斗争中不具优势。如果所有政党都采用同样的结构，那么就不会造成多大危害，因为每个政
205 党面临的竞争环境都是一样的。但是，如果其中一个政党是以专制权威的方式组织起来的，那么其他政党就会处于劣势。人们经常注意到，一个民主国家与一个专制国家存在竞争，如果要打败专制国家，民主国家就必须逐步采用专制国家的手段。同样的现象也发生在政党竞争中。为了生存，民主型政党必须效仿其他类型的政党模式。政党容易做到这一点，因为领导人自然倾向于保留和加强其权力，而党员因为对领导人的崇拜自然也不反对这种做法。这一切都如罗伯特·米歇尔斯所分析的那样。然而，政党仍然试图保持民主的外表，专制和寡头政治的出现通常是在党章没有规定的情况下，通过一系列迂回但有效的程序发展起来的。我们可以把这种技术比作伪装，在民主外表和背景下建立专制政权。

在民主的外表和背景下建立专制政权是一个普遍趋势，它的发展程度因政党不同而有所不同。伪装的程度取决于许多因素：党的社会成分、党员的民主意识强弱、党的理论以及党存在的时间长短等。与所有人类群体一样，政党也是保守的，即使环境迫使它们改变结构，

它们也不会轻易改变。有些政党表现出民主的特征，那是因为它在更专制的政党出现之前就已经存在了。

第一节　领导人的选任 206

从形式上讲，政党领导人几乎总是由党员选举产生的，任期相对较短，遵循民主规则。只有法西斯政党公开反对这一程序，代之以上级任命。在法西斯政党，下级领导人由党的最高领导人选出，最高领导人则自己任命自己，并终身任职，而以指派的方式任命继任者。事实上，民主选举制正在被专制的任命技术所取代，如，指派、中央提名、推荐等。由于党的实际领导人往往与名义上的领导人不同，这些技巧用得会更广。

领导人的专制倾向

首先，我们将区分公开专制和变相专制。公开专制是例外，变相专制是常态。公开专制存在于法西斯或伪法西斯政党中。在这些政党中，领袖原则代替选举原则成为合法性基础。因此，最高领导人因个人魅力或在某些情况自我授权而成为领导人。法西斯主义的领袖学说可以分为两类。一是德国理论，认为元首是天选之人，代表日耳曼共同体并因此行使主权。第二个理论不像德国理论那么有神秘性，认为领导人的天命性源自其领导人的身份。在第一种情况下，领袖是真正的超人：这是对古代统治者之神性信仰的现代化应用，即神王理论。 207
在第二种情况下，领袖只是被命运置于这样一个位置的人（虔诚者说是全知的天意；其他人则说是纯属偶然），从而获得独自行使党的最高领导权的能力。与德国法西斯主义相比，其他西欧法西斯主义不那么神秘，有更多怀疑性，它们接受第二种理论。这种理论导致对党领导崇敬之心没有那么强，领导人可以接受更广泛的批评。但是两种理论不影响党选择下级领导人的做法，所有下级领导都是由党的领导人凭借自身的权力任命的。

然而，这样的政党有时不得不接受民主原则，并至少在表面上接受民主。一般来说，民主的接受度在地方一级比在国家一级更高，因为权力集中，民主在中央层级失去了意义。让我们看一下 1947 年戴高乐将军组织法国人民同盟的情况。在市一级，所有领导人至少在表面上都是民主选举产生的。在省一级，选举产生的委员会委员和中央任命的代表并存。原则上，委员会有立法权，中央任命的代表有否决权，但事实上，如前所述，中央代表的特权似乎更为重要。在大区一级，只有被任命的代表。最后，在中央一级，除了全国党代会和国家委员会的代表外，所有领导人都由党的领袖任命。全国党代会每年只举行一次会议，会议由专门委员会非公开举行，全会只听取党领导人的讲话和批准委员会的结论。全国委员会只起咨询作用。除党领导人
208 外，实际权力属于管理委员会和秘书处，其成员由戴高乐将军直接任命，秘书处甚至由他的私人助手组成。可见中央领导纯粹是专制的。

从法国人民同盟的例子，可以转向其他部分承认专制的政党。这些政党中，除了民选领导人外，还有任命或指派的领导人。19 世纪末，著名的伯明翰核心小组在英国政党组织中发挥了重要作用，在那里，选举和指派巧妙地结合在一起。伯明翰地方核心小组由选举产生的党员和指派的成员构成，中央执行委员会有 110 名成员，48 名成员由地方党员直接选举产生，32 名由地方核心小组选举产生，剩下的 30 名由前 80 名成员指派产生。在这两个机构之间，是决议机关，即总委员会，由 110 名执行委员会成员和由地方党员选举产生的 480 名代表组成。从表面上看，这个制度是民主的。目前某些基督教民主党就是这样的。在比利时基督教社会党中，市委员会和大区委员会可以指派相当于当选成员人数的成员。而在比利时基督教社会党中央一级，总理事会 100 名成员里有 12 名指派成员，而全国委员会的 21 名

委员中有 4 名指派委员。在地方，指派足够让政党变得半民主性，而在中央，指派的人数太少。指派的目的是让各种各样的人，如知识分子、技术人员等进入党的领导层。他们不参与政治生活，但可以提供有益的经验。法国人民共和运动领导人的指派也具有相同的特点。对法国人民共和运动而言，国家委员会由 10 人的指派成员组成，执行委员会由 5 人的指派成员组成。

法国共产党党章第 7 条明确规定："在特定情况下和中央委员会有资格评估的情况下"，"如果党的自由发展和活动受到任何阻碍"，领导人可由上级机构任命或经中央批准指派。"如果党的自由发展和活动受到任何阻碍"隐含的意思是为了应对党不得不转入地下的情况；"在特定情况下和中央委员会有资格评估的情况下"更为模糊和宽泛，它允许中央在其认为适当的任何时候选择指派或任命。在后面，我们将看到，分部委员会对支部往分部大会选派代表方式的干涉，使得领导任命的民主性随时可被削弱。 209

事实上，政党部分采取公开专制的做法并不妨碍它采用变相专制的方法，所有的民主政党都会采用变相专制的手段。变相专制的手段有两种，一是操纵选举，一是区分真正和名义领导人的方式。国家经常操纵选举。从法兰西第二帝国的官方候选人资格到拉丁美洲国家或巴尔干国家的定向投票，通过杰利蝾螈操纵手段（gerrymandering）、政府施压、伪造选民卡等，有各种各样的方法来伪造政治代表性。在政党内部，选举在更窄的范围内进行，所以操纵选举更有效。在民主国家，操纵选举应用并不广，不会严重扭曲投票结果，但在政党内部，它被系统地使用，使得领导人的任命具有明显的专制性。

操纵选举的第一个手段是广泛运用的间接选举。除党的基本组织机构如分部或支部外，党的领导人不是由党员直接选举产生的，而是由选举产生的代表间接选举产生。这种代表团往往有几个不同的等级，而法国共产党在很大程度上发展了这种金字塔选举制度（图 210

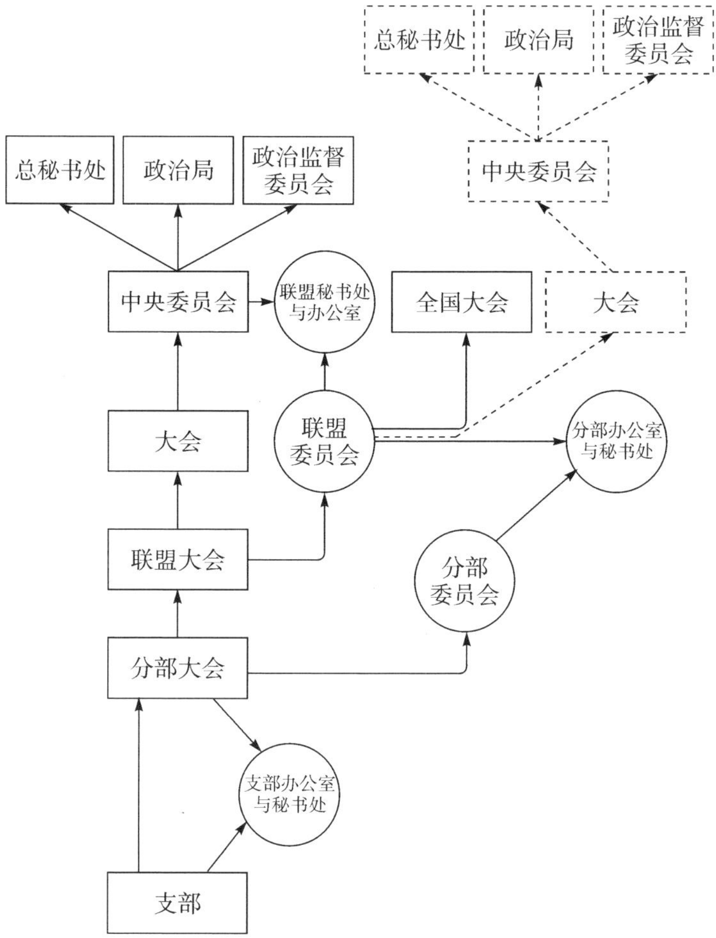

（虚线框表示党章第26条规定的特殊组织）

图 15　法国共产党间接选举

15）。整个选举制度都是以分部会议为基础。根据法国共产党党章第17 条的规定，分部会议由支部代表组成。第 15 条规定了分部委员会有权规定代表产生的方式。因此分部大会可以由各支部书记和领导组成，也可以由有关领导指定的成员组成。第一种情况下，分部会议通过直接选举产生。第二种情况下，由于党章第 15 条的条文如此含糊，没有什么可以阻止分部委员会在必要时自行任命支部的代表参加分部会议。在这第二种情况下，选举不再是民主的，因为由党员自己进行的选举被取消了。在任何情况下，分部大会选举一个委员会，委员会再自行任命参会的领导团。对省联盟而言，各分部代表组成联盟会议，联盟会议选出一个委员会，委员会任命一个领导团。在中央一级，全国党代会由联盟会议任命的代表组成，全国党代会选举一个中央委员会，中央委员会任命政治局、秘书处和政治监督委员会。在全国党代会休会期间，全国会议召开，全国会议成员由联盟委员会任命。党章第 26 条规定："在党的自由运作和活动受到阻碍的任何情况下，经中央同意，联盟委员会可在特殊情况下任命代表出席大会"。 212

并非所有政党都以同样的严格程度实施间接选举，但所有政党都在使用间接选举。间接选举是一种令人钦佩的以民主排斥民主的方式。卢梭清楚地认识到主权不能被代表。委托不能掩盖这样一个基本事实，即被委托人的心理永远不会与委托人的心理完全相同。选举机构每上升一个层级，选举就会进一步被扭曲，基层意愿与顶层决定之间的差距就会进一步扩大。由一小部分代表选出政党领导人的选举，与由广大党员直接选出领导人的选举不同，因为前者选民人数较少，使用其他手段操纵选举要容易实现得多。此外，这些操纵手段在一个个连续的投票过程中层层叠加，结果是，随着投票层级的上升，选举结果被扭曲得越厉害。特别是，有时会任命官员作为会议和代表大会的代表去选举领导人（有时官员，如省联盟的秘书，能够很好地影响基层成员）。在这种情况下，党的代表大会的样子就像员工参加雇主大会的样子，前者往往会继续让后者任职，因为他们是后者的傀儡。

除了间接选举外，操纵选举还可以通过提名候选人的方式来实现。一些政党在其党章中明确限制选民选择候选人的自由，规定了固定的提名程序。这一制度不仅与在党内引入专制制度的愿望有关，而且与加强集权或分权的企图有关。地方领导人的选举有时需要中央提名，这显然增强了中央的集权。例如，法国共产党的党章规定，"联 213

盟秘书候选人名单由联盟委员会和中央委员会共同商讨通过”。对奥地利社会党而言，地方组织的领导人完全是从更高一级的区组织设立的“信任者”名单中选出的。信任者被认为是特别忠诚和有能力的党员，他们参加过中央社会民主党学校举办的培训班。目前，每 12 名党员中就有 1 名信任者。在比利时基督教社会党，地方委员会主席的候选人在获得区委员会批准后，在地方党员大会上投票表决，而区委员会主席的候选人也要经中央批准后，在区党员大会上投票表决。有时，中央领导的选举可能会受到地方机构的干预，这加大了分权程度。但这种做法不如之前的做法频繁。对比利时社会党而言，办公室候选人提名来自大区联盟，这些联盟必须提交一份相应候选人的名单。事实上，这加强了联盟领导层的影响力。对比利时天主教党而言，国家委员会的候选人由国家委员会本身或省和大区委员会提名。对奥地利社会党而言，全国委员会的选举是由选举委员会筹备的。选举委员会的成员包括省级机构的代表。选举委员会向省代表大会提交选举名单，名单草案随后提交国会。

但现实中非正式提名候选人比正式提名候选人的方法运用得更广。许多政党只有一名候选人（或一份名单）参加选举。那些自称民主的政党使用了类似的方法。法国激进社会党办公室的选举实际上是
214 对单一候选人名单的批准。许多国家的温和派和保守党也是如此。我们发现事实可能与主流观点相反，越在基层，民主程度越低。全国党代表大会有时会对非官方候选人提名表示反对，但在分部、支部或核心小组中，反对的声音不那么常见，在这些基本组织中，它们的成员不选举上级提名的候选人为领导人是非常罕见的。缺乏能够组成反对派以统一行动的人士，大多数成员缺席会议等现象解释了这些基本组织为什么要服从上级的候选人名单。虽然有时某个分部会反抗，某个支部会提出建议，但这些行动太少、太零碎、太分散，不足以造成影响。因为基层严重的消极态度，而选举又都是间接的，所以整个组织

实际上依赖于对代表的最初任命。总的来说，在高层级，特别是在全国党代会中，反对声音的出现，与其说是广大党员的民主抗争，不如说是几位专制领导人之间的斗争。

组织投票活动也强化了提名候选人的效果。在这方面，可以同时
使用两种不同的操纵手段，操纵选举团和伪造选票。第一种手段在激 215
进社会党代表大会中得到了广泛的应用。在党代表大会中，有能力的领导人能够左右代表的组成。在激进社会党中，任何一个党员，只要全额交纳党费，就可以购买到一张党代会会议“门票”，确定党代会的地点就变得至关重要，因为邻近大会召开地的委员会党员可以很容易地参加大会，而距离较远的委员会成员很难参加。因此，如果党代会能在有大量支持者的地方召开，那即将离任的领导委员会连任的可能性就会加大。批量购买会议卡，分发给临时党员，也产生了类似的效果。即使对于那些严格要求代表性的政党，这些程序也没有被取消，只是受到限制而已。1872 年，卡尔·马克思和权威派在海牙召开共产国际会议时，难道不是选择了一个一些反对者不太容易参加，而另一些反对者完全无法参加的城市吗?[1]对目前的社会党而言，真是没有谁能比它更好地遵守民主原则了。对工人国际法国支部而言，每个联盟每有 25 名购满 12 个月印花税票的党员，就能获得一个席位。也就是说，联盟的代表人数可以通过联盟财政部购买的印花税票总数除以 12 来计算。因此，没有什么能阻止一个富有的联盟购买远远超过其成员所能消耗的印花税票数量。因此，一个有影响力的代表或活动分子，如果找到了财政援助，就可以迂回的方式购买党代会的代表名额。

另一方面，代表的计算方法往往与联盟的实力不成比例。比如法国激进党，直到 1945 年，执行委员会中一半的代表人数是按照联盟
党员的实际人数确定的，一半的人数根据省人口数量确定。在人口稠 216
密的省，党员不多的联盟的代表人数可能比在小省但有大量党员的联

盟的代表人数要多。这一现象揭示了党员在党内的次要地位。对人民共和运动而言，联盟的代表人数是按递减的比例计算的。如200名党员中，每50名党员可以选1个代表，但第200至5000名党员中每100名党员可以选1个代表，超过5000名的，每200名党员中选1个代表。该制度显然旨在支持新的团体，同时限制最强大的联盟在党代会中的影响力。这导致中央的影响力以一种迂回的方式增强了，因为经验表明，反对中央的省联盟几乎总是大联盟。在美国政党中，全国代表大会以代表制为基础，代表制对人口稀少的农村州比对人口稠密的城市州更为有利，因此整个国家的政治重心从东向西和从北向南转移（表4）。

表4 美国政党全国代表大会代表的不均衡[2]

民主党全国代表大会		共和党全国代表大会	
州	每位民主党代表由多少位选民产生	州	每位共和党代表由多少位选民产生
纽约	28，960	纽约	29，290
宾夕法尼亚	26，955	宾夕法尼亚	19，021
南卡罗来纳	1，721	南卡罗来纳	894
路易斯安那	5，680	路易斯安那	5，589
缅因	11，191	俄亥俄	27，277
佛蒙特	7，443	堪萨斯	24，884
康涅狄格	21，164	佐治亚	5，478
伊利诺伊	33，245	阿拉巴马	2，923
怀俄明	8，725	密西西比	630
内华达	3，129		
得克萨斯	15，014		

在地方，这种操纵选举团的行为也很常见。大区党代表大会的代表制度不如全国代表大会的完善，领导人的影响力相比之下就更大。分部中，投票是直接的，无法操纵选民投票，但是可以排除有投票权但不支持非官方候选人的党员，或引入没有投票权但支持非官方候选人的假党员。政党有时在某个时刻还会采用其他方法，如没有充分通

知的情况下猝不及防地召开大会，防止反对者能及时收到通知；将会议安排在不好的时间段以阻止他们参加；或者雇用打手分散在会场参
与投票。美国的当选人对这种伎俩了如指掌，而伯明翰党团的创造者 217
完善了美国的方法，他们一个地区一个地区地去获得选票，以确保非正式推选的代表获胜。但我们永远不要忘记，选民只占该党党员的一小部分，各分部大会的出席率总是很低，因此，无论如何，领导人的产生都不是完全民主的。

操纵选举的另一种方式是操纵投票方式。民主原则要求无记名投 218
票，但这并不总是能实现。在较低级别的选举中，投票通常是举手进行的，选民被要求表示接受或拒绝被提名的候选人。这完全改变了投票的性质，它不再是选举，而是公民投票式的批准。这一程序有时也用于高层级的选举，如大区党代表大会或全国党代表大会。例如，激进党党代会中，领导团或党主席通常是以鼓掌的方式被选出的。共产党党代表大会上也采用这种方法，而且总能全票通过。投票有时也会采用无记名的方式，但分发的选票上只有非官方候选人名字，因此反对票更难投出。比这种机械操纵更常见的是微妙而有效的心理操纵。在较低级别的选举中，一些有影响力的人物，如议员、记者、中央领导人等，会支持非官方候选人，他们在党员中的威望对党员的投票起着重要作用，尤其是党员会非常荣幸这个大人物对他们进行了“特别访问”，认为自己也是举足轻重的。在全国党代表大会上，这种针对选民的个人行动更加复杂高级。为党代会工作，制造特殊通道，反攻反对团体，在委员会的眼皮下玩权术都是一种操控艺术。法国激进党党代会或美国政党的全国代表大会是这方面的典型。但事实上，所有政党都有类似的做法。

这种阴谋伎俩不仅党派大会会使用，议会本身也知道它的用途。但是各党派大会的半公开性不仅不能让各党派完全操纵选举，而且辩论的公开性对幕后操纵的手段产生了限制。

219
名义领导人和实际领导人

所有的选举操纵都是以或多或少的民主方式掩盖任命的专制性。另一种方法也可和选举操纵一起使用以实现这一结果，即在党内设立两类领导人：名义上的领导人和实际的领导人。名义领导人是通过选举而当选的领导人，实际领导人则是被任命的。名义领导人理论上享有权力，但实际领导人在现实中行使权力，或者和名义领导人共享权力。我们这里要分析谁是真正的掌权者。马克思主义认为民主纯粹是形式化的，代表、议会、部长有的只是外表上的权威，真正的权力掌握在资本主义机构手中，如银行、重工业组织、信托公司等。历史学家试图在绝对君主制的权杖和王冠后面发现真正掌权人或机构，如宫相、总督卫队、总理、宠臣等。在所有的社会群体中，不仅仅是国家，名义领导的背后都有实际的掌权人。这个问题对政党尤其重要，因为许多政党的实际权力与名义权力大不相同。但是，对待谁是政党实际掌权人的问题要非常谨慎，因为根据定义，幕后掌权人是神秘的或半神秘的，有关他们的准确信息很难获得。另外，由于民间特别喜欢对神秘统治加以想象并塑造神秘领袖的故事，所以对大众观点也必须特别谨慎。

许多政党对表面权力和实际权力的二元分类的认识是间接的，因
220 为对于这些政党而言，它们的官方领导人也是它们的实际领导人。简单地说，某些人会吸引他人在自己周围形成小圈子，增强自己的权威。这些人通过这些非党章规定的方法掌握了事实上的权力。或者也可以说，领导人的特别之处使他可以无视官方规则。例如法国社会党的尚·饶勒斯（Jean Jaurés）和莱昂·布鲁姆（Léon Blum）、瑞典社会民主党的布兰廷（Branting）、丹麦社会党的斯陶宁（Stauning）等。这种权力双重性非常深刻：是官方表面权力与非官方实际权力的结合，两者分享有效的权力，但实际权力往往占据主导地位。例如，

在美国政党中，我们区分了由领导人领导的政党和由选举团“老板”及其手下构成的政治机器这种非正规组织。然而，这种非官方的“第二权力”不是民主的，因为它的领导不是选举产生的，而是通过指派、任命，或继承产生的。

“第二权力”是如何产生的？这里不能得出任何总体性结论，我们必须有节制地引用少量具有代表性的例子。美国的选举团老板主义（bossim）的出现是因为选举团老板谋取利益的能力。在美国，选举产生的不仅是参议员、议员、市议会或州议会，还有法官、警长、税务官、消防队长、学校督察，以及几乎所有公共服务部门负责人。此外，根据“胜利者享有战利品”的原则，这些部门的官员由执政党任 221
命，因此政党竞选失败意味着很多人将失去职位。因此，选举胜利是非常有利可图的。当胜利政党执政时，就要根据原则分配相关的职位和权力。当执政党利用落入其手中的巨大权力进行交易时，有利可图的情况就更是如此，因为敲诈勒索、滥用影响力和腐败都会带来巨大的利润。这些都是老板主义的经济基础，因为老板创造和指挥的政治机器是一个真正支配政党的非正规组织，本质上是一个为了获得地位、获得合法和非法利益的集团。但必须承认，这种描述只适合某些类型的政治机器，如最著名的是坦慕尼协会（Tammany Haal）。在南方，选举团老板和政治机器的含义并不完全相同。在法国，选举为候选人的支持者和朋友带来的好处和奖励只是间接的，确实可能获得一些好处、工作和荣誉，但比较难，因为行政机关的招聘是通过受法律保护的公平竞争进行的。这种方式能保障行政机构的独立性和保持行政机构在政治变化中的稳定性。

在欧洲，这种不合常规的领导方式并不常见。公务员制度的出现让腐败不能够系统性和永久性存在，并让腐败在领导层面无法发挥太大作用。我们可以比对一下金主们的影响力，但这似乎比公众所认为的要小。捐助者对一个政党的捐款数额与他对党的领导权威之间没有直接关系。大多数资助政党的人或机构都不具有广阔的政治视野，处理他们并不比处理国会议员更难。他们对党施加压力往往和眼前的个人利益有关，如反对高额的税收，投票赞成有利于他们的政策，等等。他们对政党的某些立场干涉是显而易见的，但并不意味着他们真
222 正在领导党。出资人本身并不是党的实际领导人，他们只是在某些时候采取行动以确保党采取特定的立场。当然，这一事实也存在例外。有一种自大的资本家，被政治恶魔所驱使，想有效地领导他们资助的政党，但主要政党肯定会抵制这种行为。结果他们只是短暂地成为某些昙花一现的组织的领导人。

资助者的行为可以与为通过政治行动维护私人利益而成立的团体和联盟的行为相比较，如工人和雇主联合会、退伍军人团体、妇女和家庭联盟、地区协会、道德和节制联盟等。美国人给这些机构起了一个非常有表现力的名字——“压力集团”。与资助者一样，压力集团在特定和有限的领域采取行动。他们不太愿意与一个特定的政党联系在一起，更愿意引导整个党朝着有利于自己利益的方向前进。然而，从本质上讲，压力集团的目标与政党的政治方向之间的一致性，可能会导致压力集团对政党产生特别的兴趣，并在其领导层中产生永久性的影响。产业工会联合会对美国民主党的影响就是一个很好的例子，它既对各级领导人产生影响，又对初选产生影响。在初选中，产业工会联合会试图让他们的候选人当选，反对选举团老板和政治机器的提名。独立工会在政党领导中的作用是相当普遍的，例如工会领导人对基督教社会党或民主党的影响非常大。

尽管 18 世纪的知识协会或思想协会在某些时期对政党的领导产
223 生了重大影响，但它们与压力集团不同。共济会在 1900 年至 1910 年左右为法国激进党培养了一批干部，为党的发展提供了政治方向，在党代表大会、执行委员会和一般管理层中发挥了主导性的影响，这使得它有过从未有的辉煌和权力。同一时期，共济会对具有与法国激进

社会党同样政治色彩的其他政党也有明显影响，例如比利时自由党。另外，对于思想协会在政党理事会中起作用的例子，还可以举费边社与英国工党的例子。但总体而言，知识协会或思想协会对党的影响是一种精神上的影响，而不是真正的领导。

另一种“第二权力”是报纸。报纸的传播对党的领导也会产生影响。通常，一个有强烈个性的主导人物会使他们或多或少明显地成为一个派系。例如，在法国，《图卢兹快报》（*La Dépêche de Toulouse*）和莫里斯·萨罗（Maurice Sarraut）虽然没有在激进党中有官方职位，但他们长期以来一直对激进党行使道德权威之职。1924 年，《每日邮报》（*Le Quotidien*）的作用是团结类似政党，而不是专门影响其中一个。还有许多类似的案例。1917 年以前的俄国社会民主工党内部，列宁的影响力是建立在《火星报》（*Iskra*）的基础上的。列宁为使报社的领导权不受中央委员会的控制而进行了艰苦斗争，其目的就是维护这“第二权力”。几乎所有社会党的党章都规定党报必须严格服从党的领导机构，但报社仍然保持了一定程度的独立性，使其能 224
够或多或少地影响党员和党领导机构。

最后，“第二种权力”的最后一种表现是国际权威对政党的支配。如果该国际权威是由各国政党根据其成员比例自由选举产生的代表组成的，那么它可能看上去是民主的。然而，由于每个国家的政党在国际机构中都只有少数代表，后者在一定程度上仍然保留了独裁的特征。此外，每个政党成员被任命到国际机构的事实进一步增加了间接代表的层级，扩大了选民与被选者之间的鸿沟。事实上，经验表明，这些国际机构要么是专权的，要么缺乏有效的权力。第一国际是专权的，第二国际则没有什么实权。在第三国际中，苏联共产党的主导地位加剧了其专权的程度。苏联共产党在理事会有五张选票，而其他共产党只有各一张选票。由于苏联的权力和威望，第三国际的实际权威得到了加强。共产国际的解体并没有削弱这种专权性，只要莫斯科与各国共产党之间的关系呈现出不平等的对话，专权性就会加强。相反，在共产国际的会议上，苏联共产党的专权性并不那么明显。如果每个国家的共产党党员承认苏联的权威，并承认列宁、斯大林或马林科夫为他们的领导人，共产国际的专权程度就会降低。这好像是个不争的事实。

225 第二节　领导层的寡头性质

党的领导层自然倾向于寡头政治。一个名副其实的“统治阶级”应运而生，它或多或少是封闭的，是一个难以渗透的“内部圈子”。这一现象既适用于名义上的领导人，也适用于真正的领导人，既适用于专制统治者，也适用于民主统治者。从理论上讲，选举应能防止寡头政治的产生，但事实上，选举似乎更倾向于促进专制的产生，因为群众天生保守，依附于他们的老领袖，不信任新面孔。对社会党而言，领导人产生的方式可能比其他政党更民主，但相应地在寻找新继任者方面也更困难。

“内部圈子”的形成

国家的选举制度对政党领导的寡头性和政党“内部圈子”的形成有一定的影响。就没有党委会的批准，任何候选人都不可能当选的情况而言，领导对议员代表能否参选发挥着关键作用——他们是由“内部圈子”提名的。相反，如果候选人参选自由，或者候选人的人格魅力在选举中起着根本性的作用，那么党委会依赖候选人的程度比候选人依赖党委会的程度就要大得多，那么议员就不会在党的内部圈子中产生，其产生方式也没有很强的寡头性质。在这种情况下，议员在党领导中扮演着非常重要的角色，内部圈子没有封闭，有利于精英流
226 动。因此，具有集体性质的名单投票加强了寡头政治，而个人选举则

削弱了寡头政治。比例代表制下，由于候选人名单被锁定以及严格的候选人排名顺序，议员由内部圈子选出，所以容易出现党内寡头政治。在两党制中也观察到了同样的现象，尽管是单议席单票制，但两党的准垄断地位使它们在选择候选人方面处于压倒性的优势地位。

从形成的角度讲，可以区分几种类型的领导阶层和内部圈子。最基本的是秘密顾问团，这是利用密切的个人团结作为建立和保持影响力的手段而建立的小团体。这个小团体有时是一个小阵营，围绕着一个有影响力的领导人组成，领导人的亲信垄断了领导职位，具有寡头政治的特征。社会党中的一些阵营的例子已经提及。社会党内小阵营的竞争取代了派系或团体的斗争，而党领导权由占支配地位的小阵营拥有。党的结构有利于小阵营的发展，从激进党中央机构的组成就可以看出，一切都是为名流和其亲信设计的。在美国政党中，围绕选举团老板组织的政党机器也具有类似的特点。

领导团队不同于小阵营。前者的成员不是通过对领导人的依从而聚集在一起的，成员之间的地位相对平等。这些小团队的形成方式多种多样。在某些情况下，小团队通常由少数年轻一代构成，他们有意识地达成协议，从老一代人手里夺走领导职位，并垄断这些职位以谋利。艺术和文学领域的学派现象就是这样的，只不过政治中也经常出 227
现。另外，还有一种不太常见的做法，就是组建一个秘密领导团队，将来自不同政党的有影响力的领导人聚集在一起。比如在 1933 年至 1934 年左右，法国激进党围绕着皮埃尔·科特（Pierre Cot）、让·米斯特勒（Jean Mistler）、皮埃尔·蒙戴斯-弗朗斯等，在党内组建了一个这样的团队，但 2 月 6 日事件使他们分崩离析［他们的成员为纪念 1908 年的青年土耳其党人革命自称为少壮派（Jeunes Turcs）］。更常见的领导团队是自发团结的结果，由来自同一户籍地的人或由参加过共同培训的人构成，有地方团体（如 1792 年吉伦特党人），学生团体（如曾在巴黎综合理工学院就读的学生），在同一个机构（如财政部）工作形成的团体，以及战斗团体（如老兵团）等。

地方团体是最重要的。在政党长期保持强大影响力的地区，自然会形成地方团队，它们在党的生活中发挥重要作用。阿尔贝·蒂博戴（Albert Thibaudet）对老萨里安（Old Sarrien）和萨纳卢瓦尔省的激进派有所讽刺；丹尼尔·哈利维（Daniel Halévy）指出，激进党在20世纪初的演变与巴黎派别的衰落以及中部和南部派别的崛起是一体两面的。在过去的半个世纪里，法国社会党中有各种团体的身影，他们来自北部，来自朗格多克和南部，来自中部和图卢兹。所有政党都有类似的现象，但党内其他类型团体的身影不太常见。今天，在一
228 些欧洲政党中，有第二次世界大战德军占领期间的联合秘密行动而产生的领导团体，有时伦敦党团和国内抵抗运动的领导层之间还存在竞争。苏联共产党上台后也出现了类似的现象。西欧共产党最近的肃清通常是为了消灭伦敦党团，让莫斯科的内部抵抗团体上位。

团体和小阵营构成个人寡头政治。相反，官僚主义提供了一种机构寡头政治。这在以党团为基础、以孱弱的连结系统为纽带的老牌政党中是难以想象的，但随着支部制度的诞生，这种复杂的结构得到了发展，尤其是在与工会、合作社、友好协会有联系的政党中。1910年，德国社会民主党有3000名党务人员或专职人员，即每250名党员中约有一名党务人员。[3]这些党务人员往往起着主导作用，因为其职能，他们常与基层接触，很容易成为党代会的代表，从而对领导机构的组成产生决定性影响。另一方面，他们在党内的作用使他们对党员有直接的权威。一个部门的常任秘书显然成了联邦委员会中的关键人物，因为其他成员忙于自己的私人工作，无法如此积极地参与。通过这一双重机制，我们看到了一个真正意义上的官僚机构。一些政党试图对这一趋势作出回应，减少党代会中行政职位的数量。比利时社会
229 党党章第23条规定，参加全国党代表大会的省联盟代表至少一半必须从该党议员和党专职人员中选出。总理事会是主要的管理机构，对

于总理事会的规则更为宽松。党章第 31 条规定，向总理事会派出三名以上代表的联盟，只需从议员和党专职人员之外选出至少四分之一的代表。其余联盟可以完全由代表和官员组成代表团，限制很小。

其他的一些政党则试图系统地发展党务人员。它们认为党是一支真正的职业军，或者至少按照这样的方式去培养干部。对于这一点，列宁在《怎么办？（我们运动中的迫切问题）》中进行了描述，他对工厂、商店或车间的日常工作限制了革命行动的事实感到震惊。他认为，要为党培养真正的活动家，就必须让党员在不受外界干扰的情况下，持续和彻底地献身。他多次提出建立职业革命者阶层的想法，提出让这些职业革命者成为党的核心力量，成为党的基本战斗人员。对此，他提到："任何一个有一定的天赋和前途的活动家，都不应该每天在工厂工作 11 个小时，我们必须安排他的生活"[4]。接着，他又强调："我们必须依靠那些献身于革命的人，依靠那些不是用自由时间，而是将一生奉献给革命的人"[5]，"他们的职业就是革命行动"[6]。

列宁的思想似乎不仅涉及领导人，而且涉及活动分子。在实践中，由于这些活动分子受党支持，他们自然会被安排在领导岗位，因为只有他们才有时间来有效地履行职责。创建专业革命者阶层就是建 230
立一个革命党的专业领导阶级，换句话说，建立一个以党内职能为基础、激励群众为己任的内部圈子。这样就建立起了一个官僚制度，即寡头政治。如果党的专职人员是由选举产生的，官僚机构可能与民主并行。但事实并非如此，也不可能如此。这是因为有能力并愿意担任常任职务的活动分子并不多。另外，党领导还要严格考察这些活动分子，保证他们的能力和政治忠诚。而且并如前所述一样，党的领导层在很大程度来自现任的党务人员。真正的寡头政治诞生了，它通过指派机制行使、保持、传递权力。

有时，官僚寡头政治看起来像是技术官僚政治。党建立干部学校，培养能担任领导的人。社会党最初用这一制度用来培养工人阶级的政治精英。1906 年，德国社会民主党在柏林成立了一个旨在培养党务人员和培训党内或工会候选人的党校。[7] 1910 年至 1911 年，141 名学生参加了该项目，其中有 52 名党务人员和 89 名候选人，其中 49 人在离校时找到了工作。共产党系统地发展了这些干部学校。法国共产党的党校有三种：中央党校、省联盟党校、地方党校。中央党校本身又分为：培养高级领导人的四个月党校（议员、中央委员、联邦代表等；1947 年至 1948 年有 96 名活动人士参加），以及培养农民
231 干部和附属运动干部的四周党校（在 1947 年至 1948 年，共有 292 名活动分子参加）。省联盟党校的课程周期为期 15 天，面向联盟委员会和分部委员会的成员（1947 年至 1948 年参加的为 2071 人[8]）。此外，莫斯科还有培训最高和最忠诚干部的党校，而参加培训的人是共产党最杰出人物。

法西斯政党，特别是纳粹党，也采取了类似的方法。执政后，纳粹党为中高层干部建立了真正的领导学院。纳粹党选拔和培训未来领导人的机制非常完善。希特勒青年团，每年挑选 1000 人在“阿道夫·希特勒学校”接受初步培训，然后再进行一次严格的筛选。随后，为数不多的未来领导人接受为期三年的特殊训练，并出国开阔视野。第一年的学习是为了锻炼他们的意志力和性格，第二年的学习是精神上的训练，第三年的学习是提供技术指导。另外，培训还包含跟着一名党魁进行实习的计划。只有在一党制下，才能建立起这样一个完善的机制，因为在这种制度下，党的领导人的选拔等同于国家政治干部的选拔。

目前，奥地利社会党也为活动分子提供了一个类似的培训，其党章称这些人为党的合作者。根据党章第 1 条，他们必须参加党组织的
232 中央培训班。如果他们想获得高级职位，他们就必须接受更高级的培训。合作者的名单由地方分部代表选举产生的大区委员会确定，但分部只能选它辖区内委员会中的人做合作者。由于分部的领导人也常会

被选为大区会议的代表，而大区会议又选举产生大区委员会，因此，这就形成一个封闭的循环。在这个封闭的循环里，合作者在任命大区委员会方面发挥着根本性的作用，而大区委员会又任命了合作者。这就是寡头政治，通过指派和进入管理学院来实现。这样的培训只是复制和改进了其他政党未经宣布而使用的做法而已，它反映了民主化的努力。依据一份合作者的名单，各分部可以从中选出负责人，各分部有权向大区委员会提名可以列入名单的人选，而合作者数量很多，例如 1950 年 614000 名党员中就有 50000 人是合作者。可见人们在努力从基层的选举中选择未来的寡头领导人。

内部圈子的成员构成和成员更新

当一个政党的领导层表现出寡头的特点时，就要考虑两个重要问题，一是内部圈子成员的组成，一是内部圈子成员的更新。第一个问题衡量的是党员群体的社会结构与内部圈子成员的社会结构之间的差距。简言之，就是用 J. F. S. 罗斯（J. F. S. Ross）对待英国议员的方法看待政党领导人的问题。[9]但这种方法从来没有被系统运用过，许多学者只提出了一些有趣的例子而已。例如，资产阶级政党中，律师、医生和自由职业者在领导层的占比很高，商人、实业家、工匠和农民 233
等阶级的比例则较小。同样，知识分子，如教师、作家、记者等在工人阶级政党的领导层中占有非常重要的地位。但这样的观察太含糊，数字也不精确、科学，而且只涉及高级领导层，不涉及下级官员。最后，这种观察没有区分领导人是被选举出来的，还是被任命的，是被谁选举出来或被谁任命的。

将选举产生的领导人所属的社会阶层与通过专制手段任命的领导人所属的社会阶层进行比较是很有启发性的，这无疑会让我们以新的方式思考民主。民选领导人的社会成分不一定与广大党员的社会成分相近，被任命的领导人的社会成分不一定与广大党员的社会成分不相近。农民不会从农民阶层中选出代表，而是从律师中选出，因为他们认为律师更有能力在议会中维护他们的利益。同样，省联盟的党员选举他们的领导人时考虑的是候选人的能力和演讲技巧，而不仅仅是他们的社会阶层背景。在阶级意识比较发达的工党，情况基本相似。共产党的领导人是任命的，但是工人阶层比例高，而在民选的社会党领导人中，工人比例没有那么高。从本质上讲，这两种领导的代表性概念是相互冲突的，一个是基于选举和授权的法律概念，另一个是基于群众和领导人之间的事实性相似的技术概念。人们不禁思考一种真正科学民主的可能性，在这种民主制度下，议会将由公民的真实样本组
234 成，这些样本以缩小的比例精确复制国家的构成，也就是说，按照盖洛普民意调查等公共舆论调查所采用的方法来组建议会。

一些通常被认为是专制和寡头的政党反而体现了这样的科学民主。共产党正在系统地增加领导层中工人干部的比例。对此，莱昂·马尔先生在向中央委员会提交的一份报告中指出，在 1949 年，安省联盟委员会 40 人中只有工人 9 名，埃纳省联盟委员会 40 人中只有工人 15 人，北岸联盟委员会 46 人中工人有 7 人，上加隆省联盟 52 人中工人有 17 人，吉伦特省联盟 43 人中工人有 13 人。[10] 1950 年，奥古斯特·莱科尔在根尼维利尔召开的共产党全国代表大会上强调工人干部长期短缺的现象。他指出，巴黎第十五区是雪铁龙工厂和 100 多家其他工厂的所在地，17 名分部秘书中只有 7 名是工人，这还是上次分部大会纠正的结果。他还认为，仅在塞纳省联盟，就需要很多名工人支部秘书。[11] 值得注意的是，问题的关键不仅仅是在内部圈子复制与基层相同的社会成分，马克思主义革命行动学说赋予了工人特殊性质，因此内部圈子和党员的社会层级都集中体现了工人阶级。这一努力也促进了基层和领导层之间的良好接触，这符合党的总体发展趋势，也符合科学民主的概念。

235 但这个科学民主的概念更多是理论上的，而不是实际的。虽然理

论上内部圈子完全复制了它所领导的群众的社会构成，就像盖洛普民意调查中被询问的人完全代表调查对象群体的构成一样，但实际上，这两种体系之间存在根本区别——盖洛普调查的对象仍然是表达意见的群众的一部分，而领导层的成员则与群众分离。与其说内部圈子由50%的工人和50%的知识分子组成，不如说内部圈子由50%的前工人和50%的前知识分子组成。

法语的词组“来自于人民”（sorti du peuple）既指出身，也指与出身的分裂。罗伯特·米歇尔斯强调无产阶级出身的政治领导人正在发生的心理变化，责任的履行改变了他们原始的心理。即使领导人来自和群众相同的社会阶层，但领导人的心理与群众的心理是不一样的。事实上，无论他们来自何方，领导者都倾向于走到一起，自然地形成一个领导阶层。代表的概念是假象，任何权力都是寡头政治。

任何寡头政治都会面临老龄化的现象，对此，党的干部队伍和内部圈子会启用年轻人。当政党寡头政治建立在任命和指派的基础上时，老龄化产生的原因源自执政的终身性，因为领导人从不愿意自愿离开权力机构，退休不是自动的。当领导人是由党员选举出来的时候，情况也差不多。德国社会党人伯恩斯坦（Bernstein）说：“人们谈论的更多是群众支持的反复无常和流动性，但事实是，在劳工运动中一个认真履行职责的领导人比建立在君权神授基础上的普鲁士王国 236
的大臣更稳固。”[12]事实上，民主政党的领导人老龄化趋势似乎比其他政党更为明显。梅里亚姆（Merriam）和戈斯内尔（Gosnell）指出，美国党团会议选举中，500次选举中只有13人没有连任，而其他没有连任的情况都是由于死亡或自愿退出。[13]对社会党的深入研究将表明，年轻人很难被活动分子接受。领导人年轻化的阻碍不是上级领导的反对，而更多是基层的反对。人们不喜欢分部里的新面孔，尤其是不喜欢快速晋升的。要想获得真正的领导职位，就必须缓慢前进，必须在党内当“学徒”，一步步地走。

对老面孔的依从和群众的保守主义对领导寡头起了推动作用。但这不是唯一原因，也许某种黑暗的嫉妒心在这方面也起着决定性作用。年龄上的优越性是唯一不会引起嫉妒的优越性，唯一不会破坏人人平等感觉的优越性。承认一位资深者的优越性并不意味着承认自身的低劣，因为随着年龄的增长，每个人都可以成为资深者。相比之下，年轻人的优越性则带有一种贵族色彩。对平等主义的嫉妒和不同世代之间的竞争结合在一起，阻碍了年轻血液进入民主政党的领导层。令人震惊的是，共产党的干部是任命的，但他们通常比社会党民选的干部更年轻。政党的社会结构也起着重要作用。无产阶级政党领
237 导人的平均年龄高于资产阶级政党领导人的平均年龄。首次进入英国下议院的议员，工党议员的平均年龄明显高于保守党和自由党，保守党的平均年龄是 43 岁零 7 个月，自由党 43 岁零 10 个月，工党近 47 岁。[1918 年至 1935 年间的数据。（图 16）]

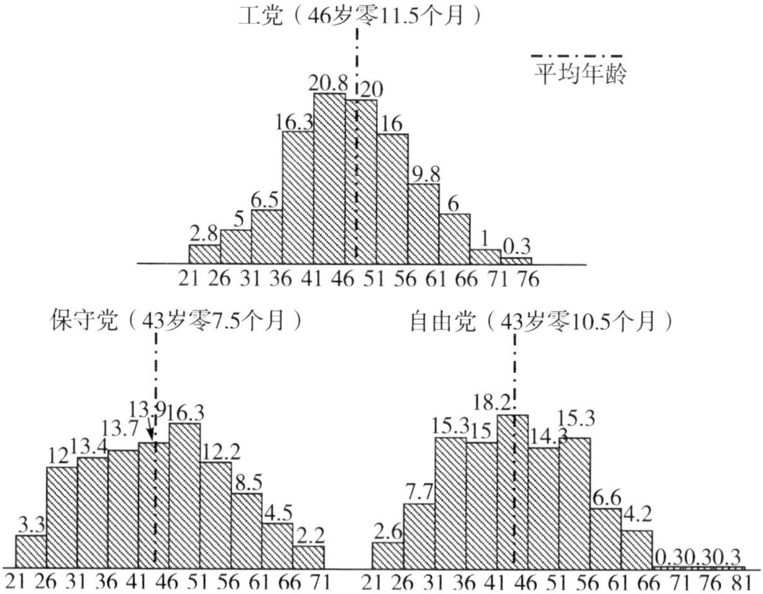

图 16　1918 年至 1935 年间第一次选举进入下议院的党员的年龄[14]

出身富贵或高贵意味着比工人的孩子多获得了几年的起步优势。资产阶级政党可以选择比无产阶级政党年轻的领导人，因为资产阶级干部更容易培养。尽管实行了助学金制度，但受过中等和高等教育的工人孩子的比例远低于工业家、商人、医生、律师等人的孩子。在两 238
次世界大战期间，英国50％的保守党议员是大学毕业生，这一比例在自由党议员中为42.5％，而在工党议员中为22.2％。另外，96.5％的保守党议员上过高中或公立学校，相比之下，自由党议员为86.5％，而工党议员为28％。[15]这些数字很有说服力，但它只涉及政党在议会的议员，也就是高级领导人。在初级领导人员中，受过中等或高等教育的工人领导的比例要低得多。即使有人认为中等或高等教育对领导政治来说是不够的，但不可否认的是，这种教育提供了文化熏陶、分析阐述事实的修辞技能，这些在党的领导层中是非常有用的。由于年轻时没有过多的学习，许多工人活动家不得不在以后学习，从而推迟了他们成为领导人的时间，这样在工党内部，资产阶级年轻人更有可能担任领导职务。然而，我们不能忘记，资产阶级政党的成员主要出身于资产阶级，其中很大一部分人受过中等甚至高等教育，这导致了领导职位的激烈竞争。因此，这些政党的更新还远远不能令人满意。资产阶级政党中的银发族与工人阶级政党领导人的年龄相仿。

另外，干部队伍老龄化程度和成员更新问题在很大程度上取决于党组织本身。事实证明，选举并不能确保政党年轻化。专制政党同样无法避免老龄化的问题。事实上，老龄化对每个党来说都是自然的， 239
但只有在专制政党中，中央才有可能采取强有力的行动来确保精英的流动，促进年轻化，而民主政党的选举机制阻碍了精英的流动。党的集权或分权程度似乎也起着重要作用。经验表明，集权型政党中的干部更容易更新。在低级干部中，那些平庸、无能的又无法获得更高职位的干部，由于非常羡慕高级年轻干部的权力和价值，所以经常反对年轻干部，本能地对那些可能影响到自己领导地位的人设置障碍。在一些社会主义政党，地方领导人的行动与活动分子的保守倾向相结合，阻碍了年轻化。工人国际法国支部就是一个典型的例子。第二次世界大战胜利后，抵抗运动中年轻团体希望在工人国际法国支部上位，认为这样可以为党组织注入新的血液，但所有地方领导和活动分子联合反对年轻人进入领导层。党在党章中明确了这一点，规定只有在党内连续五年任职，才能进入中央机构或成为议会选举的候选人。而 1906 年至 1911 年的党章中规定只需要三年。工人国际法国支部和民族自由运动的破裂使年轻团体的愿望破裂，一些人加入了戴高乐将军的法国人民同盟，而大多数人放弃了政治。对法国社会党来说，这是一个巨大的损失，从 1946 年起，社会党衰落的主要原因可以归结为其后备队伍的缺失。

好像只有集权型政党才会费心考虑干部更新的问题，它们会建
240 立干部学校从中选取新的领导人来接替老领导人，年轻人可以从老领导手中接过权力的接力棒是因为他们已经接受了适当的政治和技术培训。共产党非常重视这个问题。在 1950 年提交的法国共产党全国代表大会的报告中，奥古斯特·勒科尔先生强调了党年轻化的必要性。对此，他引用帕斯卡的话，“成为贵族是一件大事，一下子就赢得了 20 年的优势”，接着他又补充道，“国王的儿子们不必浪费 20 年在下议院……今天，无产阶级也不必需要过渡期”[16]。他回忆说，莫里斯·索雷斯 25 岁时就进入了政治局，伯努瓦·弗拉松（Benoit Frachon）30 岁时进入政治局。事实上，1950 年的全国党代表大会体现了党年轻化的理念。其他国家的共产党也出现了类似的趋势。这些趋势与党的政治路线的演变有关。在苏联，多次的干部更新往往与方针的变化相吻合。

这一点可以从全国代表大会代表入党日期的统计数据中找到根据（图 17）。入党年份与党代表年龄之间没有严丝合缝的巧合，但两者之间有近似的对应关系。1934 年至 1939 年是党年轻化最明显的时

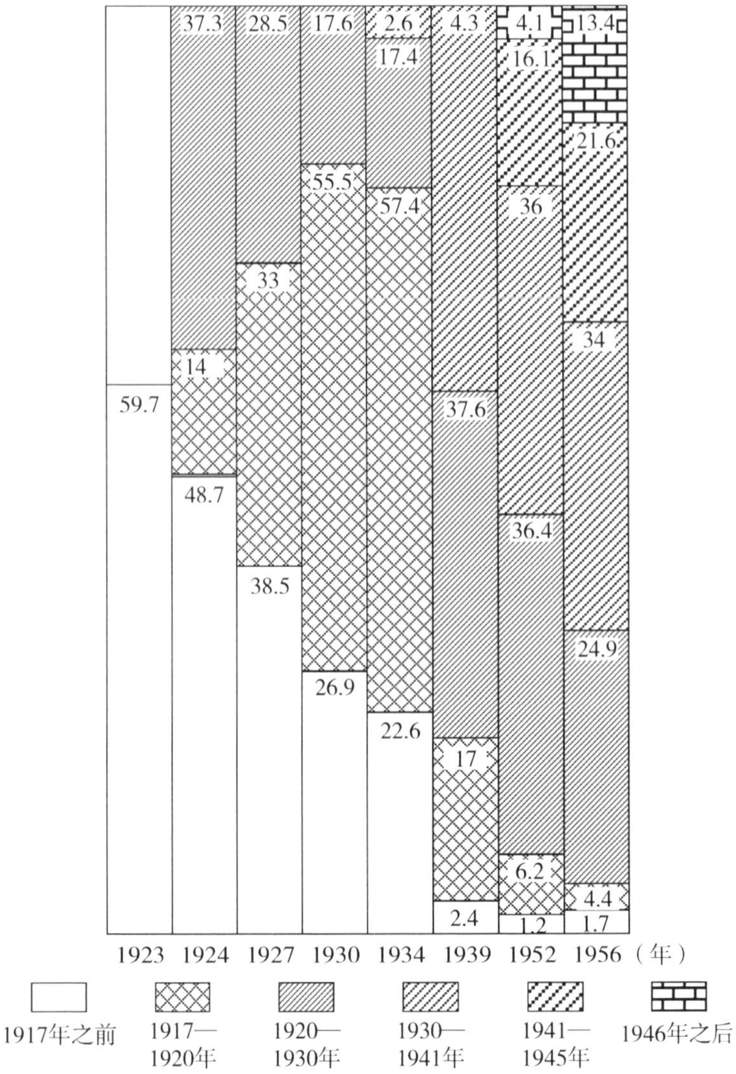

图 17 苏联共产党领导阶层更新：党代会代表年龄分布

期。在 1934 年的全国党代会中，22.6%的代表是 1917 年以前加入的老布尔什维克，57.4%的布尔什维克在 1917 年至 1920 年内战时期入党，17.4%的党员在 1920 年至 1929 年间入党。在 1939 年的全国党代表大会上，1929 年以后入党的代表有 43%，37.6%的代表在 1920

年至1929年间入党，只有17%的代表于战争时期入党，2.4%的代表属于七月事件前的旧卫队。因此，共产党领导年轻化是明显的，同
242 时是不连续的，更新的意愿常与党的政策转变有关。在这些阶段之外，领导人年轻化从来没有被忽视，但只是不够系统或没有有组织的努力。相反，纳粹党在上台后试图通过建立领导人学校来确保精英流动的机制。

在民主和分权型政党中，内部圈子的成员更新具有例外性或是变相更新的。特殊情况造成的年轻化的例子可以举第二次世界大战胜利后的法国激进社会党。由于记者宣传和习惯原因，公众认为激进党是一个老龄政党。事实上，激进党在议会中代表的平均年龄高于其他政党，因为29%的代表年龄在60岁以上，而工人国际法国支部为6%，共产党和人民共和运动为3%。但是，与老年人并存的还有年轻群体，除了人民共和运动和共产党之外，激进党的年轻议员比其他政党的年轻议员要多，14%的激进党代表年龄在36岁以下，社会党代表的这一比例只有8%，另外，4.5%的激进党代表年龄在31岁以下，而工人国际法国支部的这一比例为1%（图18）。激进党年轻队伍与1945年社会党的年轻团体一样，是在抵抗运动中形成的。社会党团体因低级官员和支部一级的活动分子的反对而受到阻碍；激进派则经常发现，由于战争和占领造成的党组织涣散，活动分子和下级干部都没有阻碍他们前进的道路。激进党薄弱的组织在这些事件中的表现不如社会党的强大组织；激进党的许多领导人在维希政府治下做了妥协。结果是，新的团体往往发现了自由活动的空间。如果将这个例子
244 与1934年在党内形成的所谓“少壮派”运动以及法国以外的各种保守党与温和派政党的类似现象进行比较，我们就会明白，缺乏强有力的组织可能有利于政党在特殊危机后重新焕发活力：而“大祭司”和下级干部之间的隔阂虽然平缓了危机的冲击，但阻碍了它们从事件中获益和重新焕发活力。这种情况与自由竞争中的优胜劣汰以及半计

划经济中的停滞危险有相似之处。

关于政党变相年轻化，可以举政策研究室的例子。政策研究室允许年轻能手在很短的时间内对党有控制性影响力，而不必遵循对基层活动分子晋升的时间要求。这些能手是幕后人员，工作主要是准备党议员提出的法案，并制定党的方案和选举纲领。但这并不妨碍他们走到前台。党的领导人可以推动他们先进入议会，然后进入内阁。在英国工党，年轻的知识分子通过这种方式发现了未来的机遇，盖茨克（M. Gaitskell）的崛起就是政党变相年轻化的好的例子。在比利时，社会党建立的埃米尔·范德维尔德研究所（L'institut Émile Vandervelde）也发挥了类似的作用。同时，比利时基督教社会党以同样的模式建立了自己的研究和文献中心。同样的例子还有人民共和运动中的一些特别团体等。但是，法国社会党没有给年轻知识分子类似的机会，该党已经被年轻知识分子抛弃，这是因为该党的结构不允许这些人采取有效的行动。通过这一对比，可以指出，政党变相年轻是建立在集权的基础上的。政策研究室体现了中央的权威，而中央权威必须采取行动确保其年轻成员晋升。这一点也证实了我们之前的观察。

简言之，内部圈子年轻化的两个主要障碍是下级干部的反对和广 245
大活动分子的保守倾向。因此，精英阶层的流动只能在高度集权的政党中才有可能。在这些政党中，高级领导人可以“强推”年轻人。但精英阶层的流动在组织结构非常薄弱的政党中也有可能，因为在这些政党中，下级干部较少，所以在某些特殊情况下可以通过竞争淘汰老年干部。法国1946年国民议会代表的年龄分布证实了这一点。共产党和人民共和运动拥有的36岁以下议员最多，占比分别为33%和24.5%。其次是组织薄弱的激进党和右翼，占比分别是14%和12%。排在最后的是组织结构强大、分权、民主的社会党，占比8%（图18）。

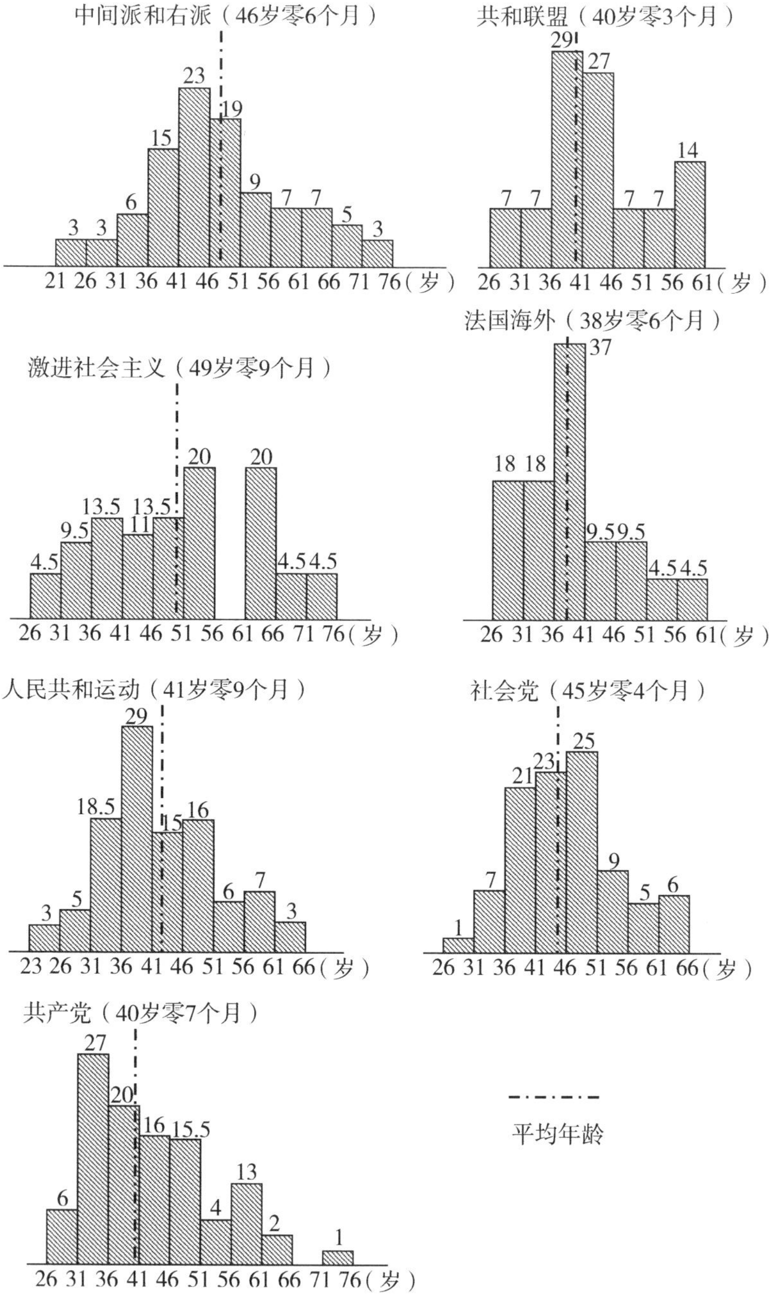

图 18　法国国民大会代表的年龄分布（1946）

第三节　领导人的权威

自 20 世纪初以来，两个基本事实似乎主导了政党的发展，一是领导人权力的增加，一是权力个人化。权力的增长和权力个人化这两种现象不仅仅是在政党中，在今天的其他人类群体中都可以看到。这两种现象否定了涂尔干关于权力削弱和权力制度化是民主发展的基础的观点。事实上，民主的发展似乎构成了权力扩大和权力个人化的主 246
要因素，因为与民主原则的适用，权力来自群众。

权力的增加

早在 1910 年，罗伯特·米歇尔斯就通过分析社会党，特别是德国社会民主党，注意到党派服从性的增强。那他是如何观察共产党或法西斯政党呢？据说，他观察到在这两个党中，群众的服从性更强，因为群众的本性发生了变化，从机械的顺从到心理的顺从，灌输已成为纪律的基本基础之一。

总的来说，威权政党的出现与群众政党的出现是一致的。当然，这种巧合并不是绝对的。在核心小组型政党时期，已经出现了权威现象。党鞭对英国国会议员的纪律要求就是一个很好的例子，而美国的选举团老板的准独裁倾向也是如此。伯明翰党团试图完善党的权威，要求民选官员和选民严格遵守纪律，其著名的口号就是："按你被告知的方式投票。"然而，这些情况仍然是例外。事实上，尽管存在党鞭，议员并不总是统一投票。美国选举老板们的独裁只存在于党团会议这个狭小的圈子，因为党团会议的成员试图寻求利益和地位，并接受纪律作为实现效率的条件。在伯明翰党团，选民并不总是像他们被告知的那样投票，而当选官员们也总是反对委员会的权威。事实上，这些政党是由非常独立的人构成的，对他们而言投票没有统一性。另 247

外，这些党的地方委员会在很大程度上独立于中央，因为地方委员会成员人数太少，个人影响力过大，不可能受到严格的纪律约束。这种描述不仅符合党的组织结构，而且符合党的社会阶层构成。这些党由贵族和资产阶级成员组成，他们是高度个人主义的，不愿意接受任何真正的纪律。简言之，不同国家不同党派都存在不同程度的无政府状态。

社会党的出现深刻地改变了这一现状。从政党的管理机制看，党要管理广大群众，只有采用纪律。可以说，权力的强弱必然与服从权力的人数成正比。例如，在一个 15 人的小圈子里，无政府状态可能是仁慈的，但在一个 1 万人的集体中，无政府状态就会引起混乱。当一个政党有几百名党员时，权力问题并不是什么问题，但当该政党有 100 万名党员时，权力问题就变得至关重要了。但是，这种机械效应和党员的社会阶层因素是相辅相成的，社会党没有把资产阶级聚集在一起，而是向工人群众开放，他们天生倾向于集体和纪律。对于商人、实业家、工匠、律师、医生、公务员来说，自由是对个人的肯定。这些人在竞争中寻找客户，通过一个人的努力获得文凭，对他们来说，自我很重要，拒绝服从既定的思想是他们成功的一个因素。美国人民就是这种心态，这就是为什么美国工人没有阶级意识，因为他
248 们的思维方式基本上仍然是资产阶级的。

相反，对欧洲工人阶级来说，自由是集体的体现。除了一些个人慈善和一些致富之类的好话外，直到无产阶级发现了其解放的武器——联合行动，才发生了真正的社会改革。人们常说“用群众的力量对抗金钱的力量”，但这是不准确的。1905 年 1 月 9 日，成千上万的人向沙皇祈祷帮助他们过上更好的生活，但他们被几百名哥萨克骑兵开枪打死，他们完全无能为力。人民群众不是靠人数获得自由，而是靠纪律获得自由。列宁和他的追随者之所以成功，是因为他们理解了这一真理，始终把党组织放在首位。群众亲眼看到他们共同的、有纪

律的行动所产生的成功，感知若他们分散就会失败。当罢工是零星的和无组织的，罢工者就得不到太多利益，当罢工有组织地进行，并受到纪律约束时，工会往往能获得胜利。当工人独自将自己的希望寄托在自由派或激进派的候选人身上时，无产阶级就无法在议会中取得席位。而当他们全部支持社会党时，群众就产生了政治影响，促成了改革法案的出台。对工人阶级来说，资产阶级在自由和纪律之间画出的不等号是错误的，他们是通过纪律获得自由的。群众党无论从其规模，还是从党员的心态，都自然地倾向于成为有纪律的政党。

这一趋势得通过领导阶层得到加强。领导人一直在以系统行动争取党员，让他们尽可能完全服从。有两种动机促使领导人走这条路。
首先是对权力的需求，任何拥有权力的人都会努力发展权力。这种自 249
然威权主义在工人领袖中似乎尤其强烈。群众领袖通常比贵族或资产阶级出身的领袖更为威权化。资产阶级认为自己与别人的区别在于出身、教育或财富，所以资产阶级领导的权力源于自身的优越性。但工人阶级生而平等，只有通过获得权力才能与别人区分，对工人领导人来说，其优越性是权力的结果。所以资产阶级领导可能对纪律没有那么重视，他可以接受批评和反对意见，不必担心自己会成为群众，而工人领导需要通过他人的服从来感受到优越，可以说他们的威权源于某种自卑或平等的情结。另外，两个阶级的心态也不同。阿兰（Alain）敏锐地注意到，资产阶级善于玩弄文字，善于说服他人，例如商人说服他的客户，律师说服法庭，教师说服学生，而工人则更实际，他们不善言辞，只相信屈服于更强大的力量。

权威的效率是第二个促使领导走向威权主义的动机。纪律不仅是控制军队的重要手段，对党也很重要。在议会，按照党领导人的指示进行投票会比按照个人意志投票更有优势。对于新政党而言，很难在议会获得席位，但通过严格的纪律，它很容易在议会活动外的煽动性宣传中获得好处。党指挥党员，党员盲目地听从领导人的指示，因他们的命令罢工，因他们的命令停止罢工，因他们的命令组织或结束宣250 传活动。如果领导人希望，党员还可以进行破坏、组织暴力活动，并在规定的时间内恢复到常态。纪律是政党的强大武器。政党通过纪律获得很大的权力，无论它是一个反对派，还是一个少数派，都可以通过纪律影响政治制度，要么摧毁原有的政治制度，要么从根本上改变政治制度。如果没有纪律，法国的共产党会是什么样子？

在社会党中，民主在一定程度上抵消了领导人权力增强的现象。尽管选举总体上不再那么重要，但选举对社会党的影响比对其他党的影响大。社会党对选举有系统、明确、细致的规定，因此党员在理论上拥有很大的监督权和罢免权。在一些社会党中，党团在领导委员会中的比例代表性确保了少数群体对执政团体的监督。在其他社会党，党员有直接投票参与党管理的权力。1914 年以前，意大利就是这样做的，允许向党员征求国会尚未解决的问题的意见。而 1906 年，共济会成员资格由成员投票确认。对瑞典社会民主党而言，党章规定党代表大会的决定可以通过党员全员投票修改或废除。是否采用全体党员投票的方式由党管理层决定。但是，如果 5%的党员提出全体党员投票要求，领导层只能这样做。对瑞士社会党而言，如果五分之二的代表或四分之一的分部提出要求，党代会的决定必须由党员投票通
251 过。例如，1919 年，瑞士社会党党员就以这种方式拒绝了加入第三国际的提议。但实际上，领导人的权威没有理论上那么受限。一是在实践中党员全体投票几乎没有发挥作用[17]，二是党团在领导委员会的比例代表略有扩展（在法国，法国社会党执行委员会的比例代表制于 1945 年被废除：但实际上它在某些情况下依旧运作），党员的选举以上述方式受到限制。领导人加强自己权威的手段之一是减少限制其自由和特权程序的使用，其第二个手段是胁迫和说服党员服从这种军队管理的手段。

党逐渐确立了纪律处分机制，建立了不同程度的管辖机构和上诉

程序。早在 20 世纪初，社会党就成立了争议调解委员会和纪律委员会。纪律委员会处理个别成员的违纪行为，争议调解委员会处理党的不同机关之间的集体纠纷。法学家们可以在这里看到司法功能显著发展的迹象。对德国纳粹党而言，由于德国人的法律精神和他们对法庭的偏好，他们不仅建立了一个非常强大的组织，而且建立了一个连贯的制裁制度，有处理纯粹道德上的制裁，如谴责，还有实质性制裁，如对领导人降级、停职、禁止其在党内任职、开除党籍等。在一党制 252
国家，开除党籍是非常严重的惩罚，这不仅是离开党的问题，被开除党籍者的整个社会和职业生活都将受影响，他有失去工作的危险，他可能会成为政治嫌疑犯，他的公民身份会受到各种影响。即使在多党制下，共产党或法西斯政党开除党籍的做法也是非常严重的事情，被开除党籍的人仍然受到其前党员同志的排斥，这些人会对他在社会生活中施加压力。除了要研究制裁机制、制裁的制定和执行等问题，还要研究制裁的数量问题。一些政党，如社会党，纪律制度已经老化，因为在这些政党中，被开除党籍的人很少，甚至没有人被开除党籍。相反，对共产党而言，纪律体系的运作非常高效，而且往往是周期性的。在某些时期，党会对党员进行纪律监督，并发出相当多的开除党籍令。这就是肃清制度，对保持党的凝聚力和刚性非常有效。

另一方面，对党服从意味着党可以保持成员的同质性，意味着党内不会出现太多的不同派系。事实上，纪律机构和肃清制度有助于维护党的正统性，保持党员之间的团结和忠诚。然而，派系的出现并不是党员自由和领导人权威削弱的标志，而是统治阶级内部意见分歧的表现。派系出现在干部阶层，不是出现在党员阶层，因为派系的出现 253
通常反映的是下级干部对抗高级干部，或者是高级干部试图在领导机构中获得多数。从本质上讲，这些派系不来自基层，而来自上层。这些派系的结构都是威权的：每个派系都由少数领导人和其他成员构成，成员聚集在领导人周围，像党员服从党内纪律一样，服从派系纪律。派系的出现意味着领导人之间有分裂，它们的存在导致了领导人权力的削弱。简言之，派系的出现可以与国家权力分立相媲美，一种权力限制了其他权力，从而削弱了整体的权力。

除了制裁，说服力也是党保持党员对党服从性的一种手段。所有政党都通过多种方式保持纪律和团结。对某些政党而言，服从已经成为党派团体的基础，是成员团结的源泉。与其说党是围绕同一教义的公民团体，而不如说党是因同一纪律聚集在一起的公民团体。法国共产党难道没有宣布“同意所有人加入党派，包括那些不认同其党派理论，但尊重党的纪律、不在党内颠覆党理论的人”[18]吗？因此，从理论上讲，非马克思主义者只要不在党内批评马克思主义，只要接受党纪，就可以加入共产党。但在实践中，这一类别的党员只占少数。然
254 而，这一原则揭示了党纪的优先性和重要性。我们再次看到，政党越来越像军队，管理和严格的纪律能够将意见不同的人凝聚在一起，加强统一。

服从的优先性自然会导致意识形态的衰落。与其他政党相比，共产党有着非常发达的理论与哲学基础，意识形态的衰落不会那么直接迅速。理论上的匮乏在法西斯政党中更为明显，他们明确宣称不再重视党的理论。墨索里尼说：“法西斯主义首先是行动。”法西斯本质上是有组织、有纪律的行动派。法西斯认为自己没有党派理论，纪律就
255 是组织的基础，纪律本身就是一种理论，或者更确切地说是一种神话。法西斯主义的基础是纪律，以军事纪律为蓝本构成。这可以从纳粹宣传片《希特勒青年团》（*Le Jeune Hitlérien*）中一段场景描述看出来，“一个德国男孩参加了一次共产党青年的郊游，虽然风景如画，但他感到毫无生气。然而，在几百米外的森林里，希特勒青年团一排又一排地安营，唱着完美的合唱团的圣歌，他立刻被吸引了过去”。这段场景说明，法西斯的纪律源于内心深处，它变为一种美学和宗教，是神话和信仰。

被迫的服从仍然是服从。但当服从是自愿时，服从就达到了最完美地步，领导的权威也有了最可靠的基础。通过一系列相互交织的持续行动和反应，党中央可以通过基层了解自己的境况和影响，并以此调整管理手段。不能说中央跟随基层，也不能说基层跟随中央。党的领导层同时倾听群众的声音并向他们讲话，但其讲话内容始终以所听到的为模型。因此，党的说服通过轻微的触动、极其灵活的施压来推进，但其影响越少冒犯那些直接受影响的人，并且越符合他们的思想，这种影响就越深刻和持久。党员在不知不觉的情况下，缓慢地被引导和转化。他们的态度越来越不自主，而是依赖领导的主动引导。256
党员总是认为只要越服从，就会越有自由。

这里描述的是一种理论模式，因为在实践中，事情并不那么完美，领导者并不拥有极高的智慧。“听群众的话”这一提法很好地描述了共产党的总路线，但实际上，如果群众越来越多地重复被灌输的话，那么领导者会逐渐倾向于只听到自己声音的回声。现实之所以会发展成这样，与其说是共产党理论对群众的影响的结果，不如说党对群众灌输自愿服从理念的结果。

权力个人化现象

权力形式在政党内部发生了两种演变。在第一阶段，党的个人领导慢慢发展为领导机构的出现。在第二阶段，领导机构中又出现了个人权力。这种权力的演变不仅会在党内出现，在其他群体内也会出现，首先会在国家中出现。

19 世纪末社会党的发展，以及后来包括基督教民主党在内的其他政党对社会党的模仿，导致了领导机构越发完善。以前，领导机构非常不完善。在地方一级，权力属于党的代表、选举团老板或有影响力的人物，他们也往往担任官方主席一职或是幕后的实操人。在国家一级，有许多正式的委员会和办公室，领导一般是公认的党领袖。例

257 如，迪斯雷利（Disraeli）、格莱斯顿（Gladstone）、甘必大（Gambetta）。领导机构要么是虚假的，要么是灵活的。虚假，是因为领导机构是个空架子，没有权力在手。灵活是因为允许自由行使个人权威。相反，社会党依据两项原则努力建立一个有组织、制度化的领导机构。一方面，社会党建立了金字塔结构的权力，以避免权力集中在少数人手中。为此，设立了三个相互叠加的机构（名称因国家而异）：成员很少的常设机构——中央办公室；人数稍微多一点的半常设机构——委员会，委员会中的一些省联盟代表可以在中央办公室任职；最后，由全党代表组成的党代表大会。原则上，党代表大会拥有决策权，全国委员会可以在党代会闭会期间在党代会规定的范围内采取行动，中央办公室是执行机构。但实际上，中央办公室发挥着关键作用。另一方面，社会党建立了一种横向分权制度，在负责政治领导的领导委员会和负责行政职能的办公室之外，设立了监督委员会。监督委员会享有财政监督权。监督委员会的设立不仅是为了避免领导人受金钱的诱惑，也表明了活动分子对他们的不信任。另外，这种横向分权制度通过设立党法庭、纪律委员会和争议调解委员会得到了完善。

从表面上看，领导机构制度化程度很高。事实上，情况并非如此。首先，这个先进的领导机构并不是毫不费力地建立起来的。创造
258 这些机构的社会党人有时非常威权化，对自己的个人权力非常着迷，不愿意把权力交出来。例如，德国第一个社会党的创始人拉萨尔（Lassalle）在领导机构中占支配地位，使得领导机构有独裁的特征。在领导机构建立之初，个别领导人的个人影响力就一直很大。如斯陶宁、布兰廷、茹尔·盖德、饶勒斯、范德维尔德（Vandervelde）、莱昂·布鲁姆等，这些人在各自的社会党中所扮演的角色远远超出了他们的官方职责。事实上，在制度化外表的背后，社会党的权力和以前的资产阶级政党的权力一样个人化。

社会党试图与权力个人化的趋势作斗争。领导机构的设立和权力

的分立体现了集体性。原则上，没有单独的个人领导或主席，只有委员会和负责执行决定的办公室和书记。早期的共产党也是这样做的。列宁的威信是巨大的，但他本人试图遏制它，避免个人权力的发展。苏联共产党的领导机构是集体性的，委员会中大家一起讨论是真实的，决定是共同做出的。其他国家的共产党也表现出同样的特点，试 259
图遏制个人权力。共产国际没有像早期的社会党那样，让伟大的社会主义知名人物担任领导，反而是让一些名气不大但可靠的人担任领导。

法西斯政党扭转了这一趋势。最初的法西斯政党发展了对领导人的个人崇拜，它们利用群众对个人权力的自然向往，加强党的凝聚力，巩固党的力量。对它们来说，一切权力都来自领袖，不是来自选举，而领袖的权威来自他个人，来自他的绝对正确性，来自他是天选之人的“事实”。因此法西斯分子总说，“墨索里尼总是对的”。德国人走得更远，还建立了一套法律理论来解释和证明阿道夫·希特勒的权威。

另一个值得注意的因素是第二次世界大战抵抗运动和党的烈士的 260
影响。二战胜利后，党在很大程度上以纪念受害者为基础进行宣传，对死去英雄的崇拜自然导致了对活着的英雄的崇拜。最后，对效率的现实考量在权力个人化的演变中也发挥了重要作用。在莫里斯·索雷 261
斯先生迎来 50 岁生日之际，法国共产党通过制定了特别的入党表以示祝贺。入党表中写道：“亲爱的莫里斯·索雷斯，我祝您长寿安康。在您五十岁生日之际，我加入法国共产党……”在表格的顶端，写着这样的字样——“我特此加入莫里斯·索雷斯的党”，而不是“加入共产党”（图 19）。

我特此加入莫里斯·索雷斯的党

这个党，是法兰西民族的，劳苦大众的，工人阶级的。

这个党，从未出现过任何一位因丑闻而有损清誉的领袖。

这个党，属于所有正直的人，他们拒绝与斯大林格勒的英雄打仗，并要求立即结束发生在越南的帝国主义战争。

这个党，将在和平中给予法国食物、幸福和自由。

亲爱的莫里斯·索雷斯，

我祝您长寿安康。在您五十岁生日之际，我加入法国共产党，致力于实现和平。

我的名字是__________

我今年_______岁，在_______从事_______工作

我住在________________________________

请将此表寄给中央委员会办公室的莫里斯·索雷斯，地址是 44，rue le Peletier，Paris（9^{e}）。

图 19　法国共产党入党表

权力的个人化有时与权力神化相结合，这就回到了一种非常古老的权威形式，即君权神授。法西斯政党是这样，斯大林也是如此。[19] 领袖是全知的、全能的、万无一失的，拥有无穷的良善和智慧。领袖的一切话语都是真理，任何来自他的意志的话语都是党的法律。现代宣传技术使领袖成为非凡人，无所不在。领袖的声音通过无线电传播到每一个角落，他的形象不仅出现在所有的公共建筑上，还进入每一个积极分子的家里。有时，与这种形象的真实性相伴的却是领导人本人的不可见性。小说家乔治·奥威尔（George Orwell）在其小说《1984》中对此现象进行了讽刺，并将领导人称为老大哥。小说描述到老大哥的声音和形象伴随着每个人的每一刻，但只是一个形象和一个声音而已，老大哥并不存在。最终，神化的个人权力变得非人格化，领袖不过是一个肖像、一个名字、一个神话，背后是其他人在发号施令而已。从某种意义上说，领导者又变成了一种制度。

第四节　政党领导人和议员的关系 262

选民和党员分别与议员和领导人相对应。议员是国家和地方的当选者，代表选民，而领导人代表党员。选民和党员、议员和领导人之间的关系问题非常重要，因为民主要求议员权力大于领导人，民选代表的权力大于党员。但相反的情况经常发生，许多政党领导人倾向以活动分子的名义支配议员。政党领导人对议员的支配实际上也构成了一种寡头政治，我们称之为外部的寡头政治，与党领导人的内部寡头政治相对。

但这种现象既不普遍，也不绝对。相反，领导人和议员之间经常相互渗透。在现实中，党的主要领导人不仅担任民选职务，还在党内担任领导职务。根据担任党内职务和民选职务之间的关系，可以将政党的发展分为三个阶段：议员支配政党；议员和政党领导人之间权力的相对平衡；党支配议员。每个阶段都对应一种类型的政党。

总的来说，一些因素可以加强或削弱党内职务和民选职务之间的关系。例如就比例代表制而言，当名单被固定后，候选人按严格的顺序登记，由于名单和登记顺序由党的领导人决定，所以议员们自然依 263
赖于党的领导人。而混合投票制削弱了这一特征，多数代表制也是如此。相反，单议席单票制意味着议员的高度独立。不过，这在两党制中却并非这样，由于双方参选人必须参加竞选，因此，两个竞争对手的处境都一样，都依附于各自的竞选委员会。

议员对党的支配

法国激进社会党是一个议员支配党的例子。1955 年改革前，人口超过 5 万的城市的所有参议员、议员、省议员和市议员都是执行委员会的当然成员。与这 5 万人相比，可以估计，当选的省联盟代表及其主席和秘书长的人数大约是他们的三分之一。党员中的地方和国家代表在委员会中占有绝对优势，而代表中成为国民议会议员的代表保持着支配地位。首先，在精神方面上讲，议员通过他们的威望对党产生影响。从数字上讲，根据委员会法定人数的规定，委员会成员人数只要到达 150 人（1936 年有 1800 名成员）就可以进行审议，而委员会中的议员比例很高。另外，党团会议独立于执行委员会，而且还没有任何规定禁止议员参与政府。一些党代会迫使政府辞职，如 1928 年普恩加莱（Poincaré）政府的例子和 1934 年杜梅格（Doumergue）政府的例子，这并不是迫于基层活动分子的压力，而是迫于一方议员反对另一方议员的压力，并且这是在大部分激进派的部长同意后做出
264 的决定。第一次世界大战之后，有人试图给予活动分子一些权力。例如，根据吉伦特省委员会主席人的提议，大家决定成立凯迪拉克委员会，来审查激进党议员参与新内阁的问题。凯迪拉克委员会由以下成员组成：（1）议会党团；（2）巴黎执行委员会成员。而在这个委员会中，议员几乎总是占多数，因此决定都是由他们做出的。在皮埃尔·蒙戴斯—弗朗斯的推动下，新的《1955 年党章》试图赋予活动分子更多的影响力，并削弱议员的影响，但没有取得太大成功。

议员对党的支配使党的结构高度分权。每一位议员都非常独立，自由地支配地方委员会。而党的中央领导层有点像一个封建国王，没有权力，也没有支配地方的威望。党领导的领袖形象只能赋予他很脆弱的权威。议员的高度独立使得议会党团无法联合行动，也不受投票的纪律约束。对重要的投票而言，激进党议会党团很少出现投票一致的情况，一般来说，一派投赞成票，一派投反对票，一派投弃权票。激进党好像不知议会党团的概念。在许多欧洲大陆国家，议会党团的出现和比例代表制的采用相关，在此之前，议员会组成非正式的党派团体。对法国激进党而言，在 1911 年以前，情况变得很奇怪，它的议员在众议院被分为两个对立的团体，激进左翼和激进社会主义左

翼。他们中的一些人同时加入了民主联盟（中间党派）和激进党。从 265
1911 年 1 月 1 日起，执行委员会决定在众议院成立一个单一的党团，称为“共和—激进与激进—社会党”。但参议院的激进分子继续称他们的党团为激进左翼，其政策也往往不同于众议院的激进分子。因此可见，在一个政党中，议会支配政党与组织结构薄弱和分权的特性同时存在。

这种巧合是一个普遍的规律。议会支配党是政党发展的一个阶段，也体现了一定的社会阶层构成。这种政党主要是以核心小组为基本组织的老式政党，也就是说像保守党和温和派政党一样的资产阶级政党。选举和议会是这些政党存在的目的、存在的唯一理由、唯一的活动形式，它们所做的一切都是为了让尽可能多的党员当选议员，并通过这些议员行使议会权力或成为反对派。议员在党内占据领导地位是很自然的。首先，除了落选的候选人或其竞争对手外，没有人可以质疑议员的权威，因为这些干部党内的活动分子太少，不能作为党的基础，而且这些活动分子也太依赖议员给他们提供好处和利益。另外，党的行政管理太脆弱，不能产生官僚阶层。最后，在这些资产阶级政党中，进入议会并不意味着议员与活动分子的地位出现分化。而这一点在社会党中很明显，活动分子是无产阶级，而当选的议员虽然
出身是无产阶级，但都资产阶级化了。只有金钱的力量才能与议员的 266
权力抗衡，但我们前面已经看到，资助者很少对党领导层施加永久性的影响。奥斯特罗果尔斯基在描述 19 世纪末的英国保守党时，指出资助者不会真正自己去干涉政党，会把这项任务交给一些小人物。这些小人物通常在特定的场合进行干预，以实现特定的目标，这样，他们就可以让党的领导人朝着某个方向前进。但这些小人物并不支配党，也不能被视为用一个竞争性等级秩序来取代原有的议员。

这些一般规则也有例外。在以分部为基本组织的集权型政党中有时也会出现明显的议会支配党的现象。人民共和运动就是一个很好的

例子。人民共和运动的活动分子足够多，足以建立一个独立于议员的内部等级制度。但是，人民共和运动的党章采取了非常谨慎的措施，尽一切努力确保议员在党内的优势，以避免内部的等级制度在领导层中发挥根本性作用。根据党章第 32 条的规定，在全国委员会中，议会党团的代表应占三分之一。但实际上，议会党团代表所占比例要比规定的高。除了国民议会和共和国参议院各党团的议员，还有：(1) 人民共和运动主席和秘书长（他们可以是参议员和众议员，事实上通常是如此）；(2) 国民议会议长（必须是人民共和运动的党员）；(3) 现任部长和上届党代会的部长；(4) 两名地方代表；(5) 被指派的活动分子（可以是议员）；(6) 法兰西联盟国民大会选出的成员。由于这些成员是由议会或地方机构提名进入议会的，他们具有议员的心态：与他们一起，议会代表在委员会中占据多数；地方联合会的代表则处于少数。此外，尽管众议员和参议员可能不会被选为正式代表，但他们可能被选为代表团的代理人：他们在巴黎的存在使这种安
267 排非常有利。

党的常设领导机构执行委员会中，议员的优势更为明显。委员会除了 18 名省联盟代表，还有 12 名国会议员，现任部长或前部长，党主席和秘书长（事实上往往是议员），5 名指派成员（可以是议员），还有 2 名法兰西联盟国民大会选出的成员。现任部长在活动分子中享有明显的威望，所以他们的存在增强了议员在全国委员会和执行委员会的权力。比利时基督教社会党跟人民共和运动的做法相反，对比利时基督教社会党而言，一个人是不能同时兼任部长的职位和全国委员会的职位，意大利基督教民主党也有类似的安排。人民共和运动没有这样的规定。议会和部长支配党的事实大大削弱了人民共和运动的活力，使其像激进社会基督党。人民共和运动中议会和部长支配党出现的原因可能是活动分子所宣称的先进社会理念与选民的普遍保守主义之间巨大差距的结果。因为为了获得选民的支持，就必须防止活动分

子领导党。虽然任何政党中都存在活动分子和选民，即温和派和顽固派之间的对立，但是都没有像人民共和运动这样表现出如此大的差异。而这可以解释议员对人民共和运动党领导层的影响力。 268

美国政党将提供一个例外。一个分权型、组织结构薄弱型和核心小组型的政党，议员并不总是发挥支配作用。然而这个例子一定要考虑美国政党的地方差异性和政党组织随时间变化的问题。例如，纽约州与落基山脉、北部和南部的政党组织绝对不同。即便在同一个州，由于领导人的变化，政党组织几年就发生一次变化。当国会议员（参议员或众议员，但最重要的是参议员）是地方当局的领导人以及党的领导人时，可以说是议会支配党。相反，如果议员不是地方当局的领导人，那么参议员和众议员就非常依赖这个人，党实际控制着议员。事实上，由于美国两党制甚至在南方各州的一党制（民主党）加剧了党的支配地位，因此政党候选人的提名比选举更重要，建立初选机制正是为了防止党团对候选人和议员的干预，给予议员一定的独立性。但似乎并不是所有地方都能做到这一点，特别是在大城市和南方。在一些情况下，尽管选民对即将离任的议员非常信任，但在党派领导人的影响下，初选还是不会提名这些人。

19 世纪后半叶，英国政党的演变可以补充关于议员支配党的几点看法。与一般规则相反，议员支配党与党的集权结构相吻合。议会党团的内部组织可能解释这一现象。议员支配党，但议员也被自己的 269
党领导和党鞭支配。议员纪律的存在使党的权力集中化。虽然英国议员的纪律还不是很严格，不过比同时期其他的议会党团要严格得多。然而，到 1880 年左右，由于基层组织和内部等级制度的日益发展，议员对党的支配权威遭到破坏，无论是对辉格党还是对托利党而言都是如此。在伯明翰党团对其结构进行改革之后，危机首先在自由党内部爆发。1878 年，在布拉德福德，担任代表地方长达 18 年的前部长、即将离任的议员 W. F. 福斯特（W. F. Forster），就《地方核心小组章程》第 15 条关于候选人将服从委员会决定的内容，与委员会发生了激烈冲突。福斯特拒绝这一条款的内容之后，在全国范围内，围绕议员和党团之间的关系出现了激烈的争论，最终达成了一个对党相当有利的妥协。

几年后，在纽卡斯尔，著名的激进领袖考恩被党团击败。事实上，在 1880 年自由党获胜后，党的中央办公室便邀请地方组织对顽固的议员进行整顿。但是要知道的一点是，中央办公室本身实际上是议会领导人在领导。自由党的重组加强了集权，而非削弱了议员们的影响力。在地方，每个代表对其选区委员会的权力受到削弱，而在国家一级，党领导人对党的权威却在增加。因为党团纪律变得更加严
270 格，他们对议员的权威甚至进一步增强。在《马里奥特修正案》（Marriott amendment，马里奥特那时是一个桀骜不驯的自由党人）的投票中，内阁威胁众议院一旦修正案被否决将解散众议院，并警告准备追随马里奥特的自由主义者，如果他们不遵守党的纪律，他们的党团将不推选他们参加竞选。最终，大多数人屈服了，只有五个人跟随马里奥特。自治危机后，自由党完全恢复了议会支配党的局面。

保守党在伦道夫·丘吉尔（Randolph Churchill）推动改革后也经历了类似的危机。1883 年，由保守党各党组织领导人组成的联盟理事会要求解散中央委员会。中央委员会由党鞭和少数议员构成，处理党内资金、候选人提名事宜并实际领导党。经过徒劳的谈判，议会领袖索尔兹伯里勋爵（Lord Salisbury）最终将联盟理事会从党的总部驱逐出去。一切都以妥协告终，两名领导人和议员一起进入委员会，负责政策、候选人资格和财务问题。伦道夫·丘吉尔下台后，议会领导人重新获得了党的有效领导权。到 19 世纪末，议会支配地位得以恢复。但是，与此同时，社会党在世界各国的发展也给议会支配党的局面带来挑战。

国会议员和党领导人的竞争

19 世纪末英国政党的历史表明，政党结构的变化自然会导致党领导人和议员之间出现竞争。政党组织越大，竞争就越激烈，议员的权威就越弱，而党领导人的权威就越大。资产阶级政党一般是议员支配党的一种政党，但对共产党或法西斯政党而言，议员们只是执行者，不具备对党的领导权力。社会党则属于中间类型（许多基督教民主党也与其类似），从形式上讲，议员服从于领导人，但实际上他们 271
保留了相当大的权力。党领导和议员之间关系紧张，相互制衡。只谈论党对议员的支配，或是只谈论议员对党的支配，都是不对的。事实上，党的领导层和议会领导层之间存在权力分立，是一种竞争关系。

竞争的原因很清楚，党组织结构在这里起着主导作用。这样的政党主要是群众党，以分部为基本组织拥有相当规模的行政管理，并在组织之间建立了严格的等级关系。党在这种等级关系之上，依靠大量的活动分子、强大的官僚机构、严格的党章与议员斗争以实现自己的支配权。活动分子和议员之间出于社会阶层和政治原因总是意见相左，虽然没有在明面上表现出来，但它是深刻和强烈的。从社会阶层的角度讲，议员们比工人活动分子更资产阶级化。工人议员虽然来自工人阶层，但随着时间的推移，工人范儿越来越少，议员的官范儿越来越大。活动分子对议员的物质生活水平很敏感。共产党深知这一点，并利用这一点反对增加议员的津贴。然而，议员和活动分子之间的区别不仅仅是收入。议员因为自己的背景、社会关系等过着典型的 272
资产阶级生活。议会的总体氛围是布尔乔亚式的，更深层次地说，议会的活动方式本质上是布尔乔亚式的。这一点如阿兰所说，通过说服来影响他人是资产阶级特有的行为。

此外，活动分子对议员的腐败行为非常谨慎。1791 年的制宪者（和 17 世纪的英国人）担心国王会利用职位来讨好人民代表，因此禁止国王在议会中选择大臣。今天的党员则担心，议员们可能会被神秘而可怕的金融权力所欺骗引诱。因此，他们渴望监督和控制议员，他们也对参与内阁持隐晦的反对态度。在这里，我们从社会和金融领域转向政治领域的分析，因为两者之间有密切联系。活动分子既害怕部长们政治腐败，也害怕他们的财政腐败。部长们的政治腐败在社会党革命时期更为突出和普遍。1914 年第一次世界大战爆发前夕，“社会党参与政府事务”的问题在全国党代表大会和共产国际大会中被广泛讨论。这一问题与改良主义或革命策略问题有关。1904 年，阿姆斯特丹召开的反军国主义党代会谴责了改良主义，这意味着对参与政府事务行为的谴责。在法国，除了战争和神圣联盟时期，直到 1936 年，工人国际法国支部都拒绝参与政府事务。这种拒绝反映了活动分子的情绪，因为他们不希望议员参与政府事务。除了利益与权力问题，议
273 员们参与政府事务是因为他们倾向于改革。他们看到法律如何改善了工人的生活和工作条件，他们作为立法者的角色使他们倾向于改良主义，而不是革命。

议员的改良主义与选民的深层意愿相关。因为活动分子与国会议员之间的冲突掩盖了更广泛、更严重的冲突，即活动分子与选民之间的冲突。由于活动分子比选民更具革命性，而选民几乎没有革命因子，所以议员们倾向于听从选民的意见。1919 年至 1936 年间，法国社会党的活动分子和选民之间的分裂尤其明显，选民的改良主义与活动分子的革命主义形成了强烈对比。社会党议员没有参与政府行为却投票赞同资产阶级部长提出的方案，这反映了议员在选民和政党的分歧之间作的选择。这策略似乎没有保护社会党不受改良主义的影响，也没有让社会党革命保持纯洁性。

党试图通过什么方式使其议员保持对党的依赖，并去支配议员？首先，限制议员在管理机构中的人数。最初的政党管理机构完全由议员组成。但随着党组织的完善和内部等级制度的发展，情况发生了转

变，这时议员们采取了一切预防措施，以保持在管理机构的多数。但社会党试图扭转这一比例，让活动分子在管理机构占多数。根据工人国际法国支部的早期党章的规定："议员在国家理事会中不能单独任职，但可以通过代表团任职，且不得超过议员总数的二十分之一"，"任何议员不得成为常设行政委员会的成员"。从 1913 年开始，国会议员可以进入常设行政委员会，但人数不得超过委员会总人数的三分 274
之一。如今，全国理事会不再限制议员的人数，而且省联盟的代表也可进入全国理事会，但对于执行委员会即以前的常设行政委员会三分之一的人数限制依然存在。对意大利统一社会党而言，议员职位和党领导职位依旧不能兼任，只有议会党团主席能以顾问身份参加党领导会议。虽然党章对议员的限制很具体很严格，以防止议员担任党领导职务，然而，无论是对法国而言还是对意大利而言，议员们都有很大的影响力。另外，党章对议员的限制似乎也不是很有效。对其他政党而言，党章只是规定现任部长不得担任党领导职位。例如比利时社会党的党章规定书记处可以以顾问的身份参加部长们的事项，同时规定成为部长的书记处成员不再有投票权，在任职期间的办公室职位将由他人代替。奥地利社会党对全国理事会、领导委员会和监督委员会的成员也有类似的规定。其他一些基督教民主党也是如此。

另一方面，社会党试图让党领导机构单独或集体地支配议员。原则上，每个代表都要服从其省联盟的权威，但实践中，这种服从往往是虚幻的。选举制度在这方面发挥着非常重要的作用。在单议席单票制下，选区看起来像封地，选举对人而不是对票，因此地方当选官员的地位非常高，党委员会对这些人无能为力，因为党需要通过他们获得议会席位。在这种情况下，个人从属关系很弱。相反，在名单投票 275
制中，党变得至关重要，委员会的提名可以决定一个人的成败，候选人对党的依赖程度很高。在比例代表制下，如果名单是固定的，候选人按严格的顺序提名，委员会的权力就达到了极限。比较法兰西第三共和国和早期的第四共和国，就可看到这样的结果。但选举制度远不是让党支配议会的唯一方式。一些社会党有时会使用后来被共产党广泛使用的一种技术来控制议员。这种技术就是要求议员将全部津贴上交给党，然后党给予他们适度的待遇。议员成为党的工薪阶层，处于依赖的地位。1890 年，在阿列曼（Allemane）领导下成立的法国革命社会主义工人党采用了这种制度。但议员们不喜欢这种财务控制，1896 年，法国革命社会主义工人党的所有当选议员与他决裂，成立了共产主义联盟以维护他们的自由和津贴。

议员服从党的最明显的标志仍然是投票纪律，不遵守规定的议员可能会被开除党籍。这种例子很多，特别是对英国工党和法国社会党而言。投票纪律是议员服从党领导的结果，而不是确保议员服从政党的手段。议员因为选举、财政等原因依赖政党，所以议员们遵循议会党团的指示。投票纪律体现了集体性原则，每个议员不得擅自表决，要根据党团讨论后做出的决定进行表决。但党团本身无法自由做出决定，它做的决定必须遵守党的代表大会和领导机构规定的总方针。可见，议会党团作为一个整体隶属于党。1929 年，法国社会党党团接
276 受了激进社会党主席达拉第（président Daladier）提出的参加政府的建议；但常设行政委员会专门召集的国民议会撤销了这一决定，党团不得不让步。尽管如此，党团是否屈从，主要取决于国民议会和委员会所通过的指令是否精准。议会代表们的策略就是向全国代表大会和委员会施加压力，以争取通过一般性动议，给党团留出尽可能大的自主空间。

对于议员担任部长职位、信任投票、重大改革等重要事件，活动分子常要求议员与党内领导人联合做出决定。对此，议员可以与党内领导人联合参与全国理事会或大区理事会。对比利时社会党总理事会而言，议员们以团体身份参加这样的联合会议，但它只具有顾问功能。对法国社会党全国理事会而言，议员们可以选派代表参加，代表

具有表决权。议员与党内领导人联合会议也可以其他方式实现。如对意大利、比利时等社会党而言，可以从党办公室选派一名或数名代表参加议会党团的会议。另外，还可以采取联络委员会参加议会党团会议的方式，如工党全国理事会联络委员、比利时基督教社会党联络委员会等。此外，还应提到负责起草改革草案和党代表提案的政策研究室的作用。这些政策研究室更多地依赖党领导，而不是议会党团。但是议会党团在起草法律文件时必须依赖这些办公室，因此它们对议会党团有着非常重要的影响。在议员完全处于从属地位的政党中，完全就是这个样子。

从理论上讲，所有这些程序都应确保党领导人支配议员，但事实上，议员使用了各种技术以保障自己的独立。因此，党领导和议员之间权力相对平衡，从而导致双权威的出现，没有出现一方完全支配另一方的现象。首先，议员们的独立性来自他们在工作中获得的威望。
议员们的知名度各不相同，但几乎总是高于党领导人。其次，议员们 277
通常比党领导人更老练，领导人中除了少数知识分子和狂热分子外，往往能力相当平庸。议员们习惯了议会外的游说和阴谋，往往能够智胜那些装备不足的对手。但党内领导人可以依靠原则、不妥协和纯洁性等煽动手段取悦活动分子，并使议员们感到不安，斗争再次变得势均力敌。但议员们会在地方层级保持优势，他们通过自己的威望和当选后履行的承诺，对委员会产生支配作用，并依靠委员会抵抗中央的支配。归根结底这都取决于中央领导的权威程度，以及议员对地方组织的控制程度。选举制度在这里发挥着重要作用。

但议员和党领导人的区别可能并不那么明确，这对议员支配党来说相当有利。首先，政党往往缺乏党内领导，虽然有下级干部，但很少有高层领导。有能力成为议员的人都是具有权势的人，他们自然不希望服从于他人，自然希望以指派的方式成为党内领导。这是避免从属关系的最有效方法之一。领导短缺的现象迫使议员们担任领导职

务，而这个事实导致了“个人联盟”的广泛发展。党章有时试图对
278 “个人联盟”进行限制，但这些限制不够具体。例如，议员们经常被任命为全国党代表大会代表、省联盟在国家委员会中代表或成为办公室成员，但不是以议员的身份，而是以个人的身份。在这种类型的政党中，当一个人担任双重角色时，议员身份会压制党领导的身份，所以议员支配党领导。

通过这种制约和反制约手段，议员和代表活动分子的党领导人之间的权力形成制衡。议员和党领导之间的制衡关系也因政党和时代而异。总的来说，间接政党中议会的支配性没有那么强。这是因为工会的存在有助于建立一个强大的内部等级制度与议员竞争，还可以避免议员成为党领导。澳大利亚工党是第一个党领导支配议员的间接政党。在英国，尽管自 1945 年以来规定有所放松，但议员们对党和工会的依赖仍相当明显。相反，西欧其他社会党则是议员对党有着强大的影响。德国社会民主党是个以工会为基础的间接政党，但党对议员的依赖度很大。比利时社会党也是如此。这两种情况的出现，是因为工会明显从属于党。

另一方面，随着时间的推移，议员对党的影响力也会慢慢变大。例如，通过观察法国社会党历史可以发现，由于活动分子对议员非常不信任，议员们的权力最初很弱。到 1914 年第一次世界大战爆发前
279 夕，议员的权力已经显著增加。1913 年修改后的党章为国会议员打开了进入常设行政委员会的大门。1919 年至 1936 年间，尽管活动分子反对议员参与政府工作，但议员的权力在慢慢扩大。在第二次世界大战之后，议员的作用似乎比以往任何时候都更加重要。毫无疑问，这是部分因为共产主义的发展使得法国社会党工人阶级党员减少了，变得更加资产阶级化。但行使政府职责的事实似乎产生了决定性作用：部长的影响力远远大于普通议员。这似乎是一个普遍的例子。某些政党为限制部长干预党领导而采取的措施本身就证明了这一点。

党对议员的支配

随着政党的发展，最后一步已经迈出：议员不再支配党，而是党支配议员。共产国际第二次代表大会准确地提醒每一位议员，他们不是一个像其他国家立法者一样的普通立法者，而是一个被派往敌方执行党的决定的宣传者。在这里，理论与实践完美吻合。

两类因素可以解释这种党的支配地位：一是党的结构，二是党外因素，而党外因素只起次要作用。在这里，我们回想一下选举制度的影响。名单投票制和比例代表制促进了党的领导地位，这两种制度也非常符合共产党或法西斯政党的结构。实际上，党内因素很重要。它首先包括一系列技术程序，以加强议员的服从。例如之前的津贴问题 280
现在已有了新的延伸。社会党主要出于经济原因使用它，要求议员们向党上缴一部分津贴作为特殊党费。对共产党而言，这具有政治意义。首先，正如法国阿列曼主义所预见的那样，这种做法让议员成为党的真正雇员。实际上这一策略更为微妙，党只向议员支付少量工资，但提供实物福利来控制议员。共产党议员没有自己的秘书，他们只能接受党秘书处提供的服务，党秘书处非常密切地监测议员所有的议会活动。这些技术程序使得党领导的效率非常高。

再来谈谈空白辞呈这种制度。这一技术有用，但是实效不大。某些政党的候选人必须在选举前签署一份无日期的辞呈，辞呈空出的日期由党填补，并确保在候选人不服从的情况下寄出。其他政党要求作出以名誉担保的诺言，承诺在与党决裂时辞去职务（例如，《工人国际法国支部党章》第 16 条）：使用“以名誉担保的诺言”这样的用语，清楚地揭示了这一制度纯粹的道德性质。空白辞呈如今不再行之有效。事实上，顽固的议员很容易谴责这一制度，声称签署空白辞呈是非自愿的，是遭受胁迫的，所以党的竞争者会拒绝这种勒索性辞职。书面承诺只能将候选人拒之门外，并构成一种似乎能加强其他人服从的仪式。不过，想要达到同样的效果，还有其他更可靠的方法。

281 更重要的制度是根除技术，防止代表们把他们的选区变成自己的势力范围，并防止他们加强地方关系而独立于党。地方主义在共产党和法西斯政党之外的政党中非常普遍，但共产党和法西斯政党坚决反对地方主义，挑选非当地选候选人参选。它们不怕输掉选举，只需要确保当选人忠诚就够了。例如，尽管它们知道佩里戈丁人在佩里戈丁获胜的机会很大，但是还是会在佩里戈丁推选一名布列斯特候选人。名单投票的采用可以加大非当地候选人当选的机会，如果在名单中将非当地候选人锁定于名单之首，之后列入一些知名的当地候选人，那么这些当地候选人可以帮助非当地候选人获得胜利。但是推选非当地候选人而减弱当地候选人影响，这样的第一次根除是不够的，因为非当地的议员很快就会在新地区扎根。所以为了确保党领导的优先地位，同一个候选人会被经常更换选区。这种根除制度的使用并不是很普遍，共产党还有许多其他方法来避免民选官员的独立。但共产党知道，从选举收益和对党的总体影响来看，地方主义对党并非贻害无穷，因此它并不总是轻视地方主义。二战前，法国一些共产党代表可以说是地方势力的代表，如雷诺-让（Renaud-Jean）。

淘汰有声望的人与根除制度相似。党通常从没有声誉的无名小卒中挑选候选人。许多国家的共产党都不会让著名的作家、艺术家或学
282 者成为议员，除非他们是非常资深的党员，他们的忠诚已经经受了很长时间的考验。当然，共产党的无产阶级性质及其在议会中尽可能广泛地代表工人的愿望也能解释这一点。但是，共产党不仅代表无产阶级，它对知识分子的大加赞扬，为给这些人在议会留有一席之地提供依据。事实上，共产党会给作家提供议员席位，但只给最平庸的作家，因为如果让知名作家当选为议员，情况可能会非常尴尬。知名作家会利用他们的名声采取相对独立的态度，党要么驱逐他们，要么继续保留他们，但无论何种处理方式都不太适宜。因此，有影响力的人

常是海报的主角，他们是活广告，作用仅限于宣传他们在党内不担任任何领导职务，也不会成为议员。

党常利用政策研究室来保持党领导的优先性。议员提交的任何提案都不是由议员直接提出的，提案是由专家准备的，议员只负责为提案辩护。因此，议会活动的很大一部分是由党直接领导的。另一方面，党也在努力为议员提供广泛的理论培训。在一些政党中，有真正的议员代表学校，在那里，议员提高了对党原则的认识，同时也以议员身份接受特别指示。在我们之前提到的法国共产党国家党校，其中一些课程是专门为议员保留的。党课有两个好处，一是培训议员，二是让他们清楚地感受到自己对党的依赖。

最后，个人联盟是确保议员纪律的最后手段。在资产阶级政党和社会党中，个人联盟是议员支配政党的工具，但在共产党这里变成了
党支配议员的工具。在这里，不是议员成为党领导，而是党领导成为 283
议员。因此，党的领导人可以利用议员或部长的威望来加强自己在党的权威。这种转变是由党的纪律所促成的，归根结底，通过技术手段让议员服从于党是次要的，只有纪律才能最深刻地解释议员们的服从。坚持党的纪律，尊重党的最高领导，应尽一切努力强调最高领导的能力、价值和重要性，加强对他们的服从。在共产党内部，政治局和中央委员会享有非常高的威望。相反，议会是一个被蔑视和嘲笑的对象，议员没有威望。对于一个共产党人来说，很明显，一个中央委员比一个议会党团的成员重要得多。当一个领导人身兼两职时，自会把中央委员的职位看得更重，因为他自己也是在党的思想中锻造出来的，他相信党远比议会优越，党的职务远比议会的职务更有价值。

党的总方针加强了这种态度。如前所述，选举和议会行动发挥着非常次要的作用，议会通常只被当作鼓动和宣传的平台。因此，正如
上述共产国际决议所反映的那样，议会议员纯粹是宣传者。1924 年 284
法国共产党政治局的一项指示反映出的也是这样的情况：“当选官员

必须提出纯粹的示范性草案，这些草案不是为了被通过，而是为了宣传和鼓动。”因此，在国民大会中，共产党代表与其他代表明显不同，他们与一般的议员格格不入。罗伯特·德·朱维内尔（Robert de Jouvenel）曾说：“来自两个不同政党的议员之间的相似性比同一政党的议员和活动分子之间的相似性更明显。”这句话不适用于共产党的代表，共产党的代表更像活动分子，不像普通代表。当代表成为部长时，什么都没有改变。共产党向活动分子解释说，他们的部长是党的代表，他们在政府工作中执行党的政策，不要将他们误认为是资产阶级或社会党的部长。共产党就这样剥夺了部长的威望。在1945年至1946年的法国，权力并没有使共产党的领导人明显资产阶级化，因为对党而言，部长或前部长没有特殊的威望。

党支配议员不仅仅是因为技术，更是因为党的总体结构和总体方针。因此，共产党或法西斯政党没有必要使用所有的技术去支配议员。例如，法国共产党不像社会党那样对议员进入决策机构进行人数限制。办公室和委员会中议员可以占多数。但这并不重要，因为这时议员不再是真正的议员，而是地位高于议员的党领导人。共产党是一
285 个相当强大和同质的集体，足以使其所有组成部分团结起来。反对议员的斗争似乎只存在于那些容易受到议员行动影响的政党中，共产党无须与不存在的对手战斗。

注　释

1. Roberto Michels, *Les Partis politiques*（《政党》），Paris，1914，p. 132.

2. 1948年数据。来源于美国政治协会政党委员会的报告［supplément à *The American Political Science Review*（《美国政治科学评论》），septembre 1950，n° 3，2e partie］。

3. 数据来源于1910年全国党代表大会的总结报告。*Revue politique*

et parlementaire（《议会和政治杂志》），1910，p. 509.

4. Cité par Jules Monnerot，*Sociologie du communisme*（《共产党社会学》），Paris，1949，p. 40—41.

5. *Iskra*（《火星报》）n° 1.

6. *Que faire* ？［《怎么办？（我们运动中的迫切问题）》］，Œuvres complètes，tome IV，Paris，1929，p. 512.

7. Roberto Michels，*Les Partis politiques*，Paris，1914，p. 15.

8. 数据来源：1949 年 2 月 28 日卡萨诺瓦（Casanova）向中央委员会提交的报告，帕里诺（A. Parinaud）在 1949 年 10 月发表于《共产主义》（*Cahiers du communisme*）第 1241 页的一篇文章。

9. J. F. S. Ross，*Parliamentary representaion*（《议会的代表性》），2e éd.，Londres，1949.

10. Cité par H. Chambre，*Vie économique et sociale*（《经济生活与社会生活》），novembre 1949.

11. A. Lecœur，Rapport au congrès de 1950（《1950 年在全国党代表大会上的报告》），p. 24 et 26.

12. Cité par R. Michels，*op. cit.*，p. 70.

13. Merriam and Gosnell，*The American Party System*（《美国政党制度》），4e éd.，New York，1949，p. 179.

14. D' après J. F. S. Ross，*op. cit.*

15. D' après J. F. S. Ross，*op. cit.*，p. 52.

16. *Op. cit.*，p. 23.

17. 例如，自 1921 年以来，全体党员投票就没再被使用过。S'il faut en croire F. Lachenal，*Le Parti politique*（《政党》），Bâle，1944，p. 78，note 140.

18. Cité par F. Goguel，*Encyclopédie politique de la France et du monde*（《世界和法国百科全书》），Paris，1950，t. I，2e éd.，p. 286.

19. 自斯大林死后，在苏联掀起了权力去个人化，重新回到列宁时代的集体领导。但是有些共产党，如法国共产党，依旧保持权力个人化。

第二编

政党制度

除一党制国家外，其他国家都有多个政党，多党共存的形式和方 289
式构成了这个国家的政党制度。政党制度的概念可以从两个方面去理解。首先是组成该政党制度的每个政党内部结构的相似性和差异性。对此我们可以区分集权型政党和分权型政党、全权政党和限权政党、柔性政党和刚性政党等。其次，对各政党的比较分析可以揭示出孤立审视单一政党时所无法察觉的新要素，如政党的数量，政党的规模，联盟关系，政党的地理分布和党内的政治派别等。政党制度是由所有这些特征之间的特定关系定义的。我们之前定义了不同类型的政党，这里要定义不同类型的政党制度。例如传统上我们可以区分一党制、盎格鲁-撒克逊的两党制和多党制。另外，在此基础上加上其他的一些因素，我们还可以区分独立政党的制度和政党联盟的制度，平衡型政党制度和一党独大型制度，大党型制度和小党型制度，稳定型政党制度和不稳定型政党制度，新兴政党左翼性导致旧政党右翼化型政党制度和静止型政党制度等。

政党制度的形成是多种复杂因素共同作用的结果，既包含国家自
身特殊的因素，也包含一般因素。特殊因素包括传统和历史、宗教信 290
仰、种族构成、国内势力的竞争等。这样的例子很多。美国共和党和民主党的出现与杰斐逊和汉密尔顿在建国初期的竞争有关，而法国右翼势力的瓦解和激进党的存在源于 1875 年至 1900 年间的政治形势。

同样，斯堪的纳维亚半岛的农民党可以追溯到19世纪中叶反对保守城市贵族的民主运动。比利时政党制度产生于19世纪世俗学校和宗教学校的问题的纷争。法国政党的左右之争一直持续到现代。对于荷兰而言，右翼分裂为天主教、反革命和历史基督教党。1914年前的奥匈帝国和1938年前的捷克斯洛伐克的政党制度反映了民族多样性和种族仇恨的现实，而19世纪末英国三党制的出现是由于爱尔兰人扰乱了传统的两党制。同样，南非政治制度中各个党派的斗争也和民族因素有关。在瑞典和挪威，国家的团结和分裂导致政党长期竞争，而爱尔兰对英国的态度在早期的党派分裂中起了重要作用。

所有国家政党制度的形成都有三个共同的主要因素，即社会经济因素、意识形态因素和技术因素。社会经济因素主要涉及社会阶级结构对政党的影响，毫无疑问，这种影响非常大。19世纪欧洲政党分为保守派和自由派，这是土地贵族和商人对立的结果，以及工业家和资产阶级知识分子对立的结果。20世纪初，社会党随着工人阶级进入政治领域而产生。但这种社会经济因素对政党的影响也存在例外，
291 那就是美国。美国各政党不来源于特定的阶级，因为美国任何一个政党都是由不同的社会阶层人士构成的。在某种程度上，政治意识形态和阶级立场具有一致性，但这种对应关系既不具一般性，也不具绝对性。有时，意识形态并不一定直接体现对应的社会经济结构，相对于社会经济结构，意识形态是间接和次要的。

技术因素主要是指选举制度，这是本书要特别研究的。选举制度是政党制度的一个组成部分，因为选举制度对一个国家所有政党的结构都有同样的影响。选举制度会对政党数量，政党的规模，政党联盟，政党的代表性等方面造成影响，而反过来，政党制度对选举的方式也起着至关重要的作用。两党制倾向于采用简单多数一轮投票的形式，具有类似兄弟会结构的政党反对这种形式，结盟的自然趋势对比例代表制不利。归根结底，政党制度和选举制度是不可分割的，难以

单独分析与研究。例如，政治代表性的准确程度取决于选举制度和政
党制度的共同作用，无法区分得清。选举制度对政党制度的一般影响
可以用以下三条准则来描述：(1) 比例代表制适用于多党、强硬、不
结盟和稳定的政党制度（除了特殊的政治运动时期）；(2) 两轮投票
多数决制适用于多党、柔性、政党相互结盟和相对稳定的政党制度
（在所有情况下）；(3) 简单多数一轮投票制适用于两党交替执政的政
党制度。但这只是非常笼统的观察，只能反映基本的现象，远远没有 292
涵盖选举制度对政党制度的所有影响。本书之所以详细地分析选举制
度，是因为在本书问世之前，这方面的研究很少，有很多空白需要填
补。但这并不意味着选举制度对政党制度的影响比其他因素都重要，
选举制度在其他因素的影响下有时可以加速政党产生的速度，有时可
以抑制政党的出现。然而，选举制度并没有真正的推动力量。这方面
最具决定性的影响因素是国家生活的各个方面，如意识形态，还有，
尤其是社会经济结构。

第四章
293 政党的数量

多党制和一党制之间的对比已然成为老生常谈的话题，甚至有人倾向于将其看作划分西方和东方两个世界的政治标准。这是错误的，因为一党制在西班牙、拉丁美洲的几个国家和美国部分地区都存在，而在东德和一些人民民主国家，也存在多党制。但总的来说，全权政权与一党制、民主政权和多党制之间的对应关系更为紧密。与上述的区分相比，两党制和多党制的区分就显得不是很重要，长期以来被忽视，甚至鲜为人知。然而，不可否认的是，两者有着根本性的区别。

来比较一下英国和法兰西第四共和国的政治制度。在一些观察家看来，两者最大的区别在于行政权力的形式，在于英国君主所享有的威望和法国总统的寂寂无闻之间的对比；但他们忘记了国家元首在议会制中只扮演着非常次要的角色：总统“领而不治”，国王“统而不治”。还有一些人将英法两国议会的结构进行对比，认为英国的两院
294 制好过法国的一院制。但这些人被外表蒙蔽了双眼，看不到英国上议院自 1911 年以来已经没有多少权力，它的影响力几乎完全是道德性的，和法国命运多舛的第三共和国议会没有什么差别。一些有学问的人还对英法两国政府和议会之间相互制约的手段进行了对比。一方面认为为了防止政府危机，英国内阁有权解散议会，而法国政府在国民议会面前则无能为力；另一方面认为法国政府也有对抗的武器，可以

通过不信任案解散议会，但英国内阁为避免议会投不信任票，几乎从未利用解散来向议会施加压力。不仅如此，英国议会是不会投不信任案的，因为执政党是唯一占有绝对多数席位的政党。因此，英国和法国制度之间的根本区别是显而易见的，那就是政党的数量。在英国，议会席位实际上掌握在两个政党手中，一个政党执政，组建拥有稳定多数的统一而强大的内阁，另一个政党则为反对党。在法国，政府由不同政党组成，政党纲领和党员社会构成各不相同。在这种情况下，法国政府时常因其内部党派的分歧，以及必须艰难地维持作为议会多数派基础的执政联盟而处于瘫痪状态。

第一节　两党制

由于一些小党会依靠大党，两党制和多党制并不容易区分。在美国，一些微不足道的党派会站在民主党和共和党这两个巨人后面，如
工党、社会党、农民党、禁酒党和进步党。在一些州议会或市议会 295
中，民主党和共和党有很大的影响力，但在另一些地方，情况并非如此。如在明尼苏达州，农民党的存在使得民主党的地位相对较弱，民主党只是第三大党。在威斯康星州，拉福莱特进步党往往是第一或第二大党。在 1937 年的纽约，市议会和州议会都各有 5 名工党议员。这些小党经常在国会，特别是众议院，甚至在参议院中也会获得一些
席位（图 28）。然而，由于这些政党与主流政党之间明显的不平衡， 296
加上它们的地方性，美国仍被视为典型的两党制国家。

英国的问题更为棘手。法国新闻部曾在 1945 年的一份出版物中称英国是“三党制”，因为此时英国自由党依旧占有重要地位。自由党有着悠久的历史，代表着英国大部分民众的观点。1950 年，支持它的选民人数超 260 万，实际上还有更多的人相信它的理念，只是选举制度迫使他们无法支持自由党而已。1918 年至 1935 年，很难说存

在英国两党制的说法，因为英国实际上被划分为三个主要政党。如今谈论英国的两党制似乎有些武断，尤其是如果比利时被视为多党制的话，自由党在比利时的影响力并不比在英国大。但选举制度能确保该党获得明显更高的代表性。然而，英国是两党制，这一点是毋庸置疑的，我们必须超越局部和有限的分析，才能看到总体趋势。直到1906 年，英国一直是两党制。1906 年，工党开始表现出它的力量。自 1918 年，特别是 1924 年以来，英国开始消灭自由党，试图建立起新的两党制。目前这一进程已经接近尾声，自由党在议会中的席位减少到 0.96％（图 20）。如果将这一发展与其他英联邦国家的发展相比较的话，会发现它们总体上的相似性是相当惊人的。但是比利时的情况大大相反。在比利时，自由党虽然弱小，自 1918 年以来却一直很稳定。

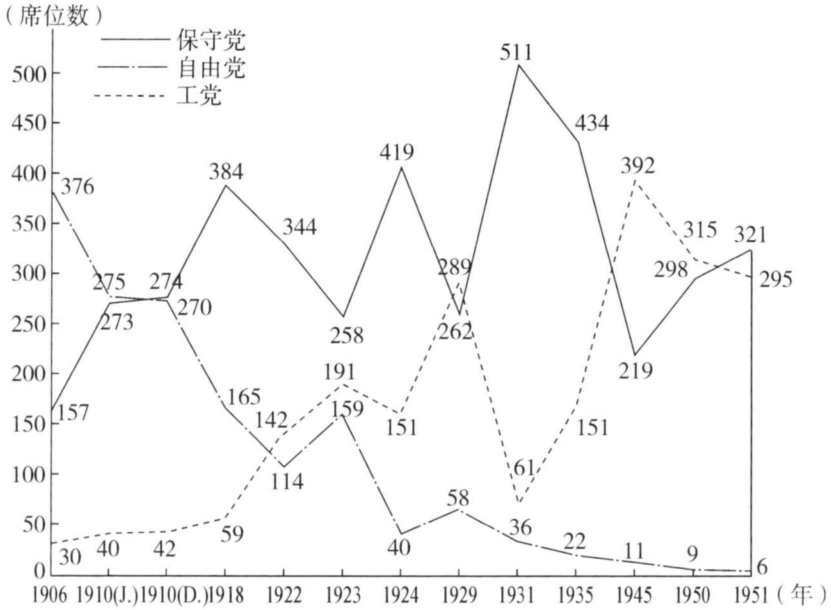

图 20　英国两党制的重新确立（爱尔兰民族党在 1906 年至 1918 年的数据被省略）

两党制的类型 297

两党制通常被认为是盎格鲁-撒克逊国家特有的政治现象。但这只是一个粗略的观点，一方面一些盎格鲁-撒克逊国家实行多党制，另一方面土耳其和一些拉丁美洲国家是两党制，甚至两党制在欧洲大陆的一些国家中也存在。在盎格鲁一撒克逊国家中，美国和英联邦的两党制又有着明显的区别。在美国，两党制从未受到严重威胁。自从杰斐逊和汉密尔顿之争以来，美国政党发生了深刻的变化。这场竞争是共和党人和联邦党人之间的对抗，前者是州权力的捍卫者，后者主张增强合众国的权力。在联邦党解体以及一段时期的混乱之后，1828年的总统选举重新导致两党制的出现，表现为以杰克逊为代表的民主党和以克莱和亚当斯领导的共和党之间的对抗，后者也被称作“辉格党”，这些不同的名称掩盖了旧杰斐逊党的面目。当然，内战给政党的立场和组织结构带来了很大的混乱，然而，它并没有实质性地改变美国两党制的特点，两党制后来仍以共和党一民主党的形式出现。在美国历史上，曾出现过许多第三党，但这些尝试都失败了，或者只产生了短暂的、地方性的小党。[1] 相反，在英联邦国家，先是由托利党和辉格党构成两党制，后来是由保守党和自由党构成两党制。但英国两党制在20世纪初经历了一场深刻的危机，社会党的出现在当时导致了三党制的产生。我们曾经怀疑英国是三党制国家，但两党制最终取得了胜利，要么自由党消失，要么自由党和保守党合并。英国与美 298
国不同，英国的第三党取得了成功，它的成功恰恰是通过消灭一个在位政党的方式实现的。在澳大利亚和加拿大，两党制并没有确立，澳大利亚有三个主要政党，加拿大有四个。

英国和美国的两党制在政党结构上也有所不同。在英国，政党组织建立在权力高度集中的基础之上，保守党的集权程度不如工党，但也远高于大西洋彼岸的政党。在美国，选举委员会很大程度上是相互独立的。选区代表和选区委员会与县委员会之间有联系，县委员会接受州领导人和州委员会的领导，但在州之上没有任何机构，领导人和国家委员会的权力极其受限。而英国和美国却大不相同。在英国，中央保留对党财政权的控制，并保留批准地方委员会提名名单的权力。在各自治领，集权程度各不相同，但也比美国的程度高。最后，应当指出的是，美国政党没有建立在任何意识形态和社会基础上，它们容纳各种阶层和各种理论，只是赢得行政和政治职位的机器。另外，对美国政党而言，初选提名候选人比真正的选举更重要。由此可见，英国政党更接近于传统政党的概念。

在拉丁美洲，两党制的发展趋势是显而易见的。但拉美政治往往充斥着革命、政变、选举操纵和部族斗争，因此两党制也会受这些因素的影响与冲击。在乌拉圭，两党制基本上保持不变。乌拉圭的两党
299 可以追溯到 1835 年的内战，它们还保留了以前的名字：红党和白党。这两个党之所以以颜色命名，根据的是当时党徽的颜色。两党内部分了很多派系，但党并没有分裂。此外，巧妙的选举制度允许每个派系提名自己的总统候选人和高级职位候选人，并且同一政党所有派系的得票总数计入最强大的派系。例如，1950 年，红党提名了三名候选人，最受欢迎的马丁内斯·特鲁巴（M. Martinez Trueba）当选，他和红党的另外两名竞争者获得的总票数超过了白党候选人的选票。在土耳其，杰拉勒·巴亚尔（M. Celai Bayar）创立了民主党，使得一党制在 1945 年结束，在 1946 年选举时有两个政党。但政府的压力大大降低了民主党的代表性，导致民主党在 1948 年发生分裂，老元帅查克马克（maréchal Tchakmak）成立了民族党。在 1950 年的自由选举中，民主党赢得了压倒性的胜利，获得了 55％的选票和 408 个席位，而共和人民党只获得 40％的选票和 39 个席位，民族党只有一个席位。目前，土耳其是一个两党制国家。

这就是两党制的地理分布。很明显，欧洲大陆很少有国家是两党

制。但是，目前德国和意大利这两个国家表现出了明显的两党制趋势。在多党制的外表下，两国的党派政治斗争主要局限于两个大的政党之间，德国是社会党和基督教民主党，意大利是共产党和基督教民主党。这种局面的出现主要是因为共产党在德国不够成功，社会党在意大利处于分裂状态，以及右翼力量在两国都不够强大，等等，这对 300
于那些直到最近才开始实行多党制，然后转而实行一党制的国家来说，是十分罕见的。德国和意大利的例子可以和土耳其的相比较，虽然它们此前的政治局势、政权特点和政权变迁情况都各不同，但是所有这些国家的两党制都是在一党制被废除的基础上产生的。有人会问，这一事实在多大程度上源于两党制的自然属性。下文将对此展开介绍。

纵观时间轴与地理分布，可以看出，自 19 世纪以来，两党制先后出现了三种不同的类型。纳税选举最初产生了一种资产阶级性质的两党制，以保守党和自由党的对立为标志。一般来说，保守党主要由贵族和农民组成，自由党代表城市的商人、工业家和中产阶级知识分子。这种区分非常粗略，实际要复杂得多。由于社会阶层和意识形态的不同，每个国家的保守党和自由党的构成都有细微差别。在一些国家，如斯堪的纳维亚半岛国家，保守党代表城市，自由党代表农村，但随后农民自由党与更城市化的知识分子自由党发生冲突，两党制转向了三党制。从意识形态上讲，保守党主张权威、传统、服从既定秩序，自由党崇尚个人主义和理性主义，声称自己是美国和法国革命者的后裔，在世界上宣传自由和平等的想法。但许多自由党人对普选权、对工人阶级所要求的社会变革持谨慎态度。在大部分新教国家，
两党制并没有使宗教对立变得更复杂。在天主教国家，神职人员和旧 301
制度之间的事实联系使保守党看起来像一个由教会支持的政党，从而使自由党处于反教权阵营。所以政治斗争有时变成了宗教斗争，例如之前提到的法国和比利时关于学校的立场问题。

在19世纪后半叶，激进党的发展似乎破坏了这种原始的两党制。激进党的发展是自由党内部分裂的结果，自由党中的温和派目睹了与它们对立的左翼倾向的壮大。在大多数情况下，激进党左翼倾向团体的党员要么继续留在党内，要么离开党后重新加入，要么脱离党。荷兰和丹麦的激进党分别于1891年和1906年脱离了它们各自的自由党，成为独立政党。在法国，激进党于1901年成立。但社会党的发展最终破坏了原始的两党制。在一些采取纳税选举制的国家，社会党受到限制，议会由两党构成，但国家则靠三党运作。这种现象出现的原因是地方更容易采用普选，社会党民选代表可以参与市镇政治，却无法进入众议院。因此，当出现普选时，社会党代表便进入了议会。在比利时，1894年的选举法使得28名社会党人在众议院获得席位，三党制取代传统的两党制，自由党降至第三位。在荷兰，随着范·豪滕法（loi Van Houten）的实施，第一批社会党议员出现了。在瑞典，1909年的选举法使社会党在议会中的代表数翻了一番。在其他地方，如德国、英国、法国、挪威等，普选制度先于社会党出现，所以社会党能够迅速发展。

19世纪末20世纪初，社会党的诞生在欧洲和英国自治领是一个
302 普遍现象，但它的出现并没有打破这些国家的两党制格局。比利时因1899年的选举改革而无法恢复到两党制，但在其他地方，两党制只经历了一段时间的衰落，然后以一种新的形式重新出现。这种新形式表现为马克思主义理论中的阶级斗争，两党制以资产阶级政党和社会党的对立重新出现。资产阶级政党有时是保守党和自由党合并的结果，如澳大利亚和新西兰。在其他国家，如英国，自由党被消灭，只剩下保守党来对抗社会党。但是并没有出现保守党被淘汰，自由党依旧生存的局面，这是因为在当时，一方面自由党因其实施的计划被认为是保守党，另一方面社会党的出现使自由党失去了一些左翼选民，而另一些选民又因对社会党感到恐惧而转向保守党。还有最后的原

因，就是多数选举制不利于中间党派发展。

我们所考虑的与其说是“保守党—社会主义党”两党制，不如说是“保守党-工党 ”两党制。新的两党制只在一些国家建立起来，这些国家的社会主义政党以工会为基础，结构间接，几乎没有教条主义，具有改良主义和非革命倾向。最后一个特点至关重要：如果其中一个政党试图破坏既定秩序，两党制就无法维持下去。至少，除非该党始终处于反对地位，否则两党制就无法维持下去。例如，如果西德实现了两党制（基督教民主党-社会民主党），那就不会有任何危险，因为目前的发展正明显地将它引向这种两党制。但是，随着第三种两党制的出现，两党制的存亡就成为新的紧迫问题了。事实上，这种两党制至今还没有出现过，但在一些国家，比如意大利，已经有了明显的发展：共产党和一个“西方”政党的对立。共产党执政后的首要任务显然是镇压它的对手；因此，它的对手一旦执政，首要职责就是主动防止建立苏维埃式的政权。这等同于建立另一种类型的独裁政权。因此，有必要区分两种两党制：一种是技术两党制，即两个对手之间的分歧只涉及次要的目标和手段，而一般的政治哲学和制度的根本基础则为双方所接受；另一种是形而上学两党制，即双方之间的竞争涉及政权的本质和基本的生活理念，因此呈现出名副其实的宗教战争的一面。只有第一种类型是可行的。 303

尽管如此，两党制似乎符合事物的本质，也就是说，政治选择的形式通常是在两个备选方案之间做出选择。党派的二元性并不总是存在，但倾向的二元性几乎总是存在。每一项政策都意味着要在两种解决方案之间做出选择：所谓折中方案，就是偏向一方或另一方。这就等于说政治中不存在中间派：很可能有一个中间派，但没有中间倾向，没有中间理论。“中间”一词指的是对立倾向的温和派（右派温和派和左派温和派）相遇的几何点。每个中间派都是自我分裂的，总是被分成中间左派和中间右派两部分。因为中间派不过是左派右翼和

304 右派左翼的人为整合。中间派的命运是被撕裂、打击和消灭：当它的一半投右票而另一半投左票时被撕裂，当它作为一个团体先投票给左派再投票给右派时被打击，当它弃权时被消灭。中间派的梦想是实现相互矛盾的企望的综合；但综合只是一种存在于精神中的力量。行动涉及选择，而政治涉及行动。中间党派的历史可以为这一抽象论点提供佐证：法兰西第三共和国时期激进党的命运，第四共和国时期社会党或共和党的命运。没有真正的中间派，只有叠在一起的二元对立，正如我们将要看到的：人民共和运动在政治上是右派，在社会上是左派；激进党在经济上是右派，在神秘意义上是左派。（图 24）

不同的社会学观点也接受政治领域中的二元论。一些人将激进派（19 世纪意义上的激进派，现在是革命派）与保守派进行了对比。[2]诚然，有些人对公认的观念、传统和习惯感到非常自在。“做一件一直都在做的愚蠢之事，总比做一件从未做过的聪明之事要好。”这句英国谚语很好地表达了保守党的特点。而其他人需要改变一切，创新一切。有人将这两种党派按年龄进行区分，年轻人是激进的，中年人是保守的。立法者早就知道这一点，他们提高参选年龄以支持保守党派，降低参选年龄以支持激进党派。马克思主义以另一种现代形式表达了这种政治二元论，即资产阶级和无产阶级的对立，这也是盎格
305 鲁-撒克逊国家目前两党制的形式。现代政治表明，即使是政治分裂最严重的国家，也会有政治二元论的影子。法兰西第三共和国是多党派，但弗朗索瓦·古戈尔（François Goguel）向人们展示了维护秩序和政治运动之间斗争的持久性。在法国的小村庄里，人们自发地将“白”和“红”，“神职人员”和“世俗人员”区分开来。纵观历史，所有的主要派系斗争都体现出二元性，如阿马尼亚克派和勃艮第派、归尔甫派和吉柏林派、天主教和新教、吉伦特派和雅各宾派、保守派和自由派、资产阶级和无产阶级、“西化者”和共产主义者。每当公众舆论面临重大的基本问题时，围绕这个问题往往会形成两个对立观

点。社会运动倾向于产生两党制，但社会运动也会被其他趋势所干扰，这一点我们在后边详述。

两党制与选举制度

如果两党制是社会自然发展的结果，那么这里就需要解释一下为什么两党制在盎格鲁-撒克逊国家中能自然出现，而在欧洲大陆国家却无法存活。有人认为两党制是盎格鲁-撒克逊民族的产物，而多党制符合“西欧大陆的气质”。这些解释并不是绝对错误的，但过于模糊和粗糙，无法得出站得住脚的结论。萨尔瓦多·德·马达里亚加（Salvador de Madariaga）将两党制与英国人民的体育精神联系起来，认为政治斗争是一场竞争对手之间的比赛，但这无法解释为什么从 306
1910 年到 1945 年英国会出现三党制。安德烈·莫洛亚（André Maurois）更为形象地解释了英国两党制和法国多党制的原因，认为英国下议院的长方形布局和面对面的座位自然地导致两党制的出现，而法国国民议会半圆形的布局由于没有明确的界限导致了多党制的出现。这是个有趣的结论，但是政党数量决定了议会的布局，还是议会布局决定了两党制或多党制？是先有半圆形布局还是先有多党制，是先有矩形布局还是先有两党制？答案令人失望，在英国，下议院的布局早于两党制的出现，而在法国，议会布局晚于多党制的出现。在美国，议会布局是半圆形的，但美国是两党制。

历史因素更有说服力。美国和英国长期以来是两党制，为什么这种习惯如此根深蒂固？只有针对具体国家的分析才能确定两党制产生的根源。国内因素的作用当然非常重要，但我们决不能只谈这些因素而淡化一般技术因素的影响，即选举制度。选举制度对两党制的影响可以用以下公式来描述：**简单多数一轮投票制有利于形成两党制。**在本书提出的所有假设中，这也许是最接近真正社会学定律的假设。简单多数一轮投票制和两党制存在密切关系，两党制国家采用简单多数一轮投票制，采用简单多数一轮投票制的国家是两党制国家。例外情况非常罕见，一般可解释为特殊条件的结果。让我们来仔细分析一下多数选举制和两党制的密切关系。首先从英国及其自治领的例子可以
307 看出，它们都采用了单轮投票的简单多数制，它们都是两党制，保守党和工党的对抗取代保守党和自由党的对抗。加拿大似乎是一个例外，但它实际上还是符合一般规则。[3]尽管时间更近且历时更短，土耳其的案例或许更为引人注目：在这个一党制存续二十年的国家，自1946年起已开始显现多元化的政治倾向；1948年民族党从反对派民主党中分裂出来的事件，甚至一度令人担忧多党制可能就此确立。在1950年的选举中，采用英国模式的简单多数一轮投票制（加之名单投票制的弊端），反而催生了一种两党对立的格局。在大国民议会487个席位中，只有10个席位（2.07%）不属于人民民主党和共和人民党这两个主要政党。这10个席位中9个属于独立人士，1个属于祖国党。在美国，传统的两党制也与简单多数一轮投票制共存。诚然，美国的选举制度非常特殊，如今初选制度的发展引入一种双重投票制度，但有时将这种技术与“第二轮投票”相提并论的尝试是非常错误的。各党内部投票提名候选人与真正的选举截然不同。提名公开与否并无区别：初选是党组织的特点，而不是选举制度的特点。

美国的总统选举没有采用两轮投票是造成两党制的历史原因之一。少数地方选举有时采用比例代表制，这就打破了两党制局面，例如1936年至1947年期间的纽约。1937年的市议会有5个政党，包含13名民主党人、3名共和党人、5名工党人、3名城市融合党人、2名持不同政见的民主党人。1941年的市议会有6个政党，增加了1
309 名共产党人代表。1947年，由于服装工会支持的美国工党内部分裂，市议会有7个政党。另外，简单多数一轮投票制对初选制也有影响。凯儿（Key）指出，在南部的初选中，如果采用一轮选举，民主党通常分为两个派系。相反，如果采用两轮初选制，即在第一次初选中没

有候选人获得绝对多数的情况下进行第二次初选或决胜初选，派系往往成倍增加。比较采用两轮初选前后的候选人人数，可以看到这种倍增趋势（图 21）。

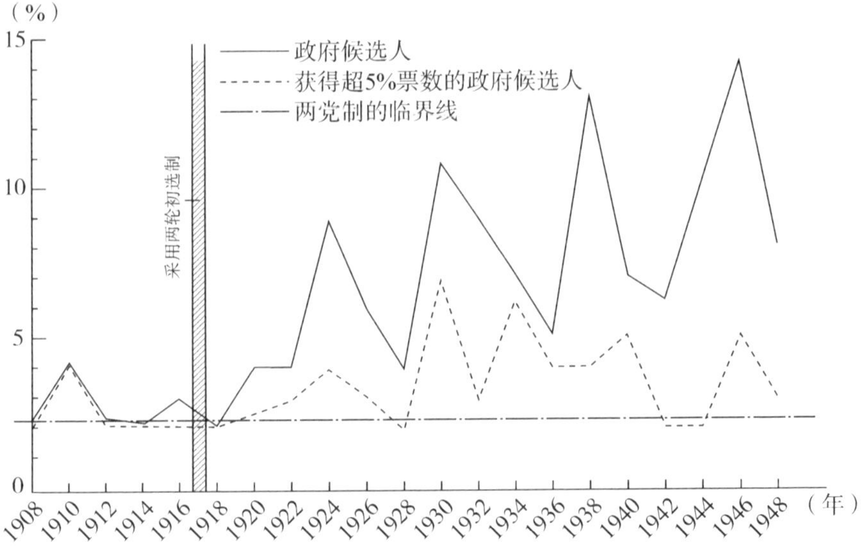

图 21　采用两轮初选制前后得克萨斯州民主党初选派系的数量变化

在拉丁美洲国家，由于行政机关经常有力地干预选举和政党，两党制不能按照常规去分析，所以这里忽略拉丁美洲国家的情况。另外，还有四个国家没有遵循简单多数一轮投票制产生两党制的法则。一个是 1894 年以前的比利时，它当时是两党制，但是采用的是两轮投票制。另外三个国家的情况相似，它们是 1911 年以前的瑞典、1920 年前的丹麦和今天的加拿大，这些国家的简单多数一轮投票制和多党制并存。对于比利时而言，两轮投票制产生两党制只是一种表象，从实际看，虽然选举法规定了第二轮投票，但是在普选出现之前，它几乎未被采用过。例如，1892 年，41 个选区中，只有 4 个选区进行了第二轮决选投票。尼维尔、查勒罗伊和图尔奈采用了混合投票和部分投票，第一轮投票只出现了两个名单。在剩下的蒙斯区，由于三个竞争对手的票数相当，第二轮决选投票才被实际运用。采用普选后，社会党的出现使第二轮决选投票发挥了作用。1894 年，三足鼎立导致了 12 次第二轮决选投票，1896 年至 1898 年间有 15 次决选
310 投票。但在两党制时期，选举采用的是简单多数一轮投票制。最后，在稍后的研究中，我们会分析为什么比利时法律规定了两轮投票制，却没有实施。为什么两轮选举没有导致三党争霸，没有导致政党分裂，没有导致两党制的消失。

1909 年以前瑞典采用的是比例代表制，情况也同样反常。事实上，瑞典当时还是限制选举，选举情况因地区而异。城市采用直接选举，农村采用间接选举，相对单议席票制或多议席选举制（或全票制）依据不同的选区而定。瑞典政党的情况也很特殊，政党长期分裂、不稳定，甚至可以说未成形。在 1911 年之前，瑞典无法准确地确定候选人，与其说是两党制或多党制，不如说是无党制。另一方面，某些特殊的政治或社会问题，如挪威独立、城市农村对立、乡村左派出现等问题，使瑞典两党制的情形变得更复杂。在每个选区内，竞争往往限于两名候选人，地方层面恢复了两党制。在国家层面，短暂的和不断变化的党团似乎也导致出现了相当明显的两党制。从 1867 年到 1888 年，以城市为基础的保守党，和主要来自农村的农民党（Lantmannapartiet）构成两个最大的竞争党。从 1888 年开始，农民党分为两个党团，贸易自由主义的老党和保护主义的新党，而这两个党团在 1895 年合并。1906 年，民族进步党从农民党中分裂出来，但两个党行动一致，与其说是两个不同的党派，不如说是同一政党内的两个党团。与此同时，旧右翼党逐渐消失，自由党在城市资产
311 阶级中成立。19 世纪末，瑞典出现了经典的保守党（农民党）和自由党对立的两党制，1896 年社会党的出现又改变了这种两党制。简言之，20 世纪初的瑞典就像英国一样，是一个由保守党和自由党构成的两党制，社会党的存在打破了它的平衡。

丹麦的例子与简单多数一轮投票制产生两党制的规则差得更多。

丹麦实施简单多数一轮投票制，但在选举改革前夕，存在四个主要政党：右翼、激进党、自由党和社会党。事实上，虽然国家存在四个政党，但地方上是两党制，在许多选区，只有两名候选人相互竞争。例如，1910年，在114个选区中，89个选区有2名候选人，24个选区有3名候选人，1个选区有4名候选人。候选人人数在1910年前呈现递减状态，1906年为303人，1909年为296人，1910年为254人。1913年，候选人突增到314人，有41个选区有2名候选人，55个选区有3名候选人，15个选区有4名候选人，1个选区有5名候选人。这种陡增的原因是右翼试图阻止自己的衰退。1910年，右翼有47名候选人，1913年有88名候选人，尽管做出了相当大的努力，但它的席位还是从13个减少到了7个。尽管右翼的总选票从64900张增加到了81400张，而且这多出的新近17000张选票也是从自由党那里获得的，但最终的结果是除了自己丢失席位，也让自由党失去了13个席位。另一方面，1910年激进党和社会党之间达成了一项选举协议，相互支持选举。但这项协议似乎在1913年被打破，当时17名 312
社会党人和7名激进党人在竞选中相互竞争。最后，将1913年的情况与以前的情况相比较，我们可以看到丹麦的整体局面。1906年，由于激进党的成立，丹麦有五个政党，但1909年，农民党和自由党合并，政党数量减少到四个。另外，自20世纪初以来，右翼衰退速度越来越快，席位越来越少，1913年，右翼保守党只有7名议员，占整个议会的6.14%。毫无疑问，在同一时期，社会党首次与两个资产阶级政党在选举中对抗，丹麦似乎朝着英国当时三党制的方向发展。简单多数一轮投票制减弱了这一趋势，而激进党和社会党的协议甚至预示着通过左翼团体的合并会产生两党制。但比例代表制的出现最终没有让丹麦成为两党制国家。

在加拿大的四个政党中，只有两个政党具有全国性地位，一个是自由党，另一个是保守党。只有在某些省份，其他政党（工党和社会信用党）才拥有实权，因此可以说它们是地方政党。这个例子与瑞典和丹麦的例子一样，使我们有可能界定简单多数一轮投票制的影响范
313 围：它倾向于在单个选区内形成两党制；[4]但在该国不同地区，相互反对的政党可能不相同。因此，简单多数制使地方政党的产生或全国性政党退居地方阵地成为可能。即使在大不列颠，1874 年到 1918 年间，也存在着一个相当稳定的爱尔兰政党。英国自由党也有成为威尔士政党的明显趋势。尽管如此，政党内部组织的日益集权化，以及随之而来的从更广泛的、全国性的角度看待政治问题的趋势，本身就倾向于将投票程序带来的地方化两党制投射到整个国家：然而，简单多数制的真正有效性，限于地方两党制。

简单多数一轮投票制产生两党制的机制非常简单。例如英国的选区，假设保守党有 35000 张选票，工党有 40000 张选票，自由党有 15000 张选票。很明显，工党的胜利完全取决于自由党。如果自由党撤回其候选人，其背后的大部分选票将由保守党获得，少数人将在工党和弃权之间进行选择。在这种情况下，可能会出现两种情况：要么自由党和保守党达成一致，撤回其候选人，这样，自由党和保守党的联合，依旧会产生两党制；或者，自由党坚持自己的立场，那么选民将逐渐放弃自由党，在自由党被消除的情况下依旧会产生两党制。

第一种由于联盟或合并产生的两党制在英国、德国威斯特伐利亚、北莱茵兰和石勒苏益格-荷尔斯泰因等地出现，如英国的保守党和民族自由党联盟，德国的基督教民主党和自由党联盟。通常，这只是极端形式——全面融合——的前奏，而全面融合才是发展的正常阶
315 段，而且往往伴随着分裂，如前中央党的一些成员更愿意加入反对党。1909 年，面对工党的逐渐壮大，澳大利亚自由党和保守党合并，新西兰一直到 1936 年才这样做。从 1913 年到 1928 年，新西兰自由党在慢慢衰弱，趋于自然消亡，但 1928 年的一次突然的复兴使它与保守党平起平坐，到了 1931 年，它又开始衰落，变为第三党。面对

工党带来的威胁，加上经济危机的加剧，在 1935 年大选后，它解决了融合的问题。在南非，1913 年民族党分裂后，加上工党发展，至 1918 年已有四个势力均衡的政党。在简单多数一轮投票制的影响下，旧的统一党加入了南非史末资将军的政党，而赫佐格将军（général Hertzog）的民族党与工党签署了一份选举协议，从而消除了工党。通过合并和消除，南非恢复了两党制。

消除政党是回归两党制的第二种方式，消除是两个因素结合的结果，即机制因素和心理因素。机制因素是第三党代表性不足，即席位占比低于其得票率。在两党制下，在野党的代表性与执政党相比还是不足的，但是，如果还有第三个政党，那么它的代表性会比在野党还要低。英国的例子很典型。1922 年以前，工党的代表性低于自由党，但从那时起，情况开始反转（除了 1931 年，当时工党危机和保守党的压倒性胜利，造成了工党代表性较低）。从机制因素上讲，在简单多数一轮投票制下，第三党处于不利地位（图 22）。一个新党与两个旧政党竞争，新党不仅脆弱，而且选举制度对它也不会有利。但一旦 316
它超越了两个旧党中的一个，被超越的政党就会成为第三党，竞争局面就会反转。

心理因素也表现出同样的模糊性。在简单多数一轮投票制下，如果存在三个政党，选民很快就会意识到，如果他们继续把选票投给第三党，他们的选票就会被浪费掉，因此他们倾向于把选票投给一个不那么令人讨厌的竞争者，以避免最令人讨厌的竞争者获胜。这种两极分化现象在新党最弱的时候是以牺牲新党为代价的，一旦这个新党超过一个旧党后，就会以牺牲这个被超越的政党为代价。这与代表性不足的运作方式类似。这两种导致新党逆转的机制并不总是同时发生的，机制因素通常先于心理因素，因为在选民意识到一个政党的衰落并将选票转向另一个政党之前，通常还需要一段时间。选民的犹豫不决与代表性不足相结合，完全扭曲了政党之间的权力关系。这会导致

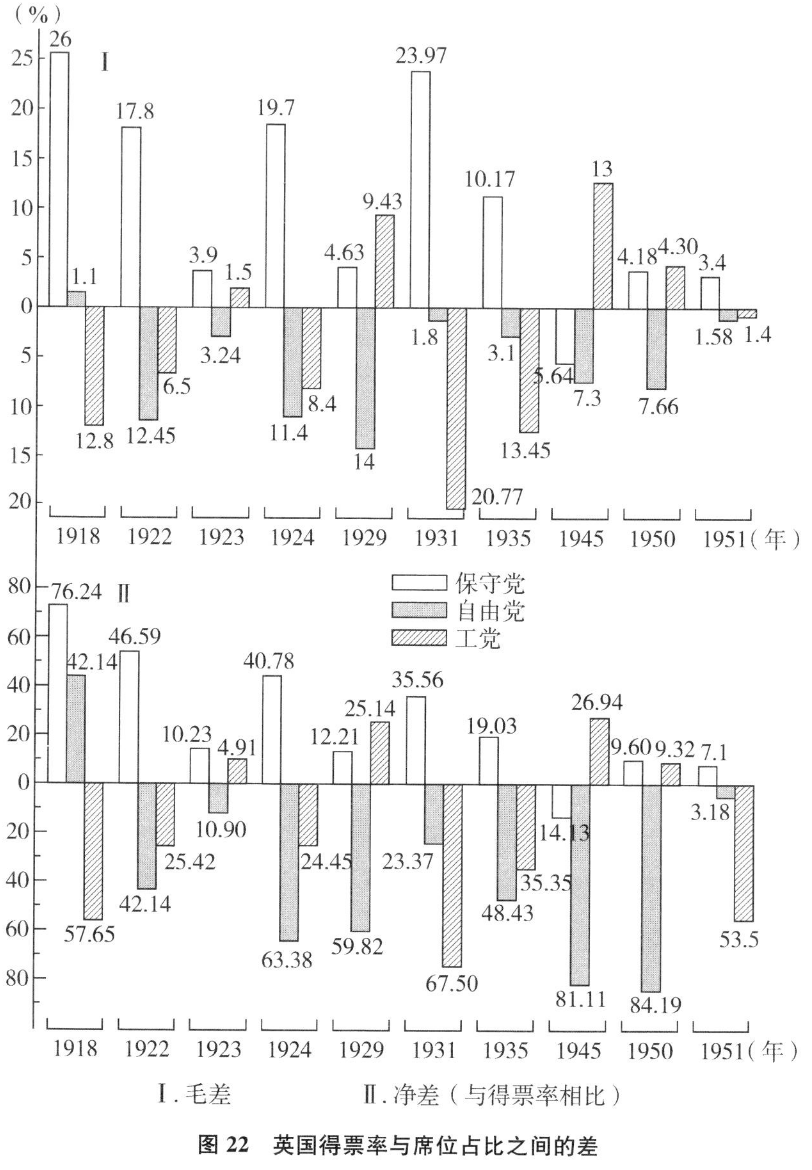

图 22　英国得票率与席位占比之间的差

相当长一段时间的混乱，例如 1923 年至 1935 年期间的英国。但从长远角度看，简单多数一轮投票制将产生两党制。

因此，简单多数一轮投票制可以在旧政党分裂和新政党诞生的情况下仍旧维持两党制运作。新政党要成立，需要强有力的地方支持或依靠强大的国家组织。加拿大的例子是地方支持的例子，但新政党只能在其诞生的选区缓慢发展，很难脱离地方。只有依靠强大的国家组织支持，新政党才有望快速成长，成为第二大党。在这种情况下，两极分化和代表性不足的现象有利于它的发展。也许这就是英国社会党建立在工会基础上的根本原因之一，只有工会才能使 317
它有足够的力量崭露头角。否则小党要么被排除在竞选之外，要么被困在地方。简单多数一轮投票制也能恢复因第三党出现而被摧毁的两党制。对比英国和比利时就可得出这样的结论。在这两个国家，由于社会党的出现，传统的两党制局面在 20 世纪初都被打破了。但 50 年后，英国人通过消灭自由党（图 23）又回到了两党制。而比利时由于采用了比例代表制，自由党得以被挽救，共产党得以诞生，更不用说两次世界大战期间出现的其他政党。

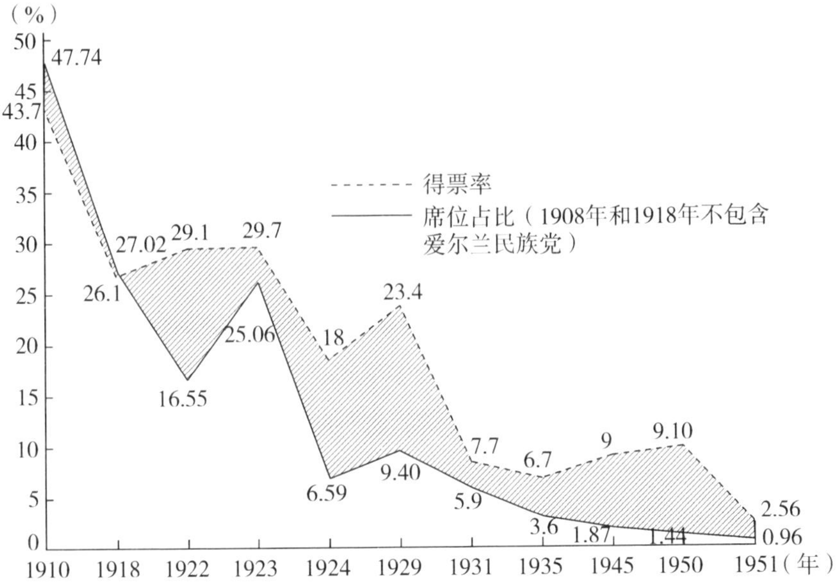

图 23　英国自由党的消失

我们能进一步说采用简单多数一轮投票制的非两党制国家能建立两党制吗？如果这些国家两党竞争的趋势相当明显，那么答案是肯定 318

的。西德实行简单多数一轮投票制，会逐渐将中小型政党排除在竞选之外，只留下社会党和基督教民主党：毫无疑问，没有哪个国家的技术条件更接近于按照英国模式建立议会制度所需的条件。在意大利，类似的选举改革将产生同样的结果，共产党将成为主要政党之一。但是，在一个多党制根深蒂固的国家，如法国，严格地实行简单多数一轮投票制，除非经历很长的时间，否则不会产生两党制。从大趋势上看，该选举制可以促进两党制的形成，但是由于存在种种制约与障碍，它并不绝对能实现这一目标。然而去除这些障碍，套用马克思所说的“铁律”一词，两党制的出现可以被视为简单多数一轮投票制的“铁律”。

第二节　多党制

人们常常把多党制和无党制混为一谈。一个国家如果有很多不稳定的、短期的党派团体，它就不是多党制，而只是处于政党发展的史前阶段，没有真正的政党就无法谈及两党制和多党制的区别。1919年至1939年间的许多中欧国家，非洲、东方和中东的大多数年轻国
319 家，拉丁美洲的几个国家和19世纪的西方大国都是无党派国家。然而，其中一些国家处于一个中间阶段，因为在这些国家，有基本组织的、较稳定的政党与不稳定的、无组织的团体并存。但由于许多有组织的政党内部存在无组织的团体，多党制和无党制之间的界限变得模糊。例如，在法国，右翼激进派不是真正的政党，它们只不过是一些不稳定的团体，但它们的出现是政党早期发展阶段的特征。

除了英国（不包括爱尔兰），多党制更多的是西欧国家（包括爱尔兰，不包括英国）的特色。当然，西欧的这些国家在其历史上的某些时期都经历过两党制。比利时直到1894年前一直是两党制，现在的德国接近两党制。其他的国家可能曾是或目前是一党制，如1924年至1945年的意大利、1933年至1945年的德国、当下的西班牙和

葡萄牙。欧洲的多党制形势目前似乎受到威胁，未来也不明朗，但是无论如何，在当今的 1956 年，西欧大陆国家仍主要是多党制，多党制符合西欧国家的政治传统。

多党制的形成

多党制的类型有很多，从三个党构成的三党制到无数党派构成的多党制，可以想象出无数的变体。而每种多党制，所构成政党都不同，都有差别。1945 年的法国三党制与传统的比利时三党制毫无共同之处，斯堪的纳维亚半岛国家的四党制与瑞士四党制仍有很大不同，法国右翼的分裂与战前捷克斯洛伐克或西班牙共和国的政党分裂也不同。对多党制进行分类似乎不是易事，每个国家都有独特之处，无法总结出 320
一般规律。但从多党制的形成来看，还是存在一些共同特点的。对此，认识多党制形成的共性可以从两党制出发，可以从两党制两种不同的改变方式了解多党制的形成，从而构建出符合大多数情况的理论模式。两党制的改变有两种形式，一是政党内部分裂，一是重叠现象。

让我们来观察一下英国的两党制。在工党里，可以看到两个党派，一个是追随艾德礼（Attelee）政府的温和派，一个是在外交政策等重要问题上与部长们发生冲突和分歧的更激进、更极端的党派。保守党内部的分歧目前不那么明确，它的目标主要还是对抗工党，但它如果获得了权力，也会像战前一样出现分裂。这个例子可以一般化：所有政党内部都有激进的人和温和的人，有妥协者和不妥协者，有交际家和教条主义者，有和平主义者和好战人士。20 世纪初欧洲社会党中改革派和革命派的对立只是众多例子中的一个。一般而言，激进和保守之间可以通过另一种对立来补充，那就是极端和温和，所以我们看到有极端保守派和温和保守派，极端激进派和温和激进派（吉伦特派和雅各宾派）。如果极端派和温和派出现在激进党和保守党内部，其影响力仅限于产生派系竞争，两党制就不会发生改变，如果

党内的极端派和温和派矛盾激化，无法在共同基础上达成一致，那么
321 两党制就会破裂，取而代之的是多党制。因此，瑞士激进派和自由派的分裂打破了 1848 年以来保守派和自由派构成的两党制，形成了三党制，而社会党的出现又导致了四党制。在法国，激进党的出现逐步导致了共和党分裂，在 19 世纪末出现了三种基本党派，保守党、温和共和党和激进党。在丹麦和荷兰，激进党的诞生也一样，是一个党派中温和派和极端派分裂的体现。1920 年，在整个欧洲，有许多因共产党（革命派）和社会党（改革派）的分裂而导致政党数量增加的例子。

党派的分裂产生了中间派政党。如前所述，中间派不是一种不同于右翼或左翼的意识形态，只是一种温和的右翼或左翼的意识形态。在两党制中，左翼的自由党分裂成自由派和激进派，那么分裂后的自由派就变成一个中间党派。同样，一个保守党也会分裂成和解派和不妥协派。党派分裂是建立中间派的第一种方法，第二种建立中间派的方式，我们在后边的新兴政党左翼化导致旧政党右翼化的分析中再详述。从理论上讲，中间派的真正意思是从各自政党中分离出来的右翼温和派和左翼温和派聚集组成的政党。但实际上，中间派的起源不是清楚明了的，它的立场以及对其成员产生的相互矛盾的吸引力决定了内部的根本性分裂：每个中间派本质上都是分裂的。除非一个国家中有两个中间派政党并存。例如在实行比例代表制之前，丹麦的情况大致是如此，自由党是中右翼，激进党是中左翼。但极端派的吸引力仍然大于温和派，所以激进党会与社会党合作，而不是与自由党合作。
322 这在斯堪的纳维亚半岛是一个相当普遍的趋势。在法兰西第三共和国期间，激进社会党（左派-中间派）的立场不断变化，交替选择中央团结（产生了“权力集中”）和左翼团结（产生了左翼卡特尔、人民阵线等）。这些“政治芭蕾”的不同模式将在后续探讨政党联盟时再次出现。

政党分裂产生多个政党，但是不同类型的意识形态二元对立、互
323 不重合，它们的相互叠加对产生多党制的影响似乎更为明显。例如，

在法国，教权与世俗的划分和西方与东方、自由主义与计划主义的划分并不重合（图 24）。把这些二元因素叠加在一起，我们得到了一个法国政治示意图：共产主义派是东方的、世俗的，体现计划主义思想；进步基督教派是东方的、宗教性的，体现计划主义思想；社会主义派是西方的、世俗的，体现计划主义思想；人民共和运动是西方的、宗教性的，体现计划主义思想；激进派是西方的、世俗的，体现自由主义思想；而右翼是西方的、宗教性的，体现自由主义思想。当然，这种分类相当武断，过于简化，尽管如此，它仍然很好地反映了政见分歧，以及政党之间的具体分歧。法国的多党制就是这些不同的二元对立政见叠加的结果。

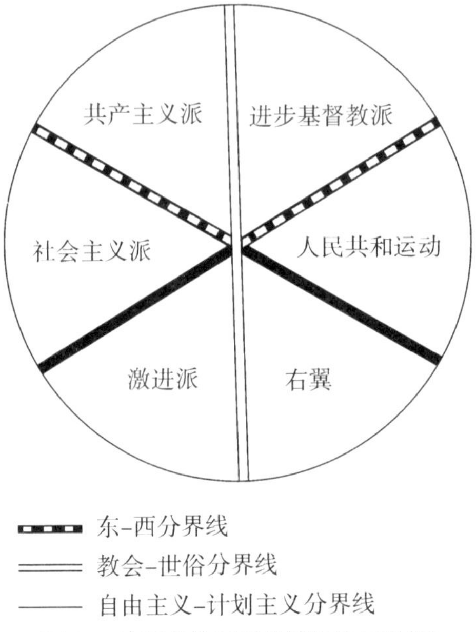

图 24 法国多党制下的党派叠加现象[5]

在这里，我们看到了两党制天然存在的局限性。所有的命题在本质上都是二元对立的，因为它们涉及两种截然相反的观点之间的竞争（但要始终牢记，任何一种观点都可以得到温和或狂热者的捍卫）；然而，如果存在各种不同的对立命题，而且这些对立命题在很大程度上是相互独立的，那么人们就可以在一个领域采取一种观点，而在其他领域相对自由地选择另一种观点。多党制的产生，源于各组对立命题之间的相互独立。它必然预先假定政治活动的不同部门是相对孤立和相互封闭的："全权主义"概念的显著特征恰恰在于它确立了所有问题严格的相互依存性，结果是对一个问题的态度必然涉及对所有其他问题的相应态度。然而，全权主义意识形态可以共存并产生多党制，
324 前提是他们在一个至高问题上没有达成一致，而这个问题决定了他们每个人对于所有其他问题的态度。如果所有法国人都一致认为东方与西方的对立高于一切，那么就会只有两个政党：共产主义政党和反共产主义政党。如果他们都认为自由与计划的对立是根本性的，那么就只有两个政党：保守主义政党和社会主义政党。另一方面，如果他们认为教权与反教权的问题是根本性的，就像法国某些地方仍然认为的那样，那么就会只有两个政党：天主教徒政党和自由思想者政党（本世纪之初就有这种趋势）。恰恰相反，一些人强调自由与计划的问题，另一些人强调教权与反教权的问题，还有一些人强调东方与西方的问题，这才维持了多党制的存在。

对立的形式多种多样，可以相互叠加。首先可以从政府形式或结构看到政治上一种对立，如保皇党和共和党。这种政治的二元构成有时有细微差别，我们可以看到波拿巴派和保皇派、奥尔良派和正统派等。其次是社会阶层的对立。亚里士多德在《雅典政制》中提到三个派别的存在，分别代表港口渔民与海员、平原农民和城市工匠。马克思主义肯定了社会阶级对立的基本性和优先性。还有经济上的对立，主要是计划主义和自由主义之间的对立，但它可以表现为更深层的社会阶层对立，如自由主义代表商人、工业家、有产者，计划主义代表工薪阶层、工人、雇员和公务员。再者是宗教对立。在以天主教为主要宗教的国家，如法国、比利时、西班牙、意大利等，宗教对立主要表现为神职人员和世俗人员之间的斗争。在这些国家，教会往往保持

政治影响力。在宗教分裂的国家，主要是新教徒和天主教徒之间的斗争，例如荷兰。荷兰最初是保守派—新教派和保守派—天主教派之间 325
的斗争，后来历史基督教党在 19 世纪末成立，与两个党的联盟对抗。除此之外，在由不同种族和政治社群构成的州之间，还存在着不同种族和民族的对立，如捷克和斯洛伐克团体在马萨里克和贝奈斯中的对立，塞尔维亚团体和克罗地亚团体在前南斯拉夫王国中的对立，哈布斯堡王朝中德国团体、匈牙利团体和斯拉夫团体的竞争，西班牙加泰罗尼亚和巴斯克之间的对立，爱尔兰独立前英国的爱尔兰运动，捷克斯洛伐克的苏台德地区，德意志帝国和法兰西共和国的阿尔萨斯独立运动，当代比利时佛兰芒人和瓦隆人的分裂，等等。最后是历史的对立。新出现的对立与旧的对立叠加，但没有取代旧的对立，这造成不同年代出现的对立意识形态可能在同一时期内的民族思想中并存。例如在法国，1875 年，保皇党和共和党之间的对立是根本性的，但对现在而言没有任何意义。然而，尽管其他的大事件远远盖过 1905 年的政教分离，政教分离的影响对法国人的影响依旧很大。社会党和自由党的对立到 1940 年才变得重要起来，但这需要有经济危机的加持。1947 年之后，出现了共产党和非共产党的对立，但是情况不是那么明朗，一方面，许多工人、农民和小资产阶级虽不希望在法国出现苏联形式的政权，但仍投票给共产党来表达他们的不满，另一方面，中立者则处于观望状态。

多党制的类型 326

对于多党制，可以根据竞争政权的政党数量区分出几种类型：三党制、四党制、多党制。多党制的分类要比多党制形成的类型更难以归纳出一个统一的模型，因此我们只能通过一些具体例子来看这几种类型。三党制的例子主要有两个，1900 年世界范围内的三党制现象和目前澳大利亚的三党制。众所周知，19 世纪末 20 世纪初，英国、比利时、瑞典、澳大利亚、新西兰等国的社会党有了发展，两党制转变为三党制。我们可以这个例子为基础建立一个体系，并试图搞明白两党制国家中政党左翼化是否会导致民意从二元化向三元化方向发展。当一个改革派或革命派完成了它所倡导的改革或革命，就会变成保守派，而当它从左翼变成右翼时，就会留下一个空白，这个空白会被一个新的左翼政党所填补，而这个新政党也将遵循同样的道路发展。因此，在二三十年后，一个时代的左派变成了下一个时代的右派。从理论上讲，旧的左翼政党向右翼转变会导致旧的保守党消亡，两党制现象不会改变。但实际上，旧政党不会在短时间内消亡，其影响力在变弱之后还能持续很长时间，因此，在原有两党制的基础上，新出现的左翼党和之前的旧政党就会一同构成三党制。这就会出现从保守党一自由党一激进党的三党制到保守党一自由激进党一社会党的
327 三党制，然后再到自由党一社会党一共产党的三党制。在其他一些国家也可以看到类似趋势，但是特殊的情况太多，由于新出现的政党没有取代旧的政党，可能导致不止三个政党并存，因此，从 1900 年三党制诞生的机制中不太可能找到真正的规律。

澳大利亚的三党制有一定的社会基础。澳大利亚最开始的两党制是由分别代表资产阶级和无产阶级的保守党和工党构成的，后来由于一个单独代表农民阶级的乡村党出现，变成了三党制。像工人阶级利用工党表达自己政治观点一样，农民用乡村党来表达自己的政治观点，它和工党相似的结构也说明了这一点。有意思的是，许多民主国家也像澳大利亚一样，建立了由工党、农民党、资产阶级自由党组成的三党制，不同的党代表了不同的社会阶层。但总体来说，绝大多数工党的影响力大于农民党，所以三党制的例子不是很多。每个农民党的主要困难都来自党内右派和左派之间的长期冲突。我们可以说不存在真正的农民阶级，只有无产的农民和有产的农民之间的对立而已，无产的农民倾向于加入社会党或共产党，而其他农民则普遍是右翼保

守主义，这就是农民党产生的困难之处。

农民党相对罕见，但无论如何，它们从来没有表现出社会党的一般特征。然而，在一些国家，它们的发展导致了四党制的出现，这是 328
一种不寻常的现象。四党制的出现是1900年前后欧洲普遍存在的“保守党－自由党－社会党”三党制与农民党相结合的结果。斯堪的纳维亚半岛国家的现状大致如此，瑞士和加拿大可与之相提并论。为什么农民在这些国家成功地建立和维持了一个自己的政党，而在其他地方却没有成功？在斯堪的纳维亚半岛国家，这种现象可以归结于历史传统。在19世纪，这些国家的政党主要是保守党和自由党。保守党代表城市人民，自由党代表乡村人民。由于社会结构很简单，这些国家工业发展非常薄弱，乡村比城市更左。因此，刚开始是一个相当强大的农民党反对城市的有产者和资产阶级。但是，随着城市自由党和后来的社会党的发展，农民党逐渐被排斥并走向了保守党，最终和保守党联合。农民党试图通过消灭保守党，或者通过和它联合来变成纯粹的保守党。但是一些农民党的政策传统还是被保留下来，并对农民党的重新出现发挥了作用，而且这些国家采用了比例代表制，有利于多党制的发展。最终，在丹麦，保守党的衰落得到了遏制，左翼（非常温和的派别）得以保持其农民党性质。瑞典（1911年）和挪威（1918年）则成立了一个比19世纪的农民党要温和得多的新的农民党。在加拿大，社会信用党更为进步，而在美国，农民在地方建立了 329
相当强大的政党。1919年至1939年间，中欧的一些农民党也有类似的特点。这些农民党像英国工党一样，建立在合作社和工会的基础之上，特别是保加利亚的农民党，其结构与英国工党如出一辙。在这些国家，尽管存在选举操纵和事实上的专制统治，四党制仍不时出现。

超过四个政党，就不再可能分出类别。不过，必须单独纳入考量的，是多党制，或政党极端多元化的趋势，这可以用多种多样的一般性原因来解释。有多种类型的多党制，有民族主义或种族主义的多党制，这是分裂成几个历史团体或激进团体的国家所特有的。在这些国家中，种族对立与社会阶层及政治对立交织在一起，形成了一个极其复杂的局面。1914 年第一次世界大战爆发前夕，维也纳议会有保守党、自由党、激进党和社会党，还有代表奥地利人、波兰人、捷克人、塞尔维亚人、克罗地亚人等的议员，政治局面变得极其复杂。面对维也纳议会的局面，奥匈帝国外交部部长安德拉西（Andrassy）无奈地说道："议会居然有 25 个政党！"同样，1938 年捷克斯洛伐克有 14 个政党，其中 1 个匈牙利人政党，1 个斯洛伐克人政党，4 个德国人政党；在那些似乎活跃于整个共和国的政党中，有些实际上特别关注波希米亚或斯洛伐克。在 1871 年至 1914 年的德意志帝国国会，波兰人、丹麦人和阿尔萨斯人的政党占据了席位。爱尔兰人政党在 19 世纪末 20 世纪初的英国发挥了重要作用。

另一方面，许多国家的右翼中存在很多不同的政党。例如，在法国，自 20 世纪初以来，左派一直结成两个或三个大的联盟，而右翼
330 则由一些分散的政党构成。在荷兰，宗教分裂导致右翼和中间党派分立，左派由社会党构成。右翼存在多种政党的原因可由新兴政党左翼性来解释：目前，许多右翼中的政党不过是旧的左翼政党，在新兴左翼政党的层层压力下，这些旧政党被推向右翼，且并没有完全吸收旧的右翼政党。右翼存在多党的原因与保守党内部分裂和分裂后变成敌对派系的现象也有关。毫无疑问，这种现象与之前提到的资产阶级的高度个人主义性质有关，资产阶级中个人的差异性很大，而马克思主义政党和阶级对应的理论，更适用于工人阶级。一个阶级的每一次进步都会带来多样性，这也反映在政治上和政党分裂上。

最后，公民根深蒂固的个人主义，某种无政府主义倾向，对于西欧国家来说也是造成多党制的原因。意大利社会党分裂成对立的党派，可能会成为一个多党制。西班牙共和国更明显，西班牙制宪议会有 17 个政党，1933 年的众议院有 20 个政党，1936 年的众议院有 22

个政党，政党数量达到了极限。但这不能一概而论，德意志帝国和魏玛共和国的政党数量也很多，但是并未形成多党制。在荷兰，人们对多党制也很敏感。在意大利，尽管存在多个政党，但今天的竞争主要 331
围绕着两个主要政党联盟展开。从人民心理和民族气质的角度来看，似乎不能得出什么明确的结论。

多党制和两轮投票制度

在多党制形成的所有特殊因素背后，仍然存在一个一般的因素，那就是选举制度。简单多数一轮投票制促成两党制，相反，**有两轮投票的简单多数制或比例代表制有利于催生多党制**。两轮投票制或比例代表制的影响并不完全相同，前者的影响更加难以确定。一方面，两轮投票制是一种古老的技术，现在几乎不再使用。法国在 1945 年之前一直采用两轮投票制（1936 年的大选最后一次使用），而其他大多数国家早在 20 世纪初就放弃了两轮投票制，比利时在 1899 年，荷兰在 1917 年，瑞士、德国和意大利在 1919 年，挪威在 1921 年。所以说能够研究的两轮投票制的例子并不多，而且很多还都是限制选举下的两轮投票。瑞士在 1874 年放弃限制选举，比利时在 1894 年放弃，挪威在 1898 年放弃，意大利在 1913 年放弃，荷兰在 1917 年放弃。更何况，在采用限制选举的时期内，没有准确的选举统计数据。瑞士、瑞典、意大利在采用比例代表制之前，没有可靠的统计数据。1906 年以前的挪威、1898 年以前的荷兰也是如此。另一方面，简单多数两轮投票制的模式差别很大。瑞士、比利时、荷兰（到 1888 年）和挪威（到 1906 年）是名单投票，而德国、意大利（1882 年至 1891 年除外）、法国（大部分时间）、挪威（1906 年起）和荷兰（1888 年起）是单议席单票制。在德国、比利时、荷兰和意大利，选民对最受欢迎的两名候选人进行第二轮投票，而法国、挪威和瑞士（自 1883 年起） 332
第二轮则是自由投票，而在 1883 年前的瑞士在第二轮投票达到绝对多数后，还有第三轮投票。因此，两轮投票的影响没有一般性可言。

但无论如何，两轮投票制产生多党制没有任何疑问。它的机制相当简单，政党的多样性并不影响它们的总体代表性，因为它们总是可以重组进入决选。两轮投票不会引起两极分化或代表性不足的问题，第二轮投票中也不会出现这些问题，因为任何一个政党在第二轮投票中都享有与第一轮同等的机会。事实上，对一些例子的观察证实了两轮投票制国家都是多党制国家的推理。在德意志帝国，1914 年有 12 个政党，这和其他时期大致相同。帝国在 1871 年至 1887 年间有 11 个政党，在 1890 年至 1893 年间有 12 个至 13 个政党，1898 年至 1907 年间有 13 个至 14 个政党。对于这 12 个政党，除去分别来自阿尔萨斯、波兰和丹麦的 3 个不是选举产生的民族性政党，还有 9 个政党，其中天主教中央党和社会民主党各占约 100 个席位，是两个主要政党，而保守党、民族自由党和进步党各占 45 个左右的席位，属于中等规模的党派，此外还有两个占 10 个至 20 个席位的小党。德意志帝国是一个真正的多党制国家。在法兰西第三共和国，政党的数量一直很多，1936 年众议院中有 12 个议会党团。当然，一些非常小的党团并不属于任何真正的政党组织，但也很少出现少于 6 个政党的情况。1918 年的荷兰有 7 个政党，而这样的情况已有 20 多年了。瑞士联邦议会中有 4 个主要政党，而意大利则存在一群不稳定、短暂的、无法凝聚成真正政党的小团体。

两轮投票制产生多党制的趋势是明显的，多党制有两种截然不同
333 的形式。在瑞士和荷兰的多党制中，政党是有组织的，数量也是有限的。意大利的多党制，政党混乱无序。德国和法国处于这两种形式之间。对于这些不同类型的多党制，我们虽希望可以通过选举方式的差异来解释，但是结果令人失望。名单投票在瑞士和比利时导致政党数量有限且有组织，而在 1881 年至 1892 年的意大利却无法缓解其混乱状态。当然，意大利的情况可能与名单投票实施时间太短，无法取得

任何成果有关。荷兰实施单议席单票制，但它的政党的组织和数量都比瑞士要有序得多。第二轮决选是自由选举还是限制选举，对多党制的形式也没有任何影响。第二轮投票在意大利和德国是限制性的，而在法国是开放性的，这些国家都存在很多政党。挪威第二轮投票没有限制，可它是三党制。限制选举可能对多党制的形式有一定影响。在荷兰，1896年的范·豪滕法将选民人数翻了一番，也将政党数从 4 个增加到 7 个。意大利也是限制选举，但混乱状态达到了顶峰。但我们不应拿意大利进行比较，因为在 1914 年之前，意大利与其说是多党，不如说是还没有出现党派，这是两个不同的概念。归根结底，在两轮投票制下，政党数量和政党稳定性的差异似乎是国家的特殊原因造成，而不是选举制度的技术原因造成的。但国家的差异并未阻碍多党制的出现。

要想了解两轮投票制对多党制的影响，应比较同一国家在两轮选举制度和另一种选举制度下的政党状况，如比例代表制或简单多数一轮投票制度下的政党状况。这种对比非常有趣，我们可以清楚地看到 334
两轮投票制产生多党制，简单多数一轮投票制产生两党制。但不幸的是，从来没有一个国家先后采用过两轮投票制和简单多数一轮投票制。这里唯一可以援引的是一些美国初选的例子。在得克萨斯州，第二轮投票导致了民主党候选人和内部派系的增加（图 21）。在 1908 年至 1916 年的 5 次简单多数一轮投票初选中，有 4 次提名 2 名候选人，1 次提名 3 名候选人。在 1918 年至 1948 年的 15 次两轮初选中，除去未获得 5%选票的候选人的奇特情况，有 4 次提名 2 名候选人，4 次提名 3 名候选人，1 次提名 6 名候选人，1 次提名 7 名候选人。同样的现象也发生在佛罗里达州，但在佐治亚州和阿拉巴马州，在实施二轮初选制度之前和之后，派系的数量几乎没有差别。这种现象产生的原因可能是在我们研究期间，存在一个非常有影响力的派系，它有可能在第一轮初选中就获得了多数选票，促使其对手在第二轮合并。[6]

与简单多数一轮投票制可以对比的例子不是很多，但是可与比例代表制对比的例子有很多。事实上，几乎所有地方的两轮投票制最后都会被比例代表制取代。两轮投票制和比例代表制都产生多党制，因此将两者相比能看看各自对多党制影响的程度。在1920年至1932年魏玛德国时期，国会中政党的平均数略多于12个，与德意志帝国时
335 期政党的数量相近。但是3个民族主义政党在1919年后已然消失：因此有33%的增长需要注意。在瑞士，比例代表制导致了农民政党和资产阶级政党的出现。在挪威，比例代表制实施后，农民党的重要性急剧增加。在荷兰，无论是采用比例代表制还是两轮投票制，政党的数量都是一样的，都是7个。但比例代表制催生了共产党，并导致了自由保守党和自由联盟在1922年合并。从这一点看，荷兰采用比例代表制导致旧的党派减少。在法国，比例代表制似乎在1945年使政党的数量减少，但1946年的国民议会中还是有15个党派团体，而1936年的众议院只有12个党派团体。1946年国民议会党派数量增加的原因是海外党派也被计算了进去，而在1936年海外党派并不存在。事实上，比例代表制度被采用的时间太短，以至于还不足以观察到其影响。如果说比例代表制减少了政党的数量，我们看到1919年德意志帝国国会中确实只有5个政党，但从1920年开始，数量增加了。1920年帝国议会有10个政党，1924年有12个，1928年有14个。总之，两轮投票制和比例代表制对政党数量的影响似乎没有什么不同，但好像对政党内部结构产生了一定的影响。两轮投票制产生组织比较松散的政党，而比例代表制产生组织紧密的政党。1936年至1945年的法国和1913年至1920年的意大利就是这样的。两轮投票制产生多党制，导致选票出现很大程度的分散，但其影响程度不如比例代表制，因为采用比例代表制会加大政党内部的分裂，导致政党数量小幅增加。

两轮投票制产生多党制定律唯一真正的例外是比利时。众所周知，直到1894年，比利时一直是两党制。社会党在这个时间点的出现立即启动了对自由党的淘汰进程，但这一进程受到了比例代表制的

制约，比利时采用的仍然是名单投票和第二轮限制决选的两轮投票制。比利时第二轮限制决选与法国开放式决选不同，只有最受欢迎的 336
候选人才能进入决选，最终每个待选席位都有两位候选人竞争。但第二轮决选受到限制与进入决选的候选人人数没有任何关联，在德国、荷兰和意大利，第二轮投票也受到限制，但并没有产生两党制。同样在瑞士，名单选举制产生了 5 个政党进入第二轮投票，也没有产生两党制。比利时的现象实际上是法律和事实之间差异的结果，虽然比利时选举法规定了第二轮投票，但在实践中几乎没有发挥作用，自始至终只有两个政党面对面竞争。比利时的例子很好地强调了政治相互依赖的现象，如果选举制度影响政党结构，那么政党也会对选举制度作出反应，因此比利时的两党制反对第二轮投票。这里就要搞清楚为什么比利时第二轮投票没有导致主要传统政党的分裂。两个因素似乎发挥了重要作用，一方面是政党的内部结构，另一方面是比利时的政治斗争。所有研究者都对比利时 19 世纪后半叶政党的独创性印象深刻，都为它们的凝聚力和纪律，以及它们在全国范围内建立的复杂、等级森严的委员会网络而惊叹。当时没有一个欧洲国家能拥有如此完善的政党制度，甚至连英国和德国都没有。这种强大的内部力量使比利时两大政党能够成功地锁定选民，抵制第二轮投票可能产生的分裂影响，从而阻碍了新政党的出现。因此，强大的政党结构使比利时各政党能够抵御第二轮投票的瓦解作用，避免了分裂的发生。选民的高度组织化阻碍了新政党的出现，使其很难建立起相抗衡的机制，尤其是名单投票制阻碍了独立人士的介入。两个政党往往能够无视两轮投票的法律。其实这也体现了比利时当时政治斗争的结果。天主教党和自 337
由党的对立完全是基于宗教问题和教会学校问题，而限制选举阻碍了社会党的发展。教会创造了天主教党，天主教党受教会影响而保持团结，免遭分裂。天主教党的统一因宗教和教会学校问题以及神职人员的集中干预而得到巩固，这让天主教党拥有了绝对多数。在 1870 年至1878年和1884年至1914年期间，天主教党在众议院拥有了多数席位。因此，面对强大的天主教党，自由党如果分裂是非常危险的。1870年，在执政13年后，自由党犯了这个错误，分成老自由党（教条主义者）、年轻自由党（进步主义者）和激进党，由此失去了执政权。此后它们作出了艰苦的努力进行重组和统一，1875年，自由党联盟成立，并于1878年重新执政。但是，由于在选举问题上再次出现分歧，它在1884年再次失去政权，并在普选到来之前再也没有执政过。事实上，比利时自由党是一个各种党派的联盟，因天主教党的压力而团结起来进行选举，一旦执政，它们便在政府中各立山头。天主教强大的势力迫使自由党的不同派别从未真正分裂过，这一机制也阻止了美国佐治亚州和阿拉巴马州民主党派系增长。在美国，尽管有两轮初选，但由于尤金·塔尔梅奇（Eugène Talmadge）和比布·格雷夫斯（Bibb Graves）团队的主导地位，派系数量并未增长。通过19世纪比利时的政治发展，人们可以清楚地看到，天主教的威胁使得自由党凝聚行动，导致两轮投票制并未产生多党制。

338 多党制和比例代表制

比例代表制是否产生多党制一直备受争议。这一原则现在被普遍接受，但一些人，比如廷斯顿（Tingsten）[7]，仍对此原则提出严厉批评。事实上，比对1939年以前的法国政党（两轮多数制）和1945年以后的法国政党（比例代表制），就会发现它们的数量没有增加，相反，1945年至1946年期间甚至有所下降。但是，从那时起，右翼再次分裂，激进党重新崛起，法国人民运动诞生，党派数量基本上恢复到了以前的局面。也许更引人注目的是比利时的例子，比利时采用比例代表制有50年了，这导致三党制的产生。共产党的出现可能改变了三党制局面，但由于共产党不够强大，三党制的现状实际上没有什么改变。

比例代表制是否产生多党制的争议是多党制的概念和党派数量增

加的概念相混淆的结果，后者意为在改为比例代表制时现有党派数量
的增加。廷斯顿有一点是对的，那就是比例代表制不一定会导致党派
数量增加。但是比例代表制与多党制相关是确定的，在世界上任何一
个国家，比例代表制都没有产生或维持两党制。目前德国和意大利围
绕两个政党出现了两极分化。在意大利，基督教民主党和社会共产党
在众议院 574 个席位中占据 488 个席位，在德国，社会民主党和基督
教民主联盟在联邦议院 371 个席位中有 270 个席位，尽管如此，它们
都是多党制，德国有 6 个政党，意大利有 8 个政党。德意志帝国在最 339
后几年表现出两党制特点。魏玛共和国的最初几年也是同样的局面，
波恩共和国也是，但是比例代表制的出现阻止了两党制在德国的发
展，防止了以基督教民主党和社会党为首的两极分化。无论如何，德
国和意大利像其他所有采用比例代表制的国家一样是多党制国家，爱
尔兰、瑞典和挪威有 4 至 5 个政党，荷兰、丹麦、瑞士、法国、西德
和意大利有 6 至 10 个政党。哪怕忽略只拥有一两个席位的小党，魏
玛共和国时期的德国、《慕尼黑协定》前的捷克斯洛伐克和西班牙共
和国的政党也都超过 10 个。比利时有 4 个政党，但随着共产党的削
弱又回到 3 个政党，但它仍然是多党制。

比利时的例子值得仔细研究，因为它使人们能够清楚地了解比例
代表制为什么不会产生两党制，即便它在采用比例代表制之初是两党
制。对此我们必须将比利时和英国比较，这两个国家都曾是两党制，
社会党的出现在 20 世纪初摧毁了两国的两党制。50 年之后，英国采
用简单多数一轮投票制，又回到了两党制，而比利时自 1900 年采用
比例代表制起一直是三党制。1890 年至 1914 年的比利时选举值得研
究（图 25）。1890 年，因为限制选举，社会党暂未在议会中获得席
位，比利时这时是两党制。1894 年开始采用普选制，社会党获得 28
个席位，而自由党从 60 个席位下降到 21 个席位（尽管其选民人数是
社会党的两倍：代表性不足对其不利）。1898 年，自由党只获得 13 340

个席位。自由党席位减少的原因是两极分化加上代表性不足，使许多前自由党选民改投天主教党。自由党消亡的进程已经非常明显，可以合理地认为只需两三次选举就会消亡。但天主教党不希望自由党消失，不希望自己与社会党面对面竞争，在1900年采用比例代表制后，自由党的席位增加到33个。在1902年至1904年的选举中，自由党
341 的席位增加到42个，最终稳定在44至45个之间。自由党复兴的局面是比例代表制去极化结果：1894年离开自由党加入天主教党的选民在了解到比例代表制的机制后，又回到了自由党。比例代表制挽救了比利时自由党，丹麦右翼也是如此。在最初的几次简单多数一轮投票选举中，丹麦右翼为增加候选人人数作出了巨大努力，但获得的席位从1910年的13个变成了1913年的7个，丹麦右翼几乎被消灭。1918年，丹麦用了混合选举制，右翼席位上升至16个。1920年采用比例代表制后，右翼获得28个席位，并且席位数量在1947年之前一直保持稳定。

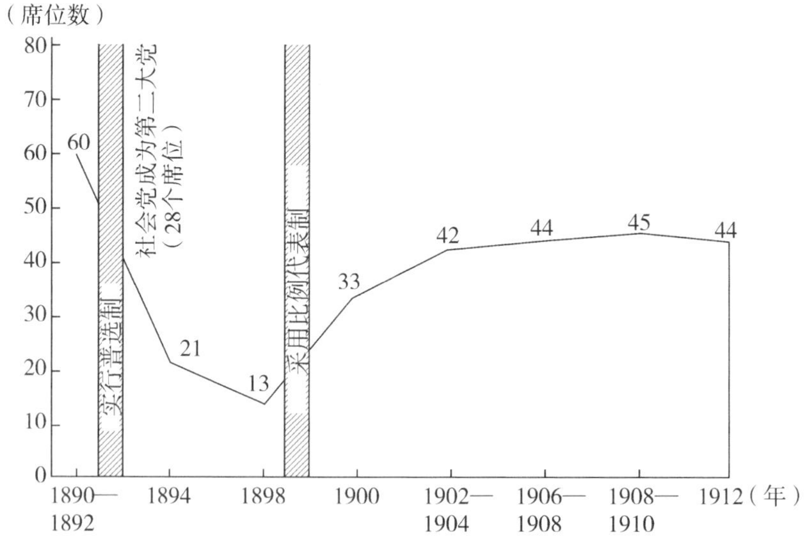

图25 比例代表制“挽救”比利时自由党（在众议院的席位数量）

比利时自由党的复兴分两个阶段进行。在第一次比例代表制选举

中，席位的增加主要是机制因素的作用，比例代表制导致政党候选人
人数增加，并减弱了代表性不足的问题。从第二次比例代表制选举开
始，席位的增加多了心理因素，即去极化。去极化现象与采用简单多
数一轮投票制导致两极化从而产生两党制的现象正好相反。采用简单
多数一轮投票制时，排名第三或第四的政党与前两名政党相比代表性
明显不足，也就是说它们获得席位的比例低于得票的比例，从而与前
两名政党有着巨大差距。从定义上讲，比例代表制消除了所有政党之
间的这种差距，以前处于最不利地位的政党是改革的最大受益者。另
一方面，因简单多数一轮投票制而被淘汰的政党被迫在某些选区退居
二线，在没有获胜希望的选区取消候选人提名，但比例代表制将使政
党在这些地方恢复其代表性，让它重获选票。事实上，机制因素在第
一次比例代表制中就发生了作用，心理因素却在第二次选举没有完全
发挥作用，因为此时因比例代表制而复兴的政党奄奄一息，并不能马
上提名候选人。心理因素在后面的竞选中会慢慢发挥作用，政党又恢 342
复到其之前的地位，重新找回了多数选举制下因既不想失去投票权，
也不想让最不喜欢的政党当选而投票给其他政党的选民。因此对于比
例代表制而言，极化现象不像在简单多数一轮投票制那样具有重要意
义，因为至少在理论上，比例代表制中没有人失去选票，所以采用比
例代表制的结果是去极化现象的产生。

比例代表制的第一个作用是阻止两党制的产生，在这方面，它可以被视为一个强大的制动器。比例代表制的存在不会促成相近政党的合并，因为政党各自为政不会对自己造成损失，不会让自己消失。比例代表制也不会阻止政党内部的分裂，因为政党的代表性无论从机制因素讲，还是从心理因素讲（仅有可能在选民中造成一定的混乱）都不会因比例代表制而减少。唯一能够威胁多党制存在的因素可能是比例代表制需要有组织有纪律的真正政党参加竞选。因此，比例代表制与两轮投票制不同，两轮投票制可以产生个人主义和无政府主义团

体，但比例代表制则体现了政党的组织性，可以将微小、不稳定的团体凝聚成政党。例如在 1919 年的意大利，比例代表制减少了政党的数量，右翼和中间党数量的减少最为明显，因为这些政党都是无政府主义的。同时，比例代表制也加强了社会党的力量，并产生了以多姆·斯图尔佐（Dom Sturzo）为首的基督教民主党。在 1945 年的法国，1920 年和 1945 年的意大利，比例代表制帮助天主教政党团结了中产阶级和资产阶级。比例代表制还帮助意大利和德国的法西斯政党团结了中产阶级和资产阶级。从这种程度上讲，比例代表制有时会削弱多党制，但不会压制它，更也不会产生两党制。

比例代表制导致现有政党数量增加的问题则完全不同。比例代表
343 制会限定自身在界定的范围内维持既有的多党制，还是会带来政党数量的增加？答案并不简单：比例代表制增加党派数量的事实是毫无疑问的，但也不应夸大其作用，因为这种现象是人为干预的结果。德国是个很好的例子。在德国的许多联邦州，选举都是简单多数一轮投票制和比例代表制相结合的形式。在威斯特伐利亚-北莱茵兰、石勒苏益格-荷尔斯泰因和汉堡、黑森、巴伐利亚等州的部分地区，部分议员通过简单多数一轮投票制产生，其他的则通过比例代表制选举产生。这一制度是以联邦议院选举制为基础制定的。1949 年，联邦议院 242 名代表以简单多数一轮投票制的方式选出，160 名代表以名单比例代表制的方式选出。只要选举统计数据能够区分简单多数一轮投票制的票数和比例代表制的票数，就可以衡量比例代表制如何增加政党的数量。然而，整个选举是在比例代表制的框架内进行的，这影响了选民的心理。选民知道，因为名额分配问题，他们投给第三或第四位候选人的选票不会像简单多数一轮投票制那样无效，这使得第三或第四位的候选人有机会赶超前两位候选人。因此，简单多数一轮投票制聚集选票的极化机制没有发挥作用，也不会发挥作用，反而是比例代表增加政党数量的效应被加强了。1949 年，在德国联邦议会中有 5 个政

党，在实施比例代表制之后，又增加了 4 个政党，即共产党、德国中央党、极右翼政党和洛伦兹党。1950 年石勒苏益格议会选举中，基督教民主党、自由民主党和德国保守党组成的阵营通过简单多数一轮投票制获得 31 个席位，而社会民主党获得 8 个席位、被驱逐者和被剥夺者阵营获得 5 个席位、南部石勒苏益格党（或亲丹麦党）获得 2 个席位。在比例代表制的作用下，基督教民主党、自由民主党和德国保守党组成的阵营还是获得 31 个席位，没有任何变化。相反，社会民主党获得 19 个席位，被驱逐者和被剥夺者阵营获得 15 个席位，南部石
勒苏益格党获得 4 个席位。虽然政党数量没有增加，但党派小团体数 344
量增加了。黑森州的选举结果也相似，在简单多数一轮投票制下，社会民主党获得 36 个席位、自由党 8 个、基督教民主党 4 个，而在比例代表制下，这些政党的席位分别达到 47 个、21 个和 12 个。在巴伐利亚州，比例代表制带来的乘数效应更为明显。简单多数一轮投票制下，议会有 4 个政党，其中巴伐利亚基督教党获得 46 个席位，社会民主党 38 个席位，巴伐利亚党 16 个席位，自由党 1 个席位。但是，采用了比例代表制之后，巴伐利亚基督教党获得 64 个席位，社会党 63 个席位，巴伐利亚党 39 个席位，自由党 12 个席位，被驱逐者和被剥夺者集团获得 26 个席位，议会中的政党变成了 5 个。这一结果可以与 1949 年 10 月 10 日汉堡议会的选举相比较。在简单多数一轮投票制下，汉堡议会有 2 个政党，社会民主党有 50 个当选议员，自由基督教民主联盟有 22 个当选议员。在比例代表制下，议会有 5 个政党，除了之前的两个政党外，德国保守党有 9 名议员当选，共产党有 5 名，激进党有 1 名。

比例代表制产生的乘数效应不可否认，但总的来说还是有限的。比例代表制出现在两轮投票之后和出现在简单多数一轮投票制之后产生的乘数效应是不同的。比例代表制出现在两轮多数制之后政党增加
的数量，没有比出现在简单多数一轮投票制之后增加的数量多。如前 345
所述，当两轮投票制被比例代表制取代时，政党数量的增加并不明

显。荷兰和法国政党没有显著增长，瑞士和挪威政党略有增加，德国政党增加相对更为明显。如果从简单多数一轮投票制改为比例代表制，乘数效应似乎更为明显，在采用比例代表制多年以后，政党数量有微小增长可能是由不同因素构成的。例如，1920 年共产党的崛起并非选举制度的结果。但是选举制度可以帮助共产党发展。这样的例子只有瑞典和丹麦有，所以也无法准确地断定。瑞典从 1908 年的 3 个政党发展到今天的 5 个政党。在丹麦，这一数字从 1918 年的 4 个增加到如今的 7 个，政党的数量增长似乎相当有限。当然，第二次世界大战限制了大多数国家政党的数量，所以政党数量的对比不能说是准确的。另一方面，政党增长数量不多的一个原因是没有专门计算小规模、短暂的和不断变化的政党。正如我们将看到的那样，在比例代表制下，这些政党正繁衍生息。

如果要明确比例代表制的倍增机制，就必须区分旧党的分裂和新党的出现带来的政党数量增加。政党分裂不是比例代表制特有的现象，在简单多数一轮投票制下，政党分裂并不少见。英国自由党在 19 世纪社会党出现前后经历了很多次分裂，但这些分裂是暂时的和有限的，分裂的派系要么在一段时间后合并，要么其中一个加入竞争
346 对手。例如，民族自由主义党最后成了保守党的一部分。相反，比例代表制阻止了不同派系被竞争对手压垮，分裂往往会持续下去。因此，比例代表制的采用往往与政党内部分裂同时发生，无论是公开分裂（一个旧政党分裂成两个新的），还是伪装分裂（一个自称为的新政党其实是由旧政党的一部分领导人和干部组成的）。1919 年，在瑞士，比例代表制产生农民和资产阶级政党，它们是激进党分裂的产物。在瑞典，保守党分裂导致农民党在 1911 年至 1920 年间出现。1924 年瑞典自由党分裂为两个政党，并在 1936 年再度合并，当然，与其说是分裂的政党合并，不如说是其中一个政党消失了。在挪威，比例代表制造成了社会党的分裂，分为右翼社会党和左翼社会党，但

它们最终在 1927 年再次合并。比例代表制同时也造成左翼自由党的两次分裂，一次产生了激进民主党，在选举中仅获得 2 个席位，一次产生了农民党。农民党一开始非常薄弱，只有 36493 张选票，在议会获得的席位也只有 3 个，而现在，它的选票有 118657 张，席位有 17 个。

然而，比例代表制造成政党分裂的效果很有限。总体而言，比例代表制几乎完好无损地维持了政党在其出现时的既有结构。它从未产生某些人声称的瓦解效果：在大多数情况下，是一个大党分裂成另外两个大党，然后两个党在接下来的选举中保持各自的地位。倍增趋势与其说是通过旧党的分裂表现出来，不如说是通过新党的成立表现出来的：很明显，这些新党基本上都是小党。由于没有认识到这一点，一些人否认比例代表制具有倍增效应，尽管表面上看起来这是事实。很多国家惧怕小党数量增加，大多数采用比例代表制的国家都采取了预防措施，以避免比例代表制产生众多的小党。例如，许多国家采用了汉狄（Hondt）法，或称最高均数法，以抵消比例代表制的后果，使小党处于不利地位。荷兰的制度也一样，没有获得选举商数的参选 347
人，没有资格分配名单上的剩余席位。从根本上讲，完全采用比例代表制的国家不存在，不是因为技术上应用的困难，而是因为它带来的政治后果，特别是它能够产生大量小规模、不稳定的小党。

尽管对比例代表制进行了限制，小党还是会突破限制，不断增加。让我们举几个典型的例子。挪威在 1921 年第一次实施比例代表制后，出现了两个小的新政党，激进民主党获得 2 个席位，右翼社会党获得 8 个席位。1924 年，又出现了第三个小党，共产党获得 6 个席位。1927 年，自由党出现，获得 1 个席位。1933 年，第五个和第六个小党出现，社会党获得 1 个席位，基督教民主党也获得 1 个席位。其他斯堪的纳维亚半岛国家也有类似的发展。这种现象在荷兰更为明显。在 1918 年第一次实施比例代表制后，有 10 个新政党各获得了 1 个席位，它们是经济联盟、独立社会党、共产党、中立党、社会基督教党、基督教民主党、基督教社会党、国防联盟、农村党和中产阶级党。鉴于这一令人担忧的激增现象，荷兰选举法做了相应的规定，未获得75%配额的政党将被排除在名单之外。然而，1922年选举后，仍有4个小党参加了竞选，其中3个是之前的旧政党，1个是新出现的加尔文改革派。1925年，政治改革派和异端天主教党也出现了，1929年，独立党出现。1933年出现了社会革命党和法西斯党，以及1918年曾出现但又因75%门槛而消失的基督教民主党。对此，
348 选举法又进一步修改以避免小党出现的趋势。1935年，法律不仅规定将75%的比例提高到100%，而且还规定了担保的要求。但1937年的议会中仍有4个小党，其中一个是新成立的纳粹党。1918年至1939年采用比例代表制以来，荷兰产生的小党数量高达17个（图26）。值得注意的是，这些政党并不是因某人的个人魅力而产生的地方性政党。这些政党正如弗雷德里克·霍华特（Frederick S. A. Huart）在《社会科学百科全书》写的那样是国家性政党。荷兰实施
349 比例代表制后，实际上就是一个单一选区，只产生全国性政党而不是地方性政党。在实施比例代表制前，海牙议会中有7个政党，在1918年和1939年使用比例代表制后，海牙议会中政党的数量从未少于10个，最高到17个。1940年正值第二次世界大战，政党的数量又回到战前的水平。但二战结束后，政党数量从1946年的7个上升到1948年的8个。然而，这些数字并没有充分反映现实，如果从提交候选人名单的政党数量来说明比例代表制对政党数量增长的效力的话，荷兰1920年至1933年间从一次选举到另一次选举，政党数量从36个上升到54个。瑞士在1919年至1939年间，67个政党在各州提交了名单，其中26个政党在不同时间进入了国民议会。

比例代表制产生新政党的现象并不总是只对小党而言，比例代表制对大众情绪的波动非常敏感，可以像潮水一样激起人们的热情，它有利于政党的凝聚，保持人们对党的最初热情，防止出现对党不利的

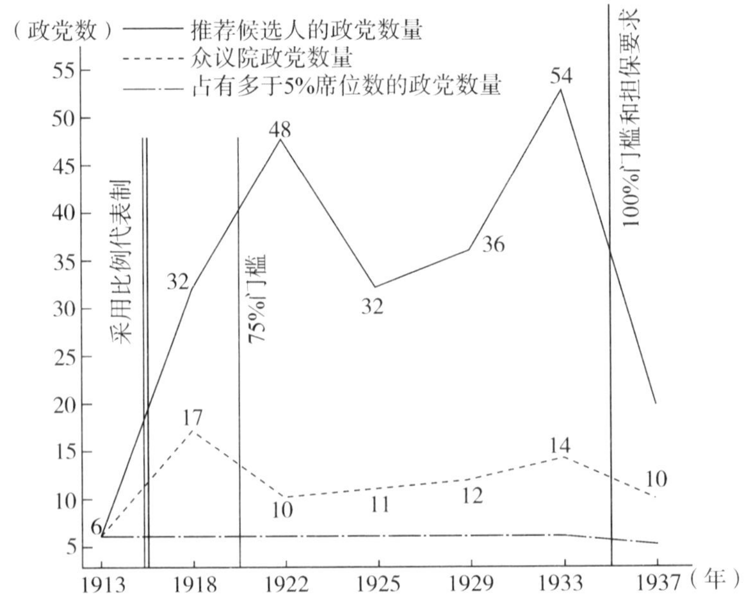

图 26　比例代表制下的政党倍增效应（1918 年至 1939 年的荷兰）

负面观点。随着新运动的出现，那些体现个人主义的右翼小党和中间派小党会将上述现象表现得淋漓尽致。正因如此，比例代表制还促进了法西斯主义的发展。赫尔曼斯（Hermens）很夸张地认为是比例代表制产生了纳粹党。虽然不正确，但不能否认选举制度对纳粹党产生的影响，那些法西斯政党在议会中占有席位的国家都采用了比例代表制。在后文政党实力、政党规模变化和民意变化的部分，我们将再次直面这个问题。

第三节　一党制 350

人们普遍认为一党制是 20 世纪的重大政治创新。如果独裁是一种古老的现象，那么在德国和意大利，基于政党的独裁就是一种新制度。19 世纪以议员个人代表性和独立性为基础的民主国家与以目前民选代表性为基础的民主国家之间的差异并不大，真正的新奇之处在于一党制是民主制度中的有组织的政党独裁的结果。20 世纪的伟大政治创新不是一党制，而是政党。

一党制下的政党和民主政体下的政党相比，基本结构没有区别。苏联共产党和法国共产党之间的相似性大于法国共产党和激进党之间的相似性。在美国，南方民主党（一党制）和北方民主党（多党制）之间的差别并不明显，南方民主党和北方民主党之间的相似性远远大于它们和德国纳粹党或意大利法西斯党之间的相似性。事实证明，单一执政党与全权党、单一执政党与同盟之间没有关联，不仅单一执政党可能是非全权政党，而且多党制中也可能存在全权党。从历史上
351 看，大多数的单一执政党在多党制下产生，它们刚开始以多党制中的反对党出现，而且它们中的一些，如意大利等国家的政党在最初还没有实现单一执政的理想。在获得权力垄断之后，它们的结构没有发生重大变化，它们的全权主义性质、联盟性质、专制性和集权性都是在民主制度下产生的。单一执政党最初模仿或保留了其在多党制下建立的结构，后来才出现了相反的情况。诚然，一个全权政党自身的性质迫使它尽可能压制多元主义，但统一是全权的结果，而不是原因。一个党倾向于成为唯一政党，是因为它的结构是全权主义的，而不是它想成为唯一政党因而采用全权主义结构：这似乎至少是发展的起点。多元政党内部组织与单一执政党内部组织之间没有真正的区分，一个政党是从另一个政党派生出来的，而且往往保持密切关系。

从政党制度角度而言，一党制与多党制有着明显的区别，因此对一党制的单独分析不可或缺。然而，一党制并不像人们通常认为的那样具有统一性，可以说一党制没有一个单一的模型，一党制是多样化的。接下来，我们要强调一党制的多样性，并揭示其本质。

一党制的一般特点

在出现一党制的理论之前，一党制就已经存在于现实中。一些国

家，如土耳其和葡萄牙，它们以前的形式就是一党制，但一党制并没有被它们纳入权力理论中。苏联 1936 年宪法第一次在第 126 条中合法地确立了共产党的地位：“工人阶级和其他劳动阶层中最活跃和最 352
有意识的公民团结在苏联共产党中，共产党是工人为巩固和发展社会主义制度而斗争的先锋队，它代表了所有社会和国家工人组织的领导核心。”但通过消灭阶级来实现党的统一的观点后来才在苏联出现。最先形成一党制理论的国家是意大利和德国，这两个国家各自为自己的一党制建立了特殊理论：意大利法西斯政党论和德国纳粹政党论。这两个一党制理论存在很大的不同。第一次将一党制作为一种政治制度进行分析的事实可以追溯到 1936 年。[8]

一党制的支持者和反对者对其理解并不完全相同，反对者承认支持者提出的总体理论，但在许多方面进行了纠正。一党制的维护者认识到一党制的双重功能，即一党制既产生精英又是团结的纽带。群众党导致传统社会精英的衰落，而一党制的目的是在群众中培养新的精英。由于群众不能自己执政，一党制要建立一个新的统治阶级，来聚集和培养能够组织国家的政治领导人。通过青年组织、等级制度、入党机制，或通过实习、入党推荐制度和考试等控制党员的机制，党构建了一个筛子，将精英们留在筛子里。党同时指导这些精英，使他们能够完成任务。党提供的指导是永久性、有组织和有层次的。新的统治阶级就是这样组织起来的，它不同于旧的个人主义的统治阶级，新的统治阶级成为人民中的一个团体，作为人民的榜样和指引。党精心挑选的精英可以履行领导职责，主要的政治、行政和经济领导人都来自党，而党本身作为一个机构，从来没有停止过对所有国家机构的控 353
制。党的职能与其说是管理，不如说是确保行政机构的忠诚。党的代表无处不在，除非党或其附属机构能直接履行某些职能，否则从内阁到最小的地方委员会或特别委员会，从行政机构到工会、合作社、文化协会等都有党代表的身影。

另一方面，党在政府和国家之间建立了直接和永久的联系。威权制度的主要问题在于领导人与群众是隔绝的。在民主国家，选举使领导人能够了解群众的意见，了解群众的立场，但独裁政权无法这样做。独裁将领导人和群众置于对立面，领导人越来越孤立于人民，完全失去与人民的联系，他们会被为了站稳脚跟而阿谀奉承和阳奉阴违的下属蒙蔽双眼。相反，单一执政党通过分散在全国各地、各类人群和各个社会阶层中的数千个支部和分部打破了这种孤立，政府始终倾听群众的意见，可以了解人们对它的看法，所以它既可以根据群众意见改变行为，也可以自己塑造自己。政府和人民的接触可以说是从人民到领袖的自下而上的接触，也可以是从领袖到人民的自上而下的接触。单一执政党就像接收和播放信息的广播电台一样，既可以让领导听到人民的声音，也可以让人民听到领导的声音。同样，政党等级森严的结构不仅可以使顶层了解基层的各种反应，也允许基层根据每个
354 层级的要求接收顶层的指示。忠于党的人不仅进入政府担任要职，还可以拉拢对党不冷不热的群体。他们的行动非常有效，因为他们依旧是人民中的一员。党把人民的意见传递给了政府，党同时使人民了解政府的决定。党的有效性来自它的双重性，它既是一个能够从内部理解和完全遵守党的决定的国家组织，也是一个能够将人民的意见传达给领导人传达的公民团体。

一党制的反对者不认可这种理想化的描述，对他们来说，一党制不过是一种非常古老的社会结构的新变体，即加强暴君的独裁统治的禁卫军。这与其说是一个精英遴选的问题，不如说是一个特殊阶层的建立问题，它因享有特殊的优待而与政权紧密相连，如享有物质利益、对行政职位的垄断、比其他公民拥有更大的自由和权力等。忠于独裁者是进入或留在党内的标准，个人能力对于党而言并没有那么重要。对于人民和政府间的接触，反对一党制的人并不否认这一点，但认为自下而上的接触是非常有限的，因为党纪、对领导人的偶像式崇

拜和领导的自我崇拜，很快就会把领导与群众分开，导致领导无法了解群众的真实反应。在讨好各级领导的过程中，向上传达的意见一层 355
层被歪曲。假设一个活动分子想要脱离党，但是出于基本的谨慎，他可能在向当地领导报告时不会直接明说。而出于同样的原因，当地领导向上级领导，上级领导向中央领导汇报时，都会对事实进行歪曲。这最终导致党的领导脱离人民，而脱离的程度不亚于住在凡尔赛宫的路易十四和其子民之间的关系。

反对者认为，真正的接触是自上而下的。党的根本作用是向公众传播领导的口号，进行政府宣传。古代暴君的力量来自长矛和长枪，而党的力量来自宣传。党是最先进的宣传机构，是一个可以塑造、训练、指导、引导政见的工具。但光靠说服是不够的，还需要监视和镇压，作为宣传机构的党同时也是一个警察机构，这是党的一个重要特征。监视和检举是党的两项基本职责。党的组织使它能够监视一切。每个支部对居民的忠诚度负有责任，发现可疑对象并揭发他们。党可以对全体公民进行监督，保证整个国家的忠诚，党员也可以相互监督，确保政治精英的忠诚。在大多数全权主义国家，警察职能由独立 356
于党的机构履行，如反法西斯监督和惩治机构、盖世太保等，党与这些机构合作，对离经叛道的思想进行全面的监测和筛查。党的宣传职能也一样，由独立于党的机构履行。至少在德国是这样，德国的宣传部与党是分开的。

从性质上讲，反对者认为一党制拥护者所看到的政党的职能与多党制的政党的职能没有区别。多党制下所有政党的目标也是培养政治精英，使人民和领导之间能够接触，但党的垄断完全改变了党的职能。垄断本身在许多方面都是合理的，但垄断依据的理论并不完全一样。有人认为党的统一是民族统一的反映，而有人认为是社会统一的反映。第一种理论是法西斯主义或保守主义所特有的理论，这种理论认为多元民主通过特殊利益之间的斗争破坏大众利益，通过牺牲全体人民的利益，满足某一特定群体的特殊目标。这一理论来自两个基础，一个是理论基础，一个是实践基础。理论基础源于卢梭的“公意”概念，由于1789年人们对代表的普遍不信任，他们不会承认政
357 党多元化。实践基础来源于事实，政治多元化将与执政者追求的最高目标——公共利益背道而驰。当一个国家存在政党，迟早会出现一种情况，即如果不加入政党并遵守政党的规则，那么就不可能有效地参预公共事务。任何对公共事务感兴趣的人都希望他的参预能够产生预期结果。因此，那些对公共福利感兴趣的人，要么会放弃这个想法，转而从事其他事业，要么通过政党来实现。在这种情况下，他们的聚焦点也许不包含公共福利。[9]

以上观点在于消灭所有政党而建立一个单一政党。一党执政是马克思主义理论和苏联社会结构结合的结果。马克思主义理论认为政党是社会各阶层利益的政治表达，而不是由经济基础决定的意识形态团体。苏联领导人还认为，苏联已经消除了阶级的多样性，实现了马克思主义的无阶级社会或单一阶级社会的模式，因此，政党的多样性不再有任何意义。我们试图用三段论来概括苏联共产党的一党制理论。第一，每一个政党都是一个社会阶层的政治表达。第二，苏联实现了单一阶级社会。第三，苏联只能是一党制。苏联对一党制的理解是在一个相对动态与长远的层面上进行的，它认为资产阶级和剥削阶级被
358 消灭后，苏联不再存在阶级，但资产阶级和剥削阶级的灭亡还不完全，它们可能会复活，在这方面必须采取严格的预防措施。

当代威权国家放弃了政治中立的原则，正是从这一点上，马诺伊莱斯科（Manoïlesco）为一党制找到了另一个理由。取而代之的是作为“理想承载者”的中立国家，作为信仰、道德或伦理体系化身的国家。在中立的情况下，政党的多元化是自然而然的：国家尊重所有的道德体系和理想，因此也尊重所有捍卫这些体系和理想的政党。如果国家本身坚持一种明确的道德体系，情况显然就不同了，它只能接受

捍卫这种体系的政党——因为这样一来，其他政党就不再是在国家中斗争，而是反对国家，反对国家所体现的价值观。这种先天推理似乎符合某些实际情况。诚然，多元主义只存在于申明中立的民主制度中。一党制通常是在摒弃了这种中立性并宣布信奉某种教条的国家中发挥作用。一党制的发展与国家宗教在当代世界以新的形式重生不谋 359
而合；我们拥有的是一个宗教国家而非国家宗教，国家并不信奉一种将其目标和目的置于国家之外的外部超验信仰——国家本身就是这种目标和目的。然而，在土耳其等中立国家中也出现了一些不以“理想承载者”自居的单一政党。此外，民主政权的中立性往往被夸大了，民主并不缺乏伦理体系，它捍卫的是自由伦理，这与其他伦理并无区别。诚然，多元体制下的政党只有在其斗争局限于技术领域时才能正常运作；当政党的性质变成宗教的或道德的时，它们的斗争就会变得无情无义，多元主义就会受到威胁，但在“理想承载者”的国家中，没有什么会阻碍多元主义。在苏联，重工业和轻工业之间的竞争很可能会变成政党斗争，如果当权者愿意的话。马诺伊莱斯科对政党的理解过于狭隘和僵化，与现实不符。他过于执着于自由主义关于政党是一种意识形态的概念，而没有考虑到马克思主义关于政党是一个阶级的概念。

一党制下的政党

很难对一党制做出一般性的描述，只要我们这么做，就会遇到法西斯产生的一党制和共产党产生的一党制根本不具有共性的事实。首先，两者在理论上是对立的。我们之前已经区分了共产党的乐观主义和法西斯的悲观主义。共产党的哲学直接继承了法国大革命哲学和进步的信念。马克思主义向我们证明黄金时代就在我们前方，那是一个没有阶级的社会，一个人剥削人终结的时代，一个繁荣和幸福的时代。加布里埃·佩里（Gabriel Péri）“歌唱的明天”的这句歌词具有典型的共产主义特点。而对于法西斯来说，他们要恢复消失的传统，歌唱昨天美好的时光。法西斯认为黄金时代是过去，或者，不存在黄金时代，如果法西斯主义不采取保守和回顾历史的态度，它就在“明天不会比昨天更好”的魔咒中循环。

共产党采用并更新了卢梭的学说，认为人天性仁慈，是社会使其腐化。法西斯认为人生来就是腐化的，只有社会才能使人开化，当然，除了天才、英雄、圣人、精英等那些“与同时代人相比被赋予更多神秘力量的人”。法西斯既蔑视个人，又赞扬个人，因为它蔑视的是普通人，赞扬的是超人。共产党相信普通人，不相信超人。马克思主义倾向于淡化特定个体对历史进程的影响，但在实践中出现了对列宁和斯大林的崇拜。尽管如此，共产党对天选的精英、干部和领导人没有兴趣，共产党认为通过党组织起来的领导集团是无产阶级中最有意识、最敬业、最开明的一部分。作为法西斯主义的贵族理论的对立面，共产主义理论建立在平等的基础上。

应该补充的是，共产主义本身就是一种连贯和全面的哲学，它对
361 宇宙做了整体和协调的解释。法西斯主义也想这样做，但没有做到。更确切地说，法西斯马马虎虎地做到了这一点。这是因为法西斯主义缺少马克思主义的某些东西，也缺少围绕其教义发展起来的哲学运动。马克思主义既有哲学性又有逻辑性，既有思想框架又有思想体系，具有法西斯主义所缺乏的丰富思想财富。卢森堡（Rosenberg）关于种族清洗的思想是混乱、晦涩和模糊的，墨索里尼关于国家和权威的理论是肤浅和不连贯的。没有法西斯主义哲学，没有法西斯主义理论，只有连贯性薄弱的神话和憧憬。法西斯主义将非理性和本能置于首要地位，而共产主义将理性和科学置于首要地位。

从社会阶级的角度讲，共产党是无产阶级推翻资产阶级权威的工具，而法西斯政党是资产阶级保留权力和防止权力落入无产阶级手中的工具。虽然这样的描述有点粗略，但总的来说符合现实。在苏联，共产党没有消灭资产阶级政权，而是消灭了贵族政权。共产党不仅依

靠无产阶级，还依靠农民。尽管如此，它还是粉碎了像1789年那样的由制宪民主党人和克伦斯基（Kerensky）发起革命的企图，清算了富农和土地资产阶级。在很长一段时间里，苏联共产党确保了城市工人阶级对规模庞大的农民的支配地位。在意大利和德国，法西斯主义的主要目的是维持资产阶级权力。在这两个国家，法西斯主义都得到了资本家的支持，它们团结了中产阶级以获得主要的力量。也许应该从取得权力和行使权力的角度区分法西斯政党和共产党。从夺取权力的角度讲，共产党把工人阶级组织起来推翻资产阶级，法西斯主义把中产阶级和资产阶级聚集在一起，反对无产阶级。从这一点上说，共产党的存在是法西斯主义产生和发展的关键因素之一。从行使政权的角度讲，有人认为法西斯主义和共产主义有趋同的趋势。法西斯政 362
党越来越依赖工人阶级，限制资产阶级的权力，而共产党则创造了一个新的资产阶级化的特权阶级。虽然这一观点并非完全错误，但似乎与现实不符。虽然苏联共产党党员与广大公民在义务和权利上有着明显的区别，但是我们不能谈资产阶级的重建，因为我们既找不到继承利益者，也找不到源自私有财产和金钱的特权。党是由精英组成的，但他们并非社会学意义上的资产阶级精英。共产党在独自统治的头几年曾向非工人开放，1939年的党章统一了赞助规则和考察期限，并取消了无产阶级的特权，但这并不是共产党员资产阶级化的直接证据。再看法西斯政党，法西斯政党的工人比例在其执政期间似乎没有显著增加。这是因为直接入党的规定被取消了，新成员来自青年组织，而他们的加入似乎并没有改变党内社会阶层的分布。然而，由于缺乏文献，无法就这一点得出明确结论。

这些理论和社会结构的差异是众所周知的，不值得强调，但对政党结构的差异目前研究较少，值得关注。两者总体结构类似，都是集中型和纵向联系型政党。然而，值得注意的是，共产党的领导人是选举产生的，而法西斯政党的领导人是任命的。但在实践中，这种差异

并不那么明显。政党的基本结构也是如此。共产党以支部为基础，法
363 西斯政党以民兵组织为基础。但民兵组织在法西斯政党掌权后的作用必然会减弱，会被解除武装，成为警察的补充力量，因为人们担心它们将组成一个能够推翻他们自己建立的政权的国家。在德国，1934 年以后，突击队去武装化是普遍的，训练演习变成间隔的，民兵只有在演习时间或仪式和游行期间才有权穿制服。法西斯政党的民兵变成了官方军队，而共产党的分部和支部仍在有效地工作。

政党结构上最显著的差异（但不是最显眼的）是入党机制的不同。如前所述，加入法西斯党实际上是从青年组织退伍的青少年的特权。意大利法西斯党的入党资格在 1922 年之前基本上是开放的，从 1922 年到 1925 年受到严格控制，然后被完全限制。在意大利，人们从很小的时候就必须先进入巴利拉[10]（8 岁至 14 岁），然后进入先锋队（14 岁至 18 岁），再进入青年法西斯党（18 岁至 21 岁），只有这样才能参加法西斯加入仪式，宣誓入党。所以我们看到同出生一年份的所有年轻人都在同一天入党。德国纳粹自 1933 年 5 月 1 日起，完全叫停直接入党。在德国，年满 18 岁的男孩或 21 岁的女孩，在成为
364 希特勒青年团组织成员至少四年，认真履行义务，表现出久经考验的纳粹情怀和性格，保证在入党后成为有价值的党员的条件下才能加入纳粹党。很明显，德国纳粹入党不是自动的，而且与意大利的制度有很大的不同。不过，在每年慕尼黑政变周年之际的 11 月 9 日，德国也举行和意大利同样庄严的仪式和宣誓。

在苏联，入党有着截然不同的规则。除了共产主义青年团成员外，招募一直是公开的。任何想入党的人都必须得到与他共事至少一年的三名有三年以上党龄的党员的推荐。入党决定由党的基层组织作出，并经区、市级组织批准，而且介绍人必须出席审议。如果党组织决定同意入党，入党申请人必须经过为期一年的初步培训，“使他熟悉党的纲领和规则，并使党组织对他个人是否合格做出评估”[11]。在

考察期间，申请人应参加所有的党代会，但不投票，和党员一样缴纳相同的党费。考察期满后，基层组织重新走同样的程序，如果同意申请人入党，那么他就成为正式党员。1939 年以前，入党条件更为严格。能入党的人分为四类：第一类是有五年工龄的工厂工人；第二类是农业工人、不满三年工龄的工厂工人、工程师或技术人员、曾是工人的军人或集体农场的工人；第三类是集体农场或合作社的成员，或 365
教师；第四类是其他类型雇员。这四类不同的人入党的条件也不同。第一类人入党至少要由三名五年以上党龄的党员推荐，申请人观察期为一年。第四类人入党需要至少由五名十年以上党龄的党员推荐，申请人观察期两年。共产主义青年团成员入党没有什么特殊的条件，只需要获得共产主义青年组织地区委员会的推荐就可以，这实际上等同于党员推荐。事实上，相当多的新成员来自共产主义青年团，但不是大多数都如此。例如，在 1930 年至 1934 年间，在 100 万名新党员中，有 37.5 万人来自共产主义青年团[12]。当时的入党人数仍然相当有限，但自二战以来，入党人数大大增加。

要培养精英，选拔精英的方式至关重要。法西斯政党的入党是封闭的，任何在法西斯党上台前没有入党的人都没有自由机会入党，只有经过长期的培训，新一代人才能入党。党员与大众隔绝，成为一个僵化的“种姓”，建立在某种集体遗传的基础上。另外，可以说法西斯政党的党员资格是对那些无法完全做出意思表示的儿童或青少年进行训练的结果。意大利法西斯党在取消自由入党的七年之后，有入党资格的人非常之少，它在 1933 年之后不得不在一段时间内取消入党的限制，这使得党相当快地被注入新鲜血液，党员人数几乎翻了一番。相反，对苏联共产党而言，种姓的特征消失了，党员与群众之间 366
有了接触，虽然入党不容易，但存在着可能性。除了 1921 年至 1924 年和 1933 年至 1938 年，共产党都走在与法西斯政党相反的道路上，尝试有系统地扩大政治精英（图 27）。

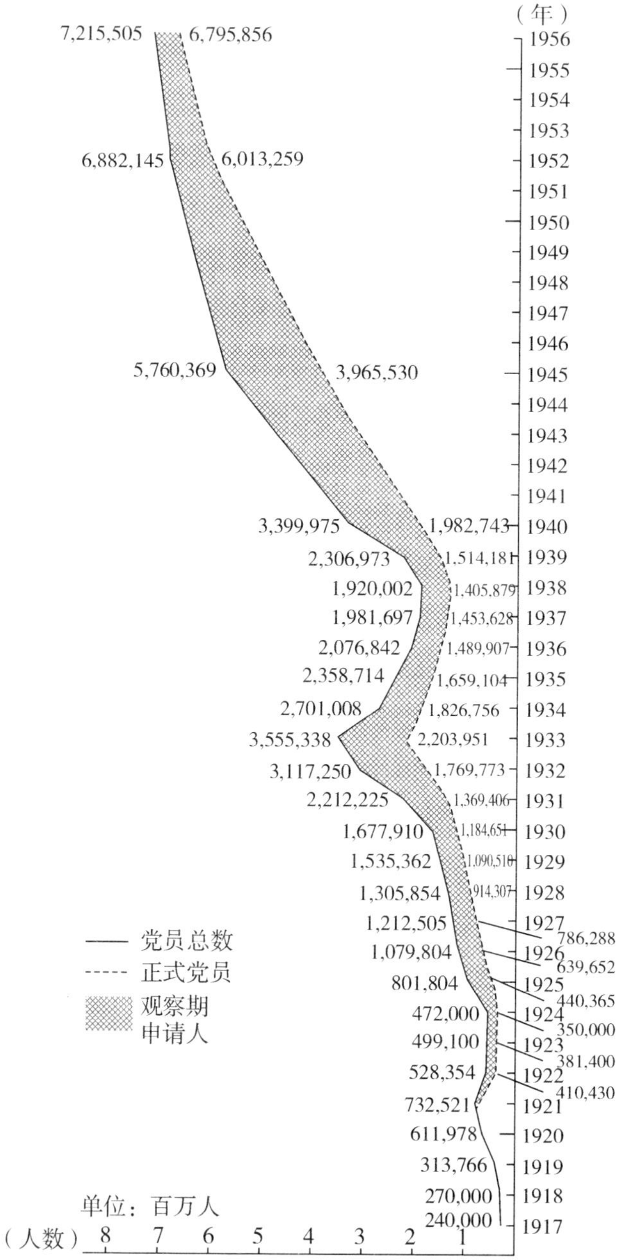

图 27　1917 年至 1956 年苏联共产党的发展

除了入党资格有差异外，开除党籍的制度也存在差异。执政后，法西斯政党进行了一些肃清，以清除可疑分子，特别是革命分子。例 367 如，在意大利，执政第一年有15万名法西斯分子被开除党籍，[13] 1925年至1926年，新一轮的肃清导致“从上到下重建党”[14]。在德国，希特勒于1934年9月在纽伦堡大会上宣布对党员进行严格筛选，以应对1934年6月事件和对反对派罗姆-斯特拉瑟（Roehm-Strasser）进行残酷的镇压。在1935年的国会上，他证实：“党员全体得到了净 368 化”[15]。但开除党籍的做法对法西斯政党而言仍然是特殊情况。与此相反，苏联共产党的清除制度具有规律性和系统性。在1939年以前，清除由中央定期决定，所有党员都要经过筛选委员会严格审查。在1933年的清除中，17%的党员被开除党籍，6.3%的党员被降级，并被重新划分为观察期人员。事实上，大清洗几乎总是与党的路线变化或政党组织结构的变化相吻合的，因此可以说苏联共产党似乎是一个活的有机体，其支部不断更新。清除带来的恐惧使活动分子保持活力，不断唤醒他们的热情。相反，法西斯政党看起来一成不变，由于许多人没有被开除党籍，党员进入了平静的状态。一个封闭和稳定的法西斯政党有点像一个革命老兵协会，年轻人不过是来这里学习长辈的经验的。

苏联自1921年新经济政策以来，肃清是常态，但1939年第十八届共产党全国代表大会上，大规模肃清制度被废除，党章对此也进行了相应的修改。1939年3月20日党代会通过的决议指出，在国家新经济政策出台之后，资本主义获得了新的权力，所以集体肃清是必要的，但自从资本主义被完全消灭后就没有意义了。但1939年的改革并没有完全消灭肃清制度，肃清现在只不过不再是集体性的和定期 369 的。自此，党只单独开除违反党的计划和党规的党员的党籍。新的党章加强了党员的权利和对开除党籍的严格审核。如果我们把这些措施与1939年改革所规定入党放松政策相结合，可以看到苏联共产党的结构具有明显的柔性，这使它更远离法西斯政党。事实上，苏联共产党在 1930 年的党员不到 200 万人，1939 年不到 250 万人，现在已有 600 多万人。这种巨大的增长是 1939 年改革的直接结果，它反映了政权的深刻演变。

共产党的演变说明党在国家的根本地位，这一点是与法西斯党不同的。两类政党关于党在国家的地位的理论和实践都是不同的。在德国和意大利，党在国家的地位不如苏联共产党那么重要，尽管两个国家官方的言论和声明都一再强调党的首要地位，纳粹法学家甚至试图定义一种党与国家关系的学说，最终使国家服从于党。当然，在这两个国家中，政党的地位都不容忽视。然而，虽然代表在中央和地方的各级公共机构中都有担任职务，而个人联盟制度还使党领导成为国家
370 领导，但纳粹党似乎对政治生活没有真正的决定性影响。不过由于研究的困难，在这方面很难得出准确的结论。在苏联，共产党对国家的影响似乎比意大利的法西斯党或德国的纳粹党对国家的影响重要得多。党对国家领导层的影响也很大。尽管在某个特定的时间点上不容易确定党对国家的影响程度，但其演变是非常明确的。总之，在苏联，党对国家的影响在不断扩大，在德国和意大利则在缩小。1933 年，罗马《时代报》记者根次宗（P. Gentizon）说："最近几个月，在某些圈子里，出现了一种将党视为消极因素，将党视为政治领域死胡同的趋势。"对于党临时放开入党条件的做法，根次宗认为是为"赋予党新的价值"所做的努力。[16]但在 1937 年，他发现这项努力没有成功，他发现"党要服从国家，党被国家吸收了"[17]。

事实上，法西斯党的衰弱始于执政后。经过一系列肃清之后，党和最具活力与革命性的成员分离了，党逐步用新的、来自青年组织的、更忠诚的年轻领导人取代旧的领导人，党解除了民兵和突击队的武装。这些做法都导致法西斯党衰弱。在德国，情况是一样的。纳粹党执政后，在 1933 年 7 月 10 日的报纸上刊登了一份政府公告，宣布

"德国革命结束"，并说，"党的组织和团体不必夺取政府权力……必须不惜一切代价确保国家在所有领域的权威"。在这两个国家，确立党的垄断地位的法律同时要求党服从于国家。在这两个国家，党逐渐失去了影响力，军队的影响力提升。在意大利，民兵早在1924年就由军队管理，从1935年起，它在军队指挥官的指挥下进行军事准备，371
逐渐失去了作为辅助警察的重要性，成为正规军指挥的宪兵。1934年，《意大利日报》报道："如法西斯主义所愿，军队成为国家新贵。"在德国，事态发展更快、更残酷。1934年的镇压剥夺了纳粹冲锋队的自主权，《凡尔赛条约》军事条款的废除增强了军队的力量。从1935年起，"劳动队"成为一种军事准备，并从党的控制之下转移到军队的权威之下。在1935年纽伦堡的党代会上，军队开始发挥重要作用，1936年1月17日的法令规定国家防卫军将在政治动荡的情况下维持秩序。最后，1938年的改革并没有恢复党的支配地位，而是压制了总参谋部独立于政府的愿望。

苏联和德国、意大利之间的差异源于对党在国家中作用的基本理解的不同。在苏联，党是变革的工具，它的主要任务是使苏联人民认识到革命对经济、社会和技术变化的必要性，如改变财产制度、建立重工业、改革文化、向东转移工业中心等。党必须克服群众的自然被动性和土地保守主义，并在这样的变革中赢得他们的心，这样的话，372
能说服就不必使用武力。当然，在农村地区清算富农时，武力还是必要的。党是永久革命的工具，这样可以防止政府僵化。入党机制、内部结构、清除制度和不断更新的自我批评机制旨在防止党僵化，因为它必须防止政府僵化。

法西斯政党的作用在理论上是相同的，但实际上不是。在夺取政权阶段，法西斯政党倾向于借助革命的左派力量，但一旦取得政权，一切都会改变，它必须采取保守的态度。诚然，法西斯政党带来了大量改革，但这些改革都没有触及政权的根本性的经济和社会结构。法西斯政党是资产阶级和中产阶级避免工人阶级统治的工具，它维护前两个阶级的权力。法西斯政党执政后从革命态度到保守态度的转变，解释了它们的肃清制度和它们的衰弱。在意大利和德国，民兵在法西斯党执政后要求政府进行他们为之奋斗的改革，党员公开谈论“第二次革命”。1923 年 1 月 13 日伦巴第大区的人民写道：“我们进行了革命，如果有必要，我们准备重新开始。”1933 年，在纳粹冲锋队集会上，党员坚持在德国开展纳粹计划。但希特勒于 7 月 1 日在巴伐利亚州巴德雷琴霍尔举行的一次民兵领导人会议上残酷地宣布：“我将誓死反对第二次革命。”事实上法西斯政党执政后，领导人发现自己处于两难境地：一方面是部队的革命热情，他们自我煽动以获得权力；另一方面是大、中、小资产阶级的保守愿望，这是他们权力的真正基础。为了在革命愿望和保守意志之间找到平衡，他们采取权宜之计，
373 先是破坏党的活力，以免被革命牵制，然后又给予党一定的力量，以免被保守分子压倒。因此，一党制下的法西斯政党要保持政权的平衡，意味着党的作用要受到限制。

也许，单一执政党的概念和作用的差异解释了共产党和法西斯党政权的不同。全权主义制度的结构迫使它们保持一定的内部紧张关系，公民必须生活在一种永久的、充满活力的气氛中，以保持信仰，并证明强制的正当性。在共产党体制中，这种紧张关系更倾向于指向内部，党的活力本质上是革命性的。这是建设社会主义、提高生产力、实现农村现代化、超越计划的需要。在法西斯体制中，党的活力正相反，它指向外部，体现为帝国主义和好战。法西斯政党的演变导致日益增长的军队重要性和战争狂热，对生存空间的要求也越来越高。这是这一体制的定律。苏联共产党目前是可以维持和平状态的，但是要注意两个事实：第一，共产主义本身就是一种国际主义，它完全和最终的胜利不可能在一个国家实现，而只能在全球范围内实现；第二，革命总有一天会结束，不管它多么深刻和激进，其内在的活力

也会随之消失。然而，目前，在一段相当长的时间内，这种内部活力似乎能够单独维持政权稳定的状态。总之，共产党不是从执政那一刻起就能自动维持和平状态，但至少可以暂时地维持，然而法西斯政党不能。

一党制和民主 374

许多人认为一党制和民主的结合是亵渎神圣的。但这有什么关系呢？重要的是看它是否符合事实。

人们普遍认为，共产党和法西斯政党是唯一能够产生一党制的政党，这种观点与现实不符。事实上，如前所述，法西斯主义大致能够与德国的希特勒和意大利的墨索里尼政权联系起来，甚至更接近前者而不是后者，但是，法西斯的概念不能和目前的葡萄牙、1923 年至 1950 年的土耳其以及美国南部一些州联系起来。如果认为集中营和恐怖手段是与法西斯不可分割的技术，这是错误的。意大利在 1943 年的战争和成为伪共和国之前，没有集中营或使用恐怖手段。对法西斯主义的区分，要从一个国家的民族性上来说，因为意大利和德国法西斯主义之间的差异与英国和法国议会制度之间的差异一样大。纳粹和共产党之间的许多差异其实只不过是德国和俄罗斯民族性格之间的差异。法西斯党是多样的，非法西斯政党也会是单一执政党。“法西斯主义”一词只适用于全权主义的单一执政党（共产党除外），然而，并非所有的单一执政党都是全权主义的，也不是所有的全权政党都是单一执政党。

前面已经说过，全权主义政党可以出现在多党制内，如目前法国和意大利的共产党。它们的存在显然会改变多党制的结构，对多党制 375
构成明显的威胁，因为任何全权主义政党都希望实现统一。相反，一些单一执政党在其意识形态或结构上不一定是全权的。最好的例子是 1923 年至 1946 年的土耳其，它唯一的执政党是共和人民党。共和人民党的独创性在于它的民主思想，这让它在任何程度上都不具有法西斯主义或共产主义想要实现的秩序或信仰。它没有把信仰或神秘主义强加给它的党员，因为凯末尔革命本质上是务实的。凯末尔主义试图西化土耳其，消除实现中东人民现代化的主要障碍——伊斯兰教。干部的反教条主义和理性主义使他们与19世纪的自由党很相似。土耳其的民族主义与1848年席卷欧洲的民族主义没有太大区别，土耳其的人民共和党与当时法国激进社会党没有什么不同。土耳其的共和党更像是法国大革命和19世纪的共和党，而不是20世纪的威权共和党。土耳其宪法证实了这一点，它赋予大国民议会所有权力，并拒绝设立单独的行政机构。《宪法》完全以国家主权原则为基础，明确宣布："主权属于国家，不受任何限制。"凯末尔主义的土耳其不像法西斯那样每天为权力辩护，而是在为民主辩护。土耳其维护的民主不是新民主，即在人民或社会阶级上建立的民主，而是传统的政治民主。党的执政权并不是来自政治精英、工人阶级的先进分子或其领导人的天命，而是从选举中获得的多数。

376 如果只有一名候选人参加竞选，那他肯定会获得多数选票。事实上，这不是一个理想的，而是一个令人遗憾的、暂时的、不可避免的事实。土耳其的一党制没有建立在一党制的理论基础上，它并没有想让政府垄断权力，也没有试图以一个没有阶级的社会的方式或通过压制议会斗争和自由民主意愿的行为来巩固其权力。它总是为自己的垄断地位感到尴尬和愧疚。土耳其的这个单一政党良心不安，这一点不同于它的法西斯主义兄弟，后者认为自己可作为别人效仿的榜样。对人民共和党领导人来说，他仍希望国家实行多党制，但土耳其的特殊政治局势造成了权力垄断。要知道在希特勒统治的德国或墨索里尼统治的意大利结束权力垄断是不可能的，但凯末尔曾多次试图结束权力垄断，这一点足以说明土耳其共和人民党的民主性。1924年，多党制的第一次尝试由卡齐姆·卡拉贝基尔（Kazim Karabekir）创立的进步党开启，但随着1925年库尔德人起义，并通过宣布戒严状态将进步党议员驱逐出议会而结束。1930年，凯末尔让他的朋友，驻法大使费提·贝（Fethi Bey）在巴黎设立一个自由党，并要求自由党参加竞选，但竞选使得自由党获得神职人员和宗教狂热分子的支持，因此被解散。1935年，经人民共和党同意，独立人士可以参选。虽然这些阻止权力垄断的努力经常被嘲笑是为自己制造反对势力，然而，这意味着凯末尔政权承认多党制的价值，并在多党制理论的框架内运作。

另一方面，土耳其人民共和党不是全权的，它不是建立在支部或民兵的基础上，甚至不是建立在真正的分部基础上，相反，它是一个核心小组型的政党，其领导阶层比其成员更重要。它的确增加了公众会议、人民代表大会和国会的次数，对广大人民进行政治教育。但 377
是，这些群众本身并没有直接被党拉拢，党的组织仍然非常陈旧，这使得该党更接近于激进社会党而不是法西斯党。此外，入党是开放的，没有开除党籍和肃清机制，也没有要求穿制服、游行或存在其他严格的纪律。事实上，党内民主已经相当发达。党的各级领导人都是选举产生的，而且选举也不像多党制那样由于各党派提名候选人而受到过多干扰。同样值得注意的是，党内存在围绕各种有影响力的人物而构成了不同的派系，但没有出现法西斯式党派。例如，在阿塔图尔克（Ataturk）时代的人民共和党内，伊斯梅特·伊诺努（Ismet Inonu）和杰拉勒·拜亚尔（Celal Bayar）的竞争很激烈。党内存在众多派系很重要，只要这些派系能够在一个政党内自由发展，该政党就能成为一个简明的框架，它限制政治竞争而非消灭竞争。可以说，在外部环境不允许多元主义的情况下，多元主义便在党内重新出现，发挥同样的作用。美国也是一样的，美国民主党在南方各州也是单一政党，但由于初选制度，民主党内部有众多派系，美国民主党更接近19世纪的民主，而不是法西斯主义。从这一点上说，美国也从两党制走向多党制。

一党制不排斥民主，但 1946 年以前的土耳其谈不上与民主完全挂钩，凯末尔政权既不是法西斯主义，也谈不上民主，它只允许对一个候选人投票，说明基本政治自由非常有限。葡萄牙政权也是如此，其单一政党的特点与土耳其政党的特点有些相似，只不过其组织不够
378 强大，在国家中的作用非常模糊。如果说民主和一党制之间存在关联，那么这种关联是动态而不是静态的。如果说在多党制下存在全权党一党执政，那么在一党制下也存在多党现象，这些政党的存在可以视为走向民主的一步。在这方面，必须从根本上区分在以前存在的多党民主制度中建立的单一执政党和在已经实行专制制度、从未经历过真正多元主义的国家建立的单一执政党，在这两种情况下，一党制的含义明显不同。德国和意大利属于第一类，苏联和土耳其属于第二类。土耳其和苏联反映了古老专制政权结构的现代化，其政党的含义与多党制下的全权党几乎相同，倾向于用来自人民的精英取代传统的贵族。一党制的出现导致了一场真正的革命，它建立了新的社会平等，或者至少减少了以前的不平等。从这个意义上说，新政权比前一个政权更加民主。相反，多党制的其中一个政党取得统一时，它就会压制或削弱民主。

一党制和民主的动态关系不能只从过去的现象理解，还应从未来产生的结果上去理解。这就要区分一党制是临时的还是确定的。永久性一党制的反民主性质是毋庸置疑的，但临时的一党制好像不是。首先，我们可以援引马克思和列宁关于为建立完整的共产主义政权而采用的无产阶级过渡专政必要性的理论。不可否认，这一理论是有根据
379 的：每一次真正的社会动荡之后都需要一段威权统治的时期，在此期间，旧统治阶级的抵抗被瓦解，新统治阶级的崛起成为可能。只要苏联共产党的统治符合无产阶级专政阶段，就是正常的。人们关注到苏联近年来的趋势，苏联一党制不是政权建设时期相对应的过渡现象，

而是与无阶级社会结构相匹配的永久性现象。相反，一个明确宣布一党制是过渡性的，并认为一党制是走向多元化必经之路的政权，可以被视为一个强大的民主政权。

宣布一党制是过渡性的，就要实现诺言，不能因为党的僵化结构和全权主义性质而不尊重其他党派，朝着反民主制的方向发展。承诺不会让政府付出代价，如果今天不尝试（无论多么微小）实现民主，那么宣布民主从明天开始就是毫无意义的一件事。“潜在民主”的观点可能会让人一笑置之，一党制走向多党制的观点可能会招来怀疑，但这两种观点都有事实根据：1923 年后土耳其的一党制，以 1950 年反对派和平地选举获胜而告终。没有阻碍、没有动乱，土耳其从一党制变成了多党制。它现在是中东所有国家中最民主的国家，是唯一一个拥有真正政党的国家，这些政党不再是封建君主性的、由少数知识分子领导的团体或狂热宗教教派。土耳其的例子似乎没有得到应有的重视，人们只看到了典型的民主制在中东和远东的失败。在 12 世纪的欧洲，议会不可能发挥作用，今天拥有议会的一些民族大约处于类似的发展阶段。多党制在社会结构陈旧、人民群众无知的国家，维护 380
和巩固了传统贵族的权力，阻碍了真正民主的建立。相反，土耳其的例子表明，如果好好运用一党制，可以逐步形成新的统治阶级和独立的政治精英，而只有这样的政治精英才有可能建立真正的民主。我们是否可以一概而论，认为一党制可以作为临时监护人，使脆弱的民主在没有准备好接受它的土壤里生长？对土耳其这一个例子的分析研究，不能就此得出结论，但这个问题值得提出。

注　释

1. Cf. notamment W. B. Hesseltine，*The Rise and Fall of Third Parties*（《第三党的兴衰》），Washington，1948.

2. Cf. en particulier Macaulay, *History of England* (《英格兰史》), Londres, 1849, t. I, p. 82—83.

3. 澳大利亚自从出现了乡村党，也不再是两党制。澳大利亚实行偏好投票制，彻底改变了简单多数一轮投票制。偏好投票制和乡村党的出现有着密切关系。

4. 需要注意的是，加拿大每个选区内只有两个政党的趋势并不是绝对的，尤其是在1957年选举结束了自由党一党独大的局面后。一些选区，存在三个党或四个党。这种情况和1920年到1935年的英国很相似（当时英国存在暂时性的三党制）。加拿大现在也在向三党制转变。

5. 该图表没有考虑各派别的力量问题，例如进步基督教派党人数不多，但是其影响力不容小觑。另外，1951年人民共和运动虽然展现出右翼倾向，但是其党员在经济角度上看依旧属于自由党。相反，亲孟戴斯的激进派支持计划经济，从这方面看它是左翼。

6. V. O. Key, *Southern Politics* (《南方政治》), New York, 1950, p. 422.

7. H. Tingsten, *Majoritetsval och proportionalism* (Riksdagens protokoll bihange)(《多数选举制和比例代表制》), Stockholm, 1932.

8. Mihaïl Manoïlesco, *Le Parti unique* (《一党制》), Paris, 1936.

9. Simone Weil, citée par Louis Vallon, *Le Dilemme français* (《法国的困境》), ouvrage de propagande RPF, 1951.

10. 国家巴利拉组织是意大利的一个法西斯主义青年组织，成立于1926年，于1937年被并入"意大利青年刀斧手"组织。——译者注

11. Art. 13 du règlement du parti de 1939 (1939年共产党党规第13条).

12. D'après *l'Encyclopédie française* (《法国大百科全书》), t. X, *L'État moderne* (《现代国家》), p. 10. 82—6.

13. Déclaration de Mussolini *à* Emil Ludwig, citée par Ludwig,

Entretiens avec Mussolini（《墨索里尼采访》），Paris，1932，trad. franç.

14. Mussolini，cité par Kurella，*Mussolini ohne Maske*（《不戴面具的墨索里尼》），1931.

15. *Le Temps*（《时代报》），12 septembre 1935.

16. *Le Temps*（《时代报》），22 décembre 1933.

17. *Ibid.*，11 janvier 1937.

第五章

381 # 政党实力和政党联盟

政党实力的大小可以通过党员、选民和议会席位这三种不同的标准来确定。但通过党员的标准来衡量政党实力的大小有时会有不妥，因为这个标准不适用于所有的对象。干部党没有党员的概念，而群众党对党员概念的定义也各不相同。党员的数量只能用来衡量一个政党实力的变化，或比较类似政党的规模实力。但是，选民和议会席位可以作为一个一般的衡量工具，不过它们之间并不总是有紧密关系。在完全采用比例代表制的情况下，选民和政党席位之间的关系是紧密的，但是没有一个国家会完全采用比例代表制，大部分国家采用的都是多数选举制。多数选举制中，选民人数和议会席位之间的差距往往很大。

选民和议会席位对衡量政党实力的作用各不相同，选民的作用是衡量政党在公众舆论中的力量，议会席位的作用是衡量政党对政府的影响力。但这两个标准应该同时使用，只有这样，才能看出议会对民意的反应。对于那些提议通过恢复多数选举制来减少法国共产党代表性的人来说，即使该党获得的选票保持不变，相对多数选举制也会减
382 少他们在议会中的席位。但反对改革的人会说这是通过打破温度计来降低温度的自欺欺人的做法。但这也是不确定的，因为一个政党的选举能力和它的议会影响力之间的关系似乎不像体温和温度计的关系那

样是单方面的，因为议会影响力是选举力量的一个组成部分。如果投票制度对一个党不利，而选民不得不把票投给这个党，那么选民也会做出相应的回击，简单多数一轮投票制选举下的两极分化清楚地表明了这一点。另一方面，议员人数较少的政党的威望和影响力都较低，它对政府决策的影响较小，这说明它不太容易在议会中获得席位，也不会向选民惠及好处。1924 年至 1939 年间，共产党在法国议会中的代表性不足问题无疑严重阻碍了它的发展。1945 年，问题的改善给了它极大的鼓舞。在选举改革扩大了二者之间的差距后，对选民数量和议会席位数量进行系统地比较，我们可以确定议会席位数量对选民数量的影响，也就是说可以看到选民对选举制度的反应。

选民和议会席位这两种衡量工具相辅相成。然而，在某些情况下，需要选择其中一个来使用。例如，如果要确定政党的规模大小，只能选择一个衡量标准，采用两个标准就会获得两种结果。当然，选择哪个标准取决于研究的需要：分析公众对政党的看法，将以选民为标准，而要研究政党在国家中的作用，则要选择议会席位作为标准。383
本书将议会席位作为标准。如果没有特殊的说明，本书所讲的政党实力一般指的是政党在议会中的规模大小。我们采用这个标准不是随心所欲的，它反映了西方民主国家政党对议会行为影响的重要性，尽管这种重要性正遭到严重破坏，但它仍然存在。无论如何，这不是一个排他性的选择，我们将会采用两个工具一起研究政党代表性的问题。

实力大小的概念与联盟的概念密不可分。在所有存在联盟的政权中，政党的实力在物质上或政治上都取决于联盟。在物质上，选举联盟对政党获得的议会席位数量发挥着关键作用。在政治上，议会联盟和政府联盟将增加或减少议席数量。1946 年至 1951 年，共产党在法国国民议会中有 163 名代表，但其影响力低于只有 45 名代表的激进党，这是因为共产党处于孤立地位，而激进党利用其中间党的地位建立了不同的联盟。共产党实际的力量要比其表面上看起来小，而激进党则正好相反。

第一节　政党实力的分类

从政党实力对政党进行分类总是带有任意性。小麦积累到多少才构成一堆小麦？小孩子几岁成为少年？少年人几岁成为青年人？青年人几岁成为成年人？如此等等。将定性的概念引入定量测量，将种类差异的概念引入计数标度，只是一种权宜的做法。然而，如果大小的差异就是种类的差异，那么这就是合理的。一个 30 岁的人不是他 15
384 岁时的两倍，一个 60 岁的人也不是他 30 岁时的两倍。一个拥有 200 名代表的政党并不是一个只有 10 人政党的 20 倍：它们属于不同的社会学范畴。

政党实力的分类

政党从实力上可以分为三类：以成为多数党为使命的党、大党和小党。以成为多数党为使命的党显然与大党和小党不同，它指在议会中拥有绝对多数票的政党，或者有一天可能通过选举而拥有绝对多数票的政党。在多党制中，存在以成为多数党为使命的党是非常特殊的情况，这也许只对执政党而言有可能，但即便如此，往往也值得怀疑。相反，在两党制下，无论执政与否，两个党都是以成为多数党为使命的党，除非两者占比相差太大，以至于其中一方沦为永久性的少数党，如美国有几个州就是这样的情况。因此，至少在两党制下，这种政党的区分标准非常明确，且很容易被区分。在美国联邦层面，民主党和共和党都是以成为多数党为使命的党。但在美国南部或西部各州的许多立法机构中，只有民主党是这样的党，而在美国北部和东部的一些州，只有共和党是这样的党。在英国，在 1922 年工党取代自由党前，保守党和自由党都是这样的党。在多党制下，一个政党的支配地位可能会赋予它多数党的角色，但在多党制中区分多数党和其他类型的政党不如在两党制中明确。在挪威，社会党从 1933 年起可以被看作多数党，当时它有 69 个席位，但绝对多数是 76 个席位。它于 1945 年获得了超过 76 个席位。在瑞典，社会民主党似乎在 1936 年取得了多数党的地位，获得了 112 个席位，而绝对多数为 117 个，它于 385
1940 年达到绝对多数席位。但是，在多党制下，对多数党的判断标准总是不够立得住脚，即使在很长一段时间内审视一个政党的发展，也不完全能得出一个准确的结论。在多党制中，多数党和大党的区别总是微妙的、刻意的，只有在两党制下，以成为多数党为使命的政党的概念才是明确的。

以成为多数党为使命的概念基于一个基本现实，那就是这样的政党和其他政党之间存在政治心理差异。一个以成为多数党为使命的党知道，即使它现在不承担政府的责任，它总有一天也会独自承担政府的责任。其他政党也知道，除非有绝对特殊的情况，否则它们永远也不会承担政府责任。这种差异彻底改变了政党的社会学性质。以成为多数党为使命的党必然是现实主义的，其纲领必然会受到现实的考验。任何竞选的承诺行为总有一天会反噬它，选民的支持迫使它上台后信守承诺。以成为多数党为使命的党自然会把重点放在实际问题上，而不是理论问题上，因为不可能用理论来进行统治。它通常会坚持实施精确而有限度的改革纲领，而非难以实现的革命性纲领。一句话：它完全是行动主义的，但有限度地采取行动。其他政党不受现实的奴役，它们知道自己的议程永远不会被提上日程，因为它们永远不会单独掌权，只会在议会中与盟友分享权力。因此，这些政党总是有
可能把失败的责任推给它们的盟友。对于这些不以成为多数党为使命 386
的政党，它们的纲领不是一个具体的行动计划，因为它们知道自己永远不能执行这样的计划，它们只能与盟友达成协议，才能制定一项共同的政府计划。任何协议都需要相互让步，因此每个盟友的原始计划

都会发生重大变化，而每个政党欣然接受这样的事实，因为它们自然而然地倾向于遵循一个古老的外交原则："开口要求的，要多过心中预期的。"

不以成为多数党为使命的政党，无论它是大党还是小党，都会进行煽动。由于缺乏实际的制裁和检验手段，它们可以鼓吹任何改革，即使是不可行的改革。它们因为做出的承诺而赢得选举，因此会不计后果地去做承诺。另外，与其他党派结盟达成协议，不仅不会改变其承诺，还会使自己有了推卸责任的借口。不过，如寓言的编创者最终会相信自己的寓言一样，这些政党也会认真对待它们的煽动行为，尤其是当它们利用煽动来激励那些拒绝接受诱惑的活动分子时。欧洲大陆政党提供了一些活生生的例子。共产党不是唯一一个在不考虑实现可能性的情况下提出"纯示范性法案"[1]的党，它只是唯一承认这一点的党。煽动也不是左翼的特权。当比利时自由党在1949年要求削减25％税收时，它知道这是荒谬的，而当法国右翼在1946年的竞选中提出恢复完全的自由主义时，它早就知道这一计划是不可能的。在两
387 次世界大战期间，法国社会党对马克思主义的承诺纯粹是口头上的，因为工人国际法国支部拒绝使用革命和暴力的方法来实施马克思主义理论，它知道自己不会单独执政，也知道不会有任何联合政府采用革命和暴力的方法来实施马克思主义理论。所有政党因"一起走一段路"的理论而构成联盟，并限制自己的欲求，但这理论纯粹是虚幻的。它们虽然要一起走到路的尽头，但没有一个人能走得很远。

民族气质的问题可能会加剧这一基本趋势。法国或意大利政党的煽动性与其说是来自政治言辞和一般观念，不如说是缺乏多数党的原因。也许有一天，意大利基督教民主党将成为多数党。但它不愿意单独执政，更愿意与其他人分享权力，这表明尽管该党获得了绝对多数席位，但它仍然抱有一种认为这种情况很特殊的心态。无论如何，在多党制下，一个政党只有在长期保持支配地位的情况下，才能称得上

多数党，否则，它的竞争对手采取的煽动性行为本身（这些对手没有成为多数党的倾向，不希望独揽政府大权，因此也不担心必须执行自己的纲领），就会迫使它为了自卫也采取煽动行为。在两党制下，煽动性不存在的主要原因是反对党不能过度竞争，因为有一天它也有可能独揽权力，这样的煽动行为会反噬它。在多党制下，一个拥有议会多数席位且占支配地位的政党的反对党将不止一个，这些反对党绝不可能独自获得同样的多数席位，因此，它们可以自由地使用蛊惑等宣传策略，但多数党没有这么自由。不过，自然的政权交替现象会使它失去多数地位，从而结束其统治。在任何情况下，反对党比执政党更 388
容易展开蛊惑行为。但在两党制下，两党都是以成为多数党为使命的政党，轮流执政限制了反对派使用蛊惑宣传策略。在一个没有以成为多数党为使命的政党的制度下，由于政府联盟的问题，执政党也会采用蛊惑等宣传策略。事实上，它们虽然执政，但也同时互为反对党，每个人都把失败的责任推给其他的盟友。

区分大党和小党是对以成为多数党为使命的政党形式的一种补充，虽然大党和小党的分界线很模糊，但区分它们同样重要。除非出现与政权性质不符的特殊情况，否则大党永远不希望获得绝对多数，因为如果它单独执政，它必须要获得其他政党的同意和支持。它们通常只在联合政府中执政，但它们的规模使其能够在联盟中发挥重要作用，获得政府部门的关键职位。如果它们是反对党，它们也可在政府中采取有效的行动，如果再与相近的政党联盟，它们发挥的作用可以更大。相反，小党在政府或反对派中只起辅助作用。如果多数派和少数派之间的差距很小，这可能会使它们的地位急剧上升，因为这时它们有制衡其他政党的作用。否则，小党只能满足于几个部长级的后座，或是柏拉图式的批评。可以看出，大党和小党的区别界限不够明确，只是基于一个确定的现实。通常很难说一个政党什么时候从小党变成大党，但大党和小党同处于中间地位也不能抹去它们之间存在实质性和深刻差异的现实。也许我们无法准确地说出一个小孩子在什么年龄会成为成年人，但童年和成熟是两类特定事实是毋庸置疑的。

389 没有必要通过一个标准数字来区分大党和小党，例如，按照议会席位5%的比例，尽管这一数字有时反映着事实。要区分大党和小党，需要对每一个国家进行等长的长期观察，不仅要考虑一个政党在一次选举中获得的席位数量，而且要考虑它在连续几次选举中获得的席位数量，并最大限度地考虑到出现的变化和变化的程度。1920年至1939年期间，在斯堪的纳维亚半岛国家、比利时、荷兰和瑞士，共产党似乎是一个小党。1945年，一股暴力浪潮让人相信共产党的性质改变了，但实际情况还似从前。在美国，从联邦角度而言，除了共和党和民主党之外，所有政党都是小党（图28）。在英国，自1935年以来，自由党已成为一个小党。在所有实施比例代表制的国家，如荷兰、挪威和瑞士，有大量短暂和不断变化的小党。在法国，共产党虽然在1924年获得了近10%的选票，1928年超过了11.3%，1932年仍有8.36%，但直到1936年，它一直是一个小党。在人民阵线帮它摆脱孤立地位后，它变成了大党。在第三共和国时期，人民民主党、年轻的共和党、社会党一共和党联盟都是小党。法国右翼各团体面临的一个困难是，与其说它们是小党，倒不如说它们不是政党。事实上，法国右翼是反对派，但选举制度可以让它们以非政党的形式参加竞争。区分大党和小党没有任何重大困难。与区分以成为多数党为使命的政党和不以成为多数党为使命的政党一样，大党和小党的区分
391 也是基于政党心理的。小党具有单独的特质，必须作为一个特殊的社会学范畴来看待。

在详细描述小党之前，人们可能会问，与小党的准确狭义的概念相比，大党的概念是否太模糊？怀揣着这个问题进行观察，可以看到大党之间的巨大差异，从而可以提出“中型党”这样的一个假设性概念。中型党不像小党那样没有影响力，也不像大党那么有影响力。除

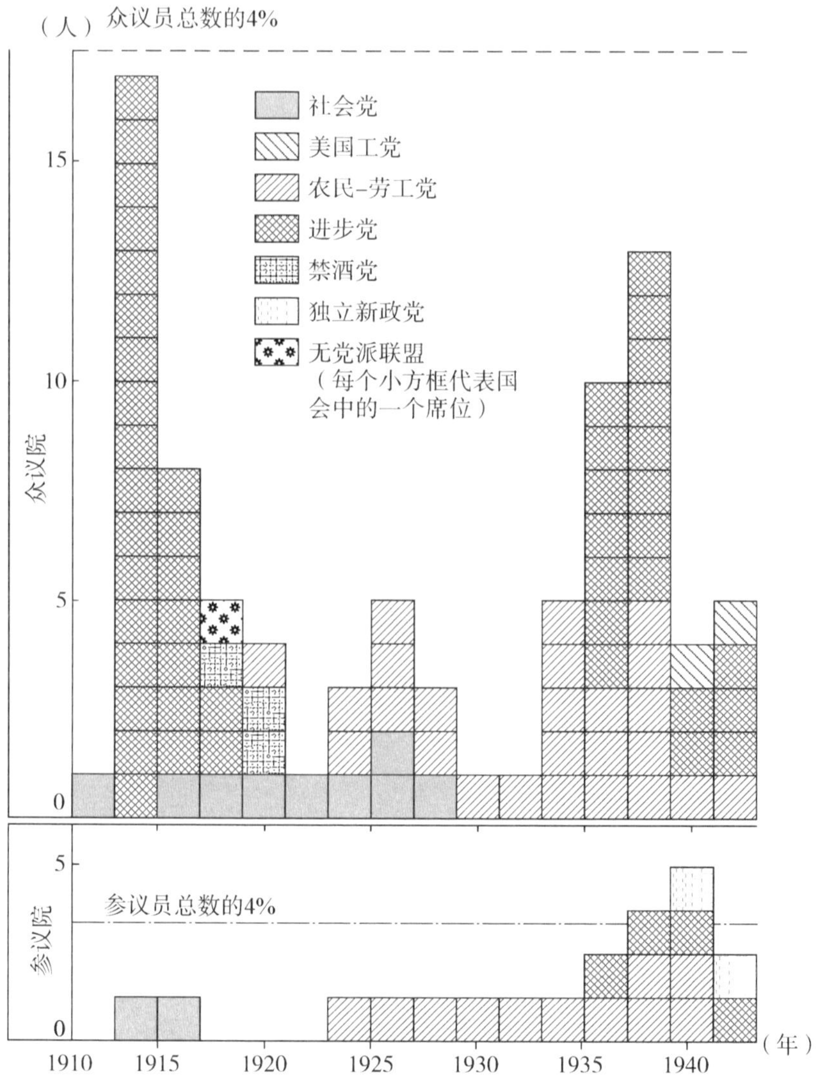

图 28　美国国会中的小党

非是在短暂和特殊的时期，中型党一般由于在议会的席位不够，无法和其他相近党派构成少数派政府。在联盟政府中，它们的地位也较低，获得的大部分都是政府次要部长的职位，只有一两个重要职位会留给它们。在政府之外，它们也无法和其他党派团结成一个联盟反对党，它们要么跟随一个大党，要么成为单独的反对党。对此我们可以举出相当多的中型党的例子。1919 年至 1936 年的比利时，自由党在众议院的席位为 10％至 16.5％，它与社会党和天主教党这两个占 31％至 42％席位的大党有着明显的区别。同一时期在荷兰，大党有天主教党和社会党，分别在议会中占 28％至 32％席位和占 20％至 24％席位，而小党有占 7％至 10％席位的历史基督党（1937 年除外，当时为 4％）、占 7％到 11％席位的自由党、占 5％至 7％席位的激进党。介于大党和小党之间的为反革命党，占 12％至 17％席位，但它与小党更相似。在瑞士，农民党和资产阶级党（1919 年以来占席位的 17％至 10％）与激进党（30％至 24％）、社会党（29％至 21％）和天主教党（23.5％至 21％）这三个大党有着相当大的区别。在丹麦，社会民主党和左翼是大党，保守派和激进党是中党。在法国，
392 1946 年至 1951 年间，占 9％以下席位的激进党很难与分别占 28％、16％和 25.5％席位的共产党、社会党和共和党相提并论，然而，激进党却不能被视为真正意义上的小党。可见大党和中党的区别只是基于一定的现实。不幸的是，这种区分过于模糊，不能作为一般的定义，只能根据每个国家的具体情况来处理。

小党理论

小党的概念值得特别研究，对它的理解也是多样的。小党指的是在议会中获得的席位很少，无法在政府发挥重要作用或发挥反对派作用的政党。有些人认为小党是分裂的根源，希望它们消失，而有人认为它们是减震器，有自己的作用。这些理解既是对的也是错的。存在两种不同的小党，对小党的理解要依据类型而定。小党分为知名政要型小党和少数政见型小党。

知名政要型小党只是议会党团，没有真正的组织结构。知名政要型小党是由无法忍受大党纪律或认为大党无法实现其雄心壮志的议员

组建的，有很多类型。一类是由一群希望依附于一个非常有影响力的人并从中获得利益的人构成的。例如，1931 年英国自由党内部就存在一个劳合·乔治（Lloyd George）派系，该派系以家庭纽带为基础，围绕着劳合·乔治和他的儿子、女儿和女婿而组成。与它相对的则是成员地位相对平等的小党。从另一个角度我们可以区分两类政党，即与任何一个大党都没有直接联系的小型独立政党，围绕在大党 393
周围的卫星型小政党，如依附于共产党的进步共和联盟（前共和和抵抗联盟），以及法兰西第三共和国时期依附于激进社会党的社会共和党和独立左翼，还有英国保守党周围的民族自由党等。知名政要型小党结构不够稳定，它属于核心小组型、分权型政党。这些知名政要型小党，除了卫星型小党外，几乎完全缺乏纪律概念，它们的组建不依据明确的理论，只是体现了机会主义而已。与这种特性相对，我们还可以看到顽固型政党。这种政党有自己的理论，它将某些大党的异端聚集在一起，这些人指责大党意识形态上的偏差，寻求维护意识形态的纯洁性，继续发展或复兴自己所维护的意识形态。例如，许多左翼或右翼的社会党团体就属于这种顽固小党。这种顽固党往往由两类先驱者构成：一类人犯下“过早正确”的错误，另一类人认为一个政党只需自上而下构建而无需基层组织。

少数政见型政党不仅是内生型政党，而且在国家或地方都有自己的组织。有些以核心小组为基本组成部分，有些则以分部、支部甚至民兵组成为基本组成部分。从结构上看，它们与上述的小党相比更具现代性，有一定的社会或政治基础，并相对稳定地代表了小部分民意。少数政见型政党可以按照民族、宗教、政治等领域进行不同类型 394
的细分。少数民族政党最多，如奥匈帝国的波兰党、捷克党、斯洛伐克党和意大利党，德意志帝国的阿尔萨斯党、波兰党和丹麦党，1939 年以前捷克斯洛伐克的苏台德党和斯洛伐克党、19 世纪末 20 世纪初英国的爱尔兰党、西班牙共和国的巴斯克党和加泰罗尼亚党、波恩共和国的巴伐利亚基督党、现在法国的阿尔及利亚党或非洲党等等。这些政党代表一个种族或地区，不完全接受融入民族共同体。它们中的一些是分离主义者，一些是自治主义者，一些是联邦主义者，一些是区域主义者。这些政党在议会中影响较小，在地方上影响非常强大，在地方上它们往往是一个占支配地位的政党，甚至是唯一的政党。在西方国家，宗教型政党正在消失，在这些国家，宗教不再在生活中发挥重要作用。在荷兰，温和派和保守派之间的分裂源于宗教因素。在1919年至1939年期间，荷兰还围绕新教教派成立了一些小党。在非洲和亚洲，宗教型政党相当发达，黎巴嫩是最典型和最复杂的例子。

政治少数小党的概念不那么令人熟悉，它只代表了公共舆论的一小部分。政治少数党相当于一个“精神家庭”，极少数人支持，但相对稳定，不受大党的影响。在英国、斯堪的纳维亚半岛国家、比利时、荷兰和西德，共产党属于这一类型。美国社会党和1939年战争
395 前西欧的法西斯政党也属于这一类型。在法国，基督进步党基本上也属于这一类型。这些政治少数党的起源各不相同，一些是历史遗留下来的政党，它们来自已消失的大党，如化石一般见证了政党的“史前时代”，如法国的拥护君主制团体。一些政党是地理意义上的“遗址”。这些小党试图将在其他国家很盛行的党派理论渗透到自己国家，而自己国家的环境无法为这样的理论提供发展的土壤。例如美国的社会党，英国和北欧的共产党，法国、比利时、荷兰和斯堪的纳维亚半岛国家在二战前成立的法西斯政党。用社会学的方法对每个国家的政党结构进行分析，可以解释政党发展不均衡的情况。这种发展不均的原因有时（但很少）在于政党的成熟度和存在时间的差异。就此而言，研究小党可以预知未来，因为小党不再是化石，而是种子。

小党结构上的差异与其功能上的差异相对应，尽管其相关性不是必然的。知名政要型小党大多在政府履行职责，而少数政见型政党都是反对党。知名政要型小党往往是多数党的补充力量，其党员在内阁

中担任部长职位。知名政要型小党在议会处于中间地位，这使它们能够在右翼占多数席位的情况下保障左翼利益，或者在左翼占多数席位的情况下充当右翼的保证人。用军事术语来说，它们是“侧翼”。它们处于多数派与反对派的边缘，具有与其人数不成正比的举足轻重的 396
作用。知名政要型小党是培养部长的苗圃，也是培养总理的苗圃。它们相对于主要政党具有独立性，这独立性使它们能够在政党联盟中充当各政党的调节者。一个大党的部长们效忠于一个对立大党的总理是很尴尬的事情。同样令人不快的是，当大党通过正式行使领导权而承担起公众眼中政府政策的全部责任时，其他政党在与大党合作中仍然可以自由地扮演本丢·彼拉多（Pontius Pilate）[2]的角色。一个来自小党的总理能够避免这些不便。如果他有权威，他可以比来自大党的总理能更好地领导部长，因为联盟中的其他政党的部长不可能完全听从大党出身的总理的领导。在第三共和国时期，来自小党的总理发挥了很大作用，如潘勒韦（Painlevé）、普恩加莱、白里安（Briand）、塔尔迪厄（Tardieu）和赖伐尔（Laval）等。有人会认为，第四共和国初期采用了比例代表制，这导致政党格局的僵化，因而小党会被消灭，但社会民主抵抗联盟和普乐凡（Pleven）的例子表明，情况并非如此。正如大封建领主可以听从于小国王，但不会听从于另一个大封建领主一样，政党格局的僵化使大党的部长难以服从来自另一个大党的总理，并使小党的调节作用更为重要。事实上，从 1948 年开始，党纪的削弱使第四共和国更接近于第三共和国，因此小党重新变得重要，特别是对于右翼和中间党而言。

并非所有知名政要型小党都承担总理或部长的职责，如卫星型小党的作用就相当不同。卫星型小党通过表达大党的意识形态和立场来吸引其他议员。简言之，它们在议会中的作用就相当于国家的附属机构在国家中的作用。同时，这种小型政党的作用是在两个相似的大党之间建立过渡和联系，这一职能类似于多数党和少数党之间的中间

党。而少数政见型政党往往是反对党，它们的政治观点在国内往往被
孤立，但它们由于自卑情结而具有的好胜心使得它们并不容易妥协。
另一方面，不用承担政府责任和无法在政府担任重职让它们可以随意
397 反对执政党，它们是最擅长鼓动宣传的政党。如果有一个同质的、稳
定的人群支持它们，无论是代表地方势力的群体还是宗教团体，它们
就会更加肆无忌惮，因为它们要通过鼓动、暴力手段来维系这些人的
支持，保持自己与国家的分离，保持自己的异端性。由于这些少数政
见型政党在全国层面上是反对党，但在地方层面是多数党，因此它坚
持的是自治甚至分裂态度，这可能危及国家的统一。例如德国的阿尔
萨斯党、捷克斯洛伐克的苏台德党就很典型。

在特殊情况下，小党起到仲裁人的角色，在选举或议会中具有相
当大的影响力。在简单多数制下，如果两个主要政党的票数接近，一
个小党只需获得几张选票，就可以完全改变结果。在议会中，小党的
仲裁作用更明显。如果多数党和少数党之间的差距较小，小党的行动
足以破坏议会的平衡。因此，一个国家的命运取决于少数群体。没有
小党的支持，就无法治理国家，但小党的支持又往往反过来损害那些
支持小党的人的利益。1885 年、1892 年和 1910 年，爱尔兰党的存在
就使得英国处于这种情况（图 29）。1885 年，自由党以地方自治为筹
码换得与爱尔兰党的结盟，但这也导致联合爱尔兰从自由党分裂出
来，并使自由党失去了政府。1892 年，新的联盟导致了新的失败，
398 并加速了自由党的衰弱。自由党在 1906 年后被彻底赶下台。1910
年，同样的情况再次发生，但更糟。这次自由党依旧以爱尔兰自治为
筹码获得了爱尔兰人的支持，从而通过了预算和实现了对上议院的改
革。但是对阿尔斯特省和爱尔兰独立的抵抗是非常强烈的，政治斗争
演变成几个世纪以来英国从未发生过的暴力。诚然，这场危机的原因
在于爱尔兰和英国之间的根本矛盾，而非爱尔兰党的调节作用，但爱
尔兰党的态度无疑加剧了危机。

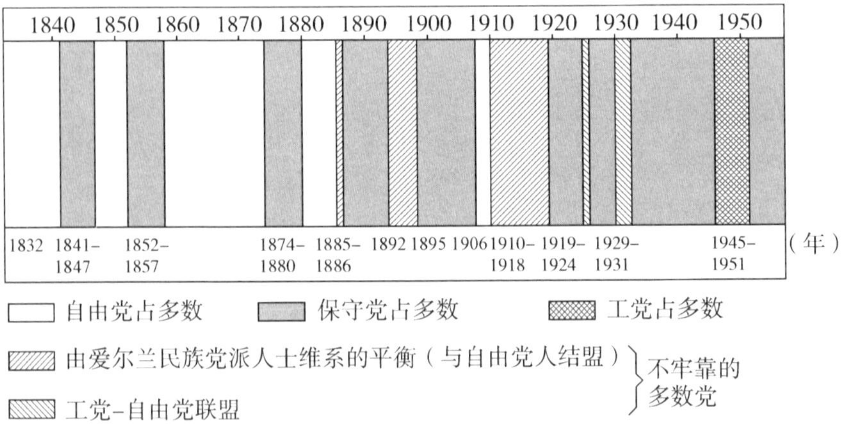

图 29 1832 年至 1957 年英国多数党的变化

在 1945 年法国制宪会议的一些投票中，可以看到一个不太明显的小党发挥调节作用的例子，这就是穆斯林议员的投票问题，他们的投票使得天平朝着某个方向倾斜。对此，一位讽刺作家将 1946 年 4 月的草案称为“法国穆斯林制宪会议草案”，这一措辞与《1911 年国 399
会法》中的“英国爱尔兰宪法”一词异曲同工。但这个例子说明了少数政见型政党的影响力和危险性。有些人也将知名政要型政党的危险性与之相提并论，但这值得商榷。知名政要型政党作为减震器和纽带的作用是无可置疑的，它们显然有助于法国议会制的发展。有时，人们指责知名政要型政党使议会变得枯燥乏味，通过在各政党之间制造混乱而剥夺了议会的活力，通过压制各政党纲领中的内容而削弱了它们的个性。但实际上他们批评的是多党制和多党制造成的政党联盟，而不是小党。但是知名政要型政党有一个明显的缺点，那就是它们为大金融势力干预政治提供了便利。游说大党不太容易，因为它们太大了，不好收买一个整体，因为它们纪律性太强，个人腐败产生不了实效。但游说小党就容易得多，游说集团可以很好地从外部控制小党。如果小党还具有调节作用，之前提到的危险便会显现，政府的命运会掌握在少数金融人的手中。从理论上讲，这种危险是非常容易发生的，但现实中很难衡量，因为没有投票纪律的分权型大党很容易被游说，而集权型政党中的个人腐败也很明显。一个金融集团显然非常希望通过处于调节地位的小党控制一个国家的政府，但这种现实不具有
400 一般性。

小党形成的因素也值得研究。在这方面，选举制度的影响是毋庸置疑的。比例代表制产生了不稳定的小党，这在荷兰、瑞士、魏玛共和国或慕尼黑议会之前的捷克斯洛伐克的例子中都能看到。比例代表制产生小党数量的多与少与完全采用比例代表制还是混合其他选举制有关。地方为了阻止小党在全国范围内汇集选票，在采用比例代表制的同时使用了分配制度。常常还会使用更直接的手段阻止小党的发展。例如，在名单比例代表制下参加竞选需要交纳保证金，如果达不到一定比例的选票，保证金将不予退还。又如，如果名单所获票数没有达到选举商数或商数的一定比例，则禁止分配任何余数，等等。所有这些程序都表明比例代表制对小党发展的影响巨大，有必要加以限制。必须指出的是，在一个明确的方向下采用比例代表制有利于少数政见型政党的发展而不利于知名政要型政党的发展，这是因为比例代表制是集体投票，不利于单独的候选人和以单独候选人为中心的知名政要型政党。单独投票制度更有利于知名政要型政党，因为单独投票是出于对一个人的信任，无需对他的政治观点进行过于细致的审查，而比例代表制则恰恰相反。当然，这些都只是部分因素，还存在其他因素的影响，如当地情况、选民坚持自己观点等。比例代表制不利于
401 知名政要型政党的发展，但不是不允许其出现，只是不鼓动其发展而已。相反，由于完全相反的原因比例代表制有利于少数政见型政党的发展。这里要单独说一下地方少数政党的情况，它们在某些地区是多数党，而在其他地方则不存在。多数选举可以使这些党派保持自己的单一影响力，但比例代表制可以削弱它们的发展，允许反对派在它们的影响力范围内获得选票。例如，在 1918 年之前，比例代表制的存

在允许在爱尔兰地区选举产生亲英议员，而1938年以前的苏台德地区，比例代表制将德国党和捷克斯洛伐克党分离。同样，比例代表制的存在使得民主党在美国南部各州都不具有垄断地位。

多数选举制对小党发展的影响要小得多，但也不可一概而论，需要根据多数制的模式和政党的类型进行区分。选区的规模似乎有很大的影响。小选区强调候选人的人格魅力，有利于个人代表。小选区中的党派关系松散，议员的独立性相当明显，围绕议员形成的小党能够在议会中发挥更灵活的作用和更广泛的影响力。大选区实行名单投票，这类似于比例代表制中的集体投票。名单投票减弱了个人影响力，加强了党纪，使小党的机会减少，特别是对知名政要型政党而言。如果采用混合选举，上述后果将得到缓解，因此是否采用第二轮投票变得非常重要。单轮投票产生两党制，压制小党的产生，促使以成为多数党为使命的政党产生，但这种情况一般只发生在地方选举中。虽然单轮投票在小选区导致两个党派相互竞争，但是这些不同的竞争对手放到全国就会形成多党派的局面，因此有些地方的小党可能会参与国家 402
竞选，例如美国或加拿大。第二轮投票似乎更有利于地方小党的发展，但是对于地方少数政党而言，一轮选举更有利于它们在地方垄断代表，例如英国的爱尔兰党、美国南部各州的民主党等。总的来说，多数选举制有利于知名政要型小党的产生，比例代表制有利于少数政见型党的产生，但多数选举制更有利于地方少数政党的产生。

选举因素的影响仍然有限。尽管法兰西第三共和国和第四共和国投票的方式不一样，但第四共和国最终走上了第三共和国的老路，小党得以复兴。尽管选举改革可能会稍微缩减爱尔兰党在英国或德国党在捷克斯洛伐克的议会席位数量，但不会取消它们的席位。另一个选举因素影响有限的证据是法国左右小党在议会中不平衡的地位。尽管选举制度相同，但是在议会，除了共产党和社会党，几乎不存在左翼小党，但中间派和右翼小党数量很多，影响力也很大。

第二节 政党实力的变化

要对政党进行一段时间的观察，才能从数据的平均值中确定政党实力。然而，这种静态的观点必须辅之以动态的审查，以显示所涉期间政党实力的变化。对每个国家而言，这种变化都有助于了解政治力
403 量和民意的变化，选举是一个有趣的变量。另外，通过对所有民主国家的政党发展进行比较研究可以得到一些一般性公式。

变化的类型

观察整个政党制度可以确定其发展的一般类型。这里主要描述轮流执政型、权力分布稳定型、新兴政党左翼型、支配制。轮流执政指政党像钟摆一样，每一个政党都从反对党走向执政党，从执政党走向反对党。轮流执政主要存在于两党制国家，英国是一个典型例子（图29）。19 世纪，在长达 50 多年间托利党是执政党，从 1832 年到 1841 年辉格党执政。1847 年，自由党以微弱的优势执政，1852 年，保守党以微弱的优势执政。1857 年至 1874 年自由党执政，1874 年保守党执政。1880 年至 1886 年自由党再次执政，1886 年保守党再次执政。1892 年爱尔兰自由党执政，之后在 1895 年至 1906 年期间保守党执政。1906 年自由党再次组建政府，1910 年在爱尔兰党的支持下继续执政到 1918 年，此后再也没有赢得政权。1923 年和 1929 年，工党的上台改变了轮流执政的机制，当时没有一个政党能够获得绝对多数，但轮流执政仍在上演。1918 年至 1923 年保守党执政，1923 年自由党与工党联合执政，1924 年至 1929 年又换成保守党执政，1929 年自由党与工党联合执政。自 1931 年以来，轮流执政制度得到恢复。1931 年至 1945 年间保守党执政，此后一直是工党执政。在美国也同样有轮流执政的现象。内战后，直到 1875 年，共和党在众议院占多数席

位，1875 年到 1881 年是民主党。1881 年共和党，1887 年民主党，1889 年共和党，1891 年至 1895 年民主党，1895 年至 1911 年共和党，1911 年到 1921 年民主党。在两次世界大战期间，1921 年到 1931 年间共和党获得多数，其余时间是民主党。实施比例代表制之前的比利时也一样（图 30）。 404

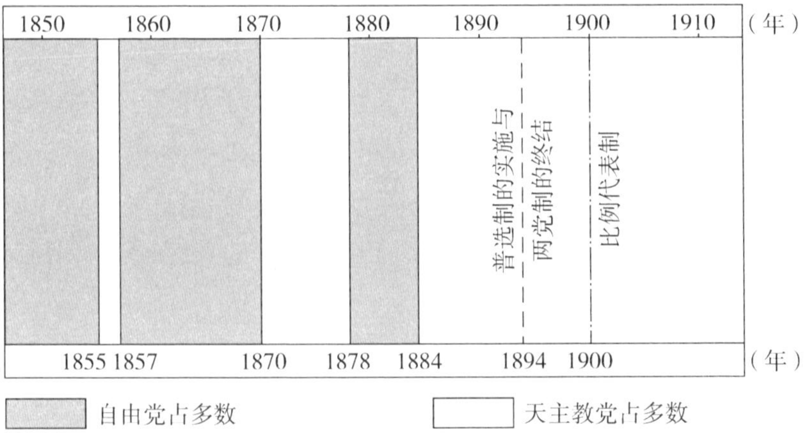

图 30 1847 年至 1914 年期间比利时政党轮流执政

产生轮流执政的原因很多。哈舍克（Hatschek）在对英国政治制度进行研究后，从 1885 年和 1892 年英国自由党的分裂中找到灵感，提出了执政党瓦解的定律。[3]该定律有两个假设，一方面，执政迫使执政党削弱其纲领，不能完全履行对选民的承诺，因此，一定比例的选民自然会失望，倾向于将选票投向另一方。另一方面，政府采取的行动会导致执政党内部产生分歧，顽固的左翼和等待时机的右翼之间分歧加剧。对反对党而言，它比执政党更容易团结，无论有什么分歧，最终目的是反对执政党执政并致力于取代执政党。而一旦反对党 405
执政，反对党之前的分歧就会显现出来。权力的行使导致执政党的力量削弱并瓦解，有利于反对党上位，但反对党一旦执政，就又要陷入瓦解定律的魔咒。总的来说，这种描述是真实的，执政党瓦解的例子不胜枚举：1885 年和 1892 年英国自由党的分裂导致其丧失执政权，

1931 年工党的危机也是如此；19 世纪比利时自由党内部的竞争最终也导致了天主教党执政。

轮流执政主要发生在两党制国家，因而执政党瓦解是一种普遍现象，但不能说轮流执政由执政党瓦解导致。政党的数量在轮流执政中起到非常重要的作用，轮流执政以两党制为前提。选举制度也是一个关键因素。简单多数一轮投票制会使强党的代表性过强，使弱党的代表性不足，它只会造成选民的多样性，但不会造成轮流执政，只是让轮流执政更明显。选举制度对轮流执政的作用是间接的，因为简单多数一轮投票产生两党制，两党制倾向于轮流执政。但是轮流执政与两党制的关系不是绝对的。在联合选举中，也会出现轮流执政。荷兰在实施比例代表制之前，天主教党和反革命党组成的保守派与自由党和
406 激进党组成的自由党轮流执政。1888 年保守党执政，1891 年至 1901 年自由党执政，1901 年又变成保守党执政，1905 年变成自由党执政，1909 年保守党执政，1913 年自由党执政。

与轮流执政相对的是权力分布稳定型政党制度。轮流执政意味着政党实力变化性大，而权力分布稳定意味着政党实力变化相对稳定。权力分布稳定是指在很长一段时间内，各政党没有发生重大变化。这里必须考虑两个因素：一是两次选举之间的差距不能很大，二是长期趋势的鲜见性。显然，两次选举之间的差距很难精确界定。然而，观察的结果表明，两次选举席位差数小于 5%被视为小差距，5%至 10%被视为中等差距。要想权力分布稳定，中等差距是例外，小差距是规则。同样重要的是，这些差距，无论多么微小，都不应总是朝着同样的方向发展，否则，一个深刻的转变将缓慢而真实地发生。当然，完全没有差距是永远不会实现的，但有些国家在一段时期内表现出非常明显的稳定性。有时，技术或政治原因导致政党权力分配重新洗牌，因为旧的权力关系被新的权力关系所取代，但往往会恢复之前的平衡。第二次世界大战导致了之前权力分布稳定的政党在规模上重

新分类，第一次世界大战和 20 世纪初的选举改革也造成了同样的结果。相反，在两次世界大战期间，权力分布稳定的现象是显而易见的。

1919 年至 1939 年间，荷兰、瑞士和比利时三个国家表现出高度的政治稳定性。在荷兰，在历届选举中一个政党的议会席位的变化从来没有超过总席位数量的 4%。而这 4%的变化只发生过两次，一次是 1925 年社会党的席位占比从 20%变为 24%，一次是 1922 年历史基督党的席位占比从 7%变为 11%。3%的变化也并不常见，只有 5 次，最常见的变化为 1%或 2%。此外，除了荷兰自由党从 1918 年到 408
1937 年的 19 年间在选举中失去了 6%的议会席位，即从 10 个席位降至 4 个席位外，没有发现其他政党有长期缓慢的变化。瑞士政党的稳定性更为绝对。5%的浮动只在 1931 年至 1935 年期间的农民和资产阶级党出现过一次。农民和资产阶级党的衰落与荷兰自由党的衰落程度完全相同，1922 年至 1939 年期间，荷兰自由党失去了 6%的议会席位。比利时不存在 4%的浮动，社会党在 1919 年至 1922 年的连续选举中表现出的浮动为 3%。在比利时，1936 年佛兰芒和法西斯危机引起了相当大的动乱，导致天主教党失去 16 个席位（如果考虑到席位总体扩增的情况，浮动为 8%），之前没有任何席位的反议会党获得 21 个席位（总席位数为 202 个，席位扩增 10%），佛兰芒民族党获得 8 个席位（增长 4%以上）。撇开这场危机不谈，比利时政党总体稳定性仍然很高，1921 年至 1925 年期间，社会党席位变化幅度有 5%，1936 年至 1939 年期间自由党变化幅度有 5%。

选举制度的影响似乎是显而易见的。荷兰、瑞士和比利时政党的稳定性是采用比例代表制的直接结果（图 31）。在民主历史悠久的国 409
家，民意是稳定的。每次选举投给各政党的票数比例没有明显变化，议会忠实地再现各政党的选票分布。浮动选票的数量太少以至于无法对政党的实力造成明显的影响。在这些选举稳定的国家，比例代表制

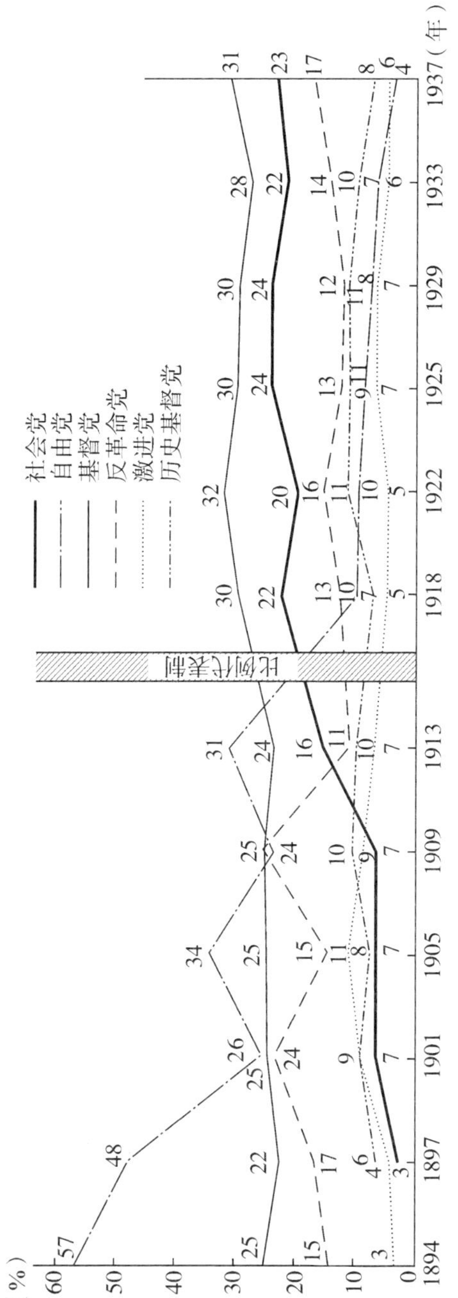

图31 荷兰比例代表制带来的政党稳定性

起到了进一步的稳定作用，让选举不会出现任何波澜。选举制度并不是唯一的影响因素，民族特征也起着重要作用。令人震惊的是，荷兰、瑞士和比利时这三个国家向来是平静、安定和稳定的国家。更引人注目的是，瑞士政党稳定性最高，比利时最低，荷兰介于中间。这些差异似乎与这些国家安定程度的差异非常吻合。然而，即使在一个新的、不稳定的国家，如爱尔兰，1920 年至 1939 年间，两次选举政党席位的差距也很少超过 10%。比例代表制的稳定作用并不普遍，一些实施比例代表制的国家中政党权力分布并不稳定。相反，一些没有实施比例代表制的国家会形成稳定的权力分布。斯堪的纳维亚半岛国家，特别是挪威，说明了第一种假设，即比例代表制与大党支配现象同时出现。法国实施两轮多数选举，在两次世界大战期间，政党分布表现出了相当高的稳定性，这可以说明第二个假设。

法国政党的稳定性不如前几个国家那么绝对，但也非常稳定。但法国和之前的国家相比，由于政党的变化，特别是右翼的变化和不确定性，政党的稳定性很难衡量，只能对激进党、社会党和共产党进行衡量。很明显，连续的选举中，这些政党的席位浮动都没有超过 10%。1936 年，议会总席位有 608 个，共产党在这次选举中增加了 62 个席位，较之前增加 10%，激进党减少了 42 个席位，减少 7%，其他政党席位的差异仅为 5%。对法国政党的观察限于 1928 年、1932 年和 1936 年的三次选举，法国 1919 年至 1939 年期间罕见地采用了两轮投票制，而第二轮投票削弱了第一轮投票中政党多样性的程度。退出 410
竞选可以使退出盟友从继续参选的盟友身上获益，或者继续参选的盟友从退出盟友身上获益，从而从整体上限制各个政党的得失程度。如果存在两个大的、刚性的联盟相互竞争，理论上单独参选政党的数量可能会减少，而两个大联盟不太会产生变化。尽管考虑到第一轮投票的结果，一些温和派选民可能会因为害怕过于剧烈的波动而在第二轮投票中改变之前的决定。但刚性的联盟不太常见。事实上，中间党派的灵活性缩小了大联盟之间的差距。例如，在法国，两个大联盟的总体变化本身就相当小。1928 年至 1932 年期间，右翼减少了 6%的席位，1932 年至 1936 年期间，左翼增加约 10%的席位。[4]

法兰西第三共和国的政党并没有表现出权力分布稳定的特点，而是表现出缓慢但稳定地向左翼倾斜的现象。新兴政党左翼化导致旧政党右翼化的现象可以看作政党制度的第三种变化。这种现象我们之前分析过了，即新产生的政党比原来的老党更加左倾，导致老党显得比新党右倾，从而使得老党消失或与其他政党合并。政党左翼化现象可以采取其他各种各样的方式实现。第一，在没有消灭老党或创建新党的情况下，削弱所有右翼政党，如 1924 年至 1939 年的法国。第二，保持两个联盟间的总体平衡，但允许每个联盟内部左翼化。如自由党在
411 保守党变弱的基础上发展，社会党在激进党变弱的基础上发展，共产党在社会党变弱的基础上发展，等等。两次世界大战之间的瑞典和丹麦就是这种情况。第三，一个新的、更具活力和更不易妥协的政党取代旧的左翼政党，如英国。第四，极端左翼政党的崛起，如两次世界大战之间的挪威。新兴政党左翼性导致旧政党右翼化是现代政党制度形成和发展的表现，它允许新兴政党获得权力。这种现象在其他国家很普遍，除了美国，因为在 19 世纪和 20 世纪初，美国社会结构没有像欧洲那样真正经历过阶级分层，政治在国家发展和公民日常生活中的重要性很低。

对政党左翼化要区分实际现象和表面现象。例如，要对法国政党左翼化的现象有一个正确的看法，仅仅计算不同时期连续选举的选票，以确定左翼的发展和右翼的失利是不够的，还必须考虑到，随着左翼政党的壮大和年龄的增长，它们最初的狂热逐渐减退，这使它们向右翼靠拢。就像 1875 年的共和党可能会在 1901 年投激进党的票，1932 年投社会党的票，1945 年投共产党的票。这种变化在一定程度上反映了 1875 年共和党向左翼发展的趋势，也在一定程度反映了左翼政党右翼化，向共和党靠拢的趋势。在法兰西第三共和国时期，法国人逐渐

向左翼靠拢，这是千真万确的；但左翼也逐渐向法国人靠拢：它在半路上与法国人相遇。边上的轨道驶过一辆北上的列车，这会让静止列车上的乘客以为自己正在南下。这句话用在政治层面比用在社会层面更有意义：左翼思想会随着时间的流逝而失去特色，但下层阶级的崛起已成既定事实。反过来说，真正的左翼精神往往比表面上的左派更 412
为深刻。从外部看，美国并没有朝左转向运动，老牌政党仍然保持着自己的地位；从内部看，民主党正在缓慢地向相对进步的立场演变。然而，这种转变并没有体现在政党实力上（这正是这里讨论的主题），而是一个涉及政党间的竞争与民意的真正分歧的关系问题。

法兰西第三共和国时期，激进党处于相当明显的支配地位。法国的这个例子也可成为政党制度最后的一种变化形式的例子。弗朗索瓦·佩鲁（François Perroux）通过描述主导民族和主导企业，在政治经济学中展示了支配的重要性。思想史中有一种支配学说，即在每一个时代，都会有一种理论提供一种总体的思想框架，反对者只有运用这种理论的推理方法才能批评或摧毁它。例如中世纪的基督教和 19 世纪的自由主义。在政党发展过程中，有时会出现类似的支配现象。一些国家可能存在多个支配党，少数国家只存在一个支配党。我们不能将支配党和多数党或以成为多数党为使命的党相混淆。当一个政党在议会中拥有超过一半的席位时，它是多数党。如果一个政党能通过正常的机制成为多数党，它就是以成为多数党为使命的党。而支配党的概念与这两个概念不同：一个党，在之前不是多数党的情况下，可以成为支配党，但除非奇迹出现，它不仅之前不会是，将来也绝不可能是支配党。第三 413
共和国的激进党就是这样。在两党制下，所有政党都是以成为多数党为使命的党，且其中一个党必然成为多数党，但不一定存在支配党。

什么是支配党？首先，这个政党比其他政党实力更强，在所有政党中位居龙头，并在一段时间内与竞争对手拉开相当明显的距离。当然实力要从整体上去衡量。在特殊情况下，例如两党制下，支配党可以在不丧失其特性的情况下，在某些时候被超越。在两党制下，如果一个政党在一段相当长的时期内一直保持多数地位，它就是支配党。如果在特殊情况下，简单多数一轮投票制夸大了民意的变化，多数党有可能在某一次竞选中失去多数地位，但这不会影响它的支配地位。在多党制下，无论是比例代表制还是两轮多数制，民意的变化通常意味着支配党将失去支配地位。一个比其他政党大的政党不一定是支配党，因为除了表象的因素外，还要考虑社会学因素。当一个政党的理论、思想、做法、风格符合当时大众的心理，它就是支配党。例如，尽管许多法国人和共和党人并不激进，但激进党实际上代表了法兰西第三共和国，所以这个时期的法国我们称为激进共和国。到底是激进党按照自己的形象塑造了这个时代，还是这个时代塑造了激进党？这个问题没有答案，两者之间难以区分。同样，斯堪的纳维亚半岛国家现在被认为是社会党国家，英国 19 世纪后半叶被视为自由党国家，而今天是工党国家。支配体现的更多的是影响力，而不是实力，它同时也是一种信仰现象。一个党是支配党，是因为民意相信它是占支配
414 地位的党。我们可以将这种信仰与对统治者合法性的信仰相提并论，虽然不同，但极其相似。即使是支配党的敌人，甚至那些拒绝投票给它的公民，也承认它的地位和影响力。

从根本上讲，支配不是政党发展的一种独立形式，它可以与政党其他发展形式并存。支配可以出现在轮流执政、权力稳定分布或新兴政党左翼化导致旧政党右翼化等现象中，并稍微改变它们的原始面貌。在两党制中，支配的存在减缓了轮流执政的频率。原则上，在历届选举中，应该出现政权交替，但是现在是多次选举后才会出现政权交替，在此期间执政党的多数地位相对稳定。尽管人们认为选举导致政权交替的现象更常见，但事实是多次选举后才出现一次政权交替的现象更为频繁。例如，在 19 世纪的英国，托利党处于支配地位的时间一直到 1832 年。然后直到 1886 年的 54 年间，除了三次落选外，

辉格党基本上都是支配党。在美国，从 1861 年林肯当选总统到 1933 年罗斯福当选总统期间，共和党都可以被视为支配党。在这 72 年的时间里，民主党人担任总统的总时间为 16 年，参议院民主党占多数的时间为 10 年，众议院民主党占多数的时间为 22 年。民主党人同时将总统职位和对参众两院的控制权集中在自己手中的时间仅为 6 年，分别为 1893 到 1895 年和 1913 年到 1918 年，而共和党有 38 年。共和党占绝对支配地位的时间为 1861 年至 1875 年、1897 年至 1911 年和 1921 年至 1933 年。在 1875 年至 1897 年出现了政权交替（除去第一次世界大战和威尔逊时期）。自 1933 年以来，美国进入了民主党作为支配党的时代。自此总统都来自民主党，只在 1947 年至 1949 年失去过参议院和众议院的多数席位。其间，共和党艾森豪威尔成为总统
似乎没有改变这一基本趋势（图 32）。在比利时，自由党在 1848 年 415
至 1870 年间为支配党，其间在 1855 年至 1857 年间中断。从 1884 年开始，尽管采取了普选制和比例代表制，但天主教党直到 1914 年都是支配党（图 30）。

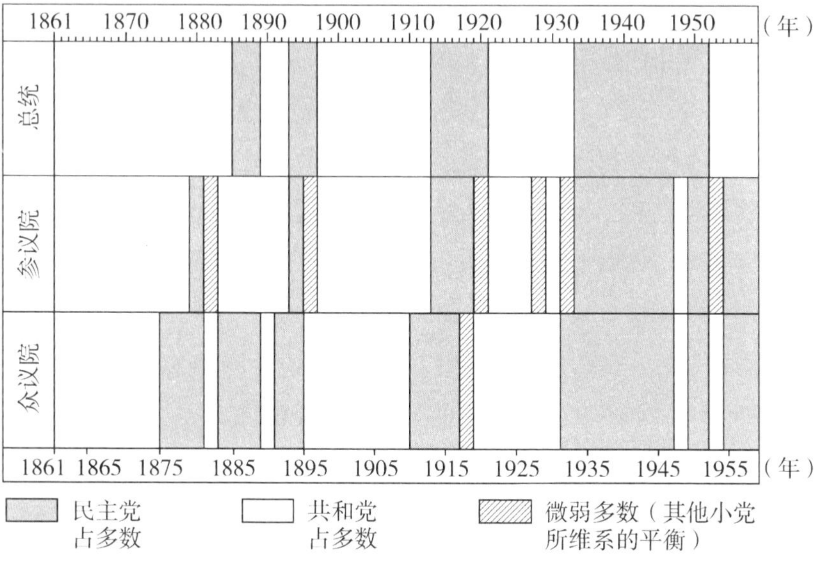

图 32　1861 年至 1958 年期间美国政权交替现象

在法国，激进党约从 1905 年到 1940 年都是支配党，其党内右翼一直对保守党政府施加一定的影响，即使在国家共和阵营时期也是如此。瑞士激进党自 1874 年到 1919 年失去多数后才卸下支配党的王冠。在斯堪的纳维亚半岛国家，社会党处于支配地位，这产生了新兴政党左翼性导致旧政党右翼化的现象。在挪威，这种双重现象相当明
416 显。从 1927 年起，社会党得到了中间派和右翼的支持，获得了其他大党失去的席位。自 1930 年以来，社会党持续崛起，并在 1945 年达到绝对多数，在 1949 年保持了绝对多数。瑞典和丹麦的情况则不那么引人注目，在那里，新兴政党左翼性导致旧政党右翼化现象有一定的不同。在 1944 年之前，瑞典农民党因保守党的衰弱而发展，社会党因激进党的衰弱而发展。在丹麦，保守党发展稳定，但左翼农民党和激进党衰退，社会党崛起。在这两个国家，支配现象也不明显。在瑞典，社会民主党在 1944 年只获得过一次多数，而在丹麦，社会民主党从来没有获得过多数。在这两个国家，战后的选举改变了力量平衡，丹麦左翼和瑞典自由党崛起，社会党衰退（图 33）。

无论是与轮流执政、权力稳定分布，还是与新兴政党左翼性导致旧政党右翼化的现象结合，支配都有明显的减震作用，它减缓了政权交替的节奏，减轻了新兴政党左翼性导致旧政党右翼化的激烈程度，这是因为支配党相当于以成为多数党为使命的党，履行政府职责减轻了它的煽动性和改革需求。当一个左翼政党占支配地位时，它的革命性就会减弱，表面上左翼性质加强了，但实际上左翼性质减弱了。支配的地位既能摧毁政治生活，又能稳定政治生活。支配党掌权时，它也会失去活力，变得僵化。因此，我们可以回到哈舍克的推理，即每一种统治本身都蕴含着毁灭的种子。然而，总的来说，支配地位带来的影响还是好的，特别是对多党制而言，它允许支配党和其他党获得议会多数。有时支配党会独自获得议会多数，有时其他党会以支配党为中心组成联盟从而获得多数，有时支配党可以组建一个由盟友支持

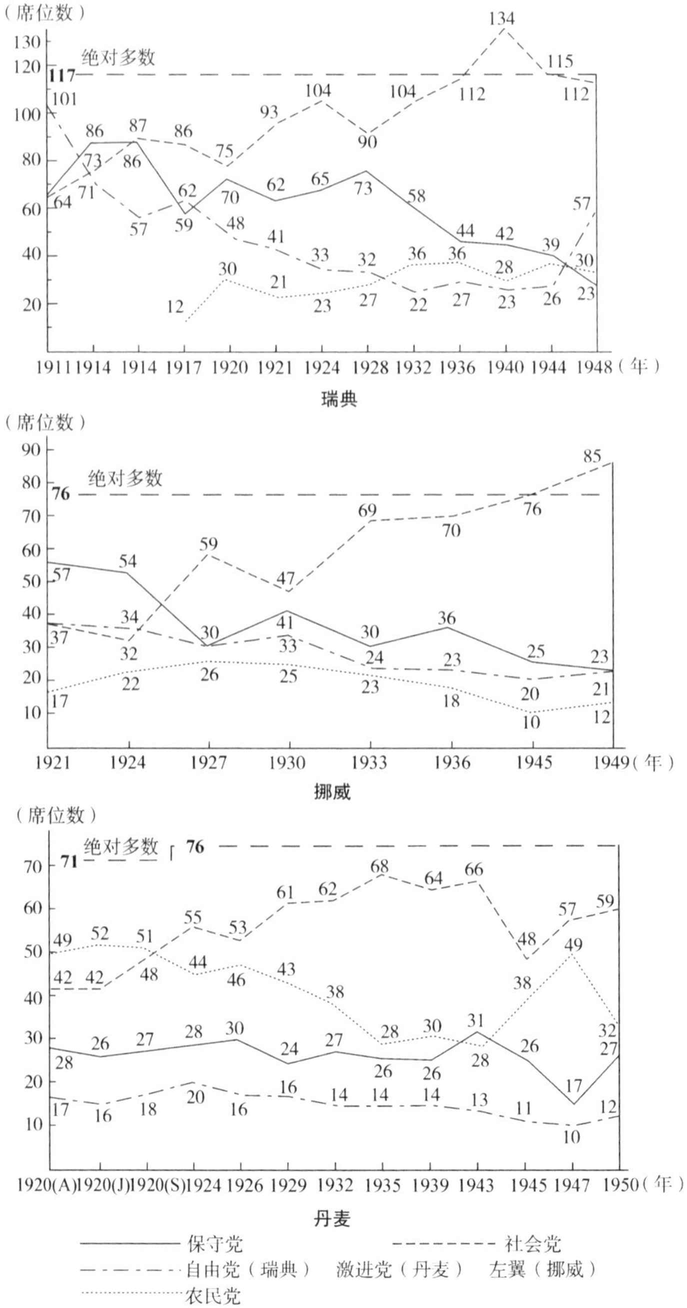

图 33　斯堪的纳维亚地区社会党夺取政权历程

的少数党政府。在这方面，法兰西第三共和国的中间派的激进党和今天的斯堪的纳维亚半岛的左翼的社会党的作用值得研究。更值得注意的是，似乎只有支配党才有可能建立一个可持续的少数党内阁。这种做法在斯堪的纳维亚半岛相当普遍。

政党制度的正常发展和突然变化

所定义的政党制度类型都是在一定时期内对政党制度观察的结果。然而，历史有时会出现突然变化，从一个时期到另一个时期的转变是突然的，而不是渐进的。这种突然的变化有时是内部政治事件作用的结果，有时是外部政治事件作用的结果。1933 年美国共和党失去支配地位，民主党获得支配地位是经济大萧条和美国新经济政策的结果。第一次世界大战导致比利时天主教党失去支配地位，由社会党取而代之。在大多数情况下，政党制度的突然变化是选举改革或政党策略变化的结果。1868 年荷兰政党联盟被推翻，打破了以往相对稳定的局面，形成了自由党支配的局面。1896 年的《选举法》结束了自由党支配的局面，引入了一种新的平衡。1918 年比例代表制的出现又打破了这种新平衡。在实施比例代表制的国家，比例代表制大大改变了政党的实力。在瑞士、比利时、斯堪的纳维亚半岛国家和法国，在采用比例代表制前后，各政党在历届选举中的议会实力截然不
419 同。选举制度对政党的影响是巨大的，政党的力量不仅取决于民意，而且取决于选举投票方式。选举对政治制度也会产生本质上的影响，这点将在下文讨论。

整个政党制度的突然变化往往会导致一种类型的政党制度被另一种新型的政党制度取代。但除了这种整体的改变外，还存在一种特殊的变化，这种特殊的变化由单个政党引起，但没有改变整体政党制度。这种变化不是政党在一个时期内发展的结果，而是某一时刻突然的变化。例如，1930 年德国纳粹党的迅速崛起，1936 年比利时反议

会党的突然兴起以及随后的急剧衰落。这些变化不是选举操纵改变投票的结果，而是民意本身变化的结果。民意似乎被一种强烈的情绪波动，一种不满的情绪所左右。这些激情和情绪波动通常是由极少数人引起的，它们解释了大党的轻微波动，以及小党短暂的成功。有时它们会突然蔓延，就像流行病一样。然而，这种民意的特殊转变对不同实力类型的政党影响非常不同，而这时采用何种选举制度就很关键了。必须强调的一个基本现象是，选举制度的作用在很大程度上取决于民意的正常发展或特殊变化。如果说选举制度的敏感度是指将民意变化转化为政党实力变化的一种能力，那么选举制对正常民意变化的敏感度和对民意产生激情浪潮的敏感度是不一致的。某一种投票方式可能对正常民意变化不敏感，但对特殊变化非常敏感，在这种情况下，它既可能导致政党权力稳定分布，也可能导致政党制度多次突然
变化。相反，不同的选举制度可以产生政党轮流执政现象，并在加大 420
民意正常变化的同时减少其剧烈程度，发挥稳定作用。因此，有系统地分析不同选举制度对不同民意发展类型的敏感性，对于了解政党实力的变化至关重要。

选举制度对不同民意的敏感度可以用以下三个公式来描述：（1）比例代表制对民意的正常变化不敏感，对突然变化非常敏感，即使突然变化是暂时的和微弱的；（2）简单多数一轮投票制对正常民意变化非常敏感，但对民意的突然变化不敏感，除非这些变化是强大和持久的；（3）两轮选举制对民意的正常演变及其突然变化的敏感性都相对较低。这些模型和其他模型一样，只反映了一般的趋势，可能会因其他因素而发生重大变化，因此有许多例外。

比例代表制对正常的民意不敏感的原因之前已经解释过了，因为比例代表制只是忠实地将选票转化为席位的分配，不强调民意的变化。但是比例代表制对正常民意变化的不敏感并不总是产生和维持权力分布稳定的现象，比例代表制也可能导致支配现象的出现。在每次

选举中，如果投票总是朝着同一个方向进行，那么只要时间长、规律性强，即便是谨小慎微的改变也会产生一个强大的政党。斯堪的纳维
421 亚半岛上的社会党自 1919 年变成支配党的例子就很典型，但很难说比例代表制是加速还是限制了这一发展趋势。比例代表制似乎在某种程度上阻碍了社会党成为支配党的趋势，因为它延长了斯堪的纳维亚半岛上的工党获得绝对多数的时间。另外，我们观察到在瑞典和挪威，工党通过简单多数一轮投票制将更快获得绝对多数，而丹麦也出现了和瑞典、挪威同样的情况。另一方面，我们可以认为，比例代表制的出现巩固了社会党的支配地位，因为它会持续且缓慢地削弱其他政党。因此比例代表制对正常民意发展保持低敏感度的观点不是绝对的，从长远来看，比例代表制可能会夸大而不是削弱民意的正常发展，但它也会阻碍民意的扩大或削弱。

比例代表制对正常的民意变化不敏感，但对于突然的变化，敏感性是极高的，无论是短暂的变化，还是持续的变化。比例代表制对突然的变化很敏感，这源于它的被动性，因为比例代表制只反映了选民意见的变化，并没有增强或减弱民意的变化。这也就是它会对正常的民意变化不敏感（比例代表制的稳定反映了民意的自然稳定性），以及它对民意不满所造成的突然强烈的变化敏感的原因。就这一点而言，比利时的例子很典型。1919 年至 1939 年间，比利时主要传统政党的席位数量几乎没有变化，但 1936 年，反议会党从 1932 年的 0 个席位一下子获得了 202 个席位中的 22 个席位，然后在 1939 年又极速下降到 4 个。在法国，1951 年法国人民同盟和 1956 年的布热德运动
422 （poujadiste）也同样引人注目。有趣的是，20 世纪 30 年代在欧洲出现的法西斯党，只在和平的北欧民主国家，如比利时、荷兰和斯堪的纳维亚半岛国家通过选举获得席位，而这些国家法西斯党的力量似乎比法国小得多。那些国家采用的是比例代表制，而法国是多数选举制。同样，二战后共产党的快速发展只出现在采用比例代表制的西欧

国家，而不是在采用多数选举制的盎格鲁-撒克逊国家。因为这些国家除瑞典外都被德国占领过，为了抵制沦陷局面，这些国家通过抵抗运动和秘密斗争进行反抗，从而促进了共产党的发展。如果采用比例代表制，那么在 1945 年的选举中，英国共产党肯定会有两名以上的代表。如果突然的变化变得更剧烈和更持久，产生的结果也会很有说服力。1919 年至 1933 年间，德国采用比例代表制，促进了共产党的发展，而法国采用多数制则严重阻碍了共产党的发展。如果德国采用多数选举制，纳粹的崛起可能要缓慢得多，也不会变得重要。德意志帝国对突变的相对不敏感与魏玛共和国的极端敏感形成鲜明对比（图 34）。1945 年至 1946 年法国共和运动的发展也非常典型，如果采用多数选举制，它永远不会达到如此程度。

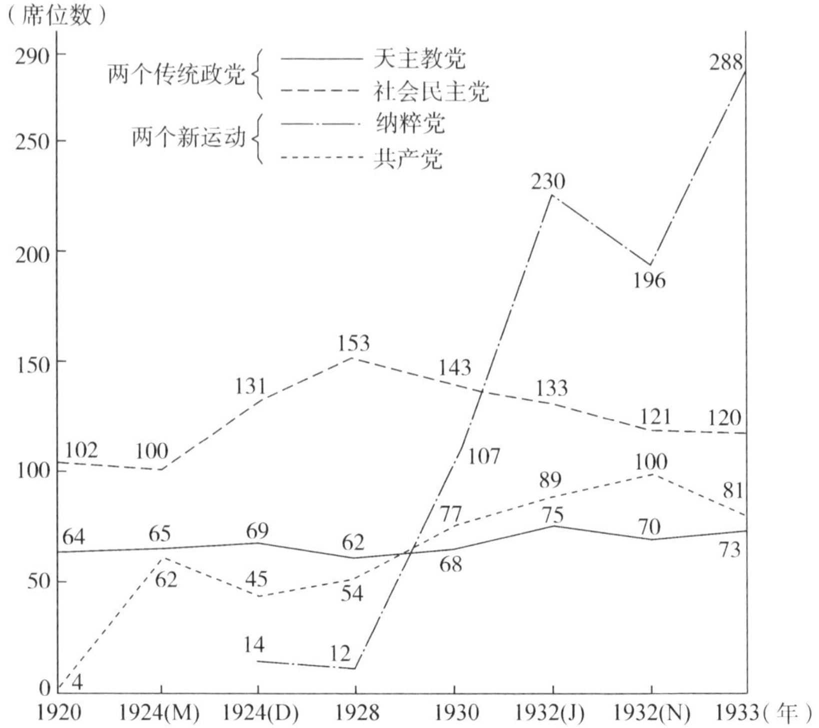

图 34　1920 年至 1933 年德国的比例代表制与政党（传统政党的稳定性与新运动的不稳定性）

区分突变是暂时的还是剧烈而持久的，是一件非常困难的事情，特别是比例代表制往往会将暂时性变化转化为持久性变化。1945 年至 1951 年法国共产党的例子值得特别分析。共产党在 1936 年的席位占比为 15%，它在选举中非常成功，但是 1938 年或 1939 年的选举
423 没有获得如此大的成功。1945 年，席位占比突然上升到 25%，1946 年为 28%。这骤升受到两个因素的影响，一个是永久性因素，反映了真正而深刻的民意变化，一个是暂时性因素，符合当时的解放环境。抵抗运动、缅怀烈士、爱国主义宣传、戴高乐将军的人格魅力、解放、政府的影响等，所有这些因素无疑对 1945 年至 1946 年共产党的成功起到了至关重要的作用。有人指出共产党对农村的影响最广，
424 因为抵抗运动活动的范围在农村。另一方面，对 1944 年底，也就是解放后四个月，共产党党员人数是否超过战前水平我们知之甚少，我们只能看到 1945 年党员人数有巨大增长，以及在 1947 年政府垮台后开始下降。[5]1946 年至 1949 年间，共产党失去了近 25%的党员。共产党在选举中的影响力似乎不太可能如此突然地减弱。这可能是因为共产党在 1945 年至 1946 年的成功必然把社会党推向右翼阵营，而社会党也试图在右翼的中产阶级中找到那些曾经放弃社会党转投共产党的工人选民。可见，政党的基础的变化影响了党的政策。共产党人的孤立也迫使工人国际法国支部支持中间派政府，这也进一步证明党的基础的变化可以影响党的政策。当时，1945 年加入共产党的许多选民在 1951 年仍然忠于共产党，因为他们无法找到能够捍卫自己利益的另一个政党。因此，比例代表制对重大突变的敏感性似乎只体现在一个方向上，即它促进了政党产生，但随后又抑制政党的产生从而保持一定的稳定性。因此，只要社会思潮足够强烈，比例代表制就会将短暂的社会激情固化定型使代表这种观点的政党产生并使它稳定下来。

两轮多数选举制不允许这种现象发生，因为它阻止了偏激观点的出现和突变的发生。两轮多数选举制对正常民意变化的敏感度和比例

代表制的敏感度差不多，但没有比例代表制敏感。看看法国的例子就会相当清楚这一点，对每一次投票的研究表明，第二轮投票会缓和第一轮投票所出现的民意变化。对比 1919 年至 1924 年和 1928 年至 1936 年两个期间可以看出，前者的选民变化并不比后者大得多，但在议会选举中，由于 1919 年至 1924 年采用了简单多数一轮投票制，议会多数发生了非常明显的变化，而 1928 年至 1936 年采用两轮多数投票制后，议会多数没有发生明显变化。两轮多数投票制所产生的稳 425
定性源自联盟的作用，也源自中间党派的缓冲作用。如果紧密的选举联盟能够阻止左翼和右翼之间根据选区的不同而摇摆不定，就像法国激进党一样，那么情况就会像两党制，每一联盟中意见分歧会继续减少，而两个联盟之间的选票差距在扩大。例如，将 1880 年至 1913 年期间荷兰每个选举联盟的选票加起来，就得到了一个和两党制情况下一样的锯齿形的图表。对于突变，两轮投票制的稳定作用也差不多一样。如果变化表现为一个现有政党急速发展，我们很难判断上述投票方式是否会削弱或扩大这种变化，这取决于该党在联盟中的地位。如果它在发生变化之前已经处于第一位，那么选举技术将削弱他的发展，特别是如果这第一的位置是通过联盟获得的，因为联盟的总票数不会相应增加。如果第一的位置是竞争对手发挥不利而得到的，那么变化的作用也会减弱，因为变化对所有盟友的影响都会减弱。1936 年，社会党从共产党的突变中受益，社会党获得的选票虽比 1932 年少了 27000 张，但多获得了 20 个席位。因变化而受益的政党如果在联盟中处于第二或第三位，该变化可能会使其处于第一位，在这种情况下，它的候选人将在第二轮选举中保持领先地位，并因其他盟友候选人的退出而受益。由于盟友的地位因区域的不同而不同，因此突然 426
的变化在整个国家的影响也是不同的，无法得出确切的结论。

如果突然的民意变化导致了一个新的政党出现，两轮选举制对此的敏感性似乎不是很明显。任何一个想参加竞选的政党都会陷入这样一个两难境地：要么独自参选，被敌对联盟压垮，要么加入一个联盟。如果加入联盟，它就会失去自己的独立性和新党的特性，而且在席位分配上得不到优势，因为新候选人的得票率通常低于旧候选人，因此不太可能进入第二轮选举。如果第二轮投票采用单议席单票制，
427 两轮选举的不敏感性达到最高值，此时新党必须与经验丰富的候选人竞争，以获得成功的机会。新党为了避免这种两难的困境，它必须从一开始就获得一定数量的选票，并在第二轮选举中能在重要选区从类似候选人的退选中获益。但这种情况很少发生，即使发生，这种混合选举也会使得新党议员抑制他们的改革欲望，从而避免政党制度发生过于猛烈的变化。在法国，右翼的分裂使得这种情况不那么罕见，这给了波拿巴党一个机会。因此，一些学者认为，如果 1940 年举行选举，法国社会党就可以获得近 100 个席位。但同时，由于必须要和社会党构成联盟，波拿巴党的新奇性就会削弱。

法国的例子很好地说明了第二轮投票的保守性质。研究 1928 年至 1939 年间共产党的发展（图 35），可以看到，它独自一人在战斗，甚至拒绝撤回第二轮的候选人，因此，它保持了完全的纯洁性和独创性，但它最终也被现实击败。1928 年，它在第一轮投票中获得 1063943 票，共获得 14 个席位，而社会党人以 1698084 票获得 99 个席位。1936 年，它加入人民阵线联盟，获得了 72 个席位。另一方面，像法兰西运动这样充满活力但没有影响力的政党也在议会中获得了席位。法国社会党的例子也为我们提供了有益的思考。法国社会党（国际工人法国支部）在选举层面上与资产阶级政党长期联盟的必要性削弱了其自身的特点，它的理论和它关注的问题使它很像资产阶级
428 政党，毫无疑问，选举制度削弱了法国社会党。总之，第二轮投票基本上是保守的，它会自动消除短暂的民意变化。在民意变化是根深蒂固和持久的情况下，第二轮投票会限制代表这些意见的政党在议会中获得席位，同时会减弱它们的独特性，让它们靠近传统政党。诚然，

政党活力的逐步下降是普遍现象，但两轮投票制度往往会加快这一速度。

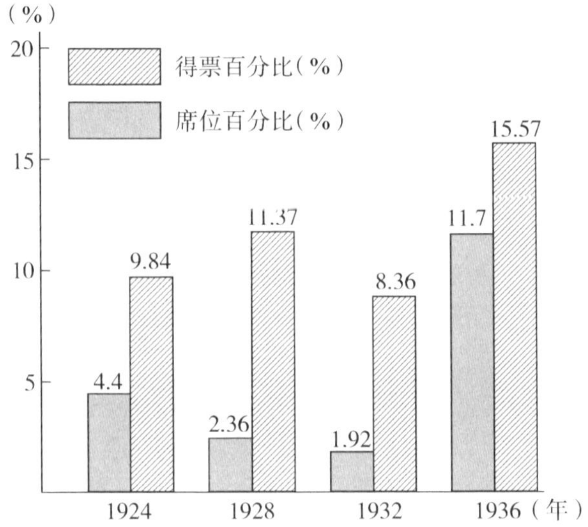

图 35　1939 年之前法国共产党的议会代表性

简单多数一轮投票制像两轮多数制一样对突然的民意变化不敏感，但它对缓慢和正常的民意变化很敏感。与比例代表制的被动投票 429
方式不同，简单多数是一种积极的投票方式，这限制了突然的变化，夸大了缓慢和正常的意见变化。人们已经看到，在这种选举制度中，一般的民意变化通常是以政权交替的形式出现的，即使是因为支配地位的存在导致政权交替不那么频繁，但政党获得的议会席位的变化曲线也呈锯齿状，这符合简单多数一轮投票制的特点。如果我们把选票的变化曲线进行对比，我们会发现变化幅度非常大。对 1918 年至 1955 年期间英国的得票率和席位百分比的比较在这方面非常有启发性，这还要加上自由党对政党制度产生深远影响的作用（图 36）。民意被放大的机制很简单，就是前面提到过的多数党代表性过大和少数党代表性不足的趋势相结合的结果。当简单一轮多数投票制正常运作时，也就是说，当它与两党制并存时，它就会像一个政治地震仪，可以察觉到任何缺少它就无法察觉的民意变化。这种制度的优点是既能防止民意的自然凝滞，又不会伪造民意变化所遵循的大方向。当简单多数一轮投票制与多党制同时存在时，结果就不那么令人满意了，地震仪失灵，民意不是被放大了，而是被扭曲了。然而，我们不会忘记，这种扭曲通常是在一个明确的方向上发生的，即以牺牲第三党为代价，因此，最终还是会通过自身的运动重建政党的基本二元结构。

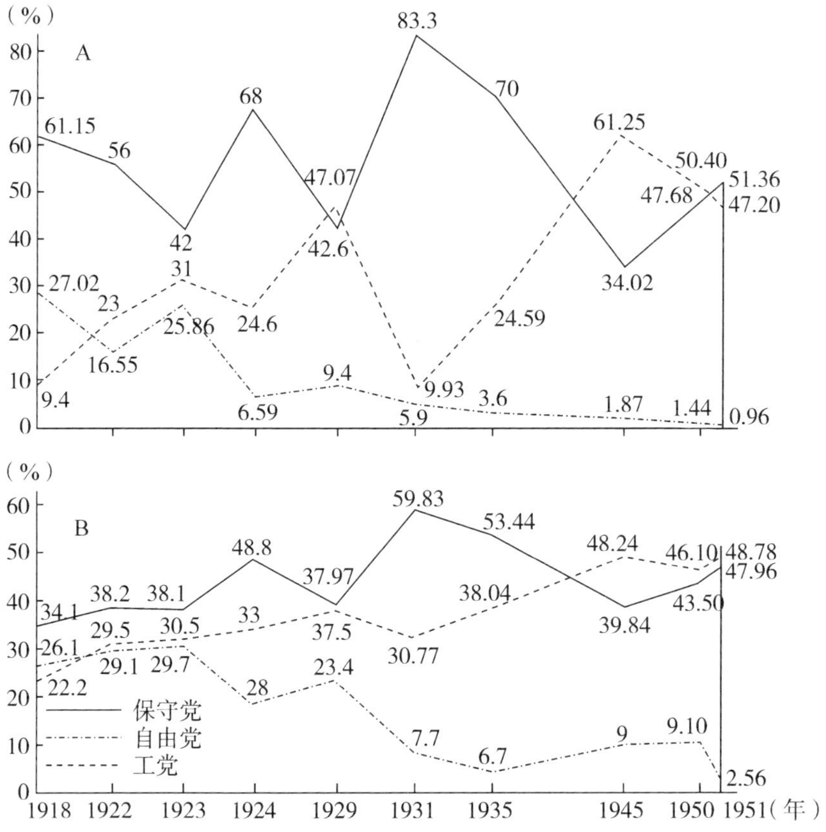

A. 席位占比　　　　B. 得票占比

图 36　简单多数一轮投票制对正常民意变化趋势的放大（英国）

在两党制下，多数选举制扩大民意的事实可以通过立方法则来说明。立方法则是指两党获得的席位的比例等于它们获得选票比例的立

方（$A : B = A^3 : B^3$）。这个法则是史密斯（J. -P Smith）在观察了19 430
世纪英国选举后在1909年提出的。这个法则在1931年、1935年和1945年的英国选举中得到了证实（两党制恢复之后）。从1948年开始，新选区的划分导致了两个主要政党之间的不平等，工党处于不利地位，失去席位的比例为1/25。1950年和1951年工党获得选票的比例也符合立方法则。[6]

就民意的突变而言，简单多数一轮投票制的影响更难评估。如果突变表现为现有政党中某一党派实力的急剧增强或减弱，那么选举制度就会根据上述操作将其夸大：这与两轮投票制有很大不同，但有一点除外——突变的独创性变弱了。在理论上，新酒可以装入旧瓶，但在实践中，瓶子的好坏会影响酒。从数据上看，突变被夸大了，两次选举之间的变化幅度增大了；从政治上看，突变被旧党的领导人和组织者削弱了。如果突然变化表现为一个新政党的出现，那么这种稳定作用就会更加明显。一方面，简单多数一轮投票制在性质上似乎是保守的，甚至比两轮投票制更为保守，而且它所建立的两大集团的力量为变革设置了不可逾越的障碍。在此，我们可以引用美国的例子，在那里，人们普遍认为不可能建立“第三党”。另一方面，我们也要注
意到，在20世纪初，美国显然有利于社会主义政党的发展，而事实 431
上，社会主义政党最早能够执政的国家是实行简单多数一轮投票制的国家，即澳大利亚和新西兰。我们该如何解释这一矛盾呢？

在很大程度上，这是地方情况而不是选举制度造成的。地方情况超出了一般性定义的范围，我们无法研究。然而，这种矛盾也可以用民意变化的性质和力量来解释。只要民意不够强大，简单多数一轮投票制就能无情地将代表它们的政党排除在外，而它们的选民也会避免分散投票以确保他们最坏的对手不能获胜。因此，当一个国家的民意发生突然的变化时，简单多数一轮投票制就会对新政党造成绝对的障碍。但是，假设一个新的政党，比如工党，在一个选区里有一定的力

量，那么在下一次选举中，自由党最温和的选民因害怕社会党当选而会选择保守党，同样，激进的选民会选择工党。这种两极分化开始了消灭自由党的进程，而工党的成功只会加速，因为两极分化会使得自由党的代表性不足，只能处于第三党的位置。两轮投票制的情况则完全不同。1939 年以前，在法国的一个选区，社会党获得了相当多的选票，这一事实并没有使激进党最温和的选民脱离党，因为一些右翼选民认为激进党所面临的危险不那么大，认为激进党可以保护他们不受社会党的伤害。在法国，两极分化有利于中间派的发展，拖延社会党成为执政党的时间，因此社会党不得不和老党结盟，而这削弱了社会党的独创性。

简单多数一轮投票制远不如人们常说的那样保守。一旦一个新的政党达到一定的实力，该制度就会加快其发展，并让其迅速成为第二
432 大党。但从那时起，单轮投票制产生的后果就会接近于两轮投票制产生的后果，这加速了新党的自然衰老，并让它更接近于仍然是其主要竞争对手的旧党。在后边的章节，我们也会描述两个主要政党因为选举斗争的中间化趋势而变得相似的原因。

第三节　政党联盟

政党联盟的形式和程度各不相同。有些是短暂的，没有组织性的，仅仅是为了获得选举优势、推翻政府或偶尔支持政府而建立的临时联盟。有些联盟则是长期的，有坚固的组织架构的。这也会让这些联盟有时看起来像一个超级政党，就像邦联和联邦较难区分一样，它们也很难和政党区分开来。另外，一些非常强大的联盟也很难与分裂严重的政党区分开来。从形式上讲，英国的民族自由党是一个独立于保守党的政党，但事实上，由于关系紧密，它必须被视为是保守党的一部分。相反，乌拉圭各政党，虽然不同派系可以在总统选举中提出

不同的候选人，但因为存在一种共同的退出机制，它们看起来更像是联盟而不是统一的政党。在波恩共和国时期，巴伐利亚社会基督教党可以被视为德国基督教民主党的一部分，但它们实际上是各自独立的政党，而基督教民主党分权程度很高，以至于它可以被描述为一个地方政党联盟。

政党结盟的各种因素 433

政党的数量对联盟的形成起着决定性的作用。在两党制下，联盟是非常特殊的，但在国内外情况非常严峻的特殊情况下可能会采用国家民族联盟的形式，如 1914 年和 1939 年英国就采取了这样的联盟。美国采取两党合作，开创了一个独创性联盟的例子，但这种联盟仅限于外交。1933 年至 1941 年，南非仅有的两个政党以联盟形式共同执政。对于多党制而言，当一个政党获得绝对多数时，其他政党不太会组成联盟。但在这种情况下，如 1948 年以来的意大利，绝对多数党通常与其他政党一起执政，共同分担责任。这时，多数党还是受结盟心理的影响。民族传统对政党结盟也有着无可争辩的影响。例如法国所有共和党人的联合倾向导致了 1902 年共和阵营、1924 年的左翼联盟、1936 年的人民阵线的产生，甚至在 1945 年，政党联盟产生了三党制。丹麦激进党与社会党结盟的传统可以追溯到 20 世纪初，丹麦还有左翼农民党与保守党结盟的传统。自 1868 年联盟被推翻以来，荷兰出现了天主教和新教结盟的习俗。在威权政权中，政府对政党联盟的干预非常强，如在 1920 年至 1940 年的巴尔干民主国家，许多联盟是在政府权力压力下缔结的。同样，在德意志帝国，在俾斯麦政府的压力下，1887 年形成了左翼联盟。历史环境也起着重要作用，例
如 1926 年金融危机促使法国民族联盟形成，1934 年 2 月 6 日法国法 434
西斯暴动事件促使人民阵线形成，1945 年秘密反法西斯运动造成三党联盟，等等。

然而选举制度的影响似乎占主导地位，而且足够清晰，可以生成精确的模型。原则上，简单多数两轮投票制鼓励产生党派联盟，而比例代表制导致各政党独立，不太会形成联盟。对于简单多数一轮投票制，是否产生联盟因政党数目而异，在两党制下，政党完全独立，在多党制下则出现非常强大的联盟。两轮多数投票制产生政党联盟是显而易见的，两轮多数本身意味着，在第二轮投票中，每个联盟中更不受欢迎的政党撤出，更受欢迎的政党将从中受益。撤出竞选和让出竞选是有区别的，让出竞选是指放弃竞选的候选人邀请选民投票给他指定的一个竞争对手。事实上，有很多撤出的方式，也有很多让出的方式，但是，相似的候选人自然会在投票前达成协议，规定他们在第二轮投票中是让出竞选还是撤出竞选。事实证明，在有第二轮投票的国家，都有明显的选举联盟迹象。德意志帝国和法兰西第三共和国是最典型的例子。

德意志帝国有很多政党联盟。左翼联盟将保守党、民族自由党和帝国党聚集在一起，赢得了 1887 年的选举，而在 1890 年输了选举。为反对社会党，自由党、自由民族党和保守党于 1906 年成立阵营。1912 年社会党组成左翼联盟对抗 1906 年阵营。德国 1906 年阵营是仿照 1902 年法国左翼阵营建立的，而法国 1902 年左翼阵营并不是法
435 国第一个全国层面的政党联盟，在 1877 年 5 月 16 日的选举就已经出现了左翼联盟和右翼联盟的竞争。1902 年的阵营非常强大，议会出现的左翼代表团是它的一项重要的创新杰作。1936 年的人民阵线也采用了一个类似的结构，由于盟友们起草了一个相当详细的联合纲领，所以竞选联盟更强大。在所有的联盟中，人民阵线可能是最符合大众心理的联盟。所有这些伟大的联盟之所以出名，是因为它们促成了具有官方和公共性质的全国协议，而各政党围绕这些协议进行了广泛的宣传。除此之外，还存在许多心照不宣的协议，这些协议往往是地方性的，是在选举的需要下达成的。1907 年德国选举中，天主教

党通过投票或弃权的方式支持巴登、巴伐利亚和奥地利的社会党。在法兰西第三共和国的大多数选举中，两个对立的联盟几乎都进行了全面改革。除法国和德国外，所有采用第二轮投票的国家都有联盟的影子。在瑞典，自由党和社会党经常联合起来对抗保守党。相反，在挪威，1906 年后，右翼和左翼通常联合起来反对社会党，以至于在 1915 年的选举中很难再区分它们各自的选票。在荷兰，在采用比例代表制之前，联盟的做法一直很常见。1848 年至 1868 年，荷兰天主教党和自由党联盟对抗保守党和加尔文党的联盟。1868 年，两个联盟都被推翻，天主教党与加尔文党联盟，保守党几乎消失。从 1905 年起，自由党和激进党之间达成选举协议（图 37）。

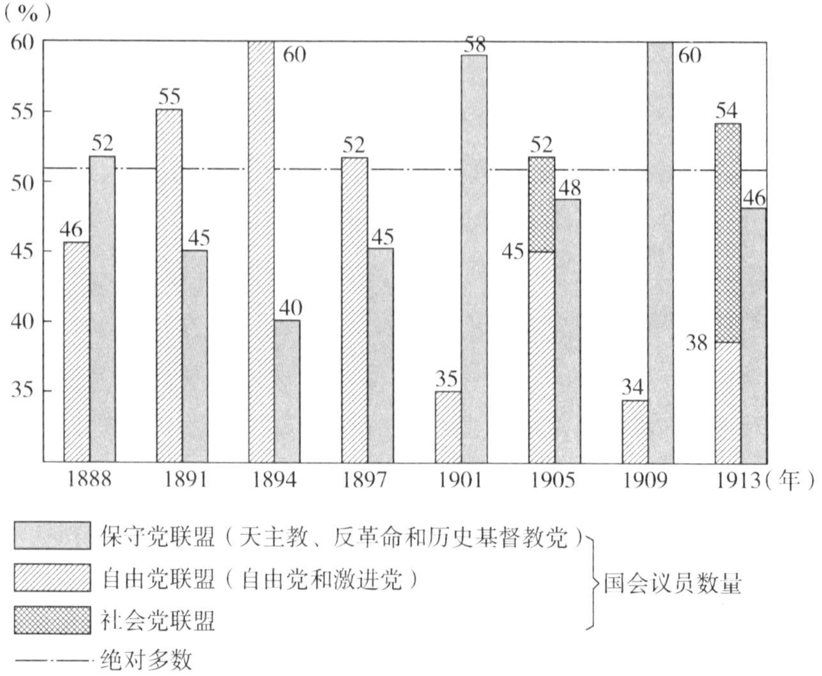

图 37　1888 年至 1913 年荷兰政党联盟

选举方式对联盟形成的确切影响不太容易确定。对第二轮投票进行限制，让最受欢迎的两个候选人进入决选（德国和荷兰）似乎和第 436

二轮公开投票（法国和挪威等）的作用一样。从理论上讲，对第二轮投票进行限制似乎没有促进联盟的形成，因为它迫使最不利的候选人撤出竞选。但另一方面，它迫使较弱的政党在第一轮就同某一候选人达成协议，以便能够参加第二轮投票。只有对每一个具体案例进行非常详尽的研究，才能说明这两个因素各自造成的后果。两轮名单投票制和单议席单票制对联盟产生的影响也没有明显的区别。在某种程度上，名单投票加强了政党集权程度和纪律性，这使联盟更加强大。法国的例子表明，政党的高度分权和内部组织体系孱弱是选举联盟迅速解体的主要因素之一。

简单多数一轮投票制在两党制和多党制下产生联盟的结果截然不同。在两党制下，选举联盟的概念在逻辑上是不可想象的，因为如果两党联合起来，只有一名候选人，选举将变成公民投票，完全改变政权的性质。然而，政治科学必须始终避免得出绝对的结论，因为1933年至1941年间南非的例子表明，在不彻底改变政治结构的情况下，在两党多数制下可以建立选举联盟。相反，如果由于特殊情况，多党制下采取单轮投票，将有利于形成非常强大的联盟。这种联盟比两轮投票形成的联盟更为紧密，因为在这种情况下，有必要在选举前共享选民群体，以便选民能够将选票投给联盟的唯一候选人。这种情
437 况需要更完备的协议（相比于如果有第二轮投票就允许第一轮投票时候选人自由参选的情况）：简而言之，在后一种情况下，盟友之间的席位分配由选民决定；而在前一种情况下，则是由各政党的竞选团队决定的。因此，联盟更难实现，但一旦达成，就需要更密切的合作。此外，选举制度对联盟的建立也有一定的压力，如果不达成协议，选举将无情地消灭多余的政党，直到最终恢复两党制。这里可以举出几个多党制下简单多数一轮投票制产生选举联盟的例子。已经举过的1910年丹麦激进党和社会党联盟的例子表明它们的联盟非常紧密，两个政党从未在任何选区提名过相互竞争的候选人。时间上离我们更

近的例子是 1918 年、1931 年和 1935 年英国选举中的联盟，以及 1924 年南非民族党和工党之间的联盟。

从本质上讲，比例代表制是一种让各政党独立的投票制度，旨在赋予每个政党完全的选举自主权。由于比例代表制下很少出现绝对多数党，因此还是会出现议会联盟。比例代表制各政党单独参加竞选和竞选后联合执政的矛盾是一个很大的缺陷，这通常会使议会联盟不太容易形成，并使多数党政府的命运更加不稳定。例如在比例代表制下，荷兰多数党政府似乎比在简单多数两轮投票制下更弱更不稳定。然而，经验告诉我们，在比例代表制下各政党独立参加竞选的理论并不完全正确。事实上，一个国家不可能单独采用比例代表制，混合采用其他投票方式有利于大党，而不利于小党。组成联盟以制定共同选 438
举名单或剩余名额协议可能会很有成效。在比利时，社会党和自由党多次联合起来提出共同名单，但选民很难赞同这种做法。1912 年的联盟造成了自由党选民转投天主教党，天主教党赢得了 13 万张选票。在 1946 年的选举中，林堡省和卢森堡省以及哈瑟尔特、汤格里斯、阿尔隆和纳沙托区成立了自由党—社会党左翼联盟，但这个联盟 1949 年就解体了，其解体还导致这两个党失去席位。然而，我们不会忘记，纯比例代表制不会出现联盟，比例代表制混合其他选举制度才能够产生的联盟，这正是对纯比例代表制矫正的结果。另外，在混合比例代表制中采用联盟的利益远不如简单多数投票制中采用联盟的利益大，因为在简单多数投票制中，分裂可能导致选举结果的彻底逆转，而在比例代表制中，分裂只会稍微改变席位的分配，而不会显著改变力量的平衡。当然，后一种情况必须是混合比例代表制，因为纯比例代表制不可能出现联盟。西德的选举制度混合了简单多数制和比例代表制，既定席位通过多数选举制获得，补充席位通过比例代表制获得。1950 年的州选举中，基督民主党和自由党经常结盟。在北莱茵-威斯特伐利亚州，基督民主党在 12 个选区没有提名候选人，反而提名了自由党候选人，而在另外 17 个选区恰恰相反。由于结盟，基督教民主党和自由党获得了 49％的选票和 53％以上的席位。在石勒苏益格一荷尔斯泰因州，联盟的优势更为明显。在这里，基督教民主党和自由党的联盟得到德国党的支持，以 36.4％的选票获得了近
439 45％的席位。1919 年至 1924 年的法国也是类似的。法国的选举制度规定任何获得绝对多数票的候选人都可以当选，然后根据商数分配每个名单的席位，并将所有剩余席位分配给平均数最高的名单。法国制度显然倾向于排名第一的名单。因此，相似政党有结盟以提出一份共同名单的利益，而混合选举制使它们更容易结盟。由于理解了这一机制并建立了国家阵营，右翼政党在 1919 年的选举中取得了巨大胜利，获得了 338 个席位，而在完全采用比例代表制时右翼只获得了 275 个席位。[7]没有结盟的左翼政党只获得了 197 个席位，而相比之下，在完全采用比例代表制时它们获得了 250 个席位。混合比例制产生联盟的特点是显而易见的，而法国 1951 年采用的混合选举制的例子更是如此。在 1951 年的选举制度下，所有席位都按名单分配或按照获得绝对多数的联盟提供的一组名单分配，比例代表制只起到了辅助作用。联盟，尽管不一定是国家层面的联盟，使中间党在大都市能够以 51.4％的选票获得 61％的席位，而独立竞选的法国人民共和党和共产党仅以 48.2％的选票获得 39％的席位。

选举联盟、议会联盟和政府联盟

联盟的分类很微妙，很模糊，也不恒定。首先，应该区分短暂的联盟和持久的联盟。公平地说，这种分类在实践中很难确定。许多联盟被大肆宣传，被寄予厚望，但像利益集团一样迅速解体，而许多利益集团通过不断改革成为真正的联盟。在法国，左翼政党只有三次正
440 式结盟：1902 年的共和阵营、1924 年的左翼联盟和 1936 年的人民阵线，但实际上，由于“共和传统”的影响，每四年一届的选举中左翼

会自发地产生联合。我们这里同时使用了联合和联盟两个词，联合更多地用于临时协议，联盟用于持久合并。

联盟的分类基于不同的标准有不同的分类。从纵向上看，可以区分为选举联盟、议会联盟和政府联盟。选举联盟涉及候选人，议会联盟涉及议员，政府联盟涉及内阁。这些联盟可以共存，也可以单独出现。选举联盟本身也有很多类型，这取决于选举方式和结盟的紧密程度。例如在第一轮或单轮选举中提出共同候选人或共同名单，在第二轮中相互退让，对其余席位分配达成协议或在比例代表制下联合竞选等都是选举联盟的表现形式。这些联盟可以是默示同意或是明确达成的，也可以是地方性的或国家性的。法国的第二轮公开选举中，一名候选人在没有正式要求其选民将票投给临近候选人的情况下退出选举的做法就是以默示方式构成联盟的表现，两党各自避免被对方损害，同时从联盟中获益。如果采用明确的协议，联盟可能会更有效，但也会受钳制。事实上，以默示方式构成的联盟在第二轮选举中相当普遍。如果有多个政党，其中两个政党为避免候选人相互竞争，在第一轮选举下也会采用默示方式以构成联盟，但比例代表制是不可能出现以默示方式构成联盟的。地方选举联盟似乎比国家选举联盟出现得更为频繁。由于地方联盟能正式地让地区委员会支配联盟，所以政党在这些联盟的独立性比它们在国家性联盟中的独立性会更强。因此，这 441
种联盟使中间党能够在某些选区获得右翼的支持，在另一些选区获得左翼的支持，从而发挥非常有力的制衡作用。激进党在法兰西第三共和国时期完美诠释了这种艺术。地方联盟和国家联盟常常相互排斥。我们看到在法国，尽管存在 1902 年的共和阵营、1924 年的左翼联盟和 1936 年的人民阵线，但一些激进党候选人总是在右翼的支持下当选。党的集权程度对是否要结成联盟也起着重要作用。

从选民的投票权角度看，可以区分为强制性联盟和自愿性联盟。对于强制性联盟而言，选民不能破坏联盟，除非他们将票投给与他们政见完全相反的候选人。让我们假设一下，为了分配剩余选票或获得多数席位，这时社会党和法国人民运动就会对它们的结盟名单达成协议，而不接受协议的社会党选民会被迫弃投社会党，转投最不想投的共产党或保守党。如果只有单一名单或只有一个联盟推选的单一候选人，情况也是一样的，德国的基督教民主党和自由民主党在州选举的例子就是这样的。相反，第二轮投票的退出协议为选民提供了更大的自由。以两次世界大战之间的法国激进党为例，在共和传统的影响下，候选人退出了竞选，要求选民将选票投给更受青睐的社会党，而许多选民并未听从这样的做法而是弃权，或者投给温和派候选人。选民这样做并没有损害他们的政党，因为激进党无论如何都无法获胜。相反，他们曾试图确保在第一轮选举中取得成功。我们看到选民有着相当大的独立性。在 1928 年的选举中，激进党和社会党达成协议，在第二轮投票中激进党选民将票投给社会党，但激进党候选人基本上放弃了对社会党的支持，最终 40 万张激进党的选票落在了温和派身上。有时，在政党分裂的情况下，选民也会自愿组成联盟。1936 年
442 前，法国共产党严格执行阶级对抗阶级的策略，并保留了第二轮选举的候选人，但是，许多共产党选民不顾党的指示投票给社会党候选人，或者投了弃权票。1928 年，256 个选区的 425751 名选民在第一轮中投给共产党，进入第二轮决选，只有 231794 名选民，即 59％的人仍然愿意将票投给共产党。1932 年的情况更加严重，284 个选区的 338000 名选民中，只有 185000 名，即 54％的人在第二轮决选中投票给共产党。

从议会角度讲，政党构成的联盟既可以支持政府也可以反对政府。议会联盟的形式和程度各种各样，可以是临时的、特殊的联盟，也可以是有组织、有共同机构的联盟。有组织、有共同机构的联盟最著名的例子是 1924 年建立的左翼代表团。左翼代表团最早出现在 1902 年，后来消失，1924 年时再次出现。政府联盟也是如此，没有

协议就无法建立。不同党派构成的政府联盟无非是议会联盟的延伸。但这一点反过来不成立，因为会出现反对政府的议会联盟。有时也会出现交替支持的现象，如依靠右翼支持通过保守派方案，依靠左翼支持通过改革派方案。其实简单地弃权也足以提供支持。在法兰西第三共和国，社会党经常对左翼政府的政策投弃权票。议会的把戏是将执 443
政党的力量和反对派的力量结合起来，不仅政党的内部结构可以帮助实现这一目标，联盟机制也可以。例如，从 1934 年 2 月到 1936 年 1 月，激进社会党不仅在右翼的国家民族联盟政府有代表（激进党、保守党），而且在反对联盟中的左翼代表团也有代表（激进党、共产党）。这个例子很好地阐释了议会如何采用蝙蝠战术操控政府：我是鸟，因为我长着翅膀；老鼠万岁，因为我是老鼠。

选举联盟与议会联盟、政府联盟之间的关系非常复杂。正如我们所看到的那样，议会联盟和政府联盟可以在没有选举联盟的情况下出现。例如，在比例代表制下没有选举联盟，政党在选民面前以单独身份出现，但由于无法获得绝对多数，它们被迫联合起来组建政府或支持政府。由于缺乏选举联盟，议会联盟和政府联盟很薄弱，每一个政党都试图把不受欢迎的行为归咎于它的盟友，将大众支持的功劳归功于己。但是，当选举联盟产生时，选举联盟并不总是与政府联盟保持一致。为了赢得席位而结盟比为了行使权力而结盟要容易得多，选举联盟只为对付竞选对手而达成协议，政府联盟则需要更深层次的有效协议。在某些情况下，选举联盟不能转化为议会联盟，它们可能是相互矛盾的，因为并非所有选区都有一样的盟友。例如法国激进党，它利用其中间派的地位，从右翼和左翼的退出中获益。1907 年奥地利选举中，自由党通常与社会基督党联合起来击败社会党。但是在地方，如在下奥地利州，社会党与自由党联合起来反对基督教社会党， 444
而在上奥地利州，两名社会党人在基督教社会党反对自由党的条件下当选。可见选举协议以这种方式交织在一起，就像芭蕾舞步伐一样，显然不可能形成任何政府联盟。地方联盟中出现相互矛盾的政党结盟的现象在国家政党联盟之中也存在。在法国，共和阵营、左翼联盟和人民阵线中都存在两个矛盾的地方联盟，这些地方政党联盟大大削弱了国家政党联盟，特别是削弱了由这些政党构成的政府。1924 年左翼联盟解体和 1936 年人民阵线解体，部分原因是对温和派支持选出激进党人的反应。

虽然选举联盟协议中不涉及类似的矛盾，但要将其延长到执政阶段是非常困难的，盟友之间的理论和政见的分歧，它们的党组织结构和基础差异，它们所捍卫的不同利益，很快就会显现出来。1945 年一位法国幽默家就绘制了一幅讽刺画来比喻法国的三党联合政府：一辆车被几匹马牵引，其中一匹马向右拉，另一匹马向左拉，第三匹马向中间拉。盟友同意一个共同纲领的话，他们的协议就更容易达成，然而，纲领往往含糊不清，旨在吸引选民，除了口号和标题，没有切实的行动计划。最重要的是，纲领包含的是目标而不是手段，而政府需要的是手段，盟友之间的深刻分歧也是手段问题。选举联盟和政府联盟之间还存在其他问题，如它们似乎存在着天然的分歧。这个问题可以这样表述：选举联盟往往由最极端的政党主导，而政府联盟则由最温和的政党组成。这种对立反映了统治者和被统治者之间的自然对立。统治者必须考虑所有利益，这意味着每个利益都必须得到部分满
445 足，他们面对的是事实，这限制了他们的行动能力。被统治者永远只看得到特殊的利益，他们尽最大努力捍卫这些利益，知道自己的利益不会完全实现，因此只有要求得更多才能得到一定的满足。被统治者只能看到政府要解决的一部分问题，即使自认为更有文化的人，其无知和偏见也是极端的。在法国，农民几乎不缴纳直接税，他们相信税收会把他们压垮，而大多数纳税人联盟是由欺诈和逃税最为频繁的社会阶层组成的。另外，1946 年至 1947 年，中产阶级和资产阶级的自由主义和反计划主义倾向表明他们对经济形势一无所知。因此，在竞

选活动中，许多选民被引导投票给那些最有力地捍卫自己观点的人，即最能满足他们利益的人。因此选举联盟被极端主义盟友所支配。但一旦极端政党执政，一切都会改变。联盟中的温和派对政府的目标最为敏感，因为它的温和与现实的限制一致。因此，温和派最有能力在不偏离选举协议和承诺的情况下执政。如果政府联盟中还存在温和派，政府联盟必然会被它所支配，因为它更贴近现实。

极端主义政党会做出选择，要么偏离理论来执政，要么解散联盟，它知道寻求妥协的解决方案会导致永久性的动荡。但极端的盟友往往寻求支持而不去执政，这种做法可以较弱的形式维持联盟，同时也让它在批评与反对立场中获得好处。直到 1936 年，法国左翼阵营和左翼联盟中的社会党以及 1936 年人民阵线的共产党都是这样做的。446
但这种做法只是暂时的。政府的实际困难使执政党偏离了选举协议，越来越接近温和派。一些选民的失望情绪越来越大，这使得极端政党的立场更加强硬，使盟友之间的距离越来越远。终有一天，协议的绳子断了，联盟结束了。联盟经常在新一轮选举前的一段时间进行改革。第三共和国时期法国立法机构的演变就是联盟改革动态的一个很好的例子。一个主要由激进党和社会党组成的左翼联盟在选举中获胜，但社会党拒绝执政，激进党因此单独组阁。激进党首先履行了对选民的一些共同承诺。后来，实际困难导致它们暂停履行承诺，这是个“喘息空间”，使它们远离社会党，接近中间党。在议会任期，左翼联盟破裂，激进党和中右翼组成了一个不同于早期选举联盟的政府联盟。但为了保持足够的议会席位，新联盟被迫转向保守党。议会最初由左翼引领，当任期结束时变成了右翼。然而，事情并没有这样结束，因为有时临近新一轮选举时还会回到最初的社会党和激进党的左翼联盟情况，这在 1906 年至 1910 年、1924 年至 1928 年、1932 年至 1936 年曾发生过。1936 年至 1940 年，共产党与社会党、激进党组成联盟，扮演了社会党在前几届议会中所扮演的角色，而社会党扮演了激进党的角色，激进党扮演了 1914 年以前的进步党的角色。

这种模式并不普遍，但也不是法国独有的，只是在其他地方都没有以如此完美和规律的方式实现。许多国家都有持久的联盟，这不仅要归功于极端政党不去进行煽动的智慧，也要归功于极端政党的力
447 量。如果极端政党比温和的盟友强大得多，它就必须承担政府责任，联盟不会解散。这可能解释了斯堪的纳维亚半岛国家联盟的稳定性。当然还有许多其他因素的作用，如政党结构、社会阶层基础、历史传统、民众心理等。在革命时期，前述模型不再适用，因为发生革命的地区对变革和新事物的需求超过对稳定的需求。革命政府的法则与正常政府的法则是相反的，现实主义支配着一切，谨慎和节制成为权力行使时的弱点。政府联盟被最极端的政党所支配，其政党理论和动向更接近事实。它的温和盟友很快就被迫服从，否则就会被消灭。但是昨天的极端分子是明天的温和派，一旦变成反对激进革命或变得温和，它也有可能会被消灭。革命政府法则并不比正常政府法则更为绝对，它们都只描述了基本趋势，而这些趋势往往会被独特的事实情况改变。

政党联盟的政治类型

具体地说，选举联盟和政府联盟之间的关系涉及联盟的第二种分类，即横向分类，以政党政治的不同立场为基础。我们可以区分左翼联盟、右翼联盟、中间党联盟、极端党联盟和各种民族联盟。左翼联
448 盟是最常见的，在 20 世纪初与社会党一起诞生。最初的两党制破裂导致大多数国家的保守党和自由党和解，在少数国家是自由党和社会党和解。在瑞典、丹麦和挪威，两党制破裂导致的政党和解以不同的形式出现。然而，社会、宗教或政治分歧往往使这一问题复杂化。在荷兰，宗教问题造成天主教党和新教党长期分裂，天主教党与自由党联盟一直到 1868 年都在反对新教党。从 1868 年起，天主教党和新教

党（反革命党）联盟成立以对抗自由党和激进党。在 20 世纪初，激进党得到一个新教派系的支持，但该派系后来加入了保守党联盟，并在 1908 年成为基督教政党。1925 年，保守党联盟因为梵蒂冈大使馆的问题分崩离析，后来逐渐形成了一个新的联盟，所有保守党（天主教和新教）与自由党联合反对社会党。瑞士当时的情况也是这样。

法兰西第三共和国形成的联盟主要与宗教问题和政权问题有关。
共和党与反教权主义结成联盟，神职人员得到威权主义和君主主义的
支持以反对共和国，因此，形成了两个对立的联盟：右翼的反共和教
权派联盟和左翼的反教权派共和联盟。这两个联盟形成的标志是
1877 年道德秩序联盟的成立和 1885 年布朗热将军事件。右翼联盟通
常比左翼联盟要弱，而右翼对共和国的逐渐认可将改变左右翼联盟的
局面。但左翼联盟和右翼联盟的界限在 1940 年之前并没有消失，一
方面通过左翼阵营、左翼联盟和人民阵线，另一方面通过民族阵营和
民族阵线存留下来。在某些方面，维希政府甚至可以被视为右翼的胜 449
利，二战胜利也可以被视为左翼的胜利。但法西斯党的出现，改变了
现状。

左翼联盟和右翼联盟如果力量足够强大，那么多党制可能非常像
两党制。从 1830 年至 1925 年，荷兰像英国及其他两党制国家一样出
现了政权交替，这与各政党力量的稳定分布形成了奇怪的对比（见图
37）。同样有趣的是，丹麦也是两个主要联盟的交替执政，一个是社
会党和激进党联盟，一个是保守党和农业党联盟。但由于丹麦实施比 450
例代表制，联盟不是建立在选举联盟的基础上的，所以没有荷兰的联
盟稳定。丹麦在 1925 年第二轮选举中开始实施比例代表制，导致了
1868 年成立的保守党联盟破裂。无论如何，双联盟体系没有两党制
强大。在每一个联盟内部，政党都可相互竞争，进行煽动，而这对于
两党制下的政党却是不可能的。另外，联盟内部对政府问题的意见一
致性普遍也较低。但归根结底，这取决于各联盟和各政党内部的凝聚

力程度。1868 年至 1925 年间，荷兰的双联盟体系比美国政党的两党制更为刚性。然而，两个联盟的政治组合变化比两个政党的要多得多，在选举人和政党规模没有变化的情况下，联盟的破裂可能会导致重大的政治动荡。最好的例子是 1868 年的荷兰。荷兰天主教党之前一直与自由党构成联盟，但现在又和新教党联盟。但是，一个双联盟体系被另一个新的双联盟体系代替的情况不常见，常见的是联盟逆转。这通常发生在三元政见国家，通过中间党向一个或另一个极端转移而形成。1919 年至 1939 年间，激进党在法国扮演了这一角色。与此同时，比利时的情况却大不相同，在那里，是右翼的天主教党发起了这场运动，有时与中间的自由党联盟，有时与左翼的社会党联盟。1919 年至 1940 年间，不存在任何社会党一自由党内阁，而是 2 个天主教党一社会党内阁和 7 个天主教党一自由党内阁。[8]

451 联盟的逆转有时会导致两个对立的联盟被一个中间党联盟所取代。在法国，左派阵营的破裂往往是在与中间党结盟之后发生的。1905 年，孔布（Combes）的辞职标志着左翼阵营的结束，鲁维埃（Rouvier）成为总理组建内阁，一个新的联盟取代了左翼阵营。新联盟得到了大多数激进党、进步党和一半右翼阵营的支持，极右翼、社会党和相当一部分激进党组成了反对党。然而，选举的临近导致新联盟解体，左翼阵营于 1906 年重生。克里孟梭（Clemenceau）组建内阁，从 1906 年到 1909 年他交替地利用左右翼支持执政（这是中间党的秘密战术），这也使得左翼阵营延伸到政府联盟上来。1909 年，白里安总理以和平的名义组建了新的联盟，新联盟在 1913 年因兵役问题（服三年兵役法）而被解散。一战结束后，左翼联盟政府解散，但 1925 年新的联盟重新出现，并在 1926 年改名为民族联盟。1934 年 2 月 6 日事件后左翼联盟破裂导致杜梅格总理成立了民族联盟，之后收缩为弗朗丹（Flandin）总理的领导。

在法兰西第三共和国时期，联盟在政府中发挥了重要作用，但很少出现选举联盟，除了 1893 年、1910 年、1928 年的选举。1893 年的选举联盟表现为少数天主教党人为了支持进步党而退选。该联盟的实质影响力很小，但精神影响力很大。1928 年的选举联盟是在激进党遵循左派联盟的策略基础上形成，在选举中，尽管有激进党的指示，但是 40 万名激进党选民还是在第二轮投给了右翼。1910 年的经验更具说服力。1910 年实施了比例代表制，右翼和社会党为了获得 452
选票决定构成联盟联合竞选。人民共和运动担心第三共和国的命运在第四共和国重演，所以寄希望于和中间党的结盟，但它没有考虑共产党的影响，共产党会使得二元联盟的出现变得困难。无论如何，第四共和国自 1947 年 5 月 6 日共产党被赶下台从而打破三党联盟的格局以来，一直就打着集中的旗号。从那时起，中间党多数派以各种形式统治国家。除了社会党力量方面，法兰西第四共和国和魏玛共和国在联盟上有许多相似之处，左翼联盟和右翼联盟都受到强大的、议会外政党的发展的威胁，即共产党和法国人民同盟。

普恩加莱、杜梅格和达拉第在位期间组建的全国联盟与第一次世界大战期间法国和英国的全国联盟、第二次世界大战期间的全国联盟、两次世界大战之间的比利时全国联盟有明显的区别。普恩加莱政府下的民族联盟是一个由除极左派以外的所有政党组成的联盟，它是一个反社会党或反共产党的联盟。自 1925 年以来，荷兰多次形成这样的联盟。瑞士自 1919 年以来一直采用这种形式。在法国解放运动中，形成了反向的普恩加莱式的三党联盟，这次是所有政党反对右翼。真正的全国联盟是完全不同的，它是全国所有主要政党组成的协会，没有一个政党不加入。在国家面临巨大危险的特殊时期，协调一致的努力是必不可少的，这种政治联盟的出现有其道理，它构成了民 453
主制下战争政府的正常形式。然而，在和平时期，也会出现这样的联盟。1919 年至 1939 年间，比利时经常采用这样的联盟。在此期间，比利时共有 20 届政府，其中 9 届是由全国联盟构成的内阁。在南非，

1933 年至 1941 年间仅有的两个政党结成的联盟也产生了类似的结果。全国联盟的形成需要政党保持严格的纪律，并就政治原则达成基本协议，可以说在联盟的基础上形成一党制。单一联盟所面临的危险各不相同，但它的结构本身保护它免受全权主义的威胁，并保证民意和言论的多样性。然而，它也反映了民主制度的深刻危机。

最后，我们必须谈论一种比其他形式更罕见和更奇怪的联盟，即极端政党的联盟。最左翼和最右翼都是对方的头号公敌，它们结盟似乎是不正常的。但世上这样风马牛不相及的结合并不罕见。极端政党的共同特点就是和温和派持相反意见，或者是反建制的。在法兰西第三共和国，大多数联盟都是由极端政党构成的。第四共和国期间，共产党和人民同盟常联合起来反对中间党联盟，这种做法就像魏玛共和国时期的共产党和纳粹党，以及意大利的社会党和法西斯党。这些联盟常以议会联盟的形式出现，并构成反对派。极端政党构成选举联盟，特别是政府联盟的例子非常罕见。法国 1910 年的选举，极端政党就构成了选举联盟。中间党反对比例代表制改革后，右翼和社会党在某些选区相互退出，就一项共同纲领达成了
454 协议。但这样的联盟往往有另一个含义，它符合“偏好最坏政策”的策略。对于一个极左政党来说，它宁肯鼓吹右翼政策以显示其荒谬性，并增加人民不满情绪，也不太会支持温和左翼政策，因为后者会带来安宁，但会减少自己的机会。这样的策略是用来削弱最危险的直接对手，因为后者与它最相似，而不是用来削弱没有直接竞争关系的不那么相关的对手。如果极右翼政党奉行同样的政策，那么两个极端政党之间就可以达成真正的协议。如果只有一个政党实施了“偏好最坏政策”的策略，这在事实上会造成和另一个政党达成事实上的和解。直到 1935 年，共产党在法国和国外都采取了这种策略，例如法国共产党在 1928 年选举中支持右翼，最终导致自己在 1932 年失去了许多选票。但共产党通过这种方式在党发展所需的整个时期里保持了

自己的独特性和纯洁性。

政党联盟盟友间的关系

盟友之间的正式关系不如权力关系重要。前者仅存在于少数几个共同机构，如1906年德国阵营的行动委员会、1902年法国阵营和1924年左翼联盟的左派代表团、1936年人民阵线的委员会等。这些机构在选举上也可发挥作用，引导盟友宣传和监督协定的执行。这些机构也会在议会中发挥作用，它们试图在参与团体之间建立一个共同的行为制度和投票纪律，例如1902年至1906年期间的左派代表团。 455
为此，查尔斯·贝诺伊斯特（Charles Benoist）称左派代表团为“非宪法规定的、不担责任的第二内阁”，而孔布称之为“就将要进行的讨论和将要做出的决定达成一致性协议，这是保证多数人不受冲动干扰的制度”。并非所有的联盟都有这样的机构，无组织联盟比有组织的联盟多。也并非所有联盟都有共同纲领，毕竟每个盟友都希望保持行动自由。联盟协议措辞故意保持含糊和笼统，更多的时候是宣传声明，而不是工作计划。我们可以区分政党在组建联盟政府时制定的政府协议和选举协议。政府协议是最不堪一击的，而选举协议，如果在民意中产生影响并引起一定程度的热情，则可能会有约束力。因为在这种情况下，选举协议可以成为一个盟友监督另一个盟友是否采取行动的有效手段。这也是为什么选举联盟很少确定明确的协议；或者即便存在协议，其性质也会受到严格限制，这种制度设计旨在满足较为温和的盟友，即对较为极端盟友的过度承诺施加必要限制。

联合机构和联盟纲领最终的目的是在盟友之间建立某种权力关系。对此，可以区分平等联盟和不平等联盟。这是一种意愿上的分法，事实上，任何联盟都是不平等的，唯一的区别是它的不平等程度。在这种情况下，相对平等的联盟和具有支配性质的伪联盟是对立概念，它们之间有无限的多样性和细微差别。有三个因素可以用来确

定盟友间的不平等程度：政党各自的实力、在政治舞台上的地位以及
456 内部结构。政党实力对于选举联盟很重要。在简单多数两轮投票制下，只有遥遥领先的盟友才能进入第二轮，其他盟友则撤出或退出。因此，在这种制度下，只有实力比差别不大的政党才能构成选举联盟，否则，弱者将被强者彻底消灭。在实践中，地方差异通常会纠正联盟中的不平等，因为一个盟友在某些选区领先，而在另一个选区可能处于落后地位。因此，一个大党可能故意在一些地方的第一轮选举中放弃提名候选人，让一个较弱的盟友在这里获得一定程度的代表性，以便换取后者从其他地方退出，从而使自己获益。选举协议往往具有灵活性，与两轮多数选举的僵化大相径庭。在一轮选举制下，协议的灵活性就更大了，因为盟友在投票前被分配席位，以便在任何地方只提出一名候选人或一份候选名单。因此，选举联盟更不容易形成，一旦形成就很稳定。而这样的选举联盟也更不平等，最强大党几乎完全支配最小党，例如英国自由党。在单轮投票制度下，由于盟友的亲密程度，联盟通常会朝着融合的方向发展。如果盟友之间差距太大，这种融合往往采取弱者被强者吸收的形式。这突出了规模对于联盟平等性的关键作用。

在政府联盟中，政党实力的影响也很明显，盟友实力越大，它在联盟中的影响力就越大。直到 1936 年，法国激进党一直是左翼阵营
457 最大的政党，它处于支配地位。1936 年，社会党成为最大党，处于支配地位。值得注意的是，政党在议会中的地位比在选举中的地位更为重要，因为激进党早在 1932 年选举时影响力就减弱了，它当时只获得了 1836000 张选票，而社会党获得了 1956000 张选票。联盟中的优势地位是非常重要的，联盟中处于领先地位的政党必须组建政府。为了证明 1936 年以前社会党没有组建政府，在 1936 年之后才组建政府的正确性，社会党明确区分了社会党参加激进党组建的政府和激进党参加社会党组建的政府的事实。诚然，在政府联盟中，党员人数最

多的政党来支配联盟从来不是一个普遍和绝对的规则，还有其他因素的影响。盟友之间的差距在这方面起着一定的作用，如果差距很小，党员人数最多的政党是否支配联盟就不是那么确定。最强盟友的结构和性质也很重要，例如，1946 年在由人民共和党、社会党和共产党构成的联盟中，前两者就拒绝参加由共产党领导的政府。

联盟中各盟友的立场对最强大盟友领导力的发挥也产生了一定影响。有证据表明，选举联盟往往由最极端的盟友支配，政府联盟往往由最温和的盟友支配，而这一规律也会受各盟友实力的影响。有时，一个较小的盟友可能会因为其更温和的立场而承担政府责任。一般来说，联盟内部的不平等曲线是可以勾画出来的：在选举前后，极端政党主导了比赛，随着时间的推移，由于执政的需要，它将逐渐失去影响力，温和派将逐渐获得影响力。这种曲线虽非常普遍，但许多不同 458
的特殊情况交织在一起，有时会使规律完全消失。从长远来看，联盟似乎最终由最温和的政党支配——就像在选举中支持与它背道而驰的政党一样，极端党在议会中也会被迫支持一些立场相反的措施。如果它拒绝这样做，那么联盟就会破裂，如果它同意这样做，那么联盟最终就会变得温和。这一总体趋势解释了法兰西第三共和国和第四共和国时期社会党为什么会逐渐趋于温和。欧洲其他国家的社会党似乎也在同样的原因下经历了同样的发展。当然，社会党变得温和并不只是联盟的作用，其他因素也发挥了作用，包括党的社会阶层基础的变化。那么问题是，社会党是因为资产阶级化而变得更加温和，还是因为它变得更加温和才“走向资产阶级”？其实这个问题要从功能性角度理解，而不是从因果性角度理解。无论如何，如前所述，联盟的影响没有任何争议。

如果极端政党的力量使它们在联盟中处于支配地位，那么选举可以削弱极端政党的斗志，这是因为它们必须执政，并采取谨慎和温和的态度来行使权力。他们的群众基础和政府地位使其成为联盟的领袖，但他们的活动使其必须与温和的同事保持一致。这种两面性有助于解释 1919 年至 1939 年间北欧社会党的演变。无论盟友的立场如何，政府联盟最终都采用了最温和政党的风格和纲领，因为随着时间的推移，极端党会因执政的需要而被削弱、压制，以至于追随盟友。
459 选民转向左翼政党，但是，左翼政党自己也转向中间党，而这两个明显的运动导致了实际的不稳定。为了避免最温和派处于支配地位，少数派政党会在议会中结盟以构成反对派，而这些联盟受最极端政党的支配。这些联盟不受权力的束缚，既可在选举中进行煽动，也可以在议会中进行煽动，而最终得益的总是极端政党。革命时期，无论是领导政府、参与政府、支持政府还是反对政府，最极端的政党都倾向于主导联盟，这是因为革命政府的法则与正常政府的法则完全相反，它不再是为了维持难以达成的妥协而试图调整彼此的利益，而是为了加快新秩序的出现，旧政权崩溃后，只有新秩序才能建立新的平衡。此时，现实主义不再是温和的，而是顽固的。因此，一个决心保持其纯洁性的极端主义政党必须成为反对派，而不是为了革命或帮助发动革命而离开联盟。然而，政党的内部结构可能会抑制任何联合政府中的温和倾向。

在法国三党联合执政的情况下，盟友之间的关系相当不同。中间党在其他两党之间扮演着平衡的角色。在法国三党执政时期，社会党虽然是最弱的党，但影响非常强大。在共产党被消灭和中间党联合（称为“第三力量”）出现后，社会党的影响就衰落了。但这一趋势更
460 为明显：在这第三力量中，人民共和运动的影响力在 1947 年至 1951 年期间稳步下降，使激进党和温和党的影响力逐渐加大，造成了联盟右翼化。一般来说，谈论政府联盟右翼化是不恰当的，因为这个词适用于左翼联盟，更准确地说，我们应该谈论左翼联盟右翼化和右翼联盟左翼化。这种双重趋势解释了为什么在第三共和国时期，法国的政治可以被描述为左翼与右翼的交替执政，进步和保守之间的交替，或

者是中间党普遍支配，或者是整体左翼化。从表面上看，这三种模式是相互矛盾的，但事实上，它们相互联系。新生左翼政党会导致旧政党逐渐转向中间派和右派。在选举或议会组合中可以看到左翼和右翼交替的频繁性。但联盟内部不可避免地向中间推进，右翼多数党向中右翼靠拢，并试图与左翼政党有所重叠，而多数派的左翼则向中左翼滑动，并最终在中间派和右翼中找到支持。就像国家阵营一样，左翼联盟最终也靠向了普恩加莱政府；就像1928年的右翼占多数的议会一样，1932年的左翼占多数的议会投靠了赖伐尔政府。

法西斯政党和共产党的出现，以及其强大的结构，带来了新问题。它们反对任何妥协、任何真正的协议、任何真正的联盟。选举联盟、议会联盟或政府联盟可以为这些政党提供有效的行动手段，更重要的是它们非常复杂和强大的组织一方面能对盟友造成伤害，另一方 461
面能使他们免受盟友的影响和分裂。土罐和铁罐的比喻可以很好地描述这类政党在联盟中的优势地位：法西斯政党和共产党是防水的、坚硬的铁罐，能够打碎别人，但不会毁灭自己。法西斯政党和共产党以两种策略利用联盟，这两种策略为伪装策略和渗透策略，可以联合使用。伪装是为了消除自身的恐怖形象和孤立性而向所有人表明，它们和其他政党一样，不比其他政党更具革命性和破坏性，同样民主，同样尊重制度和自由。1935年至1936年，随着人民阵线的形成，欧洲共产党采取了这种态度。莫里斯·索雷斯先生向天主教党伸出友好之手，模糊了共产党的革命形象，共产党和像肖当（Chautemps）一样可靠的政治家合作时更是消除了自身的革命形象，和理性、温和的人民同盟联盟时更是如此。共产党在1936年选举中取得了巨大成功，选票翻了一番，这表明这种策略是有用的。二战胜利后共产党立即参政不过是以更精确的方式延续了同样的总体政策，表明共产党人的执政能力和其他党一样好，甚至比其他人更好。勇敢的中产阶级人民惊奇地发现，索雷斯先生或比尤（Billoux）先生并不是一个革命的、不受约束的人民委员，而是像资产阶级部长一样公正、严肃的。戴高乐将军和法国人民共和运动对共产党的支持使得人们更加坚信共产党很明理。正如 1936 年人民把莱昂・布鲁姆当作撒旦的化身，1946 年把他当作弥赛亚一样，资产阶级很快就想到莫里斯・索雷斯也是这样
462 的人物。肉眼可见的是，1945 年至 1946 年间共产党的选票增加了，党的规模相应地大幅度增加。这表明了这种策略所带来的效益。

与此同时，共产党也会在联盟中采用渗透策略，这在巴尔干国家非常成功。自 1936 年起，渗透策略就出现在各人民阵线中。在法国，在工会再度统一前，前法国统一总工会的干部就迅速渗透到法国总工会。在人民阵线的地方委员会中，各地的共产党人都在努力发挥领导作用。在整个欧洲，地下斗争为共产党的渗透提供了广阔天地。作为唯一一个能够完全适应这一运动的政党，共产党取得了部分的成功。在解放运动中，共产党试图通过渗透政策形成民族战线或爱国战线。这是一种扩大化的人民战线，它一直延伸到右派。由于共产党力量较弱，以及盟友实力较强，共产党首先以团结工人的名义分裂了社会党。这是通过动员支部中的活动分子和利用领导人的竞争、怨恨和野心实现的，以图实现完全的融合和完全的服从。如此一来，工人阶级联合政党便可以更有效地对付它们在国民阵线的资产阶级盟友。匈牙利小地主党就是这样解体的。可见，由于共产党结构的优越性，一个相当小的共产党就可以支配一个大得多的工人阶级集团，而这个工人
463 阶级集团本身支配着一个更大的政党联盟。另一方面，共产党要求在联合政府担任关键职位（如司法部、内务和安全部、信息和宣传部、国防部等），因此，共产党的出现形成了一个完全不平等的联盟，在这个联盟中，共产党支配或统治着它的盟友。这样，中欧国家的共产党就可以顺利地准备全面掌权，并最终消灭它的前盟友。值得注意的是，俄罗斯军队没有直接干预共产党的发展，可见渗透技术是一项非常引人注目的政治战略。

在西欧国家，共产党的策略是一样的，但是其他盟友，特别是社会党的抵抗，以及不同的政治和社会条件，使它无法取得同样的成功。然而，在意大利，社会党与共产党紧密地结合在一起，它们的联盟发展符合上述总体模式。意大利社会党遵循其伙伴的路线，逐渐采用了它的宣传主题，甚至其内部结构。据报道，1950 年，共产党在反对社会党独立的同时，发展了一种极其可怕的渗透行为，鼓励自己的一部分干部（据说是 1 万名经过考验和挑选的活动分子）加入社会党行列，一方面对社会党领导人施加压力，另一方面告诫活动分子不要离开党去参加社会党独立运动。虽然有人证明了这一点，[9]但这一事实仍然无法得到核实。值得注意的是，意大利社会党在 1956 年恢复了独立。这证明在联盟中抵抗共产党的压力和渗透是可能的。这个例 464
子有助于使社会党摆脱共产党的控制。

法西斯政党也走了类似的道路，但其灵活性和完美性与共产党对联盟的支配相比大大降低。1921 年意大利众议院第一次出现了 35 名法西斯代表，其中 34 人是从乔利蒂支持的民族阵线提出的名单中选出的，乔利蒂当时认为自己很容易地控制了这个小党。1922 年墨索里尼执政时，只有 3 名法西斯分子与他并肩工作，其他内阁成员来自温和派、民主党人或平民基督教党。他的盟友认为可以开化他，没想到他发动了法西斯革命，镇压了这些盟友。希特勒在胡根堡民族主义者和钢盔前线士兵联盟的帮助下夺取了政权，而他第一次执政时，除了他自己，只有戈林（Goering）和弗里克（Frick）是纳粹分子。那些帮助希特勒掌权的人认为他会失去影响力，或者在权力中变得明理，但也没想到他发动了纳粹革命，镇压了他的盟友。之前根据其政党规模或政治方向来界定联盟盟友关系的模型在这里并未适用，这是因为党的内部结构对盟友间的关系也起到了至关重要的作用。

注 释

1. Consigne du bureau politique du Parti communiste français de 1924（1924 年法国共产党办公室指示）.

2. 本丢·彼拉多为罗马帝国犹太行省总督。根据《圣经》记述，他在仇视耶稣的犹太宗教领袖的压力下，判处耶稣钉死在十字架上。——译者注

3. Hatschek，*Englische Verfassungsgeschichte*（《英国宪政史》），Berlin，1913.

4. 这一比例的基础分母按照 600 名议员计算。左翼为共产党、共产党异端、社会党、社会激进党、社会党异端和社会民主党，其他政党为右翼。这一分法虽然很粗略，但是对于计算差异至关重要。

5. 见图 8。

6. 关于立方法则的书，见肯德尔和斯图亚特在《英国社会学报》（*British Journal of Sociology*，1950，vol. Ⅰ，n°3，p. 183）中的文章，《法国政治学杂志》（*Revue française de science politique*，1952，n°2，p. 270），以及巴特勒对尼古拉的《1950 年英国议会选举》（*The British General Election of 1950*，*P*. 328）的补编。

7. D'après G. Lachapelle，*Élections législatives du* 16 *novembre* 1919（《1919 年 11 月 16 日议会选举》），Paris，1920.

8. 在某种程度上，这表明比利时自由党右翼化。法国激进党在 1945 年之后也是如此。

9.《世界报》罗马分部驻派记者让·德奥斯比塔尔的电讯［*Le Monde*（《世界报》），20 octobre 1950］。

第六章
政党和政治制度 465

政党的发展完全改变了政治体制的结构。一方面，以一党制为基础的当代独裁政权与个人或军事暴政只有极少的相似之处，另一方面，建立在有组织和有纪律的政党基础上的现代民主政体也与 19 世纪以高度独立的议员为基础的个人主义政权大不相同。在法国，人们总是对比第三共和国和第四共和国，认为第四共和国的政党僵化和刚性，认为第三共和国的政党灵活、组织软弱。1945 年，法国实施了比例代表制，建立了法国人民运动，发展了共产党。但在 1875 年，这样的发展趋势已经开始。总的来说，1939 年和 1880 年政权之间的差异比 1945 年和 1939 年政权之间的差异更大。

社会从过去的无党派制度发展到现在的政党制度，如果想要理解这一点，就需要彻底改变对传统政治制度的理解和分析。传统的总统制和议会制的区别已经过时，尽管英国、法国和美国的机构在外观上
看起来极其相似，但三者截然不同。内阁、政府信任、政府责任、解 466
散议会等概念在两党制和多党制中不再具有同样的含义。根据《1936 年宪法》（1946 年修订过），苏联是议会制。议会制的标志是国家元首（主席团）与内阁分开，内阁对议会（最高苏维埃）负责。但单一执政党的存在改变了议会制的性质。如果说苏联是议会制的说法是一种形式主义，那么当我们谈论议会和英国政府之间的权力平衡，谈到

由议会推翻政府和政府解散议会的可能性时，英国的议会制也很形式主义。事实上，在两党制下，众议院和内阁有冲突是不可想象的，除非政府内部出现分歧，但这种冲突的含义和范围已经完全不同。只熟悉宪法却忽视政党作用的人无法正确地了解当代政治制度，而知道政党作用却忽视了宪法的人，对当代政治制度的看法虽是准确的，但将是不完整的。

第一节　政党和选择统治者

民主最简单、最现实的定义是，被统治者自愿和自由地选举产生统治者，并接受统治。在统治者选择机制上，继 18 世纪哲学家之后，法学家们发展出一种代表性理论，即选举人授权当选人代表他发言和采取行动。通过这种方式，议会作为国家的代表人，是国家主权的体
467 现。政党的发展彻底地改变了选举和代表性原则，选民和代表、国家和议会之间不再有对话，第三人已经介入他们，这从根本上改变了他们的关系。在被选民选中之前，议员由党选出，选民只是批准了这一选择。这一点在一党制下是显而易见的，一党制下只有一名候选人参加选举。在多党制中，这一点同样真实，虽然选民可以在几个候选人中进行选择，但每个候选人都是由政党提名的。如果要坚持代表理论，就必须承认当选者接受两类委托，一类是党的，一类是选民的。每类委托的重要性因国家和政党而异，总的来说，党的授权往往优先于选举授权。

选举的概念，即被统治者选择统治者的概念正在发生深刻的变化。在传统民主政权中，正式选举前存在初选，在这一环节，党挑选候选人让选民进行选举。美国的初选技术是最成功的例子。但是，初选从来都不是纯粹的，党领导的影响力在初选中很明显。在大多数情况下，初选是某类有特权的公民进行的票选，这有点类似于曾备受谴

责的法国复辟时期的双重投票制。在没有初选的情况下，候选人由党的领导人按照类似于指派的方式提名。在多党制下，指派的重要性低于选举，而在一党制中，指派的重要性更高。无论是一党制还是多党制，统治者都是通过选举和指派的混合方式产生的，只是两者的比例有所不同。

政党和候选人提名 468

美国清楚地区分了提名和选举，提名是政党推选候选人的行为，选举是公民在提名的候选人中选择当选人。美国第一次区分这两个概念是通过初选制度，特别是通过公开初选制度。公开初选让提名看起来像是选举。在其他国家，提名更为草率，没有像美国那样赋予它官方性和公共性，而只是党内的私人行为。在许多情况下，提名有神秘性，政党不希望将党内秘密外泄。

政党对候选人提名的干预程度差别很大。第一个问题是垄断或竞争的问题，即候选人必须由政党提名，还是可以在没有党派支持的情况下自由参选？这个问题既是法律问题，也是实践中会碰到的问题。在一些国家，法律规定只有政党才能提名候选人，而非提名候选人无权参加竞选。除了相对罕见的绝对垄断，还有相对垄断。在美国和许多其他国家，选举法规定只要非党派候选人收集一定数量的签名就可参选，如纽约需要 2000 个签名。但是，无论是绝对垄断还是相对垄断，垄断的意义依据社团法对政党成立要求的不同而有所不同。一般来说，国家对政党的成立会有特别程序的要求及行政或司法审查，但是法国 1901 年 7 月 1 日《结社法》简化了申报程序，只要求向省政府提出声明就可建立政党，因此党无法完全垄断候选人的提名。另 469
外，法律上的垄断通常不如事实上的垄断重要。在正常情况下，只有党派提出的候选人有竞选成功的机会，所以即便允许党外候选人自由参选，他也很难当选。在法国，任何人都可以竞选共和国总统，但除了少数政党或政党联盟提出的候选人外，没有人能赢得总统选举。在英国，交纳保证金的个人可以竞选下议院议员，但如果没有获得政党提名，他则无机会当选。事实上的垄断往往不是绝对的，只是党派候选人比其他人更幸运而已。这意味着普通人并非完全没有当选的机会，就像单独的企业可以抵抗企业合并和垄断的情况一样。

只区分党内和党外候选人过于简单化，实际上，还有许多中间情况。党有时会在选民面前提名一个不是党员、从零开始的候选人参选，并让他当选。这种情况很少发生，它主要发生在共产党身上和一些采用两党制或比例代表制的国家。一般来说，政党和候选人之间的关系非常微妙，正式地说是党提名候选人，而实际上，任命介于纯粹提名和单纯批准之间。这是一个复杂的谈判过程，政党和候选人这两个谈判双方的地位因人而异，政党并不总是占上风。有时，不是政党去选择候选人，而是候选人去选择政党。在法兰西第三共和国，我们称这样的候选人是“获得了某个政党的提名”的候选人。这一术语很
470 有趣，它表明，候选人在积极地寻求政党的支持，而不是政党主动提名某个候选人。候选人选择政党的情况与高度个人主义的选票密切相关，候选人人格魅力比其政治派别更具吸引力。一个有影响力的人想与其他人一同竞选，就需要寻求党的提名来增加他的机会，甚至试图将多个投资结合起来。因此，我们不能说提名是单方协议，具有从属关系，其实提名是双边协定，当事人双方地位平等。双方地位的差异性对议员对所在政党的依赖性，以及政党对议员选择的干预程度影响很大。

政党干预候选人提名的程度取决于许多因素。之前指出了法律的直接影响以及法律赋予政党的垄断权和各种好处。在美国，初选制度的出现是立法者干预的结果，立法者对初选制度进行了严格的定义和规范。除了关于政党提名候选人的规定外，选举法的影响也很大。选举制度和政党结构是决定提名机制的主要因素。当然，历史传统和一

般心态也起着重要作用。在英国，习俗要求单一候选人不能单独参选，而应得到委员会的支持，这加强了党的干预。而在那些仍特别重视传统社会精英的国家，一个有威望的候选人不需要党的支持。例如在法国西部，“公爵共和国”在再也没有候选人成为议员后也幸存了很长一段时间。同样，在乡镇地区，政党对候选人的影响往往不如城市地区，因为城市选民对单个候选人的了解程度较低。然而，与选举 471
制度和政党内部结构相比，这些因素是次要的。

选举制度的影响很难确定，需要单独分析选举制度的每一元素及其影响，如选区规模、单议席票制或单名制、简单多数制或比例代表制，以及是否有第二轮投票等。这些因素的作用有时是相反的，从而削弱了它们的总体作用。选区规模显然非常重要。这里可以提出一个数学公式，即政党对候选人的影响与选区规模有直接的关系。选区越大，政党的影响力也就越大，选区越小，政党的影响力也就越小。显然，这法则不能按字面意思来理解，但它定义了一个普遍的、非常粗略的现象。选区越小，选民对候选人个人的了解就越多，竞选就越像是一场个人斗争，选民在这场斗争中因为候选人的个人魅力而选择他，而不是因为他的政治派别。选区越大，候选人和选民之间的个人联系就会越弱，选民不会太了解候选人。在小选区，政党的干预不是重要因素，而在大选区，政党的干预成了重要的因素。法兰西第三共和国的区级选举与第四共和国的省级选举的对比清楚地说明了这一点。选民对候选人的忠诚体现了个人候选人的优势，候选人的政治发展或者候选人更换党派等事实都没有对选举造成影响。如皮埃尔·赖伐尔的例子。政党提名候选人的制度在比例代表制初次采用后得到了极大发展，让许多在采用比例代表制采用之前从未在自己的选区站稳脚跟的候选人可以参加竞选。但政党提名候选人的制度在比例代表制之前的区域选举中不太可能实现，除非候选人是全国知名人物。 472

选民和候选人之间直接接触的可能性并不是党干预选举的唯一因

素，财政因素也不能被忽视。小选区的选举费用比大选区低，虽然不容易，但没有政党支持的候选人仍可能参选。在大选区，选举开销巨大，单独候选人不可能参选，只有政党才能为竞选活动提供资金。另一方面，选区的规模不应仅仅从地理角度来理解，选民人数也很重要。例如在法国，普选制下，省是大选区，而在限制选举制下，省是小选区，因此候选人和选民之间的相互了解因选民人数少而容易得多。在限制选举制下，小选区的规模减弱了政党的影响力。因此，参议院的选举比众议院的选举更具个人性，更不具党派性。

单议席单票制和名单投票制发挥的作用和大选区与小选区发挥的作用相对应，因为原则上名单投票制往往适用于大选区，单议席单票制往往适用于小选区。但这一原则并不绝对，在法兰西第三共和国，市政选举以名单投票为基础，议会大选以单议席单票为基础。在这里选区的大小决定了选举方式，这是因为政党在市政选举中的作用不如在大选中发挥的作用大。政党的影响因市镇而异，按大小对法国市镇进行分类，可以看到非党派候选人的比例随着城市规模的减小而增加。然而，由于名单投票的集体性质，它自然会削弱个人的影响力，
473 迫使几个候选人达成协议，使他们的组合凌驾于每个人之上，所有这些都自然会增加政党的影响力。如果允许混合名单，个人因素就会相应增加，因为尽管投票是集体的，但还是有可能投票给某一特定的候选人。不完整名单允许独立候选人单独参选，但集体投票中，个人候选人的成功率总是低于完整名单候选人的成功率。然而混合名单制在较小的选区相当普遍。

比例代表制增强了政党对候选人的影响。比例代表制的影响和名单投票制的影响截然不同。当全国剩余选票分配时，政党的影响力最大，因为从全国补充名单中选出的候选人由党直接任命。联合竞选也会产生类似的结果，特别是国家层面的联合竞选。在没有联合竞选和地方对剩余选票进行分配的情况下，政党的作用也很大，只是混合投

票和排序投票的存在使它的作用略有减弱。但是，政党在指定名单方
面的总体影响力很大，以至于混合投票和排序投票与其说是使自由参
选成为可能，不如说是让选民在政党提名的候选人中有了更大的选择
自由。经验表明，比例代表制事实上导致党在候选人的提名上拥有准
垄断权。如果简单多数制只有一轮投票，如果它与遵循一般规则的两 474
党制相结合，也会产生类似的结果。任何持不同政见的候选人都会通
过分散选票给选举带来非常严重的破坏，选民知道这一点，因此通常
只给两个政党投票。极化现象对个人候选人不利，倾向于党的提名垄
断。我们看到英国党外提名候选人的可能性甚至低于比例代表制国
家。归根结底，只有小选区的两轮投票制才能让单独候选人参选的可
能性更大。总之，党派候选人比其他候选人优势大。

然而，党的内部结构可以彻底地改变这种状况。干部党没有坚实的经济基础，对能够自己提供参选经费的候选人总是有偏向性，明面上党选择候选人，实际上候选人获得党的提名没有任何困难。群众党，通常是左翼政党，对这种资本主义形式的个人候选人资格不太感兴趣。它们的党章通常不允许独立候选人被党提名，只有有一定资历的党员才能由党提名参加竞选。这种机制导致群众党干部队伍老龄化，但它保证了政党的主导地位。党的集权程度也影响到候选人的自由。在分权型政党中，候选人是由地方一级的委员会选出的，这些委员会很容易受到当地有影响力的人物的影响。在集权型政党中，候选人由国家领导层批准，因此党派提名不太容易实现。

对集权型政党而言，与其说是个人候选人资格与党派候选人资格
之间的竞争，不如说是个人主动性程度的问题。将个人提名与党派提 475
名相比较过于简单化，除了一些没有成功机会的幻想外，没有人会自
愿独自参加选举。在候选人的背后，总是有一个组织来支持他的竞
选，不管这个组织是完善的还是不完善的，例如一个选举委员会、一
家报刊、经费支持组织、宣传团队或支持者。而独立候选人面临的问

题是如何在党外汇集这些不同的支持。即便这些独立候选人的提名没有受到政党绝对的影响，这也不意味着他们参加竞选是完全自由的，政党以外的其他组织可以干预选举斗争，因为巨大的私人财富也可以被视为某种派系组织。这些组织在挑选候选人方面是否比政党更具包容性尚不清楚；我们也不确定限制政党的作用和抑制其垄断提名权是否提升了选民的自由，是否会增加独立人士参选的可能性。

政党选择候选人的技术问题比政党在提名候选人时的干预程度问题更为重要，这是所有提名候选人的组织都要面临的问题。选择政党候选人所遵循的程序通常与任命领导人的程序非常相似，由于他们有可能是议员，领导人任命和政党候选人提名并不容易区分。从理论上讲，提名候选人和任命领导人的程序是对立的，因为议员由选民选举，而领导由委员会任命。实际上，它们之间的差异并不像看上去那么大，因为提名候选人的党员大会和选举领导人的党代表大会一样受到操纵和压力。在干部型政党中，候选人提名是由委员会在非公开会
476 议上作出的。例如在美国，候选人提名由党团会议做出。党团会议是党领导人为提名候选人而举行的会议。地方委员会的提名和中央委员会的提名之间的竞争是一个重要的问题。在法国，地方委员会决定的重要性高于中央委员会，而美国的党团会议也一样，地方党团会议较为重要。在群众型政党中，一般规则是党员提名候选人，提名可以是直接的，也可以是间接的。直接提名相对较少，例如，比利时政党通过党员民意调查确定候选人提名。从表面上看，这一制度非常民主，但在实践中并非如此。比利时基督教社会党在 1949 年对候选人提名的批评就证明了这一点。候选人提名权仅属于全国委员会、选区委员会、三个地方分部的联合团体。另外，150 名党员联署的请愿书也是被允许的。部分候选人通过三个规模极小的分部（总计仅有数十名党员）成功获得提名。但候选人最终的提名和排名是通过当年在册党员的全体投票决定的。在一些地区，“在登记截止日期前几天，一些候

选人被曝出突击招募党员，在民意调查提名簿上招募了数百名党员。有些人甚至购买空白的党员证以伪造资格”[1]。为了防止此类舞弊，有人提议党龄1年以上的党员才有投票权。

党员民意调查提名制度可以成为政党的一个重要基础，入党目的是推选参加选举的候选人。事实上，在美国政党中，党员身份的唯一实质性作用是参加封闭初选，这很接近比利时式的民意调查提名。然 477
而，这种技术相对罕见。当候选人的任命掌握在党员手中时，提名通常是间接的。候选人由代表大会或由各分部选出的代表组成的大会提名。例如，瑞士政党的提名由代表大会决定。这一制度于19世纪上半叶引入美国，并逐步取代了之前党团会议提名的做法，现在的提名由街区选派的代表组成的提名大会完成。由于没有正式的入党制度，领导人自己编制参加会议的人员名单，因此投票是在操纵和压力下进行的，提名大会通常是由领导人，而不是由广大选民和支持者构成的。在民主的外表下，我们离党团会议的形式并不远。有些提名大会是由委员会的代表而不是党员代表构成的，如提名总统候选人的总统提名委员会。事实上，欧洲政党的许多党员大会也是如此。分部的领导委员会在提名候选人方面发挥着主导作用。正式的入党机制，如果存在的话，可以对领导人的操纵和干预进行限制。

自20世纪初以来，美国出现了一种新的提名候选人制度——初选制度，这取代了传统的制度。初选制度是一种非常独特的制度，没有其他制度可以与之相比。我们可以把它与比利时的民意调查提名制联系起来，但它和比利时的制度完全不同。美国没有入党制度，初选制度不是由党员选择候选人，而是由选民或支持者来选择。事实上， 478
描述初选制度非常困难，因为每个州都有自己的初选规则。可以说初选制度多种多样，彼此之间有着深刻的差异，不存在一个统一的规则。原则上，初选正是选举前的预选，用于提名实际的候选人。一般来说，美国的许多职位都是选举产生的，并不只是立法和总统等职位，还包括行政和司法职位。初选就像选举一样，由政府组织。通常初选在开展正式选举的投票站举行，每个政党分别进行，对每个空缺的行政职位，选民要从政党候选人中选出一个在未来选举中捍卫自己利益的人任职。

不同的州对初选有不同的要求，可以是封闭的，也可以是公开的，但这两种初选下也有许多亚型。在封闭初选中，只有共和党选民可以参加共和党候选人提名，只有民主党选民可以参加民主党候选人提名。但如何确定一个人是共和党还是民主党选民？可以通过登记确定。这可能发生在参加初选注册的时候，一旦注册，想要改变投票党派只能等下一次初选注册。登记也可以在选民进入登记站，收到党派选票时进行。这种情况下想要改变所投党派，必须提前一段时间从记
479 录员那里获得证明，期限根据州的情况而异，10 天到 6 个月不等。其他一些州可能要求忠诚测试，即在投票站入口处，选民获得政党选票时被要求声明他在上一次选举中支持该党的候选人，并将在下一次选举中继续支持他们。而南方一些州则通过个人承诺支持初选党的候选人来确保独立候选人无法当选。因此，封闭式初选的前提是选民对一个政党有偏好，封闭初选与其说是选民提名，不如说是支持者提名。初选的登记与欧洲入党机制非常相似，但初选缺乏定期交纳党费的机制，缺乏党员参与政党的机制，缺乏等级制度，初选也不适用于任命领导，所以初选不是入党，登记只适用于初选，只起到纯粹的选举作用。

登记只适用于封闭初选。在公开的初选中，每个人的政治偏好都是保密的，无法看出党派关系。选民在投票站入口处收到两张含有候选人名单的选票，每个党一张，但选民只能使用一张选票，打叉投票。或者，每位选民只收到一张有两栏名单的选票，一栏代表一个党，选民只能在其中一栏投票，否则投票无效。在华盛顿州，选票上的候选人是按照当选的行政职位划分而不是按政党分组的。最后，明

尼苏达州和内布拉斯加州采用了党派无差别初选制度，这种制度更常用来选举法官。在这里，候选人没有政党派别，只有领先的两名候选人才能参加选举。事实上，这不再是初选，而是一轮决选的制度，这制度类似于德意志帝国和比利时的多数选举制。

初选有各种类型。封闭初选大致相当于政党的支持者提名候选人，普通公开初选由选民提名，而这两种初选制度都在发展，发展的 480
最后一步便是华盛顿式的无党派初选。华盛顿式的公开初选不再是提名候选人，而是真正的选举。初选制度在 20 世纪初逐步建立起来，旨在打破党领导对候选人提名的影响。它在很大程度上做到了这一 481
点，毫无疑问，政治机器的衰落有一部分归功于它。然而，领导层的干预只是被限制而不是被取消。谁会出现在官方印刷的、交给初选选民的名单上？一般来说，是收集到一定数量签名的政党成员。签名数量根据选区的大小而有所不同。在党内，有可能通过推举一个反对党内支配派系候选人的对手来对抗这一派系，不过前提是另一个有组织的派系也已经出现。初选制度与其说是鼓励候选人发展相对于领导层的自主性，不如说是发展了内部派系和领导集团之间的竞争。初选选民可以公断这些竞争，但初选投票率低意味着这一选择意义不大（图38）。另一方面，就像在欧洲的两轮投票制一样，初选候选人实际上 482
是由领导人自己挑选的，领导的干预只是更隐蔽了一层，干预的不是提名候选人，而是挑选“提名前的候选人”。今天，美国政党的真正问题是初选前的问题，是政党委员会筛选可进入初选的候选人的问题。

政党和选举

政党在选举的第一阶段，即提名候选人方面发挥着关键作用，但它们也并没有缺席第二阶段，即选举。政党为支持候选人竞选承担了大部分费用，它们在选举中间接地发挥关键作用。但干部型政党和核心小组除外，在那里竞选主要依靠私人资金。一些国家已采取严厉措施控制和限制选举开支，以防止金钱为选举宣传造势而造成太大的不平等。但是，群众型政党的发展使这些规定变得无用。今天，竞选宣传开支最大的党不是拥有金钱支持的保守党，反而是群众党，因为这些政党的党员人数众多，他们的党费带来了巨大的流动资金。德国社会民主党是第一个通过党费这种公共资金支持获益的政党。英国工党和其他以工会为基础的政党也获得了类似的好处。在法国，共产党的竞选开支最大。政党干预竞选也会无视限制宣传和选举费用的法律规
483 定。例如，在法国，法律规定任何候选人都无权在官方指定的有限的地点以外张贴海报，但各政党仍在各地张贴自己的海报，间接支持它们的候选人。现代竞选活动可以比作独奏乐器和管弦乐队的协奏曲，候选人代表独奏乐器，政党代表乐队，在管弦乐队的喧闹声中独奏乐器的声音越来越小。

对于竞选宣传，要区分候选人为争取当选而进行的选举宣传，和党在选举期间进行的传播其理论、扩大其影响力和扩充其成员的宣传。选举领域发生的奇怪变化，反映了政党性质和作用的变化。早期政党是纯粹的选举组织，其主要职能是确保候选人竞选成功。选举是目的，政党是手段。后来，党作为一个能够直接影响政治生活的组织，其自身职能的发展导致了选举为政党宣传服务，竞选活动变成独特的舆论工具。在一些国家，候选人有权自由使用会议室，可以使用国家广播、广告牌，而且官方还免费印刷和分发其纲领等。另外，当公众正处于一个对政治特别敏感的时期，他们就会成为党派发展的良好土壤。因此，通过进行选举宣传，党逐步进行党的宣传。原始的局面被最终扭转，不是选举利用政党来确保成功，而是政党利用选举来确保自己的发展。党的发展是目的，选举是手段。

484 这种变化反映在候选人数量的增加和资格性质的变化上。在 19 世纪，一个政党在没有获胜机会的选区不会提名候选人，而今天，这

种做法很普遍，共产党在各地提名候选人。因此，竞选活动具有展示性，不再是选举的问题，而是宣传党的问题。这种转变对选举策略产生了影响。我们不能只通过选举结果来衡量选举策略发挥的作用，例如 1924 年至 1932 年法国共产党的选举策略削弱了共产党候选人的成功机会，使选民远离它。但是，共产党准确宣传的策略使它避免了妥协，加强了党内凝聚力和影响力。从长远来看，这是有回报的。

政党通过宣传对选举的间接影响始终存在。与之不同的是，对选民选择的直接干预只存在于某些政治制度中。这在一党制中很明显，在这种制度中不存在选举，选民只限于认可政党候选人。在这种情况下，提名候选人就成了真正的选举：只要它是公开的，只要它提供了 485
竞争和辩论的机会，就存在一定的民主因素。因此，在美国南部各州，初选具有根本性的重要意义：由于这个原因，参与初选的投票者比参与正式选举的投票者还要多（图 38 和图 39）；党派之间的斗争和候选人之间的竞争，有时会使民主党表面上的团结变得十分造作。就苏联而言，应该对其选举制度中真正有生命力的部分的运作情况进行类似的研究：工会、青年运动、党的机构和有权提名候选人组织所举行的选举筹备会议；遗憾的是，目前还没有关于这个问题的准确可靠的信息。在一党独大的两党制中，结果也大致相似：如果两党之间的差距大到其中一党几乎肯定会成功，那么该党对候选人的选择就成为选举的关键部分。

党的直接影响也会体现自候选人名单和排名被锁定，并按一定顺序决定选举结果的比例代表制中。假设社会党在以前的选举中获得 3 个席位的选区，那么由于每次选举的票数变化相对小，社会党可以估计，下一次选举将至少获得 2 个席位，最多 4 个。因此，名单排名第一的候选人成功率最大，第二位次之，第三位有一定希望，第四位只有少量希望，而其他人几乎没有希望，他们就是陪衬，参选是为了荣誉，为了增加人数。因此，候选人的机会由党决定。对于位列名单第

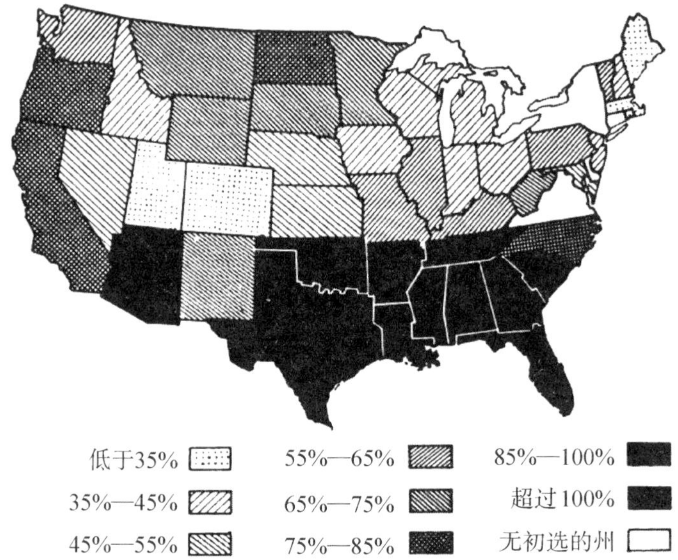

图 38　1942 年美国总统初选中的投票率（初选投票数占正式选举投票数的百分比）

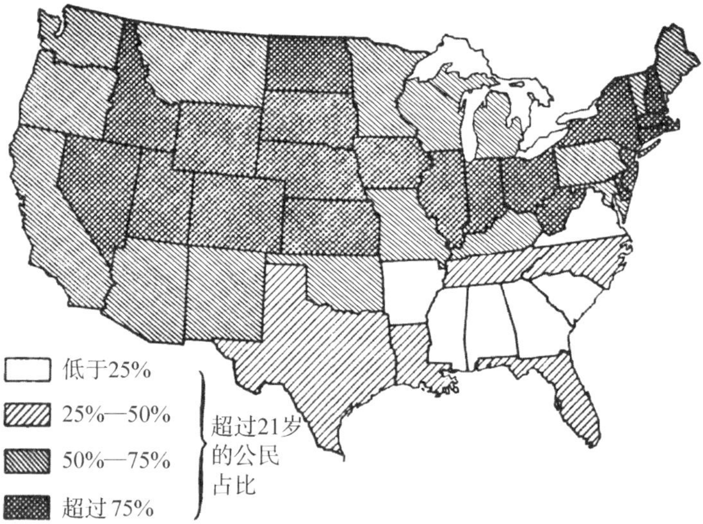

图 39　1940 年美国总统大选中的投票率

一的候选人，他的机会和一党制中候选人的机会一样，几乎是100%。对选举直接的干预导致选举不再是选民在候选人之间作出的选择，选民只规定一个配额，在这个配额内，党行使其提名代表的权 486
力。一切都是这样运作的，正如选民赋予一个党有权获得20%议员席位的配额，另一个15%，另一个40%，等等。具体配额因选举而异。在纯比例代表制中，在国家层面，如果商数统一和剩余席位全部分配，上述描述完全正确。在大多数的混合比例代表制中，模式略有变化。但是，只要存在固定名单，党对候选人的提名权就保持不变，只是配额确定的方式发生了变化。

如果允许顺序投票制和混合投票制，候选人的提名权将部分地交给选民，也就是说他们和政党之间建立了某种合作关系。在顺序投票制中，如果政党没有提供排名顺序，那么政党对选举没有任何直接干预。在伪顺序投票制（1946年和1951年的法国投票法）中，党对候选人的任命权保持不变，因为如果想要改变名单顺序，只有获得半数以上的选票才行，但经验表明从未达到修改名单的条件，党确定的顺序不能改变。在采用固定名单的比例代表制中，候选人的排名与他们的提名同样重要。通常，排名和提名应该同时进行，但事实上，许多政党允许党员直接或间接地参与提名，但将排名权留给领导委员会，从而恢复党的影响力。选民无法自主排序名单是个非常巧妙的策略，只需把一个受活动分子欢迎但领导人不喜欢的候选人排在一个糟糕的位置，就既可安抚前者，又可让后者满意。同样，让即将卸任议员排名一方面可以保持其在选民中的受欢迎程度，一方面又可以淘汰他， 487
推选新的候选人。靠后排名的威胁是党的领导人手中令人钦佩的武器，可以让议员们服从。

这些说明了政党参与议员候选人提名的总体发展结果。选举机制发生了深刻变化，朝着选举—指派的混合制度方向发展。一党制代表了其最极致的发展。一党制下选举只是假象，掩盖了纯粹的指派。很少有人研究指派，但它也是选择统治者的一种方式。指派自罗马帝国以来从未像现在这样如此重要。原则上，所有专制者都会通过指派来确保他们权力的可持续性，但事实上，直到20世纪，很少有人成功做到这一点，因为指派总是快速地转变为继承。一党制更新了这一技术，并赋予了它从未有过的规律性。对独裁者的指派在党内部进行，在党核心的最高领导层进行。在德国，希特勒亲自从一小群同伴中按一定顺序任命了他的继任者。在意大利，法西斯大委员会必须在内部任命元首。在苏联，最高领导人的继任者在共产党主席团内部产生。德国的指派制度符合个人独裁的经典类型，意大利和苏联的制度则是一种新的、通过集体决定的指派。党似乎因此改变了独裁统治的概念：一个政权，由于系于某个人的生命，其在本质上是短暂的，而由
488 于它开始基于一个永久自我更新的机构——党，它正在成为一个持久的政权。

在最高领导层或中央委员会中，一党制下的指派是纯粹的。在议会中，指派带有选举色彩。虽然由党任命，但由党提名的代表必须经过人民选举，并为此进行广泛的宣传。这一制度使公民投票制度焕发了新的活力，它建立了对一个机构的公民投票，而不是对个人的公民投票。议员由党选出，但民众批准非常重要，这种选举仪式的存在给了政权以民主的合法外观。例如拿破仑利用公民投票在重建王权与法国大革命的正式原则之间做了调和。新宗教移植了旧仪式，保留了朝圣地。这个仪式还有一个非常现实的意义：它表明所有反对的努力都是徒劳的，一个能如此有效地命令人们一致服从的制度是无所不能的。99.9%的压倒性多数证明了这一制度的效率；它们显然是人为干预的，但能够产生这种结果的机制，其完美形态也是人为干预的。从另一个角度看，这种制度或许可以最终引入民主：毕竟，人为干预的投票使从不知晓投票程序的人们习惯投票程序。外在的仪式传授给人们民主的表面行为。就像我们在下水之前先要在陆地上学习游泳动作

一样，土耳其人民在 20 年的时间里如果没有尝试性地采用选举，他们在 1950 年就不可能接受民主。

在多党制之下，指派失去了它的纯洁性，选举又回到了现实世界。但这也不再是一次纯粹的选举，而是一次合作式的指派，选民的作用取决于政党。当然选举中从来没有缺少过指派的影子。在政党出 489
现之前，即将离任的议员决定不参加选举时，候选人通常应得到即将离任的议员赞助支持。政党出现后，政党用集体指派取代了个人指派，党扩大了赞助的范围。事实上，在多党制中，选民的作用是从政党指派的候选人中选出候选人，指派是选举的第一步，选民选举是第二步。美国的初选制度不否认指派的存在，它只是指派和选举的中间步骤。比例代表制中的固定名单和名单顺序就是一种指派机制。选民并没有选举产生代表，他们只为党分配了一个指派配额。选民看上去在选举，因为他亲自投票给 X 或 Y，但实际上 X 或 Y 是党指派的，名单上的成员及其排名也是党干预的结果。无论 X 或 Y 是单独选举，还是在名单首位，其他候选人都不过是凑数的。从根本上说，真正的个人选择只存在于混合投票的简单多数名单投票制中：即便如此，个人选择也仅限于名单上的人，而且他们也总是被政党指派。

第二节　政党和代表民意

这里，“代表”一词不从法律层面理解。“代表”的法律术语太多了，如强制性委托和代表委托、个人委托和集体委托、可撤销委托和 490
不可撤销委托等。在委托这种契约关系中党以第三方的身份出现，这彻底改变了委托的性质。经典的代表理论不再符合现实，即使符合现实，也仅仅是将国家主权转变为议会主权的巧妙伎俩。本书中的“代表”一词是指一种社会学现象，而不是一种法律关系，它定义了国家的政治观点和议会的政治观点之间的相似性。议员代表他们的选民，不是作为代理人代表他们的选民，而是像一张照片代表一个风景，一张肖像代表一位模特一样。因此，最根本的问题是如何衡量代表准确性，即民意与民意在议会中的表达的一致性问题。

在这方面，政党的影响是巨大的。每一政党制度都是强加在民意上的框架，既制造民意，也扭曲民意。一个国家现有的政党制度通常被认为是其民意结构的结果。但反过来也是事实，民意结构在很大程度上是政党制度的结果，因为政党制度是历史环境、政治演化以及各种复杂因素共同塑造的，其中选举制度起着主导作用。大众意见和政党之间的关系不是单向的，它们是相互作用和相互反映的，交织在一起的。

民意的两种扭曲方式

为了衡量代表程度，通常将党获得的选票百分比与其在议会中获
491 得的席位百分比进行比较，也就是比较选举和议会结果。但这并不完整，选举和议会之间的差距是衡量民意扭曲程度的一种方式，只是民意扭曲的第二阶段。它叠加在一种不太常见但更为严重的扭曲方式之上，那就是选票分配与民意真实性质之间的差距。选票的分配对民意的扭曲较大，因为其本身不是民意，而是民意表达的一种方式。

得票和议会席位百分比之间的差异很容易测量，选举制度起着关键作用。从定义上讲，比例代表制的扭曲程度最低，政党的选举实力和在议会获得席位数的吻合度很高。然而，实际采用的比例代表制往往会减少这种吻合度，若要完全采用纯比例代表制，国家必须组成一个单一的选区，否则就必须在国家一级分配剩余选票。出于各种政治原因，一般不会完全使用纯比例代表制。在这种情况下，席位比例与得票比例之间存在的差距取决于选举制度。在一些国家，这一差距相当小，在另一些国家则相当大，扭曲的程度取决于比例代表制的技术。最高均数法倾向于代表性较强的大党，不利于代表性不足的小

党。在1946年的法国选举中，激进党和盟友失去了27.2%的选票，而两个最强大的政党，共产党和人民党，分别只损失了1.9%和3.2%。相反，最大余数法导致小党代表性过强，但选举名单可能会 492
对此造成干扰。因此，比例代表制并不是民意的真实写照。

比例代表制带来的差异仍远小于简单多数一轮投票制带来的差异。如果只有两个政党，一个持续现象是执政党代表性过高，反对党代表性不足。这并不是一个非常严重的现象，它只是加剧了选民的意见分歧。然而，在特殊情况下，代表性可能会完全扭曲，得票最少的政党获得席位最多，而得票最多的政党获得席位最少。例如1910年的英国，自由党以43.1%的选票获得275个席位，而保守党以47%的选票获得273个席位。1929年，工党以37.5%的选票获得289个席位，保守党以37.97%的选票获得262个席位。自1948年以来，新选区的划分有可能使反常现象再次发生，因为新选区能让工党通过大比例选票获得众多席位，让保守党通过小比例选票获得大量席位。如果两党获得相同的票数，保守党获得的席位将比工党多出约30个。事实上，在1951年的选举中，保守党以47.96%的选票获得321个席位，而工党以48.78%的选票获得295个席位。同样的现象也发生在1948年和1953年的南非联盟选举中，马兰博士（Dr Malan）领导的民族党获得了议会多数席位，但其得票率低于其对手联合党。因此，在两党制下，由于选区规模的不平等，代表性的扭曲也可能发生。简单多数一轮投票制的反对者不断地指出这些例子以证明该制度的荒谬性，但大多数时候，他们忘了强调这些现象是非常特殊的。在多党制下，简单多数一轮投票制造成的得票数和议会席位的差距显然要严重得多。然而，我们不应忘记，这种不准确性本质上是自我消退 493
的，因为它所导致的代表性过多或代表性不足的现象是回归两党制的主要驱动力。

人们普遍认为，第二轮投票可以降低多数选举制中民意表达的不

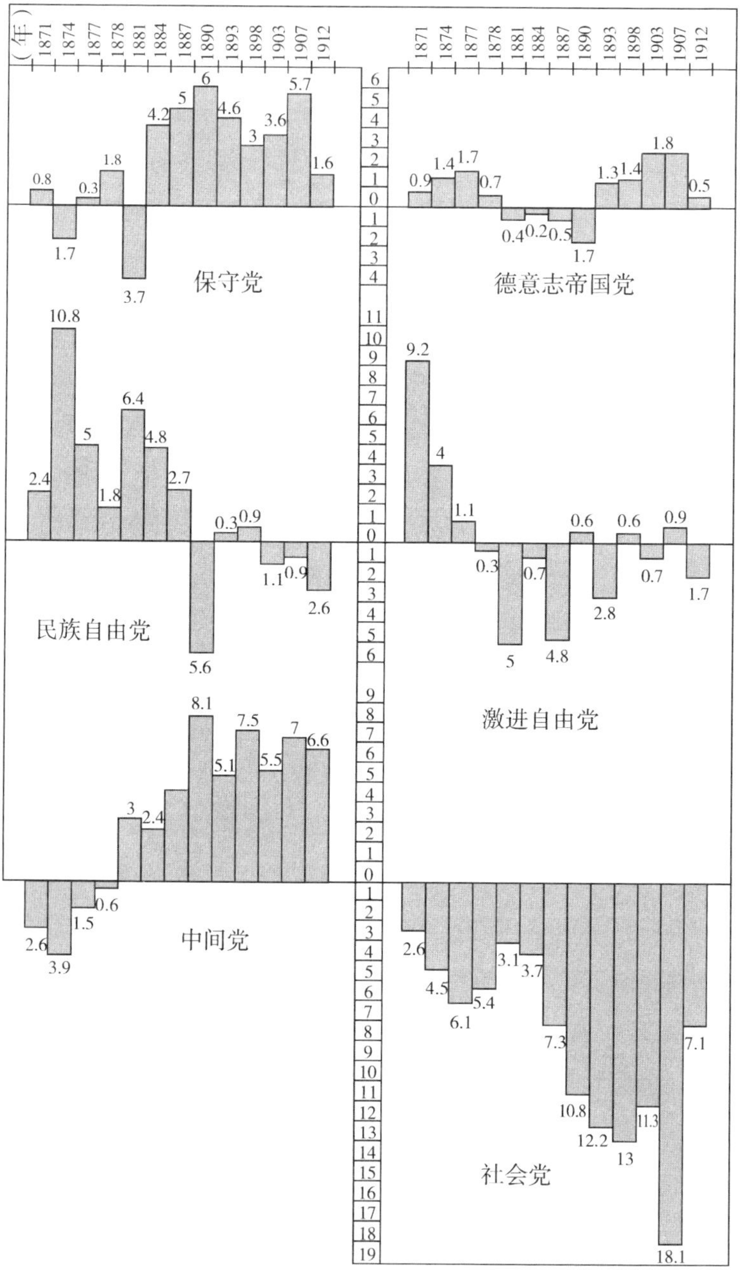

图 40　德国 1871 年至 1914 年各政党得票占比与席位数之间的差距

准确性。从数字来看，这是不确定的。如果将第一轮投票中各政党获得的票数与第二轮投票后分配给它们的席位总数进行比较，就会发现相当大的比例失调（图 40）。诚然，这种比例失调通常低于简单多数选举制特殊情况造成的比例失调。在一轮投票制与两党制相结合的制度下，无论是执政党的代表性过大，还是在野党的代表性不足，两党通常都不会改变民意差距的总体格局。相反，在第二轮投票中，整个局面都是不一样的，民意的差距不再通过各政党获得的票数体现，而是通过政治立场和政治联盟体现出来。总的来说，第二轮投票对中间党有利，使其具有较高代表性，对极端党不利，造成它们代表性不足。这一原则在法兰西第三共和国的政治历史中得到了很好的体现。荷兰、挪威、德国等实施两轮投票制的国家也都遵循这一原则。

当然，如果将最终席位百分比与第二轮投票的百分比进行比较，差距将大大缩小，这是两轮投票制存在的原因。在这种情况下，说它比单轮投票制提高了代表的准确性会导致严重的方法错误。因为第一轮选举的政党之间的选票分配，与简单一轮多数制或比例代表制的情 495
况相当。第二轮投票需要对选票进行必要的分组，无法区分选票的政治色彩。统计 1936 年法国激进党的选票，会发现第二轮共产党的选票投给了激进党，使后者超过人民阵线成为第一。但这不符合现实情况。由于第二轮投票是按政见而不是按政党分组的，因此民意的扭曲程度，不能用选举选票和议会席位之间的差距来衡量，要用选票分配与民意的真实性之间的差距来衡量。

只要投票是自由的、秘密的、不受压力和操纵的，就可以认为它正确地反映了民意。一般来说事实不是这样，民意在选举中的表达与民意本身并不一致，依据投票方式和政党制度的不同，民意的表达总是或多或少地扭曲民意。选举改革的倡导者依据政党在旧选举制度下获得的选票来计算新制度的效果。例如，赫曼斯（Hermens）就用这种方法来证明多数选举制对魏玛共和国的好处大于比例代表制。但这些计算必然是错误的，因为选举改革的第一个效果不仅是改变议会席位的分配，更是改变选票的分配。选民在简单多数投票制和比例代表制中的投票方式不同，在两轮投票和单轮投票制中也不同，在名单选举制和单议席票制中也不同。极化现象很好地说明了投票方式对民意的影响。但投票方式对民意的影响很难深入分析，因为选举改革往往
496 与扩大选举权（普选、妇女投票等）或重大政治事件（一战、二战等）同时出现。对此可以研究瑞士、丹麦和挪威三个国家，研究它们从多数选举制转向比例代表制产生的影响。在这三个国家，这一变化导致选举间隔期缩短（2 年或 3 年），投票权没有实质性变化。其次，这三个国家最终用比例代表制取代了多数选举制（之前，瑞士和挪威采用两轮制，丹麦采用混合比例制的多数制）。最后，这些国家相当平静，民意普遍表现出相对稳定的特点。选举改革深刻地改变了政党之间的选票分配和议会席位的分配，这种转变在某种程度上取决于新选民的出现，他们放弃了以前的弃权立场（图 41）。在这三个国家，比例代表制减少了中间党的选票，增加了极端党的选票。

另外，需要区分调整后的民意和原始民意。调整后的民意是政党宣传、政党制度和选举制度对原始民意塑造的结果。政党尽可能多地创造民意并代表这些民意，它们创造民意，而不是扭曲民意。没有政党，就只有模糊的、自发的、多样的民族、教育、道德和社会团体。马克思主义理论本身认为民意是社会阶级的反映，认为所有阶级都有阶级意识，而如果党没有行动，人们就不会有阶级意识，党激发和发展了阶级意识。一个政党中的少数人构成了有等级的寡头组织，正是
497 他们发展了群众意见。当然，如果没有以未加工的民意为基础，寡头什么也做不了。原始民意就像一个面团，需要党的酵母才能发挥作用。党明确个人的意见，并丰富和发展个人意见，同时也加强了个人意见的表达。在党出现之前，个人意见虽然可以互享，但可信度不高，当个人意见被党运用后，就具有了权威和确定性。党使个人意见

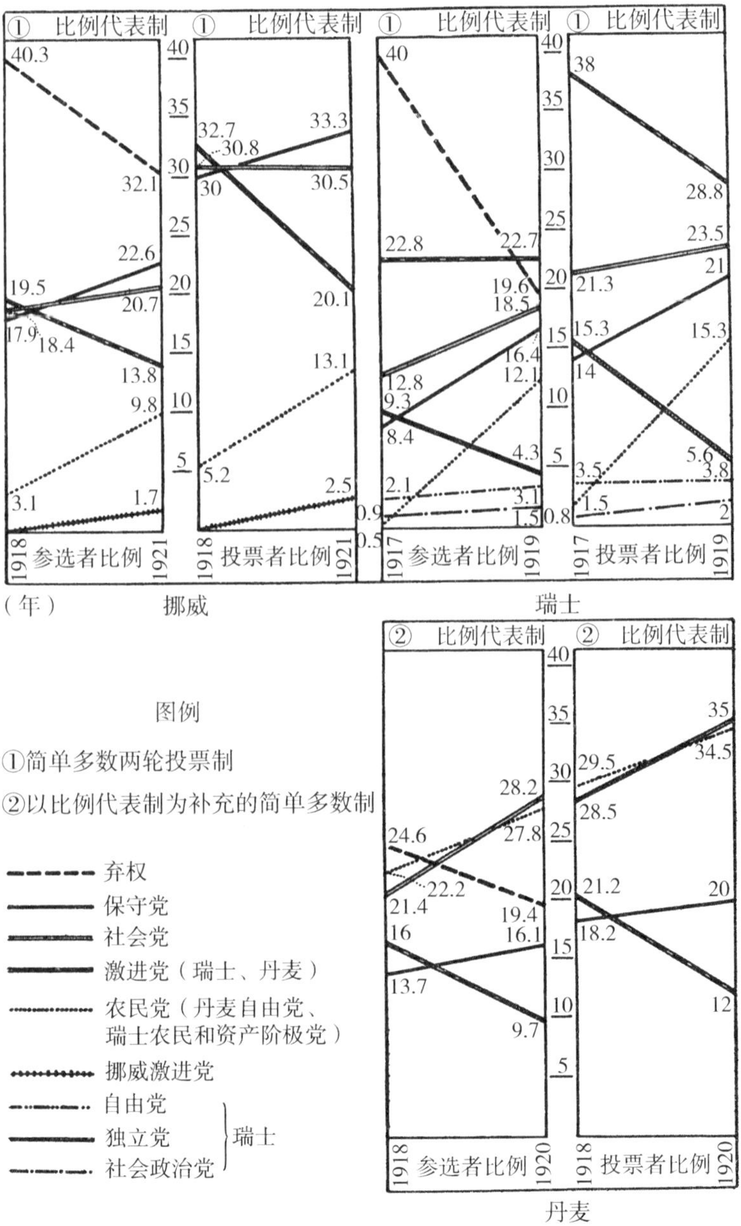

图 41　选举改革对投票的影响

更加稳定，没有党，个人意见是多样的，不断变化的。政党可以巩固民意，给信息丰富、无形的民意一个框架。最后，党可以凝聚类似的意见，缩小个人观点的差异，将它们融合到一些伟大理论中。党加工民意的工作非常重要，只有这样才能确保选举和政治代表性的存在，因为在个人观点千变万化的混杂状态下，选举和政治代表性都是不可能的。

民意就这样从大量的个人观点中脱颖而出，而党也不断地向大众提供信息，给大众加以指导和引导。整个竞选活动就是一个尽可能多地吸引选民的平台，为选民提供符合他们利益的具体目标。但这些目标只是党的总体活动的一个方面，往往是肤浅和次要的，它将决定政党在议会和政府中的态度。因此，选举机制本身往往会扭曲意见，这主要是党利用自身某些特殊目标与选民愿望之间吻合的巧合，将选民与党的总体政策联系起来，而党的总体政策在很大程度上超出了这些具体目标。法国共产党的例子在这方面非常典型。1956 年，25%的法国选民投了共产党的票，但这 25%的人中只有一小部分人真正坚持党的总体政策。大部分人从根本上是反对共产党理论的，只在几个
499 具体问题上同意党的意见。工人认为只有共产党才能捍卫他们的阶级利益，中小型农民想通过共产党反对那些更有权势的人，佃农和小农户想通过共产党反对地主，左派的人习惯于投给更左的人，而爱国主义人士受抵抗运动的影响而支持共产党。对投票给共产党的动机逐个进行系统和精确的分析非常有趣。它将证实民意和选举代表性之间的分歧，因为这 25%的选民确定了共产党的力量，并使其成为议会选举的基础。之所以举共产党的例子，是因为它特别典型。但是，所有政党都存在着原始意见和加工后意见之间的差距。这对于权力越集中、组织越完善、有完整的理论的党更是这样，因为这样的党组织能够影响民意，而不是记录民意，能够指导群众，而不是跟随群众。

所有不认可政党制度的人都谴责这种扭曲，却不明白这种扭曲是不可避免的，实际上与其说是扭曲，不如说是塑形。他们没有意识

到，原初民意是难以捉摸的，只有塑形而成的民意才能被表达，而表达的方法必然是给民意加上一个框架，而这个框架会改变民意。不同的方法或许可以使我们更接近原初民意，例如通过民意调查、实地研究、特别调查等。在政治层面上，全民公决也可能使人们对某一问题的认识不受扭曲；此外，应该指出的是，全民公决的结果很少与选举的结果一致，即使是在纯粹的政府问题上也是如此，1949 年比利时全民公决和选举就是一个典型的例子。无论如何，每一种调查方法都会对民意施加自己的影响。每种政党制度都构成了不同的民意表达框架，并因此产生了不同类型的政治代表。民意是制度中的一个因素， 500
但依赖于其他因素，特别是投票程序的制度，后者反过来也是民意中的一个因素。因此，民意、选举制度和政党制度构成了三个相互依存的事物，即使基于人民当下的看法，它们之间的影响也不是单向的。后两者对民意的影响往往是不可分割的。选举制度的每一次改变都会导致政党制度的相应改变。反过来，政党制度的任何改变也会直接影响民意的表达。因此可以说，选举制度的任何改变都会对民意的表达产生间接影响。但政党制度的某些变化是不依赖于选举制度的，因此它们对民意表达的影响是独立的。

1947 年法国三党联合政府瓦解是个典型的例子。在此之前，共产党与社会党和人民共和运动合作组成了左翼政府，并使法国民意朝着这个方向发展。1947 年，盟友之间发生了深刻的分裂，共产党被赶出政府，三方协议破裂，政府没有了共产党的支持，也没能维持下去。现在，民意的表达采取了另一种形式。共产党修改了民意，使之不受任何选票转移的影响，甚至不受任何选举的影响。民意在向中间派、右派倾斜。一方面，社会党成了越来越温和的改革主义，参与了中间派政府。另一方面，人民共和运动修改了纲领，从进步主义转向保守主义。而最后激进党和温和派也逐渐恢复曾经失去的影响力。政 501
党的这些变化并不是纯粹的内部现象，这些现象会导致民意发生相应的变化。政党之间的一条简单的分界线就足以改变民意的总体基调。

政党制度和民意的扭曲

在这里采用之前衡量民意在议会和在选举中的扭曲程度的方法是不可能的，因为后两者清晰且可衡量，可以非常准确地量化其差距。但是原始的民意和经政党制度形塑的意见并不具有相同的特点，它们更多是从形式上区分而已。事实上，原始的民意并不存在，或者说很少有人能够知道它是什么。只有调整过的民意才能被人们理解，民意加工的方式多样，可以通过实地研究、盖洛普民意调查、比例选举制或多数选举制、两党制或多党制等方式形成不同民意。有些民意可能更接近原始的民意，但我们对此一无所知，只能在直觉上感知。了解政党制度对民意扭曲影响的唯一可能方法是比较每个政党制度是如何调整民意的，从而确定各种民意发展的不同方向。但无法衡量民意扭曲的程度。

政党制度和选举制度对民意的影响与民意产生的地理因素有关。这个问题可以从几个方面来说。其中一个问题已经在研究简单多数一轮投票制下的地方政党时提到过。这种选举制度所产生的两党制主要
502 表现在各个选区，因此，只要每个选区有两个政党竞争，这些政党就可以在全国范围内共存。因为这些政党在某些地区是大党，无论是自治党还是区域主义政党（爱尔兰民族党、捷克斯洛伐克的斯洛伐克党等），这些政党可能是未来的国家大党，在人口特别有利于它们的地区发展（工人阶级城市中的社会党），还有可能曾是国家主要政党，被削弱后只能在地方发展的地方性小党（当前的英国自由党）。然而，可以根据这些结果进行概括，因为简单多数投票技术本身就意味着将代表整个地区的任务委托给领先于竞争对手的候选人，而不考虑其他候选人的得票情况：这样一来，少数党只有在特定选区是多数党的情况下，才能在全国层面得到代表。其结果是，简单多数制突出了民意

的地域性：甚至可以说，它倾向于将全国性民意（即实际上在全国各地都能找到的民意）转化为地方性民意，因为它只允许民意在其最强烈的地区得到代表。美国的情况尤为突出，众所周知，无须在此赘述。

另一方面，比例代表制在相反的层面上起着作用：根深蒂固的地方民意在国家范围内扩大，即使民意在地方只是少数观点也能得以表达。比例代表制越完美，这一趋势尤其明显。国家选举中分配剩余选票有利于这一点，将全国作为一个单一选区的实际后果也有利于这一点。可以说在采用简单多数制之后又采用比例代表制的国家中，出现了政党和民意“全国化”的现象。荷兰、瑞士、比利时等国的例子说 503
明了这一点。无论是比例代表制导致民意全国化，还是多数选举制引起民意地方化，都很难说哪一种能更准确地反映公众民意。事实上，它们都造成了民意的扭曲，只是扭曲的方向完全相反而已。比例代表制减弱了民意地方化的现象，而多数选举制加强了民意地方化的现象。这一现象的政治重要性是，比例代表制加强了国家统一，而多数选举制加剧了地方分歧。根据每一地方的具体情况，后果有好有坏。在法国，比例代表制加剧了中央集权和统一的趋势，这令人遗憾。在比利时，情况正相反，它减轻了佛兰芒人和瓦隆人之间的对抗，这种对抗可能因简单多数制的恢复而变得激烈，因为它往往突出天主教党的佛兰芒特性和社会党的瓦隆特性，并将两个党都转变为自治党。在美国，多数选举制让北方和南方的对立和南方的排他主义组织日益增长。

公民的政治取向受特殊的地方因素以及一般因素的影响，也可以说受个人因素和意识形态因素的影响。这两个因素很难区分，因为它们往往是在无意识的基础上紧密结合在一起的，需要真正的社会心理分析方法才能将二者分开。无论如何，这里要确定政党制度和选举制度对每一种因素的影响，有些制度发展了民意的地方因素而损害了全

504 国因素，或者损害了地方因素而发展了全国因素。这个问题有实际重要性，因为议会政策取决于议员是因地方利益当选还是因国家利益当选。这不再是比例代表制和多数选举制之间的问题，而是在单议席单票制和名单投票制之间的问题。单议席单票制可以在比例代表制下适用（可转让投票制度），而名单投票制通常在多数制下运作。事实上，单议席单投票意味着要在小选区进行，乡村观念自然占主导地位，相反，名单投票是在更大的选区内进行的，在这个大选区内地方观点相互限制，因此对问题一般性的考量变得相当重要。还应补充的是，单议席单票制中候选人个人影响较大。候选人容易作出个人承诺，而选民也高度重视候选人的地方承诺，因此，候选人自然倾向于将目光局限于地方。相反，名单投票制削弱了个人影响（如果名单是固定的，这种影响几乎完全消失），并迫使选民投票给一个政党而不是个人，换句话说，名单投票制有利于发展国家意识形态和国家组织，不利于地方利益的倡导。

观察结果证实了这一切。毫无疑问，在法国省一级选举中，名单投票（自 1945 年以来取代了选区单议席单投票）在扩展议员和政府官员的政治视野方面发挥了重要作用。值得注意的是，这并不像人们通常认为的那样，归功于比例代表制本身。相反，美国虽然是世界警察，但是美国国会的重心问题落脚于地方，在很大程度上这是小选区
505 和单议席投票制产生的结果。当然，其他因素也会对总体结果产生重大影响，例如党的集权程度。另外还可以看到，英国采用了单议席单票制和小选区，但民意并没有表现出地方主义。毫无疑问，这一特殊性是由两党制和政党集权的问题联合造成。由于两党制，候选人很难在不代表党的观点而只代表地方观点的条件下参加竞选。由于集权，候选人的提名在很大程度上取决于党中央的领导人，这也使他在很大程度不能代表地方观点。第二个因素可能比第一个因素更重要，因为美国的两党制证明了这一点。在美国，政党分权保持了地方导向。

民意的地域性问题在很大程度上取决于政党制度和选举制度，无论政党制度和选举制度是共同作用于民意，还是单独作用于民意。民意在政治领域的问题也是如此，取决于政党制度和选举制度。对两极分化现象、政党在议会中的发展，特别是选举改革对选票分配的影响的分析，表明了政治领域中的民意扭曲。对此，我们用些零碎的分析来谈论一下这个问题。第一个要讲的是弃权现象。除了在一党专政中政党的投票率接近 100%，对于其他政党而言弃权率很值得重视。选民的弃权率通常超过 10%，甚至 20%。在美国总统选举中，这一比例非常高，一般在 40%至 50%，而南方几个州的弃权率超过 80%。在南卡罗来纳州，这一比例超过 90%（见图 39）。因此，选票的分布和民意的分布永远不会吻合，它们之间有一个空白，那就是弃权。然而，弃权因政党制度的不同各不相同。在一党支配的两党制中，弃权 506
达到了顶峰，这可以解释为何美国南方各州投票率较低。在势力均衡的两党制中，弃权率将处于最低水平，因为每张选票都有很大的价值。在不同选举联盟构成的多党制中，如果采用简单多数两轮投票制，第二轮结果与采用简单多数一轮投票制的结果大致相似，因为第一轮投票的弃权率通常很高。如果一个政党明显占支配地位，并且其胜利是可以预见的，投票率也会非常低。从这一点上讲，1919 年以前的瑞士很接近美国南方各州，从 1902 年到 1911 年，瑞士弃权率在 43.2%到 47.5%之间，到 1914 年，这一比例甚至达到 53.6%。在比例代表制下，结果似乎介于上述例子产生的结果之间，但事实是难以下定论的，因为比例代表制的采用往往与采用普选或允许妇女投票的事件同时发生。只有对比瑞士、挪威和丹麦（图 41）这些国家的内部情况才有意义。

民意分歧是更重要的问题。对政党数量的分析表明，民意分歧不仅源于公民内部的自然分裂，而且源于外部因素，其中选举制度最重要。从这方面讲，政治分歧是强加给民意的外部因素，而不是反映了民意内部的多样性。两党制是简单多数一轮投票制的结果，它消除了次要民意，将其集中在两个主要的对立民意上。多党制则促进了民意分歧的发展，使每个民意都能由一个单独的党来代表。一般认为，多党制的政治表达更忠于现实情况，但事情可能不那么简单。我们并不确定是比例代表制的乘数效应或其赋予政党独立性的作用使民意复杂化更符合现实，还是两党制和多数选举制所造成的民意单一化更符合现实。我们只能说民意似乎在朝着分裂成两个主要的竞争观点的方向
507 发展。也许这两个主要观点中有各种各样的其他观点，但两个主要观点的轮廓相当清晰。两党制的缺点在于它倾向于消除每个“精神家族”内部存在着的次要差异，但它具有的基本优点是正确地表达了它们总体上的对立性。再者，一个由多个独立政党组成的多党制（如比例代表制所产生的多党制）会有一个严重的缺陷，那就是完全抹杀根本的意见分歧，而过分强调细节问题上的差异。最后，有政党联盟的多党制（如两轮多数投票制产生的多党制）的优势在于，由于第二轮投票协议的取舍，根本分歧和各集团内部的次要对立都能同时得到展现。此外，需要指出的是，两党制也可达成同样的结果，只要每个政党在结构上保持一定的灵活性，允许党内不同“派别”的发展和共存。

另一个问题是意见分歧的程度。人们普遍认为，多党制不像两党制那样产生两个强大的对立民意，它的优点是通过将主要的反对意见分解成若干意见来减少民意分歧之间的差距。这种观点事实上是将议
508 会中代表性的问题与政治分歧搞混了。事实上，多党制和两党制各自的作用与这种普遍的观点截然相反。霍尔科姆（Holcombe）在《社会科学百科全书》中明确地指出两党制下政党的相似性，但他并没有解释相似的原因。其实两党制中政党的相似性很容易得到解释。让我们举一个具体的例子，即今天的英国，在此让我们忽略不再重要的自由党。谁来决定保守党还是工党在选举中获胜？不是他们狂热的支持

者，不管党做什么，他们自然会投票给自己的党，因为他们不可能把票投给一个更右翼或更左翼的政党。但现在英国有两三百万温和派人士，他们处于政治中间地位，有时投保守派，有时投工党。为了赢得他们的选票，保守党将被迫削弱其保守主义色彩，工党将削弱其社会主义色彩，两个党都会展现出一种平静、令人安心的形象。这两个党的政策都要向中间派靠近，因此非常相似。但这导致了一个悖论，即中间派影响整个国家的议会生活，而选举制度恰恰阻止了中间派的形成。这个悖论的结果是政治分歧的程度明显减弱。法国的两个阵营也与现实不符。也许有必要区分政党在选举时的宣传和政府行动。选举宣传相对温和，其目的在于赢得中间派的摇摆选民，而政府行动没有那么温和，这可以满足更极端的活动分子。相对于政党在行使权力比在竞选活动更温和的情况，法国的例子是一个非常明显的例外。这将产生一种反常的煽动概念，共产党在其宣传中提供了更多这样的例
子。不管怎样，两个阵营争取执政的使命导致它们自然缩小了承诺和 509
行动之间的差距，并限制了它们的煽动性。

非联盟构成的多党制情况下，比例代表制的结果是相反的，每一个政党只能以牺牲其相似政党为代价来增加自身的代表性。例如在法国，共产党以牺牲社会党为代价，人民共和党牺牲了温和派、激进派以及法国人民运动等以获取代表性。因此，每个政党都试图强调它们与竞争对手在细节上的差异，而不是强调它们之间的相似性。这种结果将使政治分歧加剧。相邻政党之间竞争的加剧似乎与民意的极端化相吻合，左翼政党受到更左立场的吸引，右翼政党受到更右立场的吸引。无论是极左还是极右，每个政党都在试图超越相似政党。事实上，在法兰西第三共和国时期，这种现象在左翼比右翼更为敏感，因为右翼是由之前反对共和制人士或由走向中间派的前左翼人士组成的，而所有中间党派都希望变左的愿望是非常典型的。然而，极端化在右翼内部仍然存在：右翼的温和派和变节者总是受到诋毁，从

1934 年开始法西斯主义明显地吸引了右翼人士，1945 年至 1946 年，经济自由主义的煽动性号召影响了激进党，甚至是法国人民运动的一小部分。这种民意极端化在其他国家似乎不太发生，但似乎也是一种普遍趋势。在这种情况下，民意的发展方向与两党制中民意发展的方
510 向相反，民意在极端化而不是趋同化。执政的需要限制了民意极端化的程度，执政的需求也允许极端的非执政党保持其煽动性和不妥协的态度。政府因极端主义而处于不利地位。

第二轮选举产生的联盟纠正了上述多党制所引发的民意极化现象，但这一进程并没有消失，选举联盟往往由最极端的政党主导。中间派政党的摇摆在一定程度上缓解了竞争，它缓冲了两个阵营之间的普遍对立。但是在中间派当选议员中，有些人在右翼的支持下获胜，有些人在左翼的支持下获胜。中间党派在“蝙蝠战术”的影响下，总是在两种对立的吸引力之间摇摆不定，这是因为两个大联盟中议员的意识危机有时会导致保守主义政策，有时会导致进步主义政策。第三共和国的激进党就是一个很好的例子。归根结底，竞争并没有被削弱，而是变得非常不稳定。为了降低民意表达的扭曲程度，中间党必须保持高度的灵活性，分成不同的派系，将不同的选票集于一身。还应指出的是，第二轮选举和联盟并不妨碍相似政党之间日益加深的政治分歧，这些政党试图扩大分歧以吸引选民。退出机制使它们更加富有成效，允许领先的盟友垄断性地代表民意。

政党的内部结构对分歧的程度也产生重大影响。同质、集权和全
511 权的政党所表达的民意是孤立于其他民意的。例如，在法国，共产党的性质与其他政党完全不同，但其选民与其他政党的选民没有什么不同。当共产主义被称为分离主义时，我们必须区分党本身和它所代表的民意。分离主义只能针对前者而非后者。因此，法国共产党的孤立实则扭曲了法国民意的真实图景。事实上，今天的民意像 1936 年一样，都倾向于左派，法国共产党选民、社会党选民以及真正进步激进

党和人民共和运动加起来，占了全国的一半。但是，法国共产党自身的性质阻止了它与其他政党合作，并迫使它维持 1947 年三党分立的局面，这使得这种进步的多数派观点无法在议会和政府层面上得到体现。[2]法国共产党在左翼内部造成了根本性的分裂，使后者完全瘫痪。由于左翼中的共产党，整个法国政治向右翼倾斜，这与民意显然不符。因为法国共产党的格格不入，其选票被作废了，一切就这样发生了。因此，议会中的代表性是完全扭曲的。恢复三党制或建立一个新的人民阵线并不能使议会中的代表性更符合现实，因为法国共产党的孤立性和革命性与联盟的改革主义不相符，也不符合选民对政权的忠 512
诚要求。民意依旧是扭曲的。

这个例子把我们引向民意与多数派政府之间一致性的根本问题，这种一致性定义了民主制度的精髓。对此，必须区分强制多数和自由多数。当政党之间的席位分配直接产生多数，而这个多数不是议员和议会操作的结果时，这样的多数就是强制多数。相反，当几个政党的票数大致相等，没有一个政党能够单独执政时，政府的形成在很大程度上取决于党派代表和党领导的意愿，公众意见并不直接干预，这时的多数是自由多数。强制多数派政府符合传统的民主观念，自由多数派政府是民主和寡头政治的混合体。在自由多数派政府的情况下，人民只需通过投票来决定党派各自的影响力占比。政党制度在这一领域发挥着重要作用，可以用以下公式来描述：两党制倾向于民意强制的多数，多个独立政党构成的多党制倾向于自由多数，多个结盟政党构成的多党制倾向于半自由多数。

看看英国选举，在投票后，我们知道谁将掌权，当然知道多数派政府是谁，一个政党组成政府，另一个政党组成在野党。只有 1918 年至 1935 年间的临时三党制，或者在战争期间组成的民族团结政府，才使这一机制被扭曲，但这些都是例外情况。在正常情况下，简单多数投票制产生两党制，在这些国家，多数派政府通常是依据民意表达

的结果强制构成的。两党制可以扭曲民意，夸大民意，但是不能改变
513 民意。政党制度在很大程度上起到了放大镜的作用，使多数党和反对党的分离更加明显。比例代表制产生多党制，在一个党派林立的多党制国家，如 1951 年前的法国，多数派政府也有各种可能。1946 年至 1951 年间的国民大会存在以下组合：（1）自 1947 年 5 月 6 日以来，多数派政府由中间党构成，即工人国际法国支部、人民共和运动、激进党和一些温和派等，以各种名义执政；（2）三党联合执政到 1947 年 5 月 6 日，这类似于之前两个制宪会议中的三党执政，即共产党、工人国际法国支部、人民共和运动；（3）仿 1936 年人民阵线的多数党执政，包含共产党、工人国际法国支部、一些激进党人和进步人民共和党人；（4）从极右翼延伸至社会党的温和多数派，包括一些社会党人，如拉马迪埃（Ramadier）；（5）反共产党国家联盟构成的多数派，该联盟由除了共产党以外的政党构成；（6）仿 1914 年神圣联盟构成的多数派，得到众议院的一致同意。这六种政府组合的选择不取决于选民，只取决于议会，人民的作用只是根据分配给每个政党的席位百分比，改变组合的数量和某些组合的可能性。在大多数比例代表制国家也存在类似的现象，当然，一个政党获得绝对多数席位的特殊情况除外。

在两轮投票制产生的多个独立党派体系中，由于政党在选举中必
514 须结成联盟，因此多数派政府构成的自由度较低。但是选举联盟并不体现在政府组成上，这些选举联盟由于多种原因不会构成政府联盟。1928 年至 1939 年间的法国例子表明，议会中的组合非常多样化。虽然在 1914 年战争前实行两轮投票制的其他大多数国家，议会多数派政府总体上更稳定，更贴合民意调查的指向，但选举本身仍然受到联盟间自由博弈的强烈影响。例如，1936 年法国共产党不再保持孤立，加入左翼联盟，彻底改变了多数派的平衡。1947 年，共产党被逐出三党联合执政，产生了同样的影响。总之，这和两党制下多数派政府

强制组阁有明显不同，我们只能说这里是半自由的多数派政府。

第三节　政党和政府的形式

政党的发展打破了亚里士多德或孟德斯鸠对政府形式的旧分类，议会制、总统制和全能议会的区分也不再是现代宪法的支柱。尽管土耳其看起来像全能议会制，苏联像半议会制，德国像半总统制，但一党制的共同特点将凯末尔主义的土耳其、苏联和希特勒的德国更加紧密地联系在了一起。尽管英国及其自治领也是议会制，但它们实行两党制，仍然与多党制的欧洲大陆有着深刻的区别。它们在某些方面更接近美国，但美国是总统制。事实上，一党制、两党制和多党制往往成为当代政权的基本分类。

一党制、两党制和多党制的分类可能会引起混淆，虽然政党数量 515
是政府结构的一个重要组成部分，但其他因素也不应被忽视。英国政党的集权与美国政党的分权形成鲜明对比，清楚地说明了政党内部结构的作用。同样，1950 年以前苏联和土耳其之间真正的政治分歧是基于共产党的全权性和党员的同质性，以及土耳其人民共和党的限权性和党员的异质性。法兰西第四共和国政党的刚性和第三共和国政党的柔性常常被提起，在这里没有必要再重复。政党的力量同样具有深远的影响，支配党的存在可以改变一个政权的性质，如 1914 年以前美国的一些州或瑞士。另外，多数党的简单变化也会引起政权性质的改变。例如美国，如果国会中的多数和总统之位在同一个政党手中，那么三权分立就没有那么强硬。如果多数派由不同的党派把持，那么三权分立就很强硬。政党的影响使人们认识到政府结构的相对性，国内政治力量关系的变化可以改变政府结构，并能够使政府结构与宪法规定的政府结构相去甚远。

政党和权力分立

权力分立的程度更多地取决于政党制度，而不是宪法规定。虽然法律规定了权力分立，但一党制还是会导致集权，党在不同的政府机构之间建立了强有力的联系。党在多党制中的作用没有什么不同，只
516 是不那么突出。政党之间的竞争削弱了议会和政府之间可能建立的联系，因此，此时宪法规定的权力分立并不是一纸空文，只是权力分立有时还混杂着政党分立。政党分立是由每个政党在特定职能上的专业化造成的。两党制和多党制在这方面产生了截然不同的结果。政党对权力分立的影响不仅取决于政党的数量，还取决于政党的内部结构，甚至取决于政党的实力。除非有特殊情况，否则一个分权型、组织体系孱弱的政党会加强权力分立。但在某些情况下，多数党的变化可能会对权力分立产生深刻的影响。在议会制、总统制或全能议会制中，每一个因素都以不同的方式发挥作用。因此，真正的权力分立是政党制度与宪法规定相结合的结果。

总的来说，两党制倾向于集权。一个政党在议会中占绝对多数，一个政党掌握政府的所有职位，政党在这两个机构之间建立了非常强大的联系。从形式上讲，英国实行议会制，即柔性的权力分立，内阁和众议院各自负责具体事务（内阁代表行政机构，议会代表立法机构），但它们之间有相互制约、影响的手段（议会有调查委员会、信任案、不信任投票等手段，而政府有解散议会的权力）。实际上，多数派政府从根本上改变了这一法律模式，党一手掌握了立法权和行政权。政府掌握在党领导人手中，执行党的选举纲领的理论和方针。法
517 律文本由党的政策研究室起草，由一名党代表代表党提交众议院，由代表党的议会多数集体投票通过，然后再由多数派政府来执行。党看起来像引擎，驱动着议会和政府这两个机器。从这个角度来看，这个政权与一党制没有太大不同。在一党制中，行政机构和立法机构、议

会和政府都是宪法的幌子，只有党才能真正行使权力。在两党制中，由于反对党的存在，尤其是议会辩论的重要性，权力机关并非一无是处，当然，议会辩论的结果是毋庸置疑的。执政党是获得多数的党，随时可以让自己的政治观点占上风，但是，面对反对派的猛烈抨击，它可能会反思和放弃原计划，因为辩论在选举中的影响力很大，公开性很高。由于政府是由执政党的领导构成的，所以政府的效率很高。在许多情况下，不同的部长们能做出共同决定是由于他们在党内的地位，而不是由于他们在政府中的职能的重要性。一党制和两党制也许在权力限制和反对派存在的角度上讲是根本不同的，但从权力分立和集权的角度讲，它们非常相似。

集权程度在很大程度上取决于宪法对权力的规定，对此，议会制和总统制是相互矛盾的。议会制确立了一种柔性的权力分立，总统制中政府和议会绝对分立，都被限制在各自的职能范围内，无法有效地相互作用。议会制中，宪法制度与政党制度趋同，国家权力的集中与政党权力的集中相互叠加，而总统制中宪法制度与政党制度明显不 518
同，权力严格分立。两党制产生的议会制的集权程度比总统制的集权程度高。但这种分析仍然过于形式化，现实则更加微妙。在总统制下，权力关系是完全不同的，这取决于议会多数和总统职位是由一个政党还是由不同的政党持有。如果选举日期没有超出总统任期，那么议会多数和总统职位由一个党持有的情况显然更为常见，因为这种情况下选民在议会选举和总统选举中投给两个不同派别是不正常的。但总统候选人的个性和个人声望在特殊情况下可能会导致两者不一致的情况，特别是加上政党的结构和凝聚力薄弱等因素。在美国，在州政府和立法机构选举中，选民有时会投票给民主党，但在国会和总统竞选中则投给共和党，或者相反的情况。因此，国会多数派和总统不是同一党派的情况不荒谬，如 1877 年和 1917 年的两个例子。1877 年，民主党获得众议院的多数，但总统由共和党人海斯（Hayes）担任。

海斯比他的对手蒂尔顿（Tilden）少了 25 万张选票，他能成功当选总统归功于找到了选举法的破绽。此外，当时的参议院多数仍然属于共和党。1917 年，参议院多数属于民主党，总统也是民主党人，但在众议院中民主党失去了多数。而由于小党的问题，共和党也没有获得多数。在大多数情况下，总统职位和议会多数由不同党派持有是选举滞后的结果，因为总统选举每四年一次，国会每两年选举一次，更换一半的议员，因此，议会多数党可以在总统任期中期举行的选举中
519 发生改变。事实上，这在美国历史上已经出现了 8 次，分别是 1875 年、1883 年、1891 年、1895 年、1911 年、1919 年、1931 年和 1947 年。[3]

如果总统职位和议会多数属于同一政党，宪法规定的权力分立就几乎是空谈。这种情况下，尽管法律规定不同，但总统制和议会制之间的区别正在缩小，美国此时非常接近英国议会制。如果美国政党分权结构不能影响因议会多数和总统职位由同一政党持有而产生的权力集中，那么美国总统制就会变成英国议会制。相反，如果总统职位和议会多数掌握在不同的政党手中，那么权力分立会因政党之间的竞争而加剧，而政党之间的竞争对政党来说又是第二次分立。对此可以说两党制加强了权力的分立，而不是削弱了权力分立。如果美国政党像英国政党那样权力集中和等级化，那么宪法规定的权力分立可以完全使政府瘫痪。政党实力的简单变化将彻底改变政治制度的性质。抽象地谈论美国的三权分立及其显著的特点是没有意义的。事实上，美国因国会席位分配的不同而存在两种不同的制度。如果总统和国会多数站在同一边，权力就会高度集中，反之权力就会明显分立。政党缺乏同质性进一步削弱了这种差异，如果美国的政党结构像许多有识之士所说的那样将朝着更强大的结构和更发达的集权方向发展，那么可能需要改变部分连任制度，并确保选举和总统任期的一致性，否则将引起非常严重的政府危机。

议会制本身阻止了议会多数和政府之间的竞争，因为政府必然代表议会多数。议会制可能容易出现另一种分裂，这种分裂在总统制也可出现，即议会两院多数派之间的对立。在美国，特别是在 1875 年 520
至 1879 年、1883 年至 1889 年、1891 年至 1893 年、1911 年至 1913 年间，这样的情况发生过。这在欧洲的议会制中则更为常见。最初，上议院是为了削弱下议院的民主发展而设立的，但是民主的发展慢慢削弱了前者的初始性质。但不管怎样，成为议员的方式和任期的差异往往导致了两个议会之间的政治差异。政治差异削弱了多数党的权力集中行为，要么迫使多数党与竞争对手达成协议，组成一个两院都能接受的政府，要么执政党作为上议院的反对派，而被限制行动自由。一种新的权力分立正在形成，这种分权不是立法权力和行政权力的分立，而是在议会内部的权力分立，其中一个议院与政府组成一个真正的政治单位，以反对另一个议院。这种例子很多。在斯堪的纳维亚半岛国家，上议院和下议院的竞争与 19 世纪末议会制的逐步建立关系密切。在英国，1906 年至 1911 年的大冲突以下议院的胜利结束。在法国，1936 年至 1938 年参议院反对人民阵线多数派的斗争是一场特别典型的斗争。澳大利亚参议院和众议院之间的竞争和法国相似，竞争导致 1951 年众议院解散。一般来说，两院之间的分歧所造成的权力分立远不如总统和议会多数导致的权力分立强，因为宪法通常规定了解决冲突的手段，而下议院往往会是胜利方。另一方面，在议会制中，上议院的权力往往在减弱，它只能推迟而不能完全阻止下议院的 521
决定。然而，在美国总统制下，如果权力分立和政党异质性不能削弱两个议会多数派的对抗，那么两个议会之间的冲突就会是不可调和的。

政党的内部结构对权力分立和权力集中的程度有着根本性影响。在议会制下，占多数席位的政党的凝聚力和纪律性显然提高了权力集中程度。如果投票的统一性很强，如果内部派系不够独立，那么议会就只能通过政府的法律草案，沦为政府决定的橡皮图章。法律草案体现了执政党的决定。这种橡皮图章的行为会引起对法律草案的自由辩论，占少数席位的政党可以在辩论中提出反对意见，但反对意见是柏拉图式的。相反，如果投票纪律不那么严格，多数派政府就不那么有保障了，多数党必须考虑到自己派系之间的竞争，因为派系的存在可能会损害其议会地位。随着议会两院的威望不断提高，权力分立重现。此时，简单地改变多数就可以改变政权的性质。例如，英国工党的纪律、集权和凝聚力程度比保守党高，因此工党执政时，权力集中程度就更高，而保守党执政时权力集中程度低。19 世纪，英国政党的结构不如今天那么强大，两党制对权力分立的影响不那么明显。英国议会制是经典的平衡立法权和行政权的制度，英国的例子也很好地解释了政党结构演变和权力分立的关系。

总统制下，政党内部组织也发挥着类似的作用，但其影响的结果
522 因总统职位和议会多数席位是否由同一政党把持而有很大差异。一个权力集中和纪律严明的组织显然消除了总统和议会之间的权力分立，而相反的情况下，权力分立会很明显，直到出现无法解决的冲突和政府瘫痪。一个孱弱和权力下放的组织，加上没有统一的投票纪律，总统和议会的多数如果都在同一党派的手里，权力也会出现分立，而在相反的情况下，权力分立并不会那么明显，不会导致政府瘫痪。因此，拥有议会多数的美国总统与英国首相一样自由执政的观点是错的，在美国，总统必须时刻考虑自己政党分裂的问题。美国每一位参议员和每一位众议员投票都不受纪律的约束，他们的投票就像法兰西第三共和国时期的社会激进党一样非常多样。民主党的总统总会遭到少数民主党议员的反对；同样，没有任何一位共和党的总统会得到所有共和党议员的支持。作为弥补，每个总统都能在对立阵营中找到支持。其结果是，在实践中，总统和议会多数在一党之手与否，情况并没有明确的区别：在前一种假设中，多数党的分权和异质性削弱了总

统的权威，使权力难以集中；在后一种假设中，总统和国会之间的对立受到削弱，并防止政府机构陷入瘫痪。因此，美国的政治制度处于权力分立和权力集中的中间地带。如果议会多数和总统职位由不同政党持有，那么美国就是权力分立，但这种情况相对特殊。而在正常情况下，美国一般是议会多数和总统职位一致，表现出一定的权力集中现象。但在这两种情况下，总统的个人威望都会改变权力分立或权力集中的程度。

在总统制和议会制下，特别是在议会制下，执政党所占多数的规 523
模也影响着权力分立。如果多数很明显，那么执政党在议会中的权威是强大的，它不受反对党的阻碍，可以自称代表了国家意志。相反，如果该党仅以微弱优势压过对手（如 1950 年大选后工党在下议院的情况），那么它在国家中的道义地位就没有那么稳当，在议会中的实际地位也是如此，因为只要它的几名议员缺席，反对党就可以在选举中获胜。这时议会恢复了其重要性，三权分立重新出现。1951 年 3 月保守党实施的疲劳战术就是一个很好的例子。他们强行召集一次又一次深夜会议，让工党党员疲惫不堪，而工党成员又因为害怕有突然投票而不得不始终出席。另外，英国还采用了法国的允许缺席者投票的技术，用来加强席位数差距不大的多数党的议会地位，保障它的权力能够集中。但实际上，多数党勉强的席位优势并不影响它的权力集中。1950 年选举后工党实现钢铁国有化就是最好的证明。在英国，议会的力量仍然比实际的力量重要得多。我们看到 1945 年工党虽然只获得 48.7%的选票，但在下议院却获得了 390 个席位，因为民意本身认可工党拥有压倒性的多数。

多党制的情况和两党制几乎是一样的。总的来说，它倾向于权力分立。首先，它允许宪法规范自由发挥作用。议会制下，政府必须建立在政党联盟的基础上，但联盟非常脆弱，在议会游说团阴谋的不断
升级下被分裂，被一个新联盟所取代。议会和政府之间的关系相对独 524

立，议会的作用不再是只通过政府的法律草案，也不再扮演柏拉图式的反对派角色。两党制下议会和政府相互制衡的平衡手段在多党制中重新找到了它们的意义，我们看到议会可以通过不信任投票推翻政府，而政府能通过解散议会重新选举。在这些手段中，有些受到政党制度的直接影响。对于制约政府而言，多党制的议会倾向于使用质询技术，而两党制的议会则倾向于使用信任案，这种差异是显而易见的。在两党制下，议会对政府不会投反对票，信任投票失去了任何真正的意义。在多党制下，信任投票在任何时候都可能危及政府的存在，因此，投票前的质询非常重要。

在宪法规定的权力分立的基础上，多党制有时按照政治责任将进行第二次权力分立。传统的权力分立依据法律规定的不同国家机构掌有不同的国家权力，即议会制定一般性法律，政府通过个别措施执行法律。在宪法权力分立的基础上，还根据国家需求按照部门进行权力分立（财政、经济、社会、警察、司法、教育、军事、外交等）。按照一定同质性对政府部门重组，可以对国家行为进行横向分类，如经
525 济部门（工业、商业、农业、航运、公共财政）、社会部门（承担社会福利责任、帮扶弱势阶层与贫困群体的社会平等部门）、法律和秩序部门（警察和司法）、意识形态部门（教育、宣传、艺术和文学审查等）、外交部门（外交和军事）。在多党议会制中，这种横向分权有时是对传统纵向分权的补充。每一个参与政府的政党都要求相应的部门采取一些活动，这些活动是它对选民的承诺，可以发展其政治战略。

这种横向的权力分立并不总是存在的。某些联合政府会采取中立化的策略，将政府互补部门的职位分配给两个对立党派，以便使双方政策相互削弱，或者部长被指派一个其他党的副国务卿，由其监督和限制该部长。有时，这种横向的权力分立还处于萌芽阶段。如在法兰西第三共和国时期，激进党通常获得内务部职位，很少情况下会获得

教育部职位。有时横向的权力分立可以更明显。在法国三党联合执政时期，每个盟友都控制着一个活动领域。严格的政党纪律和选举孤立导致政党团结明显高于政府团结。在这种情况下，部长会议就像国会，每个政党的代表都在努力达成妥协。在重要的议会之前，通常会举行单独的部长会议，以确定共同的路线。可以看出，这在很大程度上取决于相关政党的内部结构：在一个分权、灵活、纪律松散的政党制度中，议员的个人主义会反映在部长的个人主义中，并反对部门划 526
分。在僵化的或求集权的政党制度中，这种分权更易实现。在法国，1947 年后法国人民运动和社会党内部纪律松弛，再加上结构薄弱的激进党加入了多数党集团，这大大减轻了权力的横向分立。另外，盟友的力量对比也非常重要，真正的部门分立需要以盟友之间的平等为前提。横向分权是多党制下联合政府的一种形式，但不是唯一的形式。但传统纵向分权是一种普遍现象。

总统制只存在纵向的权力分立，因为政府不能反映议会的分歧。没有一个多数党能够在议会和执行部门之间架起桥梁，克服制度造成的权力分立。一方面，总统对自己政党的权威不足以使国会两院与他的政策保持一致。另一方面，如果总统和议会多数不属于同一个党，总统面对的不是一个完全反对他的议会，而是由几个不齐心的派系组成的多数派。美国情况的差异性从政府权力的角度来看比从权力分权的角度来看更为明显。

政党和政府权威

一党制加强了政府的权威，一党制下的议会就像克伦威尔时期的残余会议一样，以井然有序的掌声取代了斑驳的辩论声，即便有几句讨论，也不过局限于对某个部长制定的政策进行技术上的点评而已， 527
从来不会对政府制定的总体政策有所质疑。在实践中，议会和民主的表象掩盖了独裁。另外，还必须考虑到一党制的结构及其在国家中的实际地位。一个非全权主义单一执政党允许发展有限的反对党，引入减弱独裁的机制。一个没有完全融入国家的政党本身也可能是一股反对力量，例如，某些时候的某些国家，其唯一的法西斯政党不得不对抗传统的保守主义，以及不得不遭受严重的清洗和面对资本大量缩减的情况等。另一方面，有些党没有进入政府，作用几乎为零，如葡萄牙民族联盟。撇开这些保留意见不谈，一党制在外表上维持了权力平衡、政府受限这样的民主形式，成为由全能政府组成的威权政权。它采用了寄居蟹的手段，使一个政治制度失去了所有的真实性和基础，只保留了一个外观的空壳，在空壳里面建立了一个完全不同的制度，正如 18 世纪和 19 世纪内阁与国王的逐步分离，这使得旧的绝对君主制转变为议会民主政体。

为了不出现这样里外不一的局面，两党制在没有破坏民主结构的前提下加强了政府的权威。人们已经看到，权力集中取代法律规定的权力分立。权力集中有利于政府利益，牺牲了议会利益。党成为确保政府控制议会的一种手段，因为政府掌握在党的领导人手中，而构成议会多数派的议员服从党的领导人。党的内部等级制度在某种程度上
528 投射到了政府结构上。在政府中，党派团结加强和巩固了政府团结，而在内阁和议会的关系中，党的最高领导人相对于民选代表的权威确立了政府对议会的领导地位。对此，自由主义作家拉姆齐·穆尔（Ramsay Muir）谈到了内阁专政的问题。党的内部等级制度并不是发展政府威望和权威的唯一途径。两党制也导致了议会制特有的权力制衡的根本转变。议会限制政府行动的手段正在失去其重要性或意义。从理论上讲，议会可以通过弹劾或不信任投票推翻政府，但现在不会产生这样的后果，除非执政党和在野党之间在差距很小的情况下进行即席投票，但即席投票本身仍然是例外。撇开这一假设不谈，只有执政党内部纪律薄弱或松散，议会才能恢复其特权并推翻内阁。当然，履行政府职责会造成执政党内部分裂，加剧内部派系斗争，加剧

温和派和顽固派之间的对立，但这些分歧几乎永远不会导致政党破裂。在信任投票中，执政党的一些成员最多投弃权票（很少投反对票），以表明他们对执政党做法的不满。政府经常将信任问题作为一种恢复政党纪律的武器，它以开除党籍为要挟迫使党内的反对声音屈服。

解散议会的权利使这一武器非常有效。如果政府在执政党分裂后
解散议会，那么在新的选举中，持不同政见者很可能会失去选票。在 529
简单多数一轮投票中，党领导提名的正统候选人胜算很大，持不同政见者处于不利地位。议会和政府之间传统的制约手段正在转变为政府对自己政党的制约手段。这就产生了一种“总职位”：党的内部等级制度成为公共机构之间的纽带，公共机构之间的官方联系加强了多数党的内部等级制度。然而，议会和政府相互制约手段的转型是单方面的。议会对政府采取制约的手段是无效的，或完全偏离其原始意义，以至于成为政府使顽固议员服从纪律的武器。政府对议会采取制约的手段在技术上有所改变但在结果上没有改变，仍然是向议会施加压力。解散议会这一手段的目标基本没有改变，仍是通过威胁议会举行新的选举来抑制政府危机，加强政府稳定，并确保在行政部门和立法部门之间发生严重冲突时由选民来进行仲裁。总之，信任问题无论是为了让自己政党的顽固分子屈服，还是为了让多个政党留在联合政府中而提出的，其目的都是加强政府在议会的地位。宣布解散是为了确保被本党开除的持不同政见者或脱离联盟的前盟友在选举中落败，其目的始终是施行一种粗暴的外科手术：割除妨碍高效政府的脓肿。

因此，两党制打破了议会理论中规定的权力平衡，不仅为政府创造了一种基于多数党内部等级制度的新的、最有效的影响议会的武
器，而且还使议会影响政府的传统武器失去效用，或将其转变为对内 531
阁有利的武器，与此同时，政府影响议会的手段几乎没有改变。只有当多数党具有足够的凝聚力时，上述描述才是有效的。如果多数党只

是相对独立的个人的集合体，那么党的领导人的权力就会被削弱，部长们对议会多数党的权力也会被削弱。如果多数党执行投票纪律，政府运行就会平稳，它唯一要做的就是防止内部分裂和分裂威胁的出现。如果没有这种纪律，上述手段就无法发挥作用：政党等级制的理论意义大于实际意义，无法赋予政府对抗议院的真正权力。在议院中，反对党可以通过玩弄诱惑个人的游戏来瓦解多数党的力量。少数党不再局限于开展纯粹的宣传活动，而是着眼于未来的选举，并且由于政府的团结而没有机会提前取得成功；在这种情况下，政府不再那么稳固，改变多数党的希望也不再是幻想。然而，政党的总体发展以及简单多数选举制的逻辑（这是两党制的基础），似乎都倾向于加强政党结构，从而加强政府的权威。

在某种程度上，政府对多数党的活动分子和表达他们意愿的机构的依赖，抵消了政府权力的加强。工党内阁对工会大会的依赖比对下议院的依赖更大。在两党制中，议会实际上无法推翻政府，而党员大会却可以推翻政府。这个事实是准确的，但人们往往从中得出夸大的
531 结论，因为正如我们所看到的，政党的发展往往会逐步限制党内民主和活动分子的行动自由。领导人掌握越来越有效的手段来影响国会，这些通常使他们可以毫不困难地保住领导之位，此外，当他们在位时，权力的威望、为说服顽固分子而与他们分享的好处、党内多数派强弩之末的威胁都会大大加强他们的影响力。如果党代会不承认这些领导人，其党员就会被迫退出政府，他们的退出会使同一政党支持的内阁难以重组，这种困难会导致分裂。在这种情况下，多数党不得不承认自己因内部分歧而无力执政，分裂很可能会导致失败。这个论点很有说服力，政党领导人以各种名义反复强调这点，这通常足以确保他们在党代会上获得多数席位。在两党制下，党代会导致政府垮台的情况极为罕见。党的活动分子的行动对政府权威的削弱是有限的。

在总统制下，如果总统职位和议会多数由同一政党掌握，上述模

式就会发生一些变化，如果不是由同一政党掌握，上述模式将彻底改变。如果总统职位和议会多数由同一政党掌握，党就会将政府与议会联系起来，这时总统制就像议会制。总统对执政党的领导赋予他对议会的权力，而党的等级制度也加强了政府的权威。但是在美国，行政和立法之间的传统制约手段并不存在，因此，议会和政府保留各自的
特权，两党制制约权力的效果很有限。如果总统职位和议会多数分别 532
由两个政党把持，权力制约的关系就完全颠倒了。两党制确保了议会两院的多数来自同一政党，使两院能够有效地反对和限制总统权力。这时权力分立体现为政府权力受削弱。政府权力的削弱程度取决于议会多数党的凝聚力和内部纪律，议会多数党纪律越严，反对总统的力量越强，政府权力越弱。相反，如果议会多数党党内派系众多，这便为对手提供了更多的自由，在这种情况下，如果总统来自另一个党派，总统的权力会加强，如果来自同一党派，总统的权力会减弱。

如果政党内部结构孱弱，两党制就会接近于多党制。多党制产生的政治效应因政治制度的不同而大不相同，可以说多党制削弱了议会制的政府，但加强了总统制的政府。与英国相比，法国的例子很好地说明了第一种现象。由于没有一个多数党，法国就必须在联合的基础上组建异质内阁，或者依靠兄弟政党的议会支持组建少数党内阁。前者在其成员相互矛盾的倾向中不断撕裂，因为在这里，政党的团结非但没有加强政府的团结，反而起到了削弱政府团结的作用。政府内部也存在分歧：每个结盟党派不仅要提防自己的敌人，还要提防自己的盟友。此外，正如我们所见，在选举期间，盟友是最危险的敌人，因
为在多党制下，竞选活动必然是针对最亲近的政党的。因此，政府的 533
行动纲领只能在很短的时期内实施，受众有限，措施不温不火。事实上，多党制带来了“半吊子举措”的常例和对时事的不断关注。少数党内阁几乎不可能以任何其他方式运作：它们的优点是同质化，缺点是只有不太可靠的议会在支持；由于这些原因，它们通常不太常见。

让盟友登上政府这条船，让他们分担责任和自然不受欢迎的职务，比让他们受庇护于议会支持更有利，因为议会支持在选民眼中不那么明显，少有妥协的意味。除了斯堪的纳维亚半岛的国家外，少数党内阁一般都是过渡性内阁，目的是为扭转联盟关系开辟道路，或者表明这种改变是不可能的。

内部孱弱的多党政府在与议会的关系上也是孱弱的。多党制恢复了权力分立，权力之间的抗衡显然有利于议会。立法机构对行政部门的监督手段再次变得有效，而政府对议会的制约特权几乎完全丧失。在两党制中，内阁倒台是罕见的和特殊的，但在多党制下变得频繁和正常，以至于同一个人可以出现在不同的联合政府。多党制下，质询成为控制政府，甚至是威胁政府下台的重要手段。质询更具政治性而不是技术性，更一般性而不是特殊性。最后，就法律草案投票问题，反对派都试图在不推翻政府的情况下使政府处于少数地位，也就是说议会瘫痪了反对党的倡议，并敌视反对党的意愿。在两党制中，由于
534 政府控制议会，立法和预算会顺利通过。在多党制中，多党联盟构成的议会多数很难让草案顺利通过。政府在不作重大修改的情况下通常无法让议会通过其草案，特别是涉及选举等敏感问题的草案。

在议会的强大压力下，法国政府对议会没有真正有效的权力，解散议会失去了所有意义，成为一把纸剑。一些人认为，法国政府没有解散议会的权力是因为它没有像英国政府一样的权威。但这些人将议会制描述为行政权和立法权平衡的制度，在这种制度下解散议会和不信任投票两种制衡手段同时存在。他们认为放弃解散议会的权力而只保留信任投票，将打破平衡，导致政府垮台。但这样的看法过于形式化。解散议会的手段废弃不用与其说是多党制政府权威不够的原因，不如说是它软弱的结果。在法兰西第三共和国，解散议会的制度是存在的，但政府没有使用它，因为它不敢这样做，它没有力量这样做。在魏玛共和国，解散议会并没有加强政府的权威，反而加速了它的垮

台。解散议会之所以没有效果，是因为它不允许选民正确表达意见，选民无法选出他们心中的多数派。在比例代表制产生的各政党独立的多党制下，选票的流动性太小，无法彻底改变议会组成，因此，在议会解散前和解散后，仍然可以组成同样的政府，所以任何问题都没有
得到解决。在两轮多数投票制产生的联盟型多党制下，结果可能不那 535
么模棱两可，但中间党的左右摇摆削弱了选举的意义。归根结底，解散议会只有在两党制下才能发挥真正的效力。在两党制下，解散议会不是用来调解议会和政府之间的冲突的，因为政党的纪律和凝聚力使冲突极不可能出现。事实上，解散议会往往是缩短议会任期的一种手段，并让执政党在其认为最有利的时候举行选举。这样可以改变执政党和反对党在之前席位上的微小差距。

政党结构、政党规模和政党联盟也会影响政府权力，但很难从这些角度得出准确的结论。支配党的存在导致了最明显的转变，它加强了政府权力，削弱了议会权力。如果像挪威和瑞典那样，支配党在特殊情况下拥有绝对多数，那么就更接近于两党制了。然而，这种不正常的和脆弱的局面通常会导致执政党谨慎行事，它往往不会自己组阁，而是与盟友共同执政。这不仅是为了扩大议会影响力和分担政府责任的问题，而且是为了使联盟具有稳定性、正常性的问题，这样它就可以在失去绝对多数的情况下继续执政。即使在不再需要联合政府的特殊情况下，多党制下的政党依然会存有联合政府的心态。如果支配党被所有竞争对手的联盟排斥，成为少数党，那么政府的权力就会大大削弱。一方面，议会多数由不同政党的联盟构成，而议会少数是强大而统一的。另一方面，大众心理自然认为应该由支配党构成政
府，一旦它被竞争对手排斥成为少数党，大众心理自然会受到冲击， 536
这也会进一步降低政府的权威。

如果多党制由政党联盟构成，紧密而稳定的联盟可以使多党制接近于两党制，特别是在存在两个对立联盟时就更接近于两党制。然

而，联盟中的政党同质性和纪律性仍然不如一个统一的政党，因此，联合政府的权威不那么强大，议会的行动也更自由。但如果联盟中的一个盟友由于规模或结构而占支配地位，那么联盟的凝聚力可以得到加强，也可以更像两党制。集权和纪律对政府权威的塑造影响不大。一方面，这些因素难以促成联合政府，因为各党派内部团结使来自不同政党的人无法真正合作。另一方面，这些因素通过减少议会阴谋和防止议员个人态度的变化来增加政党的稳定性。几乎可以说，在多党制下，纪律严明、集权型的政党造就了相对稳定但无能的政府，而由无纪律和分权型政党组成的政府有权威但不稳定。法兰西第三共和国与早期第四共和国的比较可以很好地说明这一点。1939 年以前，结构松散的政党使政府相对同质化，政府由得到不同政治派别的人认可的有权威的领导人负责，如瓦尔德克-卢梭、克里孟梭、白里安、普恩加莱等。有些政府能够做出一致的决定，权力相当强大。但是，由于盟友缺乏纪律，加之个人阴谋的持续不断，政府非常不稳定。1945 年至 1947 年，政党的严格纪律阻止了任何部长的同质化，阻止了政
537 府首脑拥有真正的权力，并使各部陷入碌碌无能的境地；但同样的纪律确保了多数派的凝聚力，并使政府趋于稳定，投不信任票是不可想象的。然而，上述公式过于细致和绝对，无法完全正确地反映不断变化和不明确的现实。

在总统制下，多党制倾向于加强政府权威，削弱议会权威。如果议会中总统所在政党与多数党之间存在对立，那么与两党制相比，政府权力的增加就会非常明显：行政当局在议会中面对的不是一个同质且一致的多数党，而是一个异质的联盟，这就为分化和破坏策略提供了空间。与缺乏党内纪律的两党制相比，这种情况对行政部门更为有利；不同党派之间的竞争比同一党派内个人之间的竞争更为激烈（但在美国，党派之间缺乏同质性的情况非常明显，以至于这种差异并不明显）。如果总统和议会多数由同一政党控制，多党制下的政府权力

要小于两党制下的政府权力，因为总统无法利用其作为多数党领袖的权力向议会施加压力。尽管如此，政府仍比议会制下的政府强大得多。在议会制下，政府保留了多党制所剥夺的两个特点：同质性和稳定性。议会可以反对政府的立法计划，但不能推翻或瓦解政府；另一方面，政府可以在支持它的议员的帮助下，在议会中搞阴谋，以瓦解妨碍它的政党联盟，按照自己的意愿重组它们，特别是鼓励为每项特定法案建立临时联盟。

多党制使总统制的结构发生了更深刻的变化，使总统的个人特征有所增强。在两党制下，政党强大到可以监督总统，总统似乎更像是 538
其中一个政党的领导人，而不是一个有影响力的人物。相反，在多党制下，总统的崇高地位是在一大群政党中独树一帜的。虽然总统属于其中一个政党，但党并没有给他任何威望，因为他的党是一个无法独立执政的少数党。大众将多数票投给他是因为他的个人特质。没有一个政党可以声称自己是国家的代表，只有总统才能这样做。议会多数是各政党结盟的结果，其中政党组织者的意愿与投票指示的结果同等重要；与此相反，总统可以有效地宣称，大众多数意愿在他身上得到了明确的体现。多党制党派林立的事实加强了总统权力，通过选举，总统保持了权力的持续性和稳定性，展现了个人权力。总统需要拥有大量的美德来抵制这种不可抗拒的个人权力的诱惑，这种美德将权力个人化视为一种罪恶。但政党内部权力的演变表明，权力个人化不再是一种罪恶。

政党和制衡机制

我们将国家政府部门的横向权力分立与传统的权力分立做了对比，但权力分立逐渐失去其重要性，取而代之的是政府和反对党之间的新对立。“西方”民主的主要特点是存在有组织的反对党，而“东方”民主却没有。在整个历史上，有很多反对派组织留下了身影。罗 539

马共和国，设立拥有否决权的平民保民官，至少在初期完全契合了这一理念。中世纪，教会对封建君主起到了这种作用。从18世纪开始，反对党的出现越来越普遍，与其在国内建立反对政府的机构，不如在政府内建立一种竞争，通过“权力限制权力”。立法权和行政权的分立最初就是基于这样的想法，即在王权旁边，建立一个议会来限制它。一旦君主制消失，雅各宾派的经验表明了全部权力集中在议会的危险，人们就开始寻找新的制衡机制。制衡机制总是以不同政府机构之间的内部竞争的形式出现，而议会两院制正符合这一理念。当代政党的发展在改变传统权力分立的同时，改变了抗衡机制，这时，政府之外出现了独立的实体——少数党。少数党是对平民保民官的继承。

在一党制下，真正的制衡组织存在于内部，它的形式可以是持不同政见的派系和少数团体。它们在党的会议上有批评政府的一定自
540 由，或者像土耳其那样在议会中持反对意见。在苏联，有组织的派系在列宁时期和斯大林早期发挥了相当重要的作用，它们一直存在到1934年左右。在意大利，法西斯党总是可以区分左、右和中间三派。在德国，1934年以前，纳粹党内部的分歧是相当严重的。苏联共产党发展了一个以自我批评为形式的内部监督制度，它不断要求各级党员和领导人批评自己的行为，认识到自己的不足。自我批评主要是为了在各个层面确保党的正统性和确保党员对党的严格服从，是开除党籍和清除制度的补充制度。本质上，研究政党的监督机制主要是针对两党制和多党制而言的。

多党制和两党制有截然不同的制衡机制。两党制倾向于把反对党变成一个真正的机构。除了职能划分外，政府和反对党之间的分工也体现在多数党运作的机构和少数党运作的机构上，两者的密切关系导致了真正的、技术意义上的权力分立。在英国，少数党领袖由国家支
541 付工资，并拥有“国王陛下最忠诚的反对党”的官方头衔，这实际上赋予了反对党官方机构的地位。对多党制而言，反对党不喜欢这种制

度形式，因为它对政府的限制并不明确。一些政府依靠多数党，要么向右翼靠拢以采取行动，要么利用左翼推进其他项目，政府和反对党之间的区别并不存在。即使政府依赖于明确界定的多数，这个多数也不像两党制的多数那样清晰和稳定，多党制下的个人或小团体轮流越过左、右的边界，为了改变或推翻联盟阴谋层出不穷。最后，反对派是由各种各样的因素组成的，往往比多数党的构成更为异质。反对某个政策比同意某个政策更容易达成一致，甚至可以在没有任何真正协议的情况下加入反对党。没有一个真正的机构在这里扮演反对党的角色。

在两党制下，统一的反对党是一个温和的反对党。政治斗争的条件，包括政党之间的权力交替，以及反对党有朝一日会成为执政党的可能性，不会让反对党过度煽动并反受其害。在竞选活动中向中间党倾斜也起着相同的作用。相反，反对党在多党制下可以自然地煽动。由于没有兑现自己承诺的可能，反对党可以无限制地批评和作出承诺。选举斗争本身是相似政党之间的竞争，这会导致极端党的支配地位。但这种激烈的对立是混乱的，反对党的多样性及其相互竞争，阻 542
碍公众获得一个明确的替代方案以满足自己的意愿。另外，反对派和政府之间模糊的分界线，以及两个极端反对党的存在等进一步加剧了混乱。然而，在两党制下，反对党虽然温和，但仍然是明确的，这意味着民众可以相当准确地理解多数党和少数党观点的差异，并在知情的情况下作出选择。在议会辩论和竞选活动中，两种相互冲突的政治观点也很明确，允许议员和公民看到明确的方向。反对党的明确性似乎是其有效性和民主制度健全性的一个关键因素。

在多党制下，由于必须区分外部少数党的反对和多数党之间的内部反对，混乱加剧。政府的决定是联合执政党妥协的结果，但是，每个盟友都有权在自己的活动分子和选民面前捍卫自己的观点，有权批评政府的决定，并将责任推给其他盟友。每一个联合政府的盟友都可以反对自己组建的政府。联盟内部反对派的技巧在于区分眼前的实际需求和党长期的结构改革，支持政府的理由可以是实际需求，反对政府的借口可以是反对派的结构改革。如果党的理论更加连贯和具有改革性，那么联盟中的反对将更加容易和有效，公众就不会将反对的意
543 见视为为联合政府开脱的借口。这就是共产党党内关于反对的精湛技艺。1945 年，共产党在法国、意大利和其他国家联盟中的作用非常明显，它们的结构、框架和理论阻止人们怀疑它们的贵族化和为了参与的直接利益而放弃了它们的基本目标。在权力之外，还可以利用附属机构（工会、阵线等），提高党内反对的效力。

影响反对派的性质和形式的不仅是政党的数量，联盟、规模和内部结构也共同发生作用。反对党的职能对于大党和小党而言各不相同。大党可以团结许多不同的、利益相互矛盾的党，小党可以集结某些特殊利益集团。小党自然比大党更具煽动性。党的社会阶层异质性可能比它的实力更重要。一个同质社会阶级的政党，可能比一个表达不同利益的政党，或者一个社会阶层异质（如“资产阶级”或“中产阶级”）的党采取的态度更坚决、更严格。然而，党发明了“各行其是的反对”的技术来克服党内社会阶层异质性的缺点。它指的是通过严格区别的社会活动，分别支持每个社会群体的诉求，尽可能将它们完全分开。多项社会活动同时开展，支持农民提高农产品价格的要求，支持工人降低食品价格的要求，支持商人和实业家对“私营产业”的渴望，支持工薪阶层对“控制”的渴望。研究一下各党派的专
544 业期刊（针对产业工人、农场工人等的），就可以看到这些各行其是的社会活动的发展。

支配党的存在似乎也对反对派产生了影响。如果支配持续存在，反对就变得无效。这种可能性存在于两党制，有相当深刻的影响。长期没有执政的反对派有时会采取更暴力和更具煽动性的态度。最重要的是，整个国家会因为政治斗争和选举效率低而对政治和选举失去兴

趣，例如美国南部的州和采用比例代表制前的瑞士。1874 年以来，瑞士是多党制，但激进党一直保持着支配地位，它独自执政而不怕被推翻。在美国南部的州，内战以来，民主党占支配地位。在美国和瑞士，支配党的出现都是内战的结果，但瑞士激进党延长了联邦主义的胜利，而美国南部民主党是战败各州的代表。无论如何，这两个国家或地区对政治生活都表现出同样的不满。瑞士在采用比例代表制之前的弃权率高于任何其他欧洲国家，1914 年达到了 50%以上。在美国的一些州，这一比例更高，超过了 90%。在瑞士，全民公决和公民立法提案权的发展在一定程度上减轻了这些不利因素，并恢复了反对派的作用。在美国，促进了民主党内部派系的形成和内部反对派的爆发的初选制度也减轻了不利因素，但效果很小，因为初选在南方并不 545
是最常见和最频繁使用的选举制度。

强大和同质的联盟可以使多党制看起来像两党制，并使反对党也更加一致和温和。相反，由不受约束、分散和组织薄弱的政党组成的两党制，其抗衡机制往往更像多党制。在美国，从议会角度来看，反对派的运作机制更像法国模式，而非英国模式。从选举看，情况略有不同，因为竞争局限于两个对手，一个支持政府，另一个反对政府。总统竞选活动温和、明确和缺乏煽动性，因为每个候选人都有执政的可能。参众两院的竞选活动则截然不同。

最后，反对党的性质与政党斗争的总体框架密切相关。可以区分三种不同的类型：无原则斗争、次要原则的斗争和基本原则的斗争。美国属于第一类，两个政党相互竞争，一方执政，另一方希望将其赶下台。这场执政的斗争绝不是狂热的，也不会在国家内部造成深刻的分裂，只是剥夺了反对派的真正意义，削弱了反对派在国家中的作用，削弱了民主，剥夺了选举作为政策选择工具的有效性。美国的选举很难真正反映民意，政党斗争阻碍了民意对美国生存和未来的重大问题采取相应的立场。美国政治的地方主义不仅是单议席单票制和地 546

方选区的结果，而且有利益的原因。由于党缺乏任何理论和原则，所以它们将利益放在了首位，特别是个人和地方利益。在总统选举中，这种缺乏原则的情况增强了竞争的个人性。

英国和北欧，包括西德，属于第二类。党的对立与理论和社会基层有关。例如，保守党和工党对财富的生产和分配、收入分配、精英结构和流动有两种不同的看法，它们代表了两个对立群体。政党之间的对立与社会阶级分层大致一致。尽管如此，这些政党在政治制度基本原则上达成了一致，不质疑民主制度、每个人自由表达权利、自由地选举产生不同的执政党。工党也都接受这些游戏规则。理论和社会
547 阶层的不同并不能阻止政党共存，反对党具有在美国无法达到的稳固性和明确性，但这并不危及自身的存在。没有一个政党渴望垄断政权，这确保了制度的稳定性。

在法国和意大利，政治斗争则完全不同。在法国，共产党选民可能与其他人一样看重言论自由、尊重反对派和民主形式。在意大利，容忍法西斯掌权的中产阶级可能不想要独裁。但是，全权主义政党的性质和组织技巧使其在掌权时能够忽视这种内部反对。强调第三个类型的脆弱性是多此一举的；根据定义，只有当全权主义政党仍然处于反对派或在很小程度上参与政府时，第三类斗争才是可实施的。如果全权党单独执政，它就会压制其他的对手。如果它参与了政府，它就会开始之前所提到的瓦解对手的进程。

只有在多党制下，类似的政治结构才是可行的。当一个政党具有全权主义性质时，两党制就变得不可想象，因为短期或长期的政权交替迟早会使其掌权，从而破坏两党制。我们可以想象由于简单多数制的实施，德国能建立两党制，但在意大利或法国则不然。在多党制
548 下，一个全权主义政党可能会长时间存在，因为多党制通常反对它获得绝对多数并进行执政，它的角色一般是反对党或极小程度参与政府的政党。只要其他政党意识到全权党的结构在任何联盟中都可能让它

成为支配党或起到破坏性作用，对它进行孤立就足以消除对政权的任何严重威胁。这样，全权党的政治生涯将更加困难，因为来自全权党的反对自然比其他政党更不可调和、更无情、更有效。

之前的政治局势有利于全权主义的反对派政党的产生。法西斯宣传在利用共产党与其民主对手之间的不平等中找到了非常强大的力量。民主党派受自身原则的限制，无法摧毁共产党，但共产党执政就会摧毁它们，它们不太完善的结构使它们容易受到共产党宣传的影响，但共产党却不会那么敏感。它们对于政府的责任削弱了它们的民望，而共产党反对派的地位让它可以自由地使用煽动策略。通过大谈这些主题，法西斯政党增加了民众对共产主义的天然恐惧，并逐渐吸引他们的支持者离开民主党派，而民主党派的相应削弱则为法西斯的宣传增添了力量，从而加速了这一进程：夹在两个对立的全权政党之间，非全权政党有崩溃的危险。今天，法西斯党的这种做法受到了战争记忆的制约，它们与纳粹的合作或犯下的反人类罪行，导致 1945 549
年以前诞生的法西斯政党被取缔。但是，随着时间的推移，这些障碍正在慢慢消失。如果民主政权不采用违背其原则的警察措施，而是采用经济和社会下层结构的变革，那么它们就不能成功地稳定和削弱全权主义政党，它们在新法西斯主义面前就会像魏玛德国在希特勒主义面前一样束手无策。若纵容法西斯主义滋生的土壤存在，则终将难逃其毒害。

注　释

1. 1949 年 11 月 26 日社会党全国党代表大会秘书长德基拉惹的报告［*Bulletin d'information du PSC*（《法国社会党信息报》），décembre 1949，p. 660］。

2. 1951 年的选举制度使得三党政府中的多数消失，但议会多数还存在，获得了 53.3%的选票。1956 年 1 月 2 日选举后，左翼再次成为议会多数，要么是以 1936 年人民战线的形式，要么是以 1945 年三党联合政府的形式。但由于共产党受到孤立，因此在政府内阁中，没有出现这样的多数。

3. 这些年份是总统或议员正式当选的年份，选举发生在前一年。——译者注

结 论 551

也许没有必要在此提醒读者，本著作中的描述都是临时性和假设性的，往往是基于过于有限和粗略的文献资料，因而无法得出明确的结论。我们常常不得不勾勒出想象的线条，将散落在黑暗中的几个亮点连接起来：由此得出的模型所提供的概念，只是对于现实的高度接近［或许可以称之为政党学（stasiologie）］。尽管如此，一些普遍现象似乎或多或少是成立的，并且从中可以得出一些一般性结论。

反对政党制度的人也会在这本书中找到很多弹药。政党组织当然不符合正统的民主理念。它们的内部结构本质上是专制和寡头统治的：哪怕只看表面，也能发现其领导人并非真正由党员任命，而是由中央机构指派或提名；他们往往形成一个与活动分子相隔离的统治阶级，一个或多或少具有排他性的种姓。即使他们是通过选举产生的， 552
党的寡头统治也会扩大，而不会变成民主，因为这类选举是在党员中进行的，与在大选中投票给党的人相比，党员只是少数。必须进一步论证：即使政党由议员领导，认为它们是民主的也是一种幻觉。因为选举本身很难反映民意的真实情况。政党创造民意，也代表民意。政党通过宣传形成民意，它们将预先设定的模式强加于民意：政党制度不仅是民意的反映，也是外部技术因素（如投票程序）强加于民意的结果。与其说政党制度是民意的写照，不如说民意是政党制度的投射。

政党的总体发展倾向在于其日益增长的中央集权偏离了民主制度。日益集中的权力一方面越来越削弱党员对领导人的影响力，另一方面进一步加强领导人对党员的影响力。选举程序在领导人的任命中逐渐失去了地位：过去，指派或从上层提名的做法一直被低调地掩盖着，现在却被部分地写入党章，有时还被大肆宣扬为进步的标志（在法西斯政党中）。纵向联系的发展以及由此产生的封闭空间限制了基层的行动自由，扩大了高层的影响范围；这使得对党员的严格管控成为可能，从而可以防止任何独立于中央的举动，并维护严格的正统观念。通过这些物质手段和更大力度的宣传和教育，党员的纪律得到了加强，党员对党及其领导人产生了崇敬之情，并相信他们是绝对正确
553 的：批判的态度让位于崇拜的态度。议员们也被迫服从，变成了由党的领导人控制的投票机器。这样，就出现了封闭的、纪律严明的、机械化的机构，出现了庞大僵化的政党，它们的组织形式从表面上看与军队相似，但它们的组织方法具有无限的适应性和高效性，因为它们是建立在思想训练而非身体训练的基础上的。它们对人的控制力得到加强：政党变得全权化。它们要求其成员更加紧密地团结在一起，它们提供完整而终级的宇宙哲学。狂热、信仰、热情和不宽容是这些现代教会的规则：党派斗争变成了宗教战争。

但是，没有政党的制度会更令人满意吗？这才是真正的问题。如果候选人在选民面前以个人身份亮相，而选民却无从真正了解他们的态度，那么民意是否会得到更好地代表？如果政府面对的只是分散的个人而不是政治团体，自由是否会得到更好地维护？

我们现有的民主概念完全是人造的，这个概念是由法学家根据18世纪的哲学思想制造出来的。“民有、民治的政府”，“属于全体国民的、由其代表来治理的政府”，这些都是唤起人们的热情和创造雄辩论述的漂亮词句，空洞无物的漂亮词句。从来没有人民能够自己管理自己，将来也不会有。所有政府都是寡头统治的：这必然意味着少

数人对多数人的统治。卢梭——他的评论者们忘记了要阅读他的著作——非常清楚这一点："从严格意义上讲，真正的民主从未存在过，将来也不会存在。多数人统治，少数人被统治，这是违背自然法则的。"[1]人民的意志是深深的无政府主义：他们想为所欲为。他们模糊地认为政府是必要之恶：他们对政府的本能态度是敌视。阿兰对统治者与被统治者之间的自然冲突进行了精辟的分析。所有的政府都意味着纪律。所有的纪律都是从外部强加的："自律"本身就是教育的结果，而教育意味着先有外部纪律，而且教育的作用总是非常有限。政府与约束密不可分，顾名思义，约束是外在于被约束者的。人民不会约束自己，而是被约束的；人民不会统治自己，而是被统治的。宣称统治者与被统治者、约束者与被约束者的同一性，是证明让后者服从前者的一种令人刮目相看的方式。这是纯粹的抽象和语言的戏法。 554

真正的民主是另外一回事，它更适度但更真实。它首先被定义为"人民和各阶层人民"的自由，正如《1793 年宪法》制定者所言。这不仅是那些因出身、财富、地位或教育而享有特权的人的自由，更是所有人的真正自由，这意味着一定的生活水平、一定的基础教育、某种社会平等、某种政治平衡。马克思主义对名义自由和实际自由的区分只是部分正确；诚然西方政权承认的政治自由对大部分群众来说仍然只是一种形式，因为他们缺乏适当的生活水准、适当的教育、社会平等或适当的政治平衡。然而，它们有可能成为真正的自由：一开始就压制它们是没有意义的。对当代政治现象的研究揭示了一个显而易见的事实：在物质文明达到一定程度、生活水平达到一定程度的国家（欧洲、北美、英国和白人自治领），自由与政党制度是并行不悖的。在 19 世纪，只有经济和金融力量才拥有新闻媒体、信息和宣传技术以及组织选民的手段，当时并不存在民主；只有政党，特别是工人阶级政党的兴起，才使得全体人民在政治事务中进行真正的、积极的合作成为可能。即使是全权主义政党，在某些国家也为民主的存在做出 555

了贡献：在法国和意大利，压制全权主义政党有可能（至少在一段时间内）加强保守派的力量，从而破坏确保每个“人民的阶层”享有最低限度自由的平衡：不止一个政党的存在既是这种平衡的根由，也是这种平衡的反映。

在人民的生活水平和教育水平仍然较低的国家（亚洲、非洲、南美洲），不再有这种并行不悖。这些国家的政党流于形式：敌对派别争夺权力，把选民当作软面团随意揉捏；腐败蔓延，特权阶级利用这种情况延长自己的统治。在某些情况下，单一政党可能会成为群众的第一个组织，使他们逐渐获得一些政治训练；它所产生的威权政权可能会压制各种形式和状况的封建制度，并为未来政治自由的发展创造必要的经济和社会条件。然而，过渡政权的结构必须以不破坏以后自由发展的一切希望为前提。

与此同时，这种制度还能形成一个从人民中产生的统治阶级，以取代旧的统治阶级。在这个问题上，多党制和一党制是一致的。政党
556 的深层意义在于，它们倾向于创造新的精英，这就恢复了代表概念的真正含义，也可以说是唯一真正的含义。所有政府本质上都是寡头统治，但寡头的出身和受到的训练可能截然不同，这决定了他们的行动。“民有、民治的政府”这一提法必须被“民有、从人民中产生的精英统治的政府”所取代。一个政权若不存在政党，将必然确保通过出身、财富或地位选拔出来的统治精英永久延续：平民若想跻身寡头统治集团，必须付出巨大努力挣脱其原生阶层；与此同时，在中产阶级教育的阶梯上不断攀升，并最终与自己原来的阶级断开联结。一个政权若不存在政党，必然是一个保守的政权。它与依据财产获得选举权的逻辑相契合，或者说，它试图将非民选领导人强加于人民来削弱普选，它比政党制度更远离民主。从历史上看，政党诞生于人民群众真正进入政治生活之际：它们提供了必要的组织架构，使群众能够从自己内部培养精英。左派的政党总是比右派发达，因为左派总是比右

派更需要政党。压制政党是右派瘫痪左派的一种令人刮目相看的方式。那些反对左翼干预政治生活、反对活动分子支配议员、反对国会和委员会支配议会的传统抗议，没有考虑到过去 50 年的重大发展，即部长和议会的正式性日益凸显。过去，部长和议会只是私人、金融和经济利益集团的工具，而今天，它们已成为政党手中的工具，在这一发展过程中，群众型政党的地位日益重要。这种转变代表着民主的进步，而不是倒退。从这个角度来看，如果不将一党制与多党制相比较，而是将其置于适合自身的专政框架内加以考虑，那么它本身就是一种进步。与加强封建专制的个人独裁或军事独裁相比，由单一人民 557
党组成的专政更接近民主，因为它倾向于建立一个新的统治阶级。

威胁民主的不是政党制度，而是当今党内组织的发展趋势：危险不在于政党的存在，而在于政党有时会采取的军事、宗教和全权的形式。在这方面还有两个重要事实需要强调。并非所有政党都采用同一种组织形式。在英国、加拿大、澳大利亚和北欧，倾向于采用同一种组织形式的团体规模都较小，且影响力不大。美国的情况也是如此，初选的发展非但没有加强党组织，反而削弱了它。在全世界范围内，兄弟会类型的封闭全权政党仍然是个例外：如果说演变会导致这种政党的出现，那么这种演变几乎还没有开始，许多因素可能会阻碍或改变这种苗头。

从另一个角度看，这些新政党结构中的某些特点确保了对政治领导层的卓越培养，以及人民大众与统治精英之间更紧密、更忠诚的联系。脱离背景来看，这些特点可以加强而不是破坏政党的民主性。保护民主免受其在发展过程中分泌的毒素侵害的真正方法，并不在于将民主与组织群众、干部选拔的现代技术割裂开来——这种做法会使民主成为一个空壳，一场徒劳的表演——而在于将这些技术转为民主所用，因为它们归根结底只是工具，无疑可以用来行善，也可以用来作恶。拒绝使用它们就等于拒绝行动。如果民主真的与这些工具不相容，[55]这无疑意味着民主与当今的条件不相容。所有关于手工艺的益处和工业化的害处的言论都无法改变这样一个事实，即手工艺人的时代已经过去，我们生活在一个大规模生产的时代；对19世纪个人主义、分权型干部党的遗憾，对当今庞大的集权型和纪律严明的政党的咒骂，都无法改变这样一个事实，即只有后者才适合当代的社会结构。

注　释

1. *Du contrat social*（《社会契约论》），livre Ⅲ，chap. Ⅳ.

参考文献

大多数关于政党的书籍主要涉及政党理论演变或社会结构，只有少量的书籍涉及政党内部结构及其对政治制度的影响。这也是本书写作的主题，本书的研究主要基于第一手文献，主要是各政党的统计数据、党章和小册子、秘书处提供的信息，以及对领导人和党员的个人调查。参考文献主要包含以下著作：

第一编　政党结构

S. D. BAILEY (et autres), *The British Party System*, Londres, 1952.

A. BRAYANCE, *Anatomie du parti communiste français*, Paris, 1953.

I. BULMER-THOMAS, *The Party System in Great Britain*, Londres, 1953.

J. BRYCE, *Les démocraties modernes*, Paris, 1924.

J. BRYCE, *La République américaine*, t. Ⅲ, Paris, 1912, 2e édit.

M. DUVERGER (et autres), *Partis politiques et Classes sociales*, Paris, 1955.

M. EINAUDI et F. GOGUEL, *Christian Democracy in Italy and France*, Notre-Dame (Indiana), 1952.

M. EINAUDI, J.-M. DOMENACH et A. GAROSCI, *Communism in Western Europe*, Ithaca (New York), 1951.

J. FAUVET, *Les Forces politiques en France*, Paris, 1951.

R. FUSILIER, *Le Parti ouvrier social-démocrate suédois*, Paris, 1954.

F. GOGUEL, *La Vie politique de la société française contemporaine* (cours de l'institut d'Études politiques de Paris, 1948 — 1949, dactylographié).

F. GOGUEL, *La Vie politique et les Partis en France* (*id.*, 1950—1951).

HARTMANN, *Die politische Partei*, Brunn, 1931.

D. E. MC HENRY, *The Labour Party in Transition*, Londres, 1938.

O. HESNARD, *Les Partis politiques en Allemagne*, Paris, 1923.

F. VON DER HEYDTE et K. SACHERL, *Soziologie der deutschen Parteien*, Munich, 1955.

S. HOFFMANN, *Le Mouvement Poujade*, Paris, 1956.

A. LAWRENCE LOWELL, *Governments and Parties in Continental Europe*, Londres, 1896, 2 vol.

S. M. LIPSET, *Agrarian Socialism (The CCF in Saskatchewan)*, Los Angeles, 1950.

J. LONGUET, *Le Mouvement socialiste international* (Encyclopédie socialiste, syndicale et coopérative de l'Internationale ouvrière), Paris, 1913.

P. LOUIS, *Le Parti socialiste en France* (Encyclopédie socialiste, syndicale et coopérative de l'Internationale ouvrière), Paris, 1912.

R. T. MACKENZIE, *Bristish Political Parties*, 1954.

L. MENDIETA Y NUÑEZ, *Los partidos políticos*, Mexico, 1947.

R. MICHELS, *Les Partis politiques: essai sur les tendances oligarchiques des démocraties*, Paris, 1914 (traduit d'après la 1re édit. allemande; 2e édit. allemande: *Zur Soziologie des Parteienwesens in der modernen Demokratie*, Leipzig, 1925).

E. MILHAUD, *La Démocratie socialiste allemande*, Paris, 1913.

J. MONNEROT, *Sociologie du communisme*, Paris, 1950.

W. MOSS, *Political Parties in the Irish Free State*, New York, 1933.

NAPOLITANO, *Il Partito Communista dell' URSS*, Rome, 1945.

M. OSTROGORSKI, *La Démocratie et l'Organisation des partis politiques*, Paris, 1901, 2 vol., 2e édit.

L. OVERACKER, *The Australian Party System*, New Haven, 1952.

R. PELLOUX, *Le Parti national-socialiste et ses rapports avec l'État*, Paris, 1936.

M. PRÉLOT, *L'Évolution politique du socialisme français*, Paris, 1939.

R. REZETTE, *Les Partis politiques marocains*, Paris, 1954.

A. ROSSI, *Physiologie du Parti communiste français*, Paris, 1948.

J.-L. SEURIN, *La Structure interne des partis politiques américains*, Paris, 1953.

G. WALTER, *Histoire du Parti communiste français*, Paris, 1948.

此外，还有许多介绍美国政党的美国出版物，特别是：

H. A. BONE, *American Politics and the Party System*, New York, 1949.

T. W. COUSENS, *Politics and Political Organisation in America*, New York, 1948.

P. HERRING, *The Politics of Democracy*, New York, 1940.

A. N. HOLCOMBE, *Polical Parties of to-day*, New York, 1924.

V. O. KEY, *Politics, Parties and Pressure Groups*, New York, 1950.

V. O. KEY, *Southern Politics*, New York, 1950.

C. E. MERRIAM and H. F. GOSNELL, *The Amerian Party System*, 4e édit., New York, 1949.

L. OVERACKER, *Money in Elections*, New York, 1932.

Parties and Politics (Annals of the Academy of Political and Social Science, sept. 1948).

J. K. POLLOK, *Money and Politics Abroad*, New York, 1932.

A. RAPNEY, *The Doctrine of Responsible Party Government*, Urbana, 1954.

E. M. SAIT, *American Parties & Elections*, New York, 1942, 3e éd. (bibliogr.).

E. E. SCHATTSCHNEIDER, *Party Government*, New York, 1942 (bibliogr.).

Toward a More Responsible Two-Party System, Report of the Committee on Political Parties of American Political Science Association (supplément à *The American Political Science Review*, sept. 1950).

第二编 政党制度

ASSOCIATION FRANÇAISE DE SCIENCE POLITIQUE, *Les Élections du 2 janvier 1956*, Paris, 1957.

P. ARRIGHI, *Le Statut des partis politiques*, Paris, 1948.

D. E. BUTLER, *The British General Election of 1951*, Londres,

1952.

J. CADART, *Régime électoral et Régime parlementaire en Angleterre,* Paris, 1948.

MC CALLUM and A. READMAN, *The British General Election of 1945,* Londres, 1947.

H. W. DURANT, *Political Opinion,* Londres, 1948.

M. DUVERGER, *L'Influence des systèmes électoraux sur la vie politique* (en collaboration avec F. Goguel, J. Cadart, G. de Loÿs, S. Mastellone, A. Soulier, A. Vlachos), Paris, 1950.

F. GOGUEL, *La Politique des partis sous la IIIe République,* Paris, 1946.

H. F. GOSNELL, *Why Europe votes,* Chicago, 1930.

D. GUÉRIN, *Fascisme et Grand Capital,* Paris, 1945, 2e éd.

HAMMER, *Regierung, Parlament, politische Partei und ihre Wechselbeziehungen,* 1929.

F. A. HERMENS, *Democracy or Anarchy?* Notre-Dame (Indiana), 1941.

J. HOGAN, *Election and Representation,* Oxford, 1945.

O. KOELLREUTTER, *Die politischen Parteien im modernen Staat,* Breslau, 1926.

O. KOELLREUTTER, *Der Deutsche Staat als Bundesstaat und als Parteienstaat,* 1927.

F. LACHENAL, *Le Parti politique, sa fonction en droit public,* Bâle, 1944.

G. E. LAVAU, *Partis politiques et Réalités sociales,* Paris, 1953.

S. LIÑARES QUINTANA, *Los partidos políticos, instrumentos de gobierno,* Buenos Aires, 1945.

A. MABILEAU, *Le Parti libéral dans le système constitutionnel* britannique, Paris, 1953.

M. MANOÏLESCO, *Le Parti unique,* Paris, 1936.

H. NAWIASKY, *Die Zukunft der politischen Parteien,* 1924.

S. NEUMANN (et autres), *Modern Political Parties,* Chicago, 1956.

H. G. NICHOLAS, *The British General Election of 1950,* Londres, 1951.

M. PRÉLOT, *L'Empire fasciste,* Paris, 1936.

P. R. ROHDEN, *Demokratie und Partei,* Vienne, 1932 (ouvr. collectif).

J. F. S. ROSS, *Parliamentary Representation,* Londres, 1948, 2e édit.

A. SIEGFRIED, *L'Évolution politique de la France de l'Ouest sous la IIIe République,* Paris, 1913.

A. SIEGFRIED, *Tableau des partis en France,* Paris, 1931.

A. SIEGFRIED, *Géographie électorale du département de l'Ardèche,* Paris, 1950.

A. SOULIER, *L'Instabilité ministérielle sous la IIIe République (1871—1938),* Paris, 1939.

W. SCHREIBER, *Die geltenden Wahlrechtsgründsätze und die Frage der Splitterparteien,* 1931.

J. STELING-MICHAUD, *Les Partis politiques et la Guerre,* Genève, 1945.

H. TINGSTEN, *Majoritetsval och proportionalism* (Riksdagen protokoll bihange), Stockholm, 1932.

H. TINGSTEN, *Political Behavior,* Londres, 1937.

H. TRIEPEL, *Die Staatsverfassung und die politischen Parteien,*

Berlin, 1927.

G. VEDEL, *Les Démocraties marxistes* (cours de l'institut d'Études politiques de Paris 1950—1951, dactylographié).

P. VIRGA, *Il partito nell' ordinamento giuridico*, Milan, 1948.

M. WALINE, *Les Partis contre la République*, Paris, 1948.

目前尚无关于政党的参考文献总目。初步条目附于《社会科学大百科全书》(Encyclopaedia of Social Sciences) 第 11 卷第 636 页及以下的“政党”(PARTIES, POLITICAL) 词条之后，包含按国家分类的约 400 个条目。不过，该书止于 1933 年，而且非常不完整，几乎没有收录评论文章，也几乎没有收录政党出版的小册子和文件。这些都是非常重要的内容，但据我所知，没有任何地方完整地列出了这些内容。［科尔 (G. D. H. Cole) 在其《1914 年以来的工党史》(*History of the Labour Party from 1914*) 中编制的英国工党在 1914 年至 1947 年间的文献条目。］

最近的基本文献见于纽曼 (S. Neumann) 指导出版的研究论文集《现代政党》(*Modern Political Parties*, Chicago, 1956, pp. 425—446)。

修订版补充参考文献

F. BORELLA, *Les Partis politiques dans la France d'aujourd'hui*, Paris, Éditions du Seuil, 4e éd., 1981, 252 p.

F. BORELLA, *Les Partis politiques dans l'Europe des Neuf*, Paris, Éditions du Seuil, 1979, 250 p.

J. CHARLOT, *Les Partis politiques*, Paris, A. Colin, 1971, 256 p.

L.-D. EPSTEIN, *Political Parties in Western Democraties*, Londres et New York, IX-374 p.

S. HENIG et J. PINDER, *European Political Parties*, Londres et

New York, 1969, 567 p.

W. JÄGER, *Partei und System : eine kristische Einführung in die Parteiforschung*, Stuttgart, 1973, 255 p.

A. KRIEGEL, *Les Communistes français*, Paris, Éditions du Seuil, 2e éd., 1970, 320 p.

J. LA PALOMBARA et M. WEINER, *Political Parties and Political Development*, Princeton, 1966, 487 p.

K. LENZ et F. NEUMANN, *Theorie und Soziologie der politischen Parteien*, Darmstadt, 1974, 2 vol., CXI-252 p. et X-390 p.

R. MICHELS, *Les Partis politiques* (réédition avec une introduction de R. Rémond), Paris, Flammarion, 1971, 303 p.

M. OSTROGORSKI, *La Démocratie et les Partis politiques* (textes choisis et présentés par P. ROSANVALLON), Paris, Éditions du Seuil, 1979, 306 p.

G. SARTORI, *Parties and Party System : a Framework for Analysis*, Cambridge (Mass.), 1976, XIII-370 p. (traduction française, sous presse, aux Presses de la Fondation nationale des sciences politiques).